隋唐石刻與唐代字樣

中國石刻叢書

臧克和◎主编

刘元春◎著

南方日報出版社
NANFANG DAILY PRESS
中国·广州

图书在版编目（CIP）数据

隋唐石刻与唐代字样 / 刘元春著. -- 广州 : 南方日报出版社，2010.8
（中国石刻丛书 / 臧克和主编）
ISBN 978-7-5491-0039-2

Ⅰ. ①隋… Ⅱ. ①刘… Ⅲ. ①石刻文－研究－中国－隋唐时代 Ⅳ. ①K877.404

中国版本图书馆 CIP 数据核字(2010)第 152519 号

隋唐石刻与唐代字样　　刘元春 著

出版发行：南方日报出版社
地　　址：广州市广州大道中 289 号
电　　话：（020）87373998-8502
经　　销：全国新华书店
印　　刷：广州市岭美彩印有限公司
开　　本：889mm×1194mm　1/16
印　　张：21.5
字　　数：350 千字
版　　次：2010 年 8 月第 1 版
印　　次：2010 年 8 月第 1 次印刷
定　　价：48.00 元

投稿热线：（020）87373998-8503　读者热线：（020）87373998-8502

网址：http://nf.nfdaily.cn/press/

发现印装质量问题，影响阅读，请与承印厂联系调换。

《中国石刻丛书》*前言

◎臧克和

1. 引言："金石"辨体

"金"与"石"

1.0 历代显学，属意金石者，所期无非阅世长存。造艺不朽与身名不替，功能一揆。《管锥编》曾拈出"画水镂冰，与时消息"，申论个中所蕴造艺历久与材质属性之关系："施工造艺，必相质因材，不然事无成就；盖成矣而毁亦随之，浪抛心力。"而"造艺者期于传世不朽，宁惨淡艰辛，'妙识所难'，勉为而力排其难；故每取喻雕金斫石，材质坚，功夫费，制作庶几阅世长存。若夫逃难就易，取巧趋时，则名与身灭，如镂冰刻脂而已"。[①]

历代石刻，其大宗为墓志碑刻。《文心雕龙第十二》论"碑刻"之体制及功能："碑者，埤也。上古帝皇，始号封禅，树石埤岳，故曰碑也。夫碑之体，资乎史才。其序则传，其文则铭。标序盛德，必见清风之华；昭纪鸿懿，必见峻伟之烈：此碑之制也。夫碑实铭器，铭实碑

*《中国石刻丛书》由教育部人文社会科学重点研究基地项目基金资助（基于出土文献语料库的魏晋南北朝隋唐五代文字与文化研究2009JJD740009）

①钱钟书：《管锥编》第三册考论《全后汉文卷一四·桓子新论·启悟第七》，北京：中华书局，1979年版，第973—974页。

文。因器立名，事光于诔。” 篇之中，“铭”有两用：其一所谓“其序则传，其文则铭”，即有关人物传略部分谓之“序”，有关带有总赞意味铭文称之“文”。其二所谓“碑实铭器，铭实碑文”，即“铭”为铭刻之用，非关体裁；如同本篇“赞曰：写实追虚，碑诔以立。铭德慕行，文采允集”之铭，是碑为体，铭为用。

按“金石”术语，一向简单以为就是有关材质的并列结构，所谓钟鼎碑碣之属。海内外传播甚广的藤枝晃所著《汉字的文化史》里就这样表述：“研究刻写在石头上的古体文字的历史也非常悠久，并将这个学问与青铜器上的铭文——金文的研究合称为‘金石学’。”其实，稽考石刻实际，已经存在体用转换问题。至少在石刻实际使用过程中，“金石”内涵早已悄然发生流变。隋大业十一年（615年）《董氏卫夫人墓志铭》（《汇编》第10册第139页）：“此乃粗安宅兆，略述依希。蹔表行年，用憑金石。銘曰……”隋大业十二年（616年）《隋司仪丞冯忱故夫人叱李纲子墓志铭》（《汇编》第10册第161页）：“恐陵谷之遷貿，哀人世之今古。庶金石以長存，勒斯銘於泉戶。其詞曰……”所谓“金石”功能，就是墓志作用。至于其他碑刻，也并非金石并列。如隋刻《龙华碑》：“若夫功成不朽，道濟無間，顯著當今，連延後代。若非金石，何以記焉。仰止高山，乃為銘曰……”铭文相应作：“民和礼就，道備真通。記之金石，永播無窮。”

隋唐“墓志”一体，关于“金石”实际使用存在如下的情形。①

1.1　“石”为材质，“金”为字饰

隋仁寿四年（604年）《符盛及妻胡氏墓志》（《汇编》第9册第167页）铭文其三：“昔燃花燭，獨照幽房。神存空帳，髣髴餘香。雲昏翠栢，風吟松楊。一鐫金篆，萬古流芳。”该墓志全文隶书，唯志盖为阳文篆书。“金”分指“玄石之金”，即涂金之字，隋大业九年（613年）《傅叔墓志》（《汇编》第10册第86页）：“恐陵谷之推遷，芳猷銷歇，撰録遺範，勒之幽壤。庶滄海三移，玄石之金無替；佳城千歳，白日之記猶存。嗚呼哀哉！乃為銘曰……”其中“玄石之金”与“白日之記”对文，是“金”也者，“记”也，也即所志之字。明确

①刘勰：《文心雕龙第十二·誄碑》，元刻本。（日）藤枝晃：《汉字的文化史》“石碑上的文字”，北京：新星出版社，2005年5月，第十四篇第175页。石刻数据采集于华东师范大学中国文字研究与应用中心研制《石刻语料库》。下出同，不重注。

分工，指石上所刻金字。

隋唐五代石刻语料库无虑检得数百条使用“金石”记录，大率形式上金石并列使用，而实指仅以石为材质的类型。

隋大业七年（611年）《陈叔毅修孔子庙碑》（《汇编》第10册第51页）序文称：“敬鐫金石之文，永同天地之固。”铭文亦云：“因頌成功，遂歌美績。共弊穹壤，永固金石。”隋开皇四年（584年）《杨居墓志》（《汇编》第9册第14页）：“恐攲天易動，側地難維。聊憑金石，以彰不朽。其詞曰……”隋开皇八年（588年）《杨畅墓志》（《汇编》第9册第42页）：“若夫金石難朽，陵谷易遷，銘泉勒壤，式照不絕，廼作頌云……”隋开皇九年（589年）《关明墓志》（《汇编》第9册第59页)：“其地左帶皇宮，前臨州市，面洛背芒，處依仁智。疑陵谷之易遷，刊金石之難改，寄萬古而揚名，託流芳於千載。乃為銘曰……”隋大业五年（609年）《李氏墓志》（《汇编》第10册第28页）：“鉛華易歇，金石無朽，用刊四德，永被千齡。”看似铅华、石金并列，金石皆为实体，其实非关金属。隋大业九年（613年）《牛谅墓志》（《汇编》第10册第91页）：“故鐫金石，用表行年。”隋大业十一年（615年）《元智墓志》（《汇编》第10册第133页）：“盖偃低松，鑪攢拱栢。茂德洪名，永宣金石。”隋大业七年（611年）《陈叔毅修孔子庙碑》（《汇编》第10册第51页）：“因頌成功，遂歌美績。共敝穹壤，永固金石。”而该碑文长篇，悉作篆书。隋大业十一年（615年）《唐该妻苏洪姿墓志》（《汇编》第10册第121页）：“嗣子世寶等，懼陵谷之遷徙，恐人生之轉易。乃扣地而號天，寄榮名於金石。嗚呼哀哉，乃為銘曰……”隋大业十一年（615年）《萧岑孙内宫堂侄故萧濵之铭》（《汇编》第10册第126页）：“金石作記，永亡為莀。其詞曰……”唐贞观十一年（637年）《温彦博墓志》（《汇编》第11册第75页）：“懼岸谷之或遷，懷金石之可久。式銘盛德，永播遺音。其詞曰……”唐贞观十四年（640年）《潘孝長墓志》（《汇编》第11册第91页）：“将恐天地長久，陵谷遷易。刊懋實於佳城，傳不朽於金石。其銘曰……”唐贞观十五年（641年）《侯君妻劉氏墓志》（《汇编》第11册第98页）：“但陵谷代謝，物有變遷。慮有堙沉，遂刊金石。乃作銘曰……”。

隋大业十一年（615年）《范安贵墓志铭》（《汇编》第10册第137页）："式播高摸，鐫之相質"，是相者，石刻之形式；质者，铭文之内容。

1.2 "碑上生金"，由碑及字

隋开皇十二年（592年）《曹植庙碑》（《汇编》第9册第89页）："遂雕鏤真容，鐫金寫狀。"隋开皇十一年（591年）《郑道育墓志》（《汇编》第9册第74页）："鐫石藻著，銘字金生。"碑志所谓金石，即石上镌金字者。隋开皇九年（589年）《暴永墓志》（《汇编》第9册第58页）："一扃泉戶，碑上金生，黃鵠吟哀，樵童罕識。"隋仁寿元年（601年）《申穆及妻李氏墓志》（《汇编》第9册第145页）："九扃掩錀，孤月慘照於高墳；碑上金生，楊風告哀於兆遂。""碑上金生，隴懸孤月。犬逐霞潛，鳳隨雲沒。"墓志志盖部分以篆书阳文揭示，所谓"碑上生金"，即志盖数字以金粉饰之谓。隋开皇九年（589年）《关明墓志》志盖部分"故虎賁內郎將關君墓誌銘"，亦篆书阳文。如是，则石刻文字所谓"金石"者，即系镂以金字之石，要非"金石"存在并列关系。

"金石"，隋唐所指构成"偏义复词"即指向石刻及墓志志盖所采用的涂金篆文，要非后世通常所理解的金属（青铜器）和石刻并列关系。"金石"偏主于石，乃本地风光，无待远征。

1.3 "金石"偏义，兼及之类

"金石志"之"金"亦有可能为结构修饰成分，或以"石刻"替换为"玉誌"。隋大业十年（614年）《姚太墓志》（《汇编》第10册第107页）："合墓邙埠，玉誌留縱（踪）。"其中"玉誌"，即"石刻"。墓志"金石"，"金"正复为修饰之用者。

隋仁寿四年（604年）《马少敏墓志》（《汇编》第9册第163页）："敬刊金石，寄之泉戶。"隋大业二年（606年）《鞠遵墓志》（《汇编》第10册第3页）："魂遊闇壟，骨奄荒墳，雕金刊石，桂馥蘭芬。"隋大业三年（607年）《元君妻崔暹墓志》（《汇编》第10册第15页）："寒來暑往，循環不息，日居月諸，俄將萬古，金石非朽，乃銘曰……"隋大业四年（608年）《郭王墓志》（《汇编》第10册第23页）："庶憑金石，乃為銘曰：……圖英金石，勒誌幽泉。"隋大业五年（609年）《郭世昌墓志》（《汇编》第10册第26页）：“惟君専脩福業，心好法門。八戒不虧，六齋無闕。復造經造像，望保百年，兼懺悔歸心，冀存金石。”隋大业七年（611年）《陈叔毅修孔子庙碑》（《汇编》第10册第51页）：“敬鐫金石之文，永同天地之固。”隋大业八年（612年）《萧玚墓志》（《汇编》第10册第66页）：“陵谷貿遷，天長地久。俾春蘭與秋菊，共金石而無朽。迺為銘曰……”隋大业八年（612年）《高紧墓志》（《汇编》第10册第67页）：“神遊物表，蟬蛻寰中。愁雲瞰壟，逝景頹空。人生有促，天道無窮。庶鎸金石，冀闡英風。”隋大业九年（613年）《陈叔荣墓志》（《汇编》第10册第75页）：“載刊金石，永播徽猷。”隋大业九年（613年）《皇甫深墓志》（《汇编》第10册第79页）：“将恐山移海運，谷徙丹藏。刊金石以記銘，勒遺芳而不朽。乃為銘曰……”隋大业十一年（615年）《潘氏墓志铭》（《汇编》第10册第126页）：“将恐封樹遷徙，山川改易。記此徽猷，永鎸金石。其詞曰……”隋大业十二年（616年）《卞鉴墓志铭》（《汇编》第10册第152页）：“追尋故事，考挍餘風。思其德，想其人。述行紀功，勒之金石。其詞曰……”唐乾封二年（667年）《王端墓志》（《汇编》第15册第40页）：“惟金石之無弊，勒萬古之徽猷。其銘曰……”

至于隋大业六年（610年）《薛保兴墓志》（《汇编》第10册第41页）“魂招難返，魄召不前。風光物色，何歲何年？功勞弈世，禄重相緣。銘金勒記，刊玉留傳”，则径以石为金之属。隋大业九年（613年）《张业墓志》（《汇编》第10册第80页）：“惟君名實高瞻，物望茂歸。非唯書盡八千，抑亦興敦三雅。邑里推其□，士友羡其高。以為策素已朽，金石長固。乃作銘云……”志文正书，志盖四字，“张”字正书，“君墓志”三字篆书（四字题目，书体杂糅如此，抑刻写程序未必一定，或有不待书家，刻工径施者）。策素、金石对文，皆指材质，而显系以石涵金者，一如隋大业十一年（615年）《程谐墓志》（《汇编》第10册第135页）：“仍故懼死生迴變，陵谷遷移。錯綜縑緗，依希金石。冀申德行，用表長年。”缣缃、金石比列，皆指材质，是石实金虚之例。

1.4　书体类型，志盖概全

唐开元九年（720年）《李敬瑜墓志》铭文“感平生之鴻懿，勒芳蕤於鳳篆”（《汇编》第21册172页）。观拓片全文正书，唯志盖施以笔势化篆文“大唐故□□府君墓志铭”数字而已。

“碑”与“志”

墓碑墓志，各有所处，各有所当，体制亦随用而有所调整。历来金石学家围绕碑、志之辨，不惮词费。其实，就其功能而言，二者略无差异。当时实际使用者，墓志亦无妨称“碑”。如隋大业三年（607年）《张怦墓志》（《汇编》第10册第14页）“憑碑雨淚，記銘心酸”，隋大业七年（611年）《田府君墓志》（《汇编》第10册第55页）“欲使桑移碧海，尚表豐碑；谷變樊山，猶傳餘烈。銘曰……”，唐乾封二年（667年）《孙恭墓志》（《汇编》第15册第54页）“是用敬雕美琰，勒此豐碑。庶傳□於不朽，終萬古而無虧。其詞曰……”等等。即造像记亦无碍以“碑”称名，如隋大业二年（606年）《李渊为子祈疾疏》（《汇编》第10册第4页）“今為男敬造石碑像一鋪”等等。

“铭”与“志”

金石学者多于金、石“铭文”概乎视之，即亦不甚区分材质类型带来的行文结构差异。这种文体观，直接导致了“墓志”“墓志铭”“志铭”之类异名之间以及“志铭”内部又分“序辞”“铭辞”之类的层次混乱。以钟鼎款式而言，“铭”之为体即通篇皆为“铭辞”。以墓志碑刻主体构成实际而言，文本内部已有铭、序分界。大量墓志在首题部分就将序文、铭文并列提示，如隋大业二年（606年）《张夫人墓志》（《汇编》第10册第12页）“隋邯鄲縣令蔡府君故妻張夫人墓誌銘并序”、隋大业三年（607年）《王夫人墓志》（《汇编》第10册第13页）“故太原王夫人墓誌銘并序”、隋大业五年（609年）《李氏墓志》（《汇编》第10册第28页）“隋故宫人典玺姓李氏墓志铭并序”等。这类题名格式，隋唐五代石刻语料库查询有2158条记录。从上举题名结构来看，似以铭为中心，序则并及之者。但隋唐五代石刻语料库亦有由序及铭之类型。如隋大业十年（614年）《马称心墓志序并铭》（《汇编》第10册第106页）题名作“馬夫人墓誌序并銘”，又以序及铭。但语料库筛选，此类结构，仅偶或一见。唐人墓铭已当诗歌创作，亦时代风尚使然。唐乾封元年（666年）《郭君妻杨氏墓志》（《汇编》第15册第14页）：“不鎸景行，詎挹音儀者乎。其詞曰：桂浦驚華浪，桃源韻早風。未移臺上月，奄落雲間虹。”即置于《全唐诗》五言绝句，几不辨也。墓志铭文至唐代，一改隋代四字韵语局面，变体多出，颇征唐诗蔚为时代风尚。唐乾封二年（667年）《王纂墓志》（《汇编》第15册第45页）：“筠□碧，桂掩香。簟虚暎，琴素張。弓珧空寫□，霞氣故飄裳。□友悲聲闕，狐菟獨成□。”

要之，由墓志文本结构实际来看，墓志主体就是由序文、铭文两部分组成的。毛远明教授《碑刻文献学通论》以为成熟的墓志都应包括“志铭”等部分，是以序辞、铭辞合成的术语。

2. 石刻语料价值

2.1　语言文字

2.1.0　汉魏六朝到隋唐五代，是汉语发展史上文字、语音、词汇乃至语法演变最为剧烈的时期。楷书由发展成熟到规范定型，一直规定了今天汉字使用的基本体制；语音分化、词汇发展，该时期都是汉语史研究者最为关注的时间段落。

2.1.1　汉魏六朝到隋唐五代，社会用字实物材料类型最为丰富，举其大宗，就有简牍、石刻和简纸之类。由于材料物理属性的影响（质量密度、书写程序以及耐消磨度等），尤以石刻数量庞大且字形保存完整。汉代简牍文字材料，种类繁多，至于南北朝隋唐则已罕见。秦汉简牍主要施于公用文书，魏晋南北朝隋唐文体流别大备。书写载体转换，所带来介质属性差异，以及书体发展，使得文字使用广泛进入民间日常生活成为可能。以石刻而言，根据使用场合的规定，存在书面语和口语化两个鲜明特点。一是书面语特点：像赞颂碑文、墓志、表铭、文告、经典等石刻文献类，书面语特征体现为格式典雅，祖述句样，骈散相间，踵事增华，堆垛板重，具有传承性、夸饰性。二是口语化特点：如契券、造像题记等，大多是平民化的语言，是反映有关时代汉语发展特点的真实语料。例如隋唐时期“去”字用于时间上的起点，等于“至……”、“从……之后”，见于隋大业六年（610年）《董穆墓志》（《汇编》第10册第39页）：“盛年棄世，去開皇三年五月終於輔城。”见于唐文明元年（684年）《西州司马吴信碑》：“父信，字守忠，去貞觀十九年鄉貢明經，釋褐創任始州普安縣尉。”“又去麟德元年，轉授西州司馬。”其中两处所用“去”字，皆相当于“至……之后”、“从……之后”。汉语“去某地”跟“到某地”由原本空间方向相反，到语义全同。“去”字用作主体所在空间起点的功能，在时间起点之先。①而隋唐石刻语料时间起点使用“去”字，专门研究者似尚未寓目。汉魏六朝到隋唐五代石刻，构成这一漫长历史时段的真实语料。至于系统编纂语文工具书，可由此补具已经中断的种种形音义联系。

2.1.2　就汉字书体发展考察而言，参照主要社会实物石刻用字类型，自可看出其大体分期为：战国秦简，像睡虎地秦墓竹简整体已呈现出“古隶”书风；汉简和汉碑，代表了隶书的最高水平；汉末到魏晋，简牍作为载体的文字，处于隶楷转型之间；南北朝碑刻墓志文字，反映出楷字发展成熟的重要分期段落，同时也使用带有复古意味的隶书，该时期纸张已广泛用于书写，作为最重要的介质转换，促使楷字发展成熟，为楷字定型打下基础；隋代墓志碑刻等场合使用的石刻文字，直接继承南北朝楷书水平，同时使用带有复古意味的隶书；唐代楷书，标志着楷字的定型。唐代楷字定型，是唐宋之际文字传播方式由因人而异到雕版印刷转换的内在因素。实物用字各类数据表明，隶变解体与楷化变异，原本发生在同一历史过程。

晋代《司马芳残碑》所存书体，处于隶楷之间。南北朝时期石刻代表了楷字成熟的水准，像北魏太和二十年（496年）《元桢墓志》、太和二十三年（499年）《元建墓志》等，用笔深沉，质朴有力。北朝造像记等碑刻文字，体现出楷字发展的分期段落。有的研究者根据北朝碑刻楷书发展阶段及其碑刻标志，曾作过如下划分：北朝早期——造像多粗犷豪放之作，其造像记的书体也多稚拙古朴，粗犷豪放，无拘无束，字体草率，多变形和异体字。北魏迁都洛阳后——当时佛教传播极盛，造像者虔诚慷慨，雕刻者精心巧制，使得这一时期的造像记的文字书写

①毛远明：《碑刻文献学通论》，第二章“碑刻的形制及其分类”第二节“墓志的内容和形制”，北京：中华书局，2009年12月，第115页。
《汉语大词典》“去”条所引书证为南朝宋宗炳《明佛论》：“今自抚踵至顶以去陵虚，心往而勿已，则四方上下，皆无穷也。”
王其祎、周晓薇：《澄城新见唐文明元年西州司马吴信碑考略》，《考古与文物》，2009年第6期、第49—55页。

端庄严谨，刚劲有力。其书写与同时期的北魏墓志十分相近，后世称为“魏碑体”。北魏正光五年（524年）《刘根等四十一人造像记》，文字结构成正方形或略扁，横画平直，撇捺舒展开放。笔法上既保留了汉隶逆势起笔、藏头护尾的特点，又能大胆露锋取势，显出雄峻爽利的骠悍之气。北魏景明至正光年间，这种书体在造像记中较为流行。北魏晚期——石刻文字的书体逐渐转向用笔含蓄内敛、运转圆浑、结构紧凑，显示一种平和宁静的稳重感。东、西魏时期——石刻文字的书体有了明显的变化，风格多样；既有朴拙笃厚，且在“拙厚中皆有妍态”一派，也有圆劲遒厚，“古意精劲不肯作一姿媚之笔”的典雅之作。如东魏武定元年（543年）《道俗九十人造像碑记》，文字结体疏朗明快，幼稚粗放，然而却透露出一种天然的稚趣。东魏兴和二年（540年）《敬史君造像碑记》，则字体扁而匀称，用笔圆劲遒厚，实乃唐代楷书之先驱。北朝晚期的北齐北周——楷书发展逐渐成熟，但在同时，也有复古的风气。在楷字中夹杂隶书、篆书。在行笔结体中夹杂篆意，是北齐造像记中经常见到的现象。如“刘碑寺造像碑记”一类，笔法中多含篆意，使得文字平正和美，气势圆浑，具有端庄秀美的风韵。它既继承了北魏碑刻中雄健的开阔气势，又吸收了南朝书法中的柔媚绵丽之风，汇为一体。章法上疏密得当，表现出错落有致的节奏美，开隋代书法之先河。与此同时，隶书也成为造像题记的主要书体，但它与东汉魏晋隶书明显不同，表现的是隶书向楷书过渡中的典型书风，笔画中已没有明显的波折挑捺，而变为平稳匀称。书体极为整齐，而且含有篆书意韵，使得这类作品具有很强的艺术魅力。如北齐天保九年（558年）《鲁思明造像碑记》、《周荣祖造像碑记》之类，均为隶体写就，书法方雅端正，疏朗开放。行笔多用中锋，于雄健中稳含柔美，结体匀称而雍容大方，笔法流畅，给人以和谐平稳的艺术感受。①

2.1.3　书体、媒体、文体之间，相互影响，促进发展。六朝到隋唐各个时期，篆、隶、草、楷、行等书体并行。书体各体大备，适用于不同场合。或者说“体”随“用”施，所“用”不同，“体”即变换。像唐代石刻，书体风格多样，名作俯拾即是，皆臻艺能极致。后世所

①王景荃：《试论北朝佛教造像碑》，第四部分“造像题记及其书法艺术”，《中原文物》，2000年第6期。

取法以为楷则者，实仅其中数家而已。至于日本所藏唐写本《说文解字·木部》残卷真实性问题，只要对照中唐以降志盖等场合题字所用篆书，对照像元次山撰文、瞿令问刻写唐大历二年即公元767年6月15日《峿台铭》，通篇篆书，清拔瘦劲，不啻印板。到眼即辨：唐写本渊源有自。①

2.2 文化史料

2.2.1 汉魏六朝到隋唐五代，思想史、宗教史、文学史、艺术史等各类文化发展最为剧烈，呈现出鲜明时代特色。由于纸张类媒介在这个时期真正进入日常书写领域，书体获得空前发展，书体发展的直接意义，就是各类文体全面走向“自觉”。②同时，该时期玄学佛教等精神思想深入传播，渗透到社会生活各个领域。相对于其他文献，石刻材料将这些文化事象固定下来，成为调研中古到隋唐文化生活的主要原始资源。不同类型的石刻文献具有各自的用词特征、文体特征、语体风格，例如人格词汇、人名专有词汇、制度词汇、宗教仪式用语等，表现出有关时代特有的文化特点、民族文化心理和社会道德价值观念。例如墓碑、墓志等礼仪制度用语中最常见的是婚嫁丧葬、姓氏名号、职官勋爵、天文地理、年代历法等方面的词语，反映了特定历史时期的礼仪制度、伦理观念、风俗习惯、心理特征，是凝固了的民族礼俗文化，真正称得上是千年民族文化基本样本积淀。相对于其他文献，六朝到隋唐石刻具有真实保存社会生活的基本文化资源属性。

2.2.2 对比木、石、纸所用文字的发展变异，可以反映影响传承变异的媒介技术等因素，诸如木、石、纸张书写载体及相关工具转换对书写制度的规定和影响；可以呈现社会文化等因素，诸如艺能、教育、制度、礼仪、习俗等在历代石刻中的反映。

3. 石刻语料整理

3.1 关于石刻来源

石刻丛书，所依托汉魏六朝隋唐五代石刻语料库，有关石刻资料来

①出土地为湖南祁阳浯溪。形制为拓片高198厘米，宽109厘米。铭文元结撰，刻字瞿令问篆书。铭文拓片著录见《汇编》第27册第59页。

②臧克和：《书体发展与文体自觉》，《学术月刊》，2007年第3期。

源，构成石刻丛书调研的基本范围。

语料库石刻文献主要涉及如下类型的相关部分：

北京图书馆金石组编《北京图书馆藏中国历代石刻拓本汇编》（简称《汇编》，中州古籍出版社1997年）；

高峡主编《西安碑林全集》及附录《陕西碑石菁华》（简称《全集》），广东经济出版社1999年）；

中国文物研究所等单位编《新中国出土墓志》（河南卷上、下册，陕西卷上、下册，重庆卷1册；文物出版社2004年）。

上述石刻文献，选择其中属于六朝到隋唐五代时期，相对完整且清晰可辨者，作为数据库加工范围，也就是符合客观真实的取舍原则。“相对完整”，满足石刻语料检索的要求；“清晰可辨”，满足实物字谱的制作。有的石刻材料虽然字体清晰，但由于存在刻写脱误过多而难以卒读的问题，即只取形体，而检索系统不反映其释文。像隋代大业十一年（615年）《翟突娑墓志》（《汇编》第10册第115页）通篇刻写多所脱误，故检索数据不予采集。明显伪刻，不予收录。

至于语料库研制过程所参考的相关金石研究文献，类型繁多，而石刻丛书的《汉魏六朝隋唐实用字样》等，都有详细标注，这里不再一一列举。

3.2　关于石刻加工

语料库加工，主要服务于《汉魏六朝隋唐实用字样》《魏晋南北朝隋唐五代石刻引得》等石刻系列研发的需要。基于此，石刻语料校对处理的基本操作线路是：便于呈现，避免造字之烦，同时顾及文献存真和石刻异体复杂两边；字头取通用字，字头之后依据字形表将有关变异字样集中排列；检索文句中不出字形，各文句中被检索字形复杂者，于（）中以结构分析方式注明。

3.2.1　关于字形处理

3.2.1.1　有必要在通用字形后标明原拓字形的情况

字形原则上用现代通行楷书繁体写定，通行字依照《标准汉语字典》所规范通用字形为准。[①]但是以下几种情况，需要在通行字形后的括号内写出原拓字形。

①张书岩：《标准汉语字典》，上海：汉语大词典出版社，2000年版。

3.2.1.1.1　原拓字形结构和通用字形有较大差异者，现行字符集支持的字形，即可以用GBK输入法输入或者逍遥笔写出的，例如：雙（霻）、世（丗）、德（徳）、以（叺）。

3.2.1.1.2　原拓异体字及当时通用的简体字，现行字符集支持的字形，必须在括号内写出原拓字形。例如：辛（辛）、於（扵）、禮（礼）、與（与）等。但是有些字形不可统一为一个字，如："丑、醜"、"里、裹"、"魏、巍"等，忠实原拓录入，不存在通用字形替换问题。

3.2.1.1.3　现行字符集不支持的字形，则可以结构分析方式注明。例如：字可以录入为：姿（女咨）。括号前面字，备查检替代处理。

3.2.1.2　直接录入通用字形，不必在通用字形后标明原拓字形的情况。以下几种情况，则不照原拓录入，而直接录入通用字形。

3.2.1.2.1　古体字（包括武周新字）不照原录；省笔避讳字不照原录，整体替换避讳字照录。

3.2.1.2.2　有些高频字，其形体写法非常多，而且非结构性差异，又非字符集支持的字形，不再照录。例如：年、朔、厥等。

3.2.1.2.3　假借字照录。

3.2.1.2.4　原拓本中的重文符号不予保留，直接补足该字。

3.2.1.2.5　异体字甄别。石刻的一个突出特点，就是大量使用异体。历代金石学的用力所在，也就是聚集所谓"碑别字"。以往"碑别字"的提取都是手工摹写，字形属性保真性差，所谓歧中生歧，异上添异，往往而有。其中所体现的"别异"取舍标准，也很难做到符合石刻用字的客观实际。一般说来，某个共时断面的语料用字关系相对简单，而一旦跟历史因素发生联系，就会形成种种复综字际关系。像唐代字样学《干禄字书》关联商、啇字组："啇商：上俗下正。"这一向成为学者们诟病的例子。而同时代的石刻表明，这种共时的关联是符合当时用字实际的。在当时一个时间断层上，世俗将这两个形体轮廓接近而混用，是可以理解的。但是，从字形书体发展演变的历史来看，大部分时间里还是形成鲜明区别，各有所用的。每个时代所面对的字形，其实也都是历史积累的结果，体现着若干历时层次。通过溯源明流的历时考辨过程，则可以排除某一时间层次上偶然混用所形成的种种“体异用同”关系。但是，毋庸赘言，历时的整理其实是件很困难的事情，基于某个共时的语言词汇层面才有可能做得比较彻底。而且，使用的范围和使用的频率，其实是很难调查清楚的事情。石刻语料库加工涉及的是从汉魏六朝到隋唐五代上千年历史出土文献，异体关系的讨论，需要考虑形体、使用和历史。

3.2.2 关于标点断句

3.2.2.1 现代标点符号的使用，亦是着眼于检索单位的长度。以此，使用现代标点断句，标点的基本原则从宽。不用双引号、感叹号、问号、破折号，少用顿号，多用逗号、句号。但是，如果引用内容起止不明确的，可以用双引号。志文铭文题目单行，宜加句号，便于索引提取。如隋大业十年（614年）《崔上师妻封依德墓志》（《汇编》第10册第98页）：“清河崔上師妻封夫人墓誌。”

3.2.2.2 勋爵职官之类单位罗列，功能相当于同位语，故中间不断句。如隋大业十年（614年）《邓昞墓志》（《汇编》第10册第112页）：“祖獻魏散騎常侍潁州刺史，歸梁授散騎常侍左衛將軍鄱陽縣開國公”。

3.2.2.3 志铭的标点：一般采用每两个语段一逗一句的方式标点，特殊情况特殊处理。如隋大业五年（609年）《吕胡墓志》（《汇编》第10册第31页）：“斯寄不朽。其詞曰：聲振南海，雄烈遼東。黄馬徒見，天實星空。法真安在，山材古蒙。潘侯生别，蘇李長分。古人何處，啼訟哀文。將軍破壟，壯士孤墳。”隋大业六年（610年）《范高墓志》（《汇编》第10册第33页）：“言應千里，諾重百金。”两个语段组合，或形同对照，或构成互文，或虚实陪比，语义始得完足，宜以两语段为句号。

3.2.2.4 并列成分的标点：对偶句中又有小句的，上句和下句之间用分号。如“誠謂句芒錫壽，持協鄭穆之季；司空掃第，宜繼張温之跡”、“質比貞筠，冠絶巖而逈出；心類高松，涉寒歲而不改”等。小句之内的并列，则用顿号；如果不影响文意，小句之内的并列成分也可不标点。如果并列成分过长，则用逗号，如“如夫以春山五色，殊崖九品，淮海三金，番禺八桂，莫不耀光采于忽微，擢英華于豪末”。以语段内部词组排列，若机械句读，则语义不完。

3.2.2.5　有“曰”“云”等标志的直接引用，只用冒号，不用引号；“谥曰”后则不标点。

3.2.2.6　间接引用，不加标点。

3.2.2.7　确认为书名的，加书名号。

3.2.2.8　有残泐字处的标点：如果残泐字较多，又不能确知文意，则不标点；如果残泐字较少，利用对偶句推知句子结构，则酌加标点。

3.2.2.9　记叙时间结构不断句。隋开皇四年（584年）《李惠猛妻杨静太造像记》（《汇编》第9册第15页）：“大惟開皇四年歲次甲辰八月辛卯朔十日庚子，佛弟子李恵猛妻楊静太，敬造弥勒像一區，并二菩薩。”时间记叙属于同位语，故不断。另外，墓志关于享年与丧亡时间的叙述，往往构成一个完整句子单位，葬礼构成解释性判断句，宜以为索引提取标志。例如“春秋五十有八，大業六年正月二日，卒於洛陽縣。其月八日葬於河南郡河南縣芒山北千金鄉，礼也”。隋大业六年《范高墓志》（《汇编》第10册第33页）：“以大隋仁壽四年七月寝疾，殞於相州安陽縣淳風鄉之第，春秋六十有三。”

4. 石刻语料专题

4.0　石刻丛书，在继承传统“金石学”资源基础上，走向科学的专题调研。各专题的开展，均依托汉魏六朝隋唐五代石刻语料库，注重数据，注重系统。

4.1　《魏晋南北朝隋唐五代石刻语料检索》，实现多检索路径与原始拓片属性关联，为语言文字文化研究者、艺术爱好者提供便捷引得工具和文本数据。附单音节、双音节样条各一例：

弄（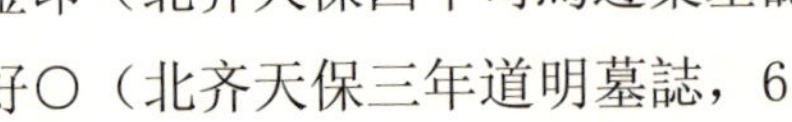）

冥○金印（北齐天保四年司馬遵業墓誌，7.025）

弱不好○（北齐天保三年道明墓誌，6.145）

允昭於載○之春（北魏正光四年元祐妃常季繁墓誌，4.136）

……（凡170条“弄”字使用记录全文检索）

玉壶（冰壶）

玉壺比潔，霜鐘齊韵(唐咸亨元年張曉墓志，15.143)

玉壺低箭，金波上弓(唐咸亨三年尹達墓志，15.168)

器等玉壺，冰淨志洌(唐天寶三載袁君墓志，25.055)

玉壺有冰，遺孫謀也（唐開元十八年崔羡墓志，23.021)

夙夜在公，不改冰壺之節；旬時弊獄，唯施甘棠之政(唐開元二十年王韶墓志，23.068)

所居官守，清如水鏡，皎若冰壺(唐開元二十六年夏侯思泰墓志，24.074)

雖位匪充量，冰壺之操靡渝；早擅家聲，虛白之風不弭(唐開元二十七年王惠忠墓志，24.081)

冰霜之操，玉壺之色兮(唐天寶十載趙佺墓志，26.038)

其清也玉壺成規，其直也朱絲可□(唐天寶十二載姚希直墓志，26.096)

……（略）

首列通用字头，并列字头代表性字样，因此检索所出语境中被检字形以○标识；语境给出时代年代，后附数字为文献出处简称：前一数字为《汇编》等册数，后一数字为所在页码。如此呈现，字样变异、使用语境、出现频率、语义功能以及资料出处，都到眼即辨。考虑到篇幅容量，单音节词和双音节（含多音节）词语索引分为两次研制。

4.2　《汉魏六朝隋唐实用字样》，构建汉字上千年发展历程中篆、隶、楷等主要书体类型实物使用坐标。所涉及时段，根据前后对照的需要，还涉及到汉代其他类型出土文字。具体呈现形式有如“諸”字样条，按照篆、隶、楷三种书体分栏，各栏内又以时代先后排列；所列字形标明出处。如此编排，书体发展，繁简演化，时代坐标，皆一目了然。

4.3　《魏晋南北朝石刻文字》，两汉与中古石刻用字对照，通过中古石刻用字字频统计，变异类型数据分析，客观描写中古文字发展规律。

4.4　《隋唐五代石刻文字》，中古与隋唐石刻用字对照，通过隋唐五代石刻用字字频统计，变异类型数据分析，客观描写隋唐文字发展规律。

4.5 《隋唐石刻与唐代字样》，基于共时的石刻语料即实物用字对照，考察唐代字样标准，以及字样标准与同时代社会实际用字水平之间的关系，由此揭示作为楷字定型标志的唐代石刻字样在汉字发展史上的地位，为文字规范化、标准化工作提供参考。

4.6 《六朝隋唐石刻词汇》，基于石刻语料库，从流变角度，考察六朝到隋唐特色语段的表现形式与深层结构。

4.7 《六朝隋唐石刻文化》，专题对比木石纸所用文字的发展变异，反映影响传承变异的媒介技术等因素，诸如木、石、纸张书写载体及相关工具转换对书写制度的规定和影响；呈现社会文化等因素，诸如教育制度、礼仪习俗等在历代石刻语料中的反映。从具体文化意象单位的流转变换，到各个时期社会文化性格的风气扇被。

石刻语料，作为文字史、汉语史、文化史核心资源，值得挖掘利用的课题众多。从传统“金石学”走向系统科学研究，要完成的任务十分繁重。本套石刻丛书，仅是稍逗其绪，做了部分文字基础工作而已。以时短功浅，诖误多有；幸石林宿儒通人，有以牖导是正。

本书凡例

1. 字体处理。为便于真实呈现字样学原貌，字样学著作中所贮存字形，一依该书刻石（非传世刻本字形），新造原形字。

2. 图片处理。本书所取社会实物资料贮存字形图片，力求保真程度，尽量不进行磨泐擦除。

3. 繁简处理。本书叙述语言全部为简化字。其余所征引文字，尤其是古代文献，一依文献原文繁简，不另作转换。

目录

第一章 绪论

『绪论』共包括四部分：『字样学』之名、选题缘起、研究综述、文献版本。

第一节

『字样学』之名

早在20世纪前半叶，唐兰先生就首先给予了字样学独立的研究地位。他在《中国文字学》（上海古籍出版社，2001年，第24页）中提到：“由中国文字学的历史来看，《说文》、《字林》以后，可以分成五大派：一、俗文字学；二、字样学；三、《说文》学；四、古文字学；五、六书学。前两派属于近代文字学，后三派属于古文字学，在文字学里都是不可少的。”

然何谓“字样学”？《汉语大词典》“字样”条义项之一为：文字形体的规范；字形。并引唐宋用例为证：唐陈夷行《〈九经字样〉奏状牒文》：“其舊字樣，歲月將久，畫點參差，傳寫相承，漸致乖誤。”宋欧阳修《集古录跋尾·唐干禄字样模本》：“右干禄字樣模本，顔真卿書。”

而台湾学者曾荣汾著《字样学研究》（台湾学生书局，1988年），于“字样学之名义及兴起”一节中谈到：“何谓‘字样’？广韵云：‘样，式样。’集韵云：‘样，法也。’然则，‘样’本有‘法式’之义。字样者，即为文字书写之法式，而研究此书写法式诸种问题之科学即可谓之为‘字样学’也。”“因此，字样学之兴，实因楷书行用之后，文字脉络难寻，遂使书体易讹，隋唐祚肇，力求整饬，需求标准，师古等人应运而出，而成其学理规模者，首推颜元孙也。”

（韩）李景远《隋唐字样学研究》（台湾师范大学1997年度博士学

位论文）又补充曰：“‘字样学’又称‘正字学’，或又可称‘正名学’[①]，西洋也有以Orthography[②]为名的学术。‘字样学’，其名义上有广义与狭义之分。‘广义的’是指历来对各个体系汉字所进行的所有文字整理的学术，‘狭义的’是指隋唐兴起的釐正楷书形体笔画的正讹而拟订用字标准的学术。分称‘狭义的字样学’、‘广义的字样学’的主要目的不在于观念上的区分，而在于时代上的区分。本文所谓‘隋唐字样学’就等于‘狭义的字样学’。”

本文倾向于《隋唐字样学研究》所定义之“狭义的字样学”，即隋唐兴起的釐正楷书形体笔画的正讹而拟订用字标准的学术。研究对象亦以唐代三部重要的字样学著作——颜元孙《干禄字书》、张参《五经文字》、唐玄度《新加九经字样》（下文简称《九经字样》）——为主。

对于字样学研究的范围，“曾荣汾《字样学研究》把从西周《史籀篇》至清代有关‘文字整齐划一运动’称之为‘字样学’，甚至“现代中华民国教育部”所编辑出来的《常用国字标准字体表》、《次常用标准字体表》亦认为‘字样学’之一。从历来‘字样学’著作所发挥的观念及其功能上看我们非常肯定他的说法，另一方面我们把现今大陆《汉字简化方案》颁布以后对其反省和整理汉字及台湾与大陆之间用字（正体字与简化字）的确定标准的工作也可看作‘字样学’之新一类，但是这种范围是属于‘广义的’字样学”。[③]而本选题所涉及的狭义字样学，仅划定六朝至近代字样学著作为其研究范围，而关于1949年之后的一系列规范文件，学术界则多以现代汉字规范等称之。

从规范任务来分，可以将字样学著作划为两类：“为经”类和“为字”类。“为经”类字样学著作主要是为订正经典文献用字而编纂的，

①李氏注曰：“学术界至今一般称‘字样学’或‘正字学’，例如唐兰《中国文字学》（洪氏出版社，1980年）25页称‘字样学’；曾荣汾有字样学专著《字样学研究》（台湾学生书局，1988年）；施安昌《唐代正字学考》称‘正字学’（《故宫博物院院刊》，1982年第3期）。但我们又发现常用‘正名’为书名的一些字样著作，例如隋刘炫《五经正名》、郎之年《正名要录》等。所以我们还可称之为‘正名学’，古曰‘名’，今曰‘字’，‘正名’即‘正字’。”

②又注：“Orthography（官方用字—正字），即为‘正书法’。其中‘Ortho-’，即为‘正统的’、‘传统的’、‘官方的’、‘整型的’意思，‘Graphy’即有‘文字’的意思。由此可见，其义即‘按照正统而订正讹谬的字形’，这种工作很可能是‘官方’主导，而且其成果以官方用字正式使用。整个字形构成上，英文单语里一个子母与汉字的一个部件没有两样。由此可见，不管表义文字或表音文字都会发生文字某一部分的讹谬或混淆。这种情形下，各国、各朝代都深感正字学的需要。”

③（韩）李景远：《隋唐字样学研究》（台湾师范大学1997年度博士学位论文）第1页注3。

如《五经文字》、《九经字样》等，“为字”类则主要是为了规范时要用字而编纂的，如《干禄字书》、《正名要录》等。从规范书体上看，上述几部著作均是规范楷书用字，而宋代张有《复古编》则是为规范篆文用字而编纂。从规范对象来看，《干禄字书》主要是为规范异体字形而编纂，而宋代郭忠恕之《佩觿》则是专为辨别易混字形而编纂。而从编纂体例来看，既有按韵编次者，亦有分部立目者。如《干禄字书》首以四声统类，每类则以韵之先后编次，而《五经文字》则是整合《说文》部首，重新分目编次。

此外，字样学著作与字书有明显的区别，即字样学著作带有“标准化”特征。字样学著作仅根据需要列出部分字形用字情况，其余以类推得之，且每字仅着力于需要规范之处，故而部分字头仅列形体，释义阙注。而字书则搜罗汉字尽其可能求全求备，且注重每一单字的形、音、义阐释。

然由于“为字”类字样学著作占有较大比重，而随着时代隆替，文字的使用不断进行自身的调整和完善，部分字样学著作亦随着时代的更迭渐而被弃不用。以敦煌文献资料所见字样学著述为例，如敦煌S388写卷抄录《群书新定字样》、《正名要录》，今皆不见后世传本。又如伯3693长孙讷言笺注本《切韵》、裴务齐正字本《刊谬补缺切韵》、伯2018号《唐韵》写本残页等也发现多处征引唐代字样书的用例。由此可以窥见，字样学于唐代当是一门较为发达的显学。

第二节

选题缘起

上文提到，唐兰先生早在《中国文字学》中就已提出应当给予字样学独立的研究地位，然而经过半个多世纪的发展，中国文字学的五个分类中，除字样学之外，皆已经得到了极大的发展，只有字样学仍然处于绝对滞后的局面，知名学者台湾有曾荣汾氏、大陆施安昌先生、日人西原一幸以及韩国李景远教授等，除此之外，致力于此项研究的专家学者屈指可数，研究内容及成果呈现出严重的不均衡性。唐宋传世字样学研究涉及范围包括正字运动、字样学史、校勘笺注、文字学本体研究、音韵学研究及现代汉字规范研究等六个大的方面，研究所涉地域，从大陆到台湾以及韩国、日本，虽各领域、各地域均有著述出现，但是其分量和比例并不均衡，某些方面甚至严重失衡（详参本章第三节“研究综述”）。字样学研究的滞后与其他四个分支的蓬勃发展，使得整个文字学研究亦呈现出严重的不均衡性，这对于中国文字学的发展而言，实为一大弊端。故而，将字样学研究提上日程，首要的是基于整个文字学全面发展的迫切需要。

而具体到字样学已有的研究成果，我们看到，大部分成果为本体研究中较为平面的做法，研究点集中在简单的数理统计、编纂体例的析介和字样学理的罗列，尤其是后出成果越来越成为重复性劳动，难有突破。即便最为基本的量化调查，亦因统计方法和手段各异，致使所得结论各家多有不同，在此基础上的定性分析，亦无法深入下去。基础尚如此，稍微深入一些的专题，诸如楷化篆字、部首沿革等方面的研究，更无人问津。有鉴于此，现有条件下，尤须以独特的视角，重新审视和深入探究。本选题即期望能够对停滞不前的字样学研究，带来新的突破。

同时，“唐代是我国历史上迅速发展的极为辉煌的时期，字样学即发轫于其间，并且取得了充分的发展。那时候，上自皇帝，中至学者，下到边民，都致力于文字规范化工作，从而，满足了社会迅速发展的需要”。①然而随着时代填替，今已不复得见盛况。故而，今天将字样学研究提上日程，极为重要的一方面也就在于对唐代字样学原貌的恢复。然复原字样学，就需要首先对基础工作进行全面细致的梳理。期望本选题所出成果能对复原唐代发达的字样学产生些许裨益。

而从现代汉字规范的角度来看，汉字规范化工作的推进也迫切需要字样学研究的深入展开。从秦代“书同文”开始到今天的汉字规范，正字运动一直贯穿于整个中华民族历史发展之中。汉字经过几千年的发展演变，经过历代政府和民间的规范整理，到今天，我们看到，有些问题已经得到解决或控制，但是仍有一些问题非但没有解决，反而又滋生了一系列新的问题。1949年之后，大陆和台湾分别施行了不同的汉字政策，其中大陆颁布施行的汉字整理简化政策影响巨大。目前的国际文化交流和信息技术领域中汉字的使用成了一个至为关键的因素。汉字在历史传承演变中，遗留下诸多棘手而又紧迫的难题，诸如字形不规范、字音不统一等等现象，如何更有效地让汉字服务于国家和民族的发展进步，成为摆在我们面前的一个难题。目前的研究很大程度上仅局限于在使用层面上对汉字进行修补，对于上述难题的解决则是远远不够的。汉字在统一规范中的诸多问题，必须逐本溯源，只有上溯到特定历史朝代加以分析和探究，我们才有可能攻克上述难关。唐代是楷书发展定型的关键期，今天使用的楷体汉字，定型完备于唐代，所以今天进行汉字整理规范，就不能不追溯至唐代，而字样之学是唐代楷字规范定型的指导和核心。关于这一点，大陆和台湾学者从20世纪80年代开始逐渐意识到，并为此做出了很多努力。故而对唐代正字运动及字样学的研究，无疑可以成为今天汉字整理与规范的指导和借鉴。

①张金泉《敦煌遗书与字样学——兼谈唐代文字规范化工作》，《文史》总第41辑，1996年。

必要性和紧迫性之外，我们认为，从可行性角度而言，今天业已具备了深入开展这一研究领域的各项条件。

首先，已有研究成果是本选题的研究基础之一。近代以来，尤其是19世纪末20世纪初，断断续续出现了一些研究成果，虽研究视角、方法、结论等均有不同，但足可成为我们进一步研究的重要积淀。对于版本源流的梳理和考证、文献校勘和笺注，使得我们工作底本的准确性和可靠性大为提高。对书中蕴涵的正字学思想的整理和揭示，为我们进一步研究提供了指导性的见解。字样学史（包括断代史）以及字样学原理的研究，以曾荣汾《字样学研究》和李景远《隋唐字样学研究》为代表。两部著作对字样学的历史、性质、功用以及各专书的字样学理等理论性问题进行了深入的分析和探讨。臧克和师曾撰文《楷字的时代性——贮存楷字的时间层次问题》[①]、《楷字的区别性——楷化区别性的丧失及其重建》[②]，二文虽然并不是专门针对字样学理论进行探研，然却对魏晋南北朝至隋唐之际楷化变异定型过程中，作为贮存形态楷字的时代属性问题、楷字对立区别性的丧失及其重建等问题进行了详细论证和阐发，亦成为本选题研究的理论基础，相关术语亦源自该文。

其次，相关领域，尤其是近代文字中俗文字学的研究成果提供了良好的辅助条件。在台湾，潘重规先生开创了敦煌俗文字学研究的新领域，首创《敦煌学》专刊，影印了中央图书馆馆藏全部敦煌卷子，培养了大批敦煌俗文字研究的人才，并且编纂了《敦煌俗字谱》、《龙龛手镜新编》等解读写卷的工具书。大陆方面，经由蒋礼鸿[③]、朱德熙[④]

①《中国文字研究》，2007年第1辑（总第8辑），郑州：大象出版社，第105—115页。

②《中国文字研究》，2007年第2辑（总第9辑），郑州：大象出版社，第1—28页。

③蒋礼鸿先生《中国俗文字学研究导言》："汉以后文字发展演变的情形怎样？人们在怎样地发展俗字以与统治阶级的垄断进行斗争？人们是怎样使用这些文字的？我们就知道得很少。俗文字学在文字学这个部门中到今天还几乎是空白的。为了填补这一大段和人民大众的生活历史有关的空白，使文字学的研究趋于完整，我们不该专力搞一下俗文字学吗？"（《杭州大学学报》，1959年3期《中国语文专号》）

④朱德熙先生在"汉字问题学术讨论会"开幕式发言中提到："汉字有悠久的历史，这方面的研究很重要。但是过去太着重于古文字的研究，总认为后代文字变化不大，没有什么好研究的。……但仔细一看，变化还是不小。就说从汉朝到现在，许多字都经历了很复杂的演变过程，这里面有很多东西值得研究。古文字的研究不是不重要，但近代文字研究尤其重要，因为它与我们关系更密切，就像古代史跟我们的关系不如近代史密切一样。所以我们应花足够的力量去研究近代文字的历史。……我们应提倡近代文字的研究，俗字的研究。现在我们对古文字知道得比较多，近代文字反而知道得比较少，有点厚古薄今，这是不对的。"（《汉字问题学术讨论会论文集》，北京：语文出版社，1988年）

诸先生的努力，俗字学的研究得到了巨大发展①。近年来，张涌泉先生《汉语俗字研究》（岳麓书社，1995年）、《敦煌俗字研究导论》（台湾新文丰出版公司，1996年）、《敦煌俗字研究》（上海教育出版社，1996年）、《汉语俗字丛考》（《汉语史研究集刊》第1辑，巴蜀书社，1998年），黄征先生《敦煌俗字典》（上海教育出版社，2005年）等著作的出现，将敦煌俗字研究推向了一个高潮。

再次，大量社会实物用字资料的涌现及信息技术的不断完善提供了强有力的保障。虽然王国维"二重证据法"已经提出一个世纪了，然而以往的研究中，由于并没有关联历代实物用字，致使得出的结论也多存在可商之处。而今天各种大型实物资料的集成著作，给我们的研究提供了强有力的支持和独特的视角，冀望能为滞后的字样学研究拓展别开生面的局面。目前大型的石刻资料汇编就有如下几部：

由北京图书馆金石组编纂的《北京图书馆藏中国历代石刻拓本汇编》（101卷，中州古籍出版社，1989年），精拓历代各类石刻文献，搜罗详备、内容丰硕，易于查检。

由中国文物研究所与各省市文博考古及古籍整理单位合作编纂的《新中国出土墓志》，已陆续出版河南卷（1994年）、陕西卷（2000年）、重庆卷（2002年）、北京卷（2003年）、河北卷（2004年）、江苏•常熟（2006年）、上海/天津（2009年），收录了新中国成立以来国内出土的历代墓志，并将拓片和释文合刊出版，是我们研究中不可或缺的一部分。

由西安碑林博物馆编纂的《西安碑林全集》（200卷，高峡主编，广东经济出版社、海天出版社联合出版，2000年），将西安碑林博物馆藏历代石刻资料精拓出版，大量罕见的珍贵资料得以同时刊出，给我们

---

①黄德宽先生在《从转型到建构：世纪之交的汉字研究与汉语文字学》（《语言文字应用》，2005年第3期）中总结："20世纪尤其是20世纪80年代以来，俗字研究逐步得以加强，成为文字学的一个新的亮点。敦煌卷子的研究促进了敦煌俗字的研究，发表了许多文章，还出现了敦煌俗字整理和研究的专门著作；字书俗字研究得到重视，这包括两方面内容：一是历代字书所收俗字的整理和研究，二是对大型字书所收汉语俗字的整理研究。近年来还整理增订了前人所编有影响的碑刻别字新编。明清刻本小说等通俗文学、医方、乐谱、农事等领域所用俗字和方言俗字也皆有学者涉及，长期不登大雅之堂的俗字研究呈现出一派繁荣景象。同时，近代汉字及俗字理论研究方面，发表了一批有理论建树的论文和著作，初步奠定俗字研究的理论基础，俗文字学作为文字学新的分支学科成为可能。"

的研究带来了极大的便利。

其中，墓志是这一时期石刻文献中的主要组成部分。赵超先生主编的《汉魏南北朝墓志汇编》（天津古籍出版社,1990年）以及周绍良、赵超先生主编的《唐代墓志汇编》（上海古籍出版社，1992年）及《续编》（上海古籍出版社，2001年），将此时段的墓志整理成释文，对其中的志文、铭文语句加以梳理，并对部分伪刻及疑伪作品，作了初步的探讨，为本选题的研究提供了有利的条件。

在此基础上，利用计算机技术构建的各类数据库平台，使我们的研究具备了得天独厚的资源优势，这一优势有力地保证了本选题的调查分析，能够超越前人时贤短期内不可能实现的研究。相关数据库包括“魏晋南北朝石刻语料库（华东师范大学中国文字研究与应用中心，2006年）”、“隋唐五代石刻语料库（同上，2008年）”、“传世字汇语料库（同上，2008年）”等，不仅实现了大批量语料的检索与分类，而且有力地保证了量化调查中的准确性。

本选题即于上述前提和条件下提出，相关分析和结论，不仅对字样学研究产生巨大的影响，也将对整个汉字发展史的断代研究产生重要的推动作用，从而有利于建立唐代语言文字的信息库，有利于鉴定、考订与校勘唐代文字及实物资料，有助于正确认识汉字简化的规律，也为后世整理研究规范汉字保存了大量可资借鉴的资料。同时在大型语文工具书的编纂和订补方面也能起到积极的作用。

第三节

研究综述①

从地域来看，本选题已有研究成果可大致分作国内和国外两部分。国内部分，由于近代及民国时期的著述特点鲜明，而1949年之后大陆和台湾研究重心又各成一系，国外部分则基本局限于韩日两国，故而本"研究综述"可大致分作四类统之：近代及民国时期、大陆、台湾、韩日，虽分类标准略有交叉，却更易于说明问题实质。又由于大陆和台湾是字样学研究的两大阵地，故本部分将两地成果加以对比分析，以期更好地推动字样学研究的全面发展。

一、近代及民国时期

隋唐科举制度的兴盛，使得整个社会对于文字书写高度重视。唐朝政府十分重视刊正字体，先后出现了颜师古《字样》（佚）、颜元孙《干禄字书》、张参《五经文字》、唐玄度《九经字样》等专为规范字体的字样学专书，在当时起到了减少异体字、规范定形字体、促进文字统一的作用，是汉字形体发展史上重要的变革。然而近代包括近代之前的很长一段时间里，对字样学著作的研究，成果并不多见，零星成果散见于各种刻本的"序文"、"跋语"或相关著述中（如《四库全书总目

①《汉字文化》2008年第5期（总第85期）刊载拙著《海峡两岸字样学研究三十年》，本"研究综述"大陆、台湾部分亦多取自该文。

提要》），内容也较为单一，多半为浅介或文献版本著述及源流考订等，且研究的对象亦较为单一，基本上局限于《干禄字书》一书。字样学研究成果除了《四库全书总目提要》之外，主要集中在清末民国初年，罗振玉撰有《〈干禄字书〉笺证》，孙祖同和俞鸿筹撰有《〈干禄字书〉笺证补》。直到20世纪80年代，台湾曾荣汾、大陆施安昌等学者才又重新打破了字样学研究沉寂多年的局面，并为两地字样学研究做了许多开创之功。近代及民国时期的研究成果，刘中富先生在《〈干禄字书〉字类研究》中已有详细梳理，然为更好地梳理字样学研究史，故仍简要列出要点，以供研究之用。

《四库全书总目提要》简要介绍了《干禄字书》的版本源流，在内容校勘方面，“補缺文八十五字，改訛體十六字，刪衍文二”，并举例说明部分收录的字在字级归属上的缺误，“其中如‘虫蟲’、‘啚圖’、‘商商’、‘涷涷’截然兩字，而以為上俗下正。又如皃，古貌字，而云貌正皃通。氐之作互、韭之作韮，直是俗字而以為通用”。又，《四库全书总目提要》已经出现了内容正误的考证，其他涉及这一方面的著作，代表性成果有段玉裁的《经韵楼集》卷七《书〈干禄字书〉后》。此文乃段氏参校胡高望之刻本与宇文时中之石刻残本所得，文中指出胡本“脱字”8条，“倒植字”9条；指出宇文石本“讹字”14条，“衍脱字”8条，“倒植字”7条。另外还提及《干禄字书》的价值与不足[1]。

近代著名学者罗振玉撰有《〈干禄字书〉笺证》一书。该书以蜀本为底本，援引《说文》、《玉篇》等传世字、韵书及传世经史典籍用例，用随文加注“案语”的形式进行笺证，共加“案语”128条。

之后，孙祖同、俞鸿筹著《〈干禄字书〉笺证补》对罗书加以增补和订正，共计183条。增补所涉材料比《〈干禄字书〉笺证》要广泛得多，不仅有《说文》、《玉篇》、《尔雅》、《广韵》、《集韵》、《五经文字》、《九经字样》、《字鉴》、《佩觿》等字书材料，还有《诗》、《书》、《礼记》、《周易》、《孟子》、《庄子》、《左

① “朝議之撰此書，辨别俗、通、正三體，則張氏《五經文字》、唐氏《九經字樣》之先聲也。字有相亂，因而附焉，則郭氏《佩觿》之始基也。其正字既皆合古，即其通字、俗字，學者流覽，亦可推古今遷移之故。今世俗字與唐時俗字之有不同，而爲校定古書之一助……”

传》、《史记》、《汉书》、《文选》等文献材料。《〈干禄字书〉笺证补》还指出了文字运用中的一些通借情况。

上述著述虽多是对《干禄字书》的补订，然而因并未参校唐代社会用字实际，故而所得成果，仍可商榷之处，比比皆是。仅以《〈干禄字书〉笺证》“倒列例”为例，如《干禄字书·去声》：“盜、盗，上俗下正。”汉代隶变出现从“次”字形，如《北海相景君铭》作“盜”。楷化变异阶段，“盗”形大行，《篆隶万象名义》（以下简称《名义》）字头、释义传抄字形亦均作“盗”。今据六朝至唐代石刻楷字用例来看，作“盜”形者仅偶或出现，故而《干禄字书》以社会实际用字为准，并未取《说文》从“次”字形为正。罗振玉《〈干禄字书〉笺证》等多依《说文》及宋以后字、韵书，认为《干禄字书》“二字倒列当改正”，实未审当时社会用字实际及《干禄字书》正字理念，强为之解而致误，其余判定为“倒列例”者，大半失误如此。

二、大陆字样学研究

（一）正字运动

正字运动与字样学相互促进，相辅相成。施安昌《唐代正字学考》(《故宫博物院院刊》，1982 年 3 期：第 77—84 页）认为唐代正字运动起到了三个作用：促进了楷体字的规范；肯定了汉字的简化；巩固了文字的统一。正字运动既适应了社会发展的需要，又顺乎文字演变的潮流。

陆锡兴《唐代的文字规范和楷体正字的形成》（《语文建设》，1992年6期：第14—16页）重点讨论了张参《五经文字》对唐代正体字形成的重要作用，强调了《说文解字》的权威性，把汉字规范和经籍联系起来，并且提出“隶变”一词为《九经字样》作者唐玄度所创。

李海霞、何宁《唐代正字运动》（《文史杂志》，2000年1期：第66—69页）从历史的角度讨论了正字运动的发生、发展过程。

上述三篇论文分别从正字运动的作用、正体字的形成、正字运动的过程等不同角度对这场文字改革运动进行了深入的分析。

此外，齐元涛《颜氏家族与楷体字形的确立》（《山西师范大学学报（社科版）》，2001年4期：第99—103页〕，广州大学语言学研究所承担的国家社科规划项目“自秦以来汉字规范政策及其经验教训的研究”所出成果《南北朝隋唐时期的汉字规范》（《学术研究》，2005年5期：第114—122页）等亦涉及唐宋正字运动，不赘。

（二）字样学著作本体研究

1．单部专书研究

施安昌《颜真卿书〈干禄字书〉》（紫禁城出版社，1992年）是第一部研究《干禄字书》的专著。本书选故宫博物院藏明拓善本全部影印，并附编了《补干禄字书表》和《部首检字表》，书后还载有《唐人〈干禄字书〉研究》一文。《补干禄字书表》系从《五经文字》和《九经字样》中选择《干禄字书》未收者，凡一千三百余字，编辑而成。而《部首检字表》则将《干禄字书》和《补干禄字书表》所收之字分为99个部首，按部首及笔画多少为次编排，解决了《干禄字书》以“四声”排序，不便检索的困难。《唐人〈干禄字书〉研究》一文则比较详细地说明了《干禄字书》的写作背景、内容和作用，并介绍了《干禄字书》的石本、刻本及故宫收藏的拓本情况。

刘中富《〈干禄字书〉字类研究》（齐鲁书社，2004年）是《干禄字书》研究著述中，纯文字学领域里的一项成果。是书对《干禄字书》所收录的707组异体字和97组易混字进行探讨。对异体字的俗、通、正三体进行历时和共时的考察，分析俗字、通字和正字的基本性质，比较俗字、通字跟正字的形体关系，考察各类字的来源和后世传承情况，并讨论《干禄字书》易混字的性质类型及实际使用状况等。

此外，研究单部专书的论文还有符渝《〈干禄字书〉的正字观及现实意义》〔《北京师范大学学报（人文社科版）》，2002年4期：第134—139页〕等数篇，内容大多为概述或浅介，不一一阐述。

2．综合对比研究

施安昌著有《善本碑帖论集》（紫禁城出版社，2002年）一书。该书第一编“唐代正字学考”收论文六篇。其中《关于〈五经文字〉》一文对《五经文字》的成书、内容体例、所反映的文字观及石刻和刻本等方面进行了初步的考证和探讨，为进一步研究提供了可靠的基础。《略论〈干禄字书〉与〈五经文字〉同异》一文则将《干禄字书》所列正、通、俗字与《五经文字》所收字进行了全面的统计分析，找出了两书异体字类型的对应规律，结论如下：两书的正字基本相合，择定正字标准时都没有完全拘泥于《说文》，而是采取通变折中、求简避繁的态度。发生分歧主要在通、俗体方面。《干禄字书》肯定了通体、俗体，《五经文字》则把通、俗体大部分列入讹字（共360余个），采取排斥态度。这是两书作者文字观不同的反映。

何继军《唐代“三书”俗字研究》（安徽师范大学2004年度硕士学位论文）是一篇专题综合对比研究论文。该文分别介绍了《干禄字书》、《五经文字》、《九经字样》俗字的概况（共1135个），对三部著作中的俗字分为七类，并做出数据统计，进而逐一进行了理据分析。同时对其产生与传播的心理认知进行了分析，即追求书写简便、表意明确、联想类推及书写美观，在此基础上总结了“三书”俗字的特点。

3.《开成石经》及出土字样学著作研究

《开成石经》是唐文宗太和四年政府为了规范经籍用字混乱、错讹现象，下令刊刻的用于规范经籍用字字形的儒家经碑。这是正字运动的产物，与字样学研究也密不可分。专门从文字学角度进行研究的论文，我们今天能搜集到的只有吴丽君的《〈唐开成石经〉研究》（北京师范大学2004年度硕士学位论文）。

该文介绍了《开成石经》刊刻的社会背景及在汉字发展史上的作用。文章将《开成石经》用字类型分为字形完全相同、异写字、异构字，从异写和异构两种模式将其与《干禄字书》的字形作了举例说明，并且将《干禄字书》所收通字、俗字在《开成石经》中的分布作了举例说明。同时从字形和用字两个层次又将《开成石经》与《五经文字》、《九经字样》作了比较。

相对于传世字样学著作，出土字样学著作也出现了一批成果，主要对象是敦煌藏经洞发现的写本字样书，其中以《正名要录》为主。由于这部分资料大半藏于海外，故成果相较传世字样学著作而言，更为薄弱。张敏《〈正名要录〉研究》（河北大学2006年度硕士学位论文）分析了《正名要录》内部构形关系，并按照《正名要录》全书标列的六个部分，对前五部分内容进行了介绍。根据每一组对比字产生的原因将其进行归类，并进行了量化统计，对《正名要录》所反映出来的正字思想进行了阐述。首先以表格的形式从来源、理据及构形模式三方面分析了《正名要录》选用的正字标准；其次从“注重时宜的精神”、“字级区分方法”及“易混字之辨析”三个方面分析了《正名要录》的正字观念。

4．音韵学及其他

字样学著作不仅是规范用字的书籍，而且在注音与韵次排列上也独具特色，故亦可作为珍贵的音韵学资料加以利用。从音韵学角度进行研究的文章有：王显《对〈干禄字书〉的一点认识》（《中国语文》，1964年4期：第304—318页）、邵荣芬《〈五经文字〉的直音和反切》（《中国语文》，1964年3期：第214—230页）；石磊《〈五经文字〉音注反映的中唐语音现象》（《古籍整理研究学刊》，2000年4期：第27—30页）。

另外，有几篇涉及《干禄字书》版本的文章，如：方晓《〈颜氏干禄字书〉综述》（《四川文物》，2005年1期：第59—63页）等，限于篇幅和本文结构的需要，不做过多分析。

（三）字样学与现代汉字规范

关于字样学与现代汉字规范关系的研究，有关文字规范和文字学史的著作都有专门介绍。如范可育等编著的《楷字规范史略》（华东师范大学出版社，2000年），对6部在楷字规范史上具有重要意义的字书作了专门研究。该书将各书所收正字与其在现代汉字中的分布及现代汉字在各书中的属性作了初步的比对和探讨，列表分析了各类正字、并正字、隶省字与现代汉字之间的传承关系，由此探讨了几部专书对现代汉字规范所起到的重要作用和重大意义。

又如范可育《〈五经文字〉并正字、隶省字与现代汉字的传承关系》〔王均主编，《语文现代化论丛（第三辑）》，山东教育出版社，1997：第107—116页〕一文，调查得出《五经文字》中的并正字组，每组都有一个形体与汉字的现代楷字规范字形有着密切的联系。隶省字与现代规范字完全一致的还有44.59%的比例。隶省字与《说文》字的传承演变关系，主要趋势是简化。

郝茂《三种楷体正字书的比较》〔《新疆大学学报（哲社版）》，1996年1期：第102—105页〕将《干禄字书》、《五经文字》及1955年公布的《第一批异体字整理表》在其产生、确定正字的准则、规范字形的手段及在汉字规范史上的作用等方面作了简要的归纳和比较。文章提出：在确立正字的原则上，《干禄字书》和《五经文字》侧重于溯源，尤其是《说文》在正字形体的确定中具有首要地位。而《第一批异体字整理表》一方面尊重汉字历史的传承和理据的保持，另一方面重视某一字形在社会上的流通程度，以保证文字最大的社会效益。规范字形的措施方面，《第一批异体字整理表》则更为严格，直接废除了1055个异体字；对于正字，每个语素只确定一个正字字样。其正字的主要特点为：从俗、从众，正字与异体字之间泾渭分明，消除了唐代部分正字中自身含有异体字性质的现象。整个正字是一个相对稳定而又开放的系统，它在使用中有步骤地进行着合理的局部调整。

三、台湾字样学研究

（一）字样学史、断代史及通论性研究

字样学通论性成果主要出现在台湾。曾荣汾《字样学研究》（台湾学生书局，1988年）是字样学理论的奠基之作。本书于字样学之名义、缘起、价值、发展，以及学理剖析、研治方法、《干禄字书》所具字样学理之探索等，均进行了较为系统的分析和梳理。

是书首先定义："字样者，即为文字书写之法式，而研究此书写法式诸种问题之学科即可谓之为'字样学'也。"并且将字样学与相关学科（文字学、形体学、俗文字学、字典学）的关系进行了对比分析，从而阐发出字样学研究的学术价值，并对字样学的发展提出了"宜随时调整"的理念。该书于台湾首次赋以字样学当有的学术地位。

韩国李景远的《隋唐字样学研究》（台湾师范大学1997年度博士学位论文）是第一部字样学断代研究的论文。该文对隋唐字样学进行了定义，首次提出用广义、狭义分称字样学："'字样学'，其名义上有广

义与狭义之分。‘广义的’是指历来对各个体系汉字所进行的所有文字整理的学术，‘狭义的’是指隋唐兴起的釐正楷书形体笔画的正讹而拟订用字标准的学术。”

该文在曾荣汾《字样学研究》对《干禄字书》涵具的字样学理进行归纳的基础上，总结了隋唐字样学著作所呈现的字样学理论，共有七条：辨别楷书字体的分歧与相混；区分字体等级；规定各字级的适用范围；树立正字的标准；采用或改革分类法以合时代需求；承认通俗字体或否定通俗字体；采取以字根统类的原则。

（二）专书研究

曾氏的博士论文《〈干禄字书〉研究》是第一部全面研究《干禄字书》的论文。作者在“自序”中首先肯定了《干禄字书》产生的原因：“隋唐肇兴，风俗趋整，因有整理文字之事。师古《字样》，首倡其风，杜氏延业承之，而嫌烦碎，集其大成而宏其体制者，厥为元孙之《干禄字书》。书分四声，析定正俗，辨明讹混，字样学由是而兴。”

关于论文的研究内容，包括颜元孙生平、家世及撰书之背景、版本、内容、资料、地位等方面，该学位论文旁征博引，资料丰实。但有不少内容不属于《干禄字书》的本体研究，故而“自序”中作者做出解释说：“凡此六编，虽主研《干禄字书》，亦有意借以探寻‘字样学’整理之理论，故有《字书》体例之研析，资料之旁搜。”

此后，曾氏出版了《字样学研究》一书，但又用近一半的篇幅析介《干禄字书》的体例、内容以及所蕴涵的字样学之学理等。可见，曾氏研究《干禄字书》是将其置于字样学的框架内，而研究字样学又以《干禄字书》为核心，借以彰显《干禄字书》在字样学领域的独特地位。

李景远的《隋唐字样学研究》将隋唐字样学著述悉加收录，包括《干禄字书》、《五经文字》、《九经字样》及出土的敦煌写本《正名要录》等。每部专书，作者先介绍各书基本内容，包括作者、成书年代、撰述动机、收字范围、字数及体例诸方面。然后对每部专书所分字级的内涵进行归纳，并将出土字样学与传世字样学著作、传世字样学著作之间所分字级进行相应比对，在此基础上，归纳各书所分各类字级的属性。据此，作者分析了各书正字标准、来源及所呈现的正字观。

李氏另一篇学位论文《张参五经文字之研究》（台湾政治大学1989年度硕士学位论文）是研究《五经文字》论文中成果较大的一篇。该文的主要内容及结论大半收入其《隋唐字样学研究》一文中，此处略而不述。

出土字样学著作研究，台湾仍以《正名要录》为主。蔡忠霖《敦煌字样书〈正名要录〉研究》（台湾中国文化大学1982年度硕士学位论文），论文分为“研究篇”与“笺证篇”两部分。“研究篇”对《正名要录》的作者、年代、体例、地位及价值方面加以考证论述；“笺证篇”则对《正名要录》之文字作逐字的校录、笺证。

四、韩日研究现状

如同字样学研究在国内的滞后一样，字样学在国外的发展也不容乐观。据我们目前能见到的资料，国外研究字样学的主要有日本和韩国两个国家。

日本研究字样学时代较早者为小岛成斋（1796—1862）。小岛成斋的主要著述为《〈干禄字书〉辩证》，是书主要利用历代实物用字资料，尤其是汉隶以下的碑刻文献用字，对《干禄字书》所规范字样，进行逐一说解。大部分字组仅列出贮存该字形之实物文献名称。一百余年之后，日本又出现了一位致力于字样学领域研究的学者——西原一幸。然而由于各方面条件所限，我们仅能搜集到西原一幸系列论文中的一部分，仅列题目如下：

●《独立の书志范畴としての“字样”》，西原一幸，金城学院大学论集国文学编第27号，1984年。

●《敦煌出土〈新商略古今字样撮其时要并引正俗释〉残卷について》，西原一幸，金城学院大学论集国文学编第28号，1985年。

●《唐代字样两种の研究と索引》，大友信一、西原一幸，樱枫社，1984年。

●《敦煌出土〈时要字样〉残卷》、《〈颜氏字样〉以前的字样》、《杜延业撰〈群书新定字样〉的佚文》、《唐代楷书字书の成立》，等等。

而韩国的字样学研究与台湾本领域的研究是分不开的。韩国青云大学中文系李景远教授领衔创办的韩国中国语文学会，业已成为字样学研究的重镇，他们同时创办了自己的会刊《中国语文论丛》。李景远博士学位论文《隋唐字样学研究》，虽然是在台湾师范大学撰作，但是在韩国，这部论文实为发端之作。本部分仅列李景远著述中的部分题目，以窥一斑。

●《敦煌写卷S388—1残卷的考察——〈群书新定字样〉》（《中国语文论丛》第11辑，1996年）。该文主要对敦煌写卷S388—1残卷进行了考察和分析，推论即为杜延业所著《群书新定字样》。

●《唐代字样学著作的正字观及其理论根据——颜之推〈颜氏家训·书证篇〉的文字观》〔《中国语文论丛》12 辑（别刷本），1997 年〕一文认为《颜氏家训·书证篇》中的文字观，是唐代字样学著作确立正字标准之理论根据的渊源。该文并将《干禄字书》等著作选定正字的来源汇成表格，统计出了具体的数据。

●《唐代字样所呈现的正字观》（《国文天地》第13卷第3期，1997年），内容见其博士学位论文《隋唐字样学研究》。

●《现存最早的字样著作颜愍楚〈俗书证误〉——〈俗书证误〉的著者与版本》（《中国语文论译丛刊》第6辑，2000年）一文首先考证了颜愍楚《俗书证误》的编纂年代为隋代，著者为颜之推之次子，从而否定了《俗书证误》的首行标题撰人作“宋颜愍楚”。其次考察了各种版本的异同，即按照统计结果《秘册丛说》本《俗书证误》前半部收录103条共110字，后半部《讹习诸字》收录51字。其他版本则与《秘册丛说》相异不远。

●《〈干禄字书〉研究及重编》（韩国金山实业，2001年）全书分研究篇和重编篇。研究篇多属于概要和简介性质，重编篇以后知不足斋本为底本，参校其他版本，对字头、注文加以补足校正，基本类于故宫博物院藏明拓善本，故于国内研究者影响不大。

●《楷书字样著作正字标准的研究》〔《中国语文学论集》第30号（别刷本），2005年〕文章归纳整理各书所谓正字标准，即为《说文》、《字林》、《石经》以及其他字书与经典文字，并且分析出主要因素即受当时书学所定课程的影响。

五、两岸字样学研究的异同

上列研究成果可以看出，大陆和台湾是字样学研究的主要阵地。所涉及范围包括正字运动、字样学史、文字学研究、音韵学研究及与现代汉字规范对比研究等方面，但是其研究侧重点则体现出严重的不均衡性，故而对比两岸字样学研究的异同，可以进一步推动整个字样学研究的发展。

台湾方面，字样学史，包括断代史的研究是其核心。通论性著作也主要出现在台湾，代表作是曾荣汾《字样学研究》和李景远《隋唐字样学研究》。专书研究方面，曾氏《〈干禄字书〉研究》是全面研究《干禄字书》的第一部专著，而李景远《隋唐字样学研究》则将今所见唐宋时代字样学专著近乎全部囊括。出土字样学专著，尤以敦煌写本《正名要录》为核心的“为字”类著作研究，则以蔡忠霖《敦煌字样书〈正名要录〉研究》为代表。

虽然字样学理论性著作主要出现在台湾，但在研究的广度上，则是大陆学者取胜。从本节第二部分可以看出，大陆学者在正字运动、文字学、音韵学、版本目录及与现代汉字规范对比等方面对字样学进行研究，成果较为丰富。

从研究视角来看，字样学研究历来偏重于传世字样学著作的本体研究。对于字样学所涉及的汉字规范以及出土类字样学著作的研究则相对薄弱。在传世字样学著作中，则以《干禄字书》为重镇，其中台湾学者曾荣汾和大陆学者施安昌用功最勤，成果比较突出。传世字样学著作中的其他几部——《五经文字》、《九经字样》则依次减弱。《九经字样》在几部专书中，部头最小，其体例内容实承《五经文字》，今人对《九经字样》作专门研究者至今未见。

从研究方法和结论上来看，传统的语言文字学研究方法在上述研究成果中并不明显，进行具体细致考证的大型成果还未出现。大半文章侧重于字样学的析介或概述，导致许多文章大同小异，所得结论也缺乏新意。此外，大量使用数据统计和列表分析，这类数理手段的使用也大半流于表层的调查和统计，并未有深入研究得出的量化统计和定性分析，以及在此基础上得出的理论性结论。还有部分文章出现了不恰当的言辞，不仅得出的结论略显牵强，且过于偏激。这几方面尤以大陆方面为重。

从研究者来看，大半为高校研究生，故而研究成果中，多半为学位论文，以及由学位论文节选或摘编出的单篇文章，由于缺乏交流和沟通，以及学位论文种种条件的限制，大多数论文流于表层的概述和介绍，缺乏有深度和创见的成果。

从国际影响来看，韩国的字样学研究与台湾本领域的研究是分不开的，李景远对于隋唐字样学的研究和整理也同时奠定了韩国关于字样学研究的基础，其领衔创办的韩国中国语文学会及出版的会刊《中国语文论丛》，业已成为字样学研究的重镇。李氏博士学位论文《隋唐字样学研究》，亦成为发端之作。同时，韩国与大陆关于字样学研究也有了进一步的发展，2007年底李景远先生来华东师范大学进行学术交流，共同推进了两岸字样学研究的国际化发展。

综上所述，对于唐代字样学著作的文字学研究，有待深入，许多问题亟待解决，尤其是对于字样学著作所收字的具体分析和考证还未展开，这也是本文将努力解决的问题。本选题将对唐代字样学著作贮存楷字进行系统的调查、统计、梳理、分析及考证，力求能对唐代的实际用字情况有更为清晰的把握，并且能够进一步梳理汉字发展史的断代研究，亦用以指导现代汉字规范工作。

鉴古知今，唐宋时代的文字规范工作不仅对当时的文字产生了积极的作用，而且为今天的汉字规范化提供了宝贵的经验。研究字样学，最终目的就是用以指导现代汉字规范。当下网络技术迅猛发展，汉字规范问题变得日益紧迫。许多问题只有从字样学著作中才能找到解决的思路和方法，因为那里才是源。故而字样学研究，无疑成为现代汉字整理与规范的指导和借鉴。

第四节

文献版本

本文研究对象为唐代字样学著作中具有代表性的三部：颜元孙《干禄字书》、张参《五经文字》、唐玄度《九经字样》。三部著作均为传世文献，不仅有刻本流传至今，更有刻石保存原貌。然而，由于刻石较刻本更不易见到，故以往的研究中，绝大多数成果所依据文献版本为刻本，尤以《五经文字》、《九经字样》突出。本文所依据三部文献均为刻石资料，故而亦成为区别于以往研究成果的一个创新之处。各书所取版本如下：

一、《干禄字书》一卷

作者颜元孙，660—669？～732年，字聿修，唐京兆长安人。成书年代未详，因“序”中“頃因閑暇，方契宿心”一语，故学者推测其成书时代约为唐玄宗即位（712年）后不久颜元孙遭贬谪的十年中所作。书写刻石年代[①]，为大历九年（774年）颜真卿出任湖州刺史一职期间。此本与开成四年（839年）湖州刺史杨汉公重摹勒石本皆称“湖本”。本文《干禄字书》部分大半图版为影印故宫博物院藏明拓善本，底本为南宋绍兴十二年（1142年）“蜀石本”，世称“蜀本”。唯

①施安昌编《颜真卿书干禄字书》（紫禁城出版社1990年影印故宫博物院藏明拓善本）第66页“有唐大曆九年歲次甲寅正月庚子朔七日景午，真卿於湖州刺史宅東廳院書之”。

“萍、檐、矜、凌、稜、函、蚌、氏、氏、龠、介、奮、鴈”诸字因断残或损泐较重，择用《丛书集成初编》所选夷门广牍本[1]，“講”字因夷门广牍本失真，其图版另择李景远重编后知不足斋本《干禄字书》[2]。

二、《五经文字》三卷

作者张参，生卒年不详，《新唐书·宰相世系表》记载为唐泾州人，开元、天宝间进士，大历中任国子司业。是书成书年代，据张参《五经文字·序例》推知，为大历十年（775年）夏始，十一年（776年）夏成。书成首书屋壁，元和十四年郑余庆、太和年间祭酒齐皞、太常博士韦公肃再书于木。太和七年（833年）唐玄度奉敕覆定石经字体，开成二年（837年），《开成石经》刻成，《五经文字》同《九经字样》刻附于十二经之末。乾符三年（876年）毛诗博士孙自牧以家本重校勘定。本文《五经文字》部分，所用图版为日本京都大学人文科学研究所所藏西安碑林开成石经拓本影印本。“梫、本、柢、拚、羖、翔、徬、徯、徧、征、彷、徨、歷、鼐、鼒、鼏、胉、肵、脛、觼、觥、觶、觗、觡、觜、觷、觳、觴、苟、范、蒲、篴、裘、褩、稊、貉、貊、諫、護、謠、謡、砥、砦、硩、磋、碎、確、磌、磬、碹、屬、壠、垂、垩、亞、坐、圭、珪、培、瘞、坋、凷、塊、琢、玠、嵩、离、禹、爂、奭、臭、濛、瀌、準、湑、馮、純、紝、緣、飪、饁、餞、鈑、婁、屺、夋、書、晝、兜、毳、昄、昊、虛、虤、虐、韝、鼗、嘉”诸字因石碑残缺，故另择《丛书集成初编》所选后知不足斋本（从唐石本覆刊）影印本补足。“葆”字因诸本均为空格，故无法出具原形图片，暂阙。

三、《九经字样》一卷

作者唐玄度，生卒年、里籍均不详。据《九经字样·序》，是书成书于《开成石经》刊刻的过程中，成书年代即太和七年（833年）至开

①《干禄字书（及其他一种）》，《丛书集成初编》，北京：中华书局，1985年。
②(韩)李景远：《干禄字书研究及重编》，韩国金山实业，2001年。

成二年（837年）。书成后同《五经文字》刻附于十二经之末。本文《九经字样》部分，所用图版为日本京都大学人文科学研究所所藏西安碑林《开成石经》拓本影印本。西安碑林石经拓本图版“塞、煐、煖、旨、旨”五字缺漏，以传世刻本《丛书集成初编》所选后知不足斋本（从唐石本覆刊）影印本图版补足。除刻石资料外，上述三部著作的传世刻本，即《丛书集成初编》所选夷门广牍本《干禄字书》（包括韩李景远重编后知不足斋本《干禄字书》）、《丛书集成初编》所选后知不足斋本（从唐石本覆刊）影印本《五经文字》、《九经字样》作为重要的参校资料，亦对本选题的研究提供了重要的文献支持。

第二章 基本属性测查

大凡在语言文字学领域研究字样的学者，多会使用数理统计的手段量化研究。但由于操作者使用材料的不同、统计方法和手段的相异，得出的结论亦不相同。从现有研究成果来看，字样学著作的收字量，各家莫衷一是；收字来源的调查停留在整体性的介绍上，具体细致的量化有待深入；各家统计所得出的各类数据缺乏深入细致的分析和探究……针对上述问题，本章主要从字量统计、收字来源和范围以及注文属性测查等三个方面，依据华东师范大学中国文字研究与应用中心研发的『字样类传世字书语料库』，对唐代字样学著作所收字进行整体、宏观的统计和量化，并对已有成果和结论进行增补或订正。

本章由于涉及大量表格及数据分析，故单独于章末增『定性分析梳理』一节以集中呈现本章调研内容及结论。

第一节

字量统计

一、字量统计的意义

字样学著作作为贮存楷字的重要载体，其收字量反映了汉字发展史特定时期的面貌。而收字量作为该文献类型的属性之一，是进一步深入研究的基础。

测查各部字样学专著收字数量，一方面为专书研究提供最可靠的数据来源和研究基础，另一方面能够为字样学著作之间的对比研究、字样学著作与字书之间的比较研究提供可能。字样学著作所贮存的汉字形体直接反映了当时社会的用字面貌。准确的数据分析，能够解答当时社会实际用字中，哪些字形属于易混字、哪些属于被规范字及所占比例等问题。对不同时代、不同类型的字样学专著字量的测查，可以描述所规范字形的发展轨迹，尤其是在量上的变化。

在信息化、标准化的时代背景下，字样学著作的字量统计，以及在此基础上的属性调查描写成为首要也是最迫切的工作之一。由于测查工具的局限和统计手段的滞后，对于大多数的专书研究，前人往往很难给出具体的字量统计数据，部分成果由于采用手工统计，经过大量繁杂工作之后出现了偏差，各家得出的结论也多有不同，以致进一步研究中，使用者会陷入无可适从的困境。以目前研究成果中的字量统计为例，唐代三部楷字字样学著作的收字量，各家测查后所得出的数据，均不相同。对于这样一个基础性的、并不复杂的工作而言，的确是一个遗憾。

今天科研条件的发达及研究手段、方法的进步，特别是基于数据库的字量统计为我们解决这一问题提供了成熟的时机。我们的工作首先是为进一步研究提供准确可靠的数据来源和基础，同时能够终结现有成果中各家数据不一致的局面。在出具数据库统计字量之前，首先需要对已有成果的统计情况作出交代。

二、已有成果的统计情况

（一）《干禄字书》

由于《干禄字书》在字样学中占有重要的地位，研究成果较其他二书也最为丰富，又由于颜元孙及后世刊刻、传刻者未对收字量做出统计说明，故已有成果中的字量统计也较为多样。在我们所搜集的资料中，收字量的统计主要有三种：

（1）1599字。共有三家同意此说。施安昌《唐人〈干禄字书〉研究》："此书共举字例一五九九个（其中重文七一七个）。"[①]范可育等《楷字规范史略》："《干禄》是一部标示汉字规范的专著。收字1599个。"[②]李建国《汉语规范史略》："《干禄字书》以平上去入四声分部编次，收字1599个。"[③]

（2）1649字。（韩）李景远《隋唐字样学研究》："《干禄字书》总共收802字组，其中'同字'有94组，别字有708组，收录总1649字，其中个别字收900字。"[④]

（3）1656字。刘中富《〈干禄字书〉字类研究》："共整理汉字804组，凡1656字。其中异体字707组，易混字97组。"[⑤]

（二）《五经文字》

《五经文字·序例》："凡一百六十部，三千二百三十五字。"由

---

①施安昌：《颜真卿书〈干禄字书〉》，北京：紫禁城出版社，1990：92。

②范可育等：《楷字规范史略》，上海：华东师范大学出版社，2000：17。

③李建国：《汉语规范史略》，北京：语文出版社，2000：118。

④（韩）李景远：《隋唐字样学研究》，台北：台湾师范大学博士学位论文，1997：73。

⑤刘中富：《〈干禄字书〉字类研究》，上海：华东师范大学博士学位论文，2004：2。

于作者明确指出该书收字量为3235字，故今人较多认同《序例》所出数据，而少加统计。如范可育《五经文字并正字、隶省字与现代汉字的传承关系》：“《五经文字》所收的3235个字头中，有308个是并列的字头。”[①]

此外，另有三种统计结果，分别为：

（1）约数。施安昌《唐代正字学考》：“收三千二百余字，定部首一百六十个，书分三卷。”[②]此处没有给出具体的数字，但文中其他数据，如《干禄字书》的收字总数等均有确切的数字。

（2）3250字。李景远《张参五经文字之研究》：“笔者依据现存本统计，其书共收三千二百五十字，其重文二百六十七条（包括七个三体重文），不算重文，实际上收二千九百七十六条的个别字。”[③]

（3）3289字。赵海燕《〈五经文字〉的正字观及其现实意义》：“《五经文字》实收字样3249个”，“总计3289字。有的字重复见于两种经典，所以总数比实际的字数要略多一些”。[④]赵文所谓“字样”即不重复的字头总数。

（三）《九经字样》

《九经字样》体例一依《五经文字》，石经《序》中指出：“凡七十六部四百廿一文。”由于《九经字样》收字较少，专题性研究成果仅见下述两种。

（1）李景远《隋唐字样学研究》，但该书所统计收字量为418字，比《九经字样·序》所指出的421字少了3个，该书统计数据列表[⑤]如下：

部首数	字数	重文数	个别字总数
76	418	132	286

①范可育:《五经文字并正字、隶省字与现代汉字的传承关系》，王均主编《语文现代化论丛（第三辑）》，济南：山东教育出版社，1997：107。
②施安昌:《唐代正字学考》，《故宫博物院院刊》，1982(3)：79。
③（韩）李景远:《张参五经文字之研究》，台北：政治大学硕士学位论文，1989：41。
④赵海燕:《〈五经文字〉的正字观及其现实意义》，《达县师范高等专科学校学报（社会科学版）》，2005，15（4）：25。
⑤（韩）李景远:《隋唐字样学研究》，台北：台湾师范大学博士学位论文，1997：80。

（2）何继军《唐代“三书”俗字研究》所统计的结果为422字：“《九经字样》一卷，总字422个……七十六部（含杂辨部）。”[①]

《五经文字》、《九经字样》除各书《序例》外，已有研究成果中统计数据所调查的底本均为传世刻本。

上列统计数字说明两个问题：一是版本的不同导致统计数据出现误差；二是同种版本资料，不同的统计者手工统计仍然会出现偏差，《九经字样》虽然仅400余字，但仍出现了三种统计结果，足以看出量化统计研究中需要做的工作绝非简单的数数字而已。

三、基于数据库的字量统计

已有成果中参差不同的统计数据说明，工作底本的择取至为重要，绪论中已经明确交代了本选题所依据的版本传承，各书收字量测查所依据的版本，即绪论中所交代的工作底本，此处不赘。

基于“字样类传世字书语料库”的统计分析，下文将各书收字量统计情况依次列出。

《干禄字书》收录字头总数为1656字，共804组，按其编排体例，分四声列表如下：

四声	二体字组				三体字组				总字数	分组数
	异体	别字			异体	别字				
		形或音似	某义通用	二字义同		形似音异	某义通用	二字义同		
平	246	40	3	1	20	1	2		650	313
上	133	22		1	10			1	344	167
去	167	14	1		9				391	191
入	107	21			5				271	133
总计	653	103			44	4			1656	804

上表清晰地列出了《干禄字书》收字量情况，所有字组及字际关系等数据，均依原书注明得出，对于原书收录和分析有误的字组，一依原书所注明，本表统计时暂不作讨论（《五经文字》《九经字样》亦

①何继军:《唐代“三书”俗字研究》，安徽师范大学硕士学位论文，2004：18。

同）。其中两个形体的组数为756组，三个形体的组数为48组。所有异体字组为697组，某一义项通用的字组为6组，属于二字同义情形的字组为3组，其中包含一组三体字组，这一字组中的其中两字为二字同义。完全为非异体字，只在形体或声音上有近似之处的组数为104组。

需要说明的是，上表各字段的命名，非字样学编纂体例中的专名或术语，而是我们在统计《干禄字书》收字情况之后得出的汇总，故其他字样学专书如《五经文字》等统计汇总时，其命名亦会与《干禄字书》不同。命名原则尽可能精简易懂，而表格中没有的数值则为空，并不标注为“0”，亦是遵循先统计、后汇总命名的思想。

《五经文字》三卷，收录字头总数为3250个，总字样数为3249个（其中包含一组重出字头“沮”[①]字），共分为2902组字，重文共有336组（包括三体重文6组），重文外字头数2566个。各卷字数统计列表如下：

	部首数	重文字组		重文外字头	总字头数	字组数
		二体	三体			
上卷	36	100	1	755	962	858
中卷	58	102	2	1110	1320	1214
下卷	66	128	3	701	968	833
总计	160	336		2566	3250	2902

《九经字样》共收录字头422字，字组数为287组，其中重文129组，重文外字头数153个。

	部首数	二体重文	别异字组		单字组字头	总字数	字组数
			二体	三体			
本部[②]	76	99	4	1	138	347	242
杂辨部	32	30			15	75	45
总计	108	129	5		153	422	287

由上表可以看出，收录重文字组上，《九经字样》全部为二体重文；同时《九经字样》较《五经文字》多出别异字组，分别是二体字组——“鬱鬰、㝱夢、廱雍、疉疊”及三体字组——“歬𠝣前”，故收

①分别见第二十七部“水部”、第九十五部“且部”。

②“本部”及下栏“杂辨部”之命名，取自《九经字样·序》：“其偏旁上下夲部所無者，乃纂爲雜辨部以統之。”

录别异字组也成为二书的一个明显区别，而这一点又成为前者与《干禄字书》的相同之处。

对比已有成果中的字量统计，我们发现如下问题：首先是基于数据库的字量统计与原书作者出具的数据有别；其次，后人的研究中，一部分因袭旧说，没有进行细致的调查，一部分虽然进行了统计，但所出数据却与原书出现偏差，甚至同一作者出具的统计数据前后出现矛盾；再次，已有成果中的统计数据略显单薄，字段较少，统计结果笼统、模糊。

字样学著作不同于字书，其收字量较一般字书少。虽然这些著作收录字数并不多，但其最基本的属性却未能得到圆满的解答。上文曾提到，工作底本的择取可能会影响数据统计。但对于字样学著作而言，即使版本各有不同，其统计数据亦应符合所测查的底本。故工作底本（版本）的不同并不是影响字量统计的障碍。以《九经字样》为例，经过我们的校勘，传世刻本后知不足斋本与石经刻石在字量上完全相同，在此底本上所得出的统计字量，亦应为422字，不可能得出418字的结论。

鲜有人针对这一现象做过探讨。李景远《张参五经文字之研究》曾提出过自己的猜测性看法："自序所云叁千二百叁十五字，与现存本字数不合。或因张参计算错误，或因后人添加。"而从施安昌《唐代正字学考》介绍《五经文字》只给出一个约数来看，作者早已发现字数统计之间的矛盾，但因不能够给出确凿的理由，故而采取了较为折中的说法。但我们进一步的研究则是不能满足于此的。

四、统计结果分歧的原因

我们认为，出现数据统计不一的矛盾，原因有二：

一是研究者统计过程中疏失所致。例如《干禄字书》，该书与其他字样学著作不同，全书收字皆成组列出，共804组，得出统计数据为802组者，原因无他，只能归于研究者统计过程中的疏误。这一问题与手工统计有关，解决的办法除研究者的细心外，唯有统计手段的改进，而目前数据库的研发已经为这一问题的解决提供了最有效的支持。

二是对字样学著作编纂体例或内容的理解不当所致。何继军《唐代“三书”俗字研究》在给出《五经文字》、《九经字样》的收字总量之后，于注释中分别猜测：“张参也许计算错了”、“疑唐玄度计算有误”[①]。我们认为，《五经文字》、《九经字样》是唐代政府实施正字运动的产物，作为唐朝政府规范文字的标准化经典，在颁布刊行后至唐朝政府结束的数十年中都未有异议出现，故仅仅推测原因为原书作者“计算有误”，并不能真正解决问题。

以《九经字样》为例，今所见石经《序》：“凡七十六部四百廿一[②]文。”其中“一”字位置有明显被改刻的痕迹，能够清晰看出原字刻作“二”。本文统计是书收字头422个，而石经恰将“四百廿二”又改刻为“四百廿一”。核验原书所收字头，其中“邪”字下注文曰：“野平，又音斜。郎邪，郡名。郎，良也；邪，道也。以地居鄒，魯人有善道，故爲郡名。今經典相承，郎字玉傍作良、邪字或作耶者訛。”注文中所释“郎”字在“邪”字之上，以大字出现，虽《九经字样》有合释二字的体例，但也仅限于重文字头，而“郎”“邪”二字非重文关系，故此处合释“郎”“邪”二字与全书体例相左。又“郎邪”为连绵词，故笔者大胆推知《九经字样》刊刻者是把“郎邪”作为一字（文）来统计的。从“四百二十二”改为“四百二十一”，看似一字之差，但却直观反映了一种编纂思想和体例。但这一编纂思想和体例，在《九经字样》之后的字样学著作、字书中均未出现过。

同样，《五经文字·序例》所列出的收字总量，与我们的统计结果亦有相违。本文测查字头总数为3250个，不重复字样数为3249个（上文已指出“沮”字重出），但将石经160部之前所列出的各部收字数相加后却得出总和为3247，经数据库测查，前后两组数字不统一的原因在于，“艹”部原书列出收字数为221个，而笔者统计实收223字，“土”部原书列出收字数为39个，我们统计实收40字。故而《五经文字》实际收字数确为3250字，不重复字样3249字。又《序例》明确指出的收字总数为3235个，与160部所列各部收字数总和3247亦不相同，凡此矛盾种

①何继军：《唐代“三书”俗字研究》，安徽师范大学硕士学位论文，2004：54。

②今所见原石“一”字位置有明显被挖改的痕迹，能够清晰看出原字刻作“二”，被挖改时间无法得知。

种，作为一部唐代政府规范文字的标准化经典，我们暂且否定了编纂者统计中的疏误等因素。

亦有学者推测上述疏误乃流传刊刻过程中产生。《五经文字》自编纂到刻石及重勘，经历过数次修订，故这一可能性是存在的。如是书卷下："乾符三年，孫毛詩博士自牧以家本重校勘定，七月十八日書。刻字人魚宗會。"由这一记载可以推之，《五经文字》在书屋壁、书木、刻石之间或有缺漏错讹之处。

目前资料能够证实没有改动过内容的修订只有一次。刘禹锡《新修五经壁记》记载："積六十餘載，祭酒皡、博士公肅再新壁書，乃析堅木負墉而比之。其制如版牍而高广，背施阴关，使众如一。"[①]虽据屋壁而刻木，但由"負墉而比之"、"使众如一"推之，此次修订全依屋壁，并无内容上的改动。

囿于种种条件，对原因的探讨暂且只能进行到这一步，遗留问题须待进一步深入研究来解决。

五、同出字头统计

三部著作互有同出或重出[②]字头，统计结果如下：

（1）《干禄字书》与《五经文字》同出字头共404个，所占各书比例约为24%和12%：

樝、楷、本、夲、果、標、杪、檐、櫂、柏、析、楫、校、檢、梟、穀、休、橈、棲、楚、插、拯、擿、摘、摭、拔、搗、挂、摽、措、操、挍、豺、閉、牢、牽、犀、牀、牀、壯、臧、牆、狀、羖、粲、糧、儒、偃、儁、僰、企、弔、徧、迹、遁、隨、遽、迴、邊、建、廷、延、躁、突、究、竄、冠、醫、莊、燕、度、席、筍、籍、等、箸、笴、轡、僉、全、飤、館、定、寶、宴、安、完、富、宦、寫、寬、宂、類、臭、默、器、狗、豬、駔、驅、亶、擇、蕃、藩、蒸、苟、慕、忝、懷、懦、寐、竈、睹、督、徂、鉏、脅、胤、胥、

①见《四库全书总目提要》经部四十一·小学类。

②"重出"意为作者有意重复列出的字头。

肥、膾、膚、隋、肜、醋、酢、苽、蒙、藻、若、著、蕤、蒜、希、
率、貉、貊、貍、蓱、筭、符、簪、襦、褚、衮、裏、衰、衷、齋、
卒、褘、祕、祇、祓、禕、穡、稷、稈、秆、穀、慭、愆、惡、恥、
恭、帙、飾、帶、鳶、鶴、鷁、鴟、雛、雄、奮、奪、雙、諫、謟、
諂、譖、廚、廛、廇、厝、磬、疢、邦、鄉、邪、陵、隂、陰、隮、
屬、壟、坐、凷、塊、堯、堉、壺、懿、琢、瑑、珍、功、劫、勁、
劾、勢、剛、創、券、刷、或、閈、裔、商、疏、流、徹、爚、燥、
灾、尣、光、夷、沔、泠、淩、泥、沖、況、汎、滿、潛、澌、準、
涼、洒、滅、滅、萍、瀹、浣、涑、羨、盜、漆、泰、黍、黎、冰、
冷、凌、馮、紝、線、纂、徽、絲、餧、鐘、鍾、鐵、鎗、鑒、鑿、
輕、軌、輩、婈、嫡、妬、婬、佞、岳、嶽、密、岡、顧、規、覽、
款、夔、敵、赦、敊、寇、整、毅、役、伇、殺、安、叟、叜、敃、
叔、𣎴、取、豎、隸、晝、耆、考、老、受、爭、霓、霑、悚、竦、
囊、喙、啄、召、否、局、喪、圖、因、回、丕、平、韭、旁、疆、
弦、弘、兌、兒、兕、皃、皃、貌、兜、襲、匹、昵、暫、皡、暴、
晉、阜、旌、於、虎、獻、益、憙、羸、槎、樵、技、糝、微、徙、
逮、窺、冥、鹽、薊、歎、騁、莝、肫、朔、鰥、蘇、帥、屯、堇、
笑、麝、麤、廢、鴈、厥、塗、圮、埸、場、勤、闃、闕、辤、辝、
辭、綫、繫、收、敘、友、肅、畝、哲、含、哭、壑、叡、暱、虔

（2）《干禄字书》与《九经字样》同出字头共61个：

牟、僮、鉛、躬、殷、退、看、齎、貴、筋、芻、互、雜、禮、季、怗、帖、席、狄、友、售、協、焦、灰、凍、飧、歌、詞、效、當、旨、言、逸、京、齒、童、弁、於、里、竝、並、覃、乾、興、弈、夙、夭、稽、夢、直、罷、笑、論、喻、庠、鄰、切、留、嘆、差、邪

（3）《九经字样》重出《五经文字》字头共11个（括号内为《五经文字》字形）：

笑、賓（賔）、莫、蓋、芈、靡、鼎、隸（隸）、於、邪、席

关于《五经文字》和《九经字样》同出字头，《九经字样》于“笑”字下注明：“笑、賓（賔）、莫、蓋、芈、靡、鼎、隸等八字，

舊字樣已出，注解不同，此乃重見。”张涌泉《汉语俗字研究》第268页统计为10字，多出“於、邪”二字，何继军《唐代“三书”俗字研究》统计为11字，在张书基础上又多出“席”字。本文依据数据库统计得出的二书同出字头数与何文相同。

上述11个字头中，“笑、於、邪、席”4字亦为《干禄字书》收录，亦即三书同出字头。字头的同出和重出，直接说明该字头亟须规范的必要性之大。下文以“笑”字为例，可窥一斑。

《干禄字书》列出上通下正两个字形：“咲笑”。

《五经文字》注云：“喜也，從竹下犬。”

《九经字样》给出两个字形“笑笑”，注云：“喜也，上案《字統》注曰：從竹從夭，竹為樂器，君子樂，然後笑。下經典相承，字義本非從犬。”

由上列三书分析，可以看出，“笑”字不仅字形上存在多个异体，而且释义上也存在分歧。

首先，字形上，魏晋至隋代即存在数种字形，如：

魏《博陵元公故李夫人墓志》作、北齐《窦泰墓志》作、北齐《景烈王高湝墓志》作、隋《美人董氏墓志》作、隋《高紧墓志》作等。

迨至唐代，又出现其他异体，如：《孔子家庙（陕西本）》作、《韦埙妻温氏墓志铭》作、《李君妻孟秤墓志》作、《罗池庙碑》作等。

面对众体纷纭的局面，《干禄字书》规定“笑”[①]这一形体为正字形体。而《五经文字》则作“笑”，今天能见到的唐代石刻资料中，“笑”字形体亦占有数量上的绝对优势。然《九经字样》引《字统》“笑”字形体，在唐代其他石刻资料中，未见用例。今天我们常用的“笑”字形体，实源于此。宋初《义静将来梵书唵字》“”字，构件“夭”已经渐趋为“夭”，至明代已经完全演变为“笑”，如明《宣圣五十八代墓碑付额》作“”。正是由于字样学著作的规范定型作用，

①核其他诸本，亦有作“笑”字形者，如《丛书集成初编》所选夷门广牍本。

宋元明各代未再出现“笑”字众体纷呈的局面，“笑”这一形体几近成为唯一的字形[①]。

又《说文新附》“笑”下云：“此字本闕。”罗振玉《〈干禄字书〉笺证》云：“桂氏馥、段氏玉裁注《說文》竝據《五經文字》引補。考唐釋慧琳《大藏音義》十五引《古今正字》‘笑，喜也，《說文》闕’，此《說文》無笑字之證。”[②]这同时说明在《说文》中无“笑”字，即经典无依的情况下，字样学著作所规范字形“去泰去甚，使輕重合宜”的原则是较为合适的。

其次，释义方面，《说文新附》“笑”下云：“臣鉉等案：孫愐《唐韻》引《說文》云‘喜也，从竹，从犬’，而不述其義。今俗皆从犬。又案：李陽冰刊定《說文》‘从竹，从夭’，義云‘竹得風其體夭屈如人之笑’。未知其審。”同时《五经文字》只给出了“喜也，從竹下犬”的解释，亦未能解决释义的问题，故《九经字样》重出字头“笑”：“（笑）案《字統》注曰：從竹從夭，竹爲樂器，君子樂，然後笑。（笑）經典相承，字義本非從犬。”按《九经字样》虽云“字義本非從犬”，但核验战国楚简已有从犬之“笑”字形体出现，如《郭店楚墓竹简》《老子》乙本作“”（《包山楚简·卜筮祭祷记录》犬字形体：），故宋王安石《字说》以竹鞭犬为笑，并不一定就是空穴来风。

上述“笑”字分析可以看出，对待同出字头，《干禄字书》、《五经文字》、《九经字样》规范程度依次加深。

①段玉裁注：“自唐玄度《九經字樣》始先笑後笑……宋以後經籍無笑字矣。”核宋明两代石刻资料，“笑”字形体较之“笑”字形体仍占据数量上的绝对优势，足见实际使用中，“笑”字形体仍是通行字体。

②罗振玉：《〈干禄字书〉笺证》，《贞松老人遗稿（甲）》，《民国丛书》第五编96，上海书店，1989：28。

第二节

收字来源、范围

《干禄字书》没有明确标明所贮存楷字的来源，故本节主要以探讨《五经文字》和《九经字样》为主。本节所论收字来源，包含两个方面：一是指所收录字头的来源，即明确标注出于十三经范围内的字头；二是相对而出的异体字形，其出处明确标注为《说文》、《字林》、“石经”、“籀文”、“经典相承”等。确立这样一种分类，实际亦是依据字样学特殊的规范方式。《说文》成书于东汉，收字量并没有全部涵盖今天我们见到和指称的十三经。故《五经文字》、《九经字样》在收字时，凡《说文》未收字，以及已收录但经典传承未有明显书体演变者，均标注其所出经典，而对于《说文》已收和《说文》未收、《字林》收录，同时经典传承中在字形尤其是书体方面发生演变者，则对举异体字形，且明确标注出处，即为《说文》、“经典相承”等。

上述字样学规范方式，亦可以整合为两种：祖述《说文》（包括《字林》等），交代经典使用。这两种方式中，字样学援引《说文》等字书，从字形分析角度而言，实寻求造字理据的支持。同时字书亦是为解经服务，字样学所收字交代经典使用的来源，则显示出一定的复古色彩。

本节主要从标注出于十三经范围内的字头和相对而出的异体字形两种分类入手，对《五经文字》和《九经字样》依次量化分析。

一、《五经文字》

首先，《五经文字》所收录字头明确注明出处为十三经者1281字，约占总字量的39%，收字范围涉及《周易》、《尚书》、《诗经》、“三礼”、《春秋》“三传”、《论语》、《尔雅》等11部经典著作，各书注文亦成为收字来源。之所以命名为《五经文字》（包括《九经字样》）①，实际也是与此相关的。

所出各书字头（依时间先后）列表如下：

（一）《周易》，正文40字，注文2字，共42字

出处②	字头	字数
《易》	朶、柝、晢、搼、扐、挂、筤、憧、窞、矍、胏、蔀、茀、衩、稊、愬、確、磐、遘、闃、洊、絪、縕、餗、鉉、輹、嗃、咷、甃、叡、虩、遯	32
《易经》	包	1
《周易》	鼿、卼	2
《易》注	陗、曖	2
《易》及《春秋》	涕、洟	2
《易》《诗》（又音）③	腓、咥、熯	3
总见《周易》		42

（二）《尚书》，正文36字，注文2字，共38字

<table>
<tr><th colspan="2">出处</th><th>字头</th><th colspan="2">字数</th></tr>
<tr><td colspan="2">《书》</td><td>匯</td><td colspan="2">1</td></tr>
<tr><td colspan="2">《夏书》</td><td>栝、迆、簜、勍、瀠、菏</td><td colspan="2">6</td></tr>
<tr><td rowspan="3">《商书》</td><td>《商书》</td><td>櫱、隮、黷、憸</td><td>4</td><td rowspan="3">6</td></tr>
<tr><td>《春秋》《商书》（又音）</td><td>瞑</td><td>1</td></tr>
<tr><td>《诗》《商书》（又音）</td><td>檜</td><td>1</td></tr>
</table>

①自汉代立《易》、《诗》、《书》、《礼》、《春秋》为“五经”于学官，至唐朝《春秋》分“三传”、《礼经》分“三礼”，并称“九经”，用于开科取士。唐文宗时刻写《开成石经》，内容除“九经”外，另加《论语》、《尔雅》、《孝经》，数量达到12部。而“十三经”之名实则到了南宋才得以形成。故“五经”、“九经”实为当时对上述几部儒家经典之统称，非确指某几部经典。

②“出处”一栏全依原书所出书名，下同。且为统计字头后归纳得出，非先列出处，再统计字头。

③“（又音）”指字头有不止一个读音，在该出处用为其他读音时的情况。下同。

（续表）

《虞书》	《虞书》	僝、賮、呱、暘	4	8
	《虞书》注	槎、뺌	2	
	《尔雅》《虞书》	徂	1	
	《礼记》《虞书》（又音）	孳	1	
《周书》	《周书》	羑、諞、鷩、艭、蕿、憖、砉、鄚、陧、劼、勱、戣、敹、晵、蠹、柴	16	17
	《周书》《诗》（又义）[①]	塈	1	
总见《尚书》			38	

（三）《诗经》，正文254字，注文15字，共269字

出处		字头	字数[②]	
《诗》	《诗》	杕、柚、樕、挹、挃、掺、犉、牿、牣、糦、儦、佸、俄、俴、侐、彷、徨、稙、愽、幩、虋、豝、駽、駁、驈、騢、騤、駧、蓁、苾、慆、悄、慅、盼、睍、罿、罦、腩、觫、鱅、鱙、艛、釃、醹、醻、酢、藟、蔦、蔹、蒹、荄、薖、薿、鞃、肇、鶖、鬈、鬆、裼、褧、袢、秭、惄、鶯、鷽、厝、瘵、展、輾、墐、熇、焞、炰、奕、畀、湝、滮、汎、浥、湞、濛、瀌、湑、潸、瀰、鎧、軝、狃、岨、祋、嘅、䀹、犨、晛、暀、軨、踧、蹻、繪	99	119
	《诗》《礼》	挎、䍜、尋	3	
	《诗》《周礼》	穋、秷、貔、輓、髗	5	
	《诗》《春秋传》	迋、瘥、亹	3	
	《春秋传》注《诗》	膘	1	
	《诗》《商书》（又音）	檜	1	

①“（又义）”，相对于“（又音）”而言。指字头有不止一个义项，在该出处用为其他义项的情况。下同。

②总字数与各栏相加之和出现不符者，乃出处重出。如“芣”在《诗·颂》、《大雅》中有不同的读音，故在《诗·颂》、《大雅》两栏内分别列出。下同。

（续表）

	《诗》《春秋传》（又音）	摽、敻	2	
	《易》《诗》（又音）	腓、熯	2	
	《诗·大雅》及《礼经》；《诗》（又音）	敦	1	
	《论语》注、《诗》（又音）	著	1	
	《周书》《诗》（又义）	塈	1	
《诗》注	《诗》注	杮、櫂、罿、脕、鮢、瑲、烓、汭、鐂、鋈	10	12
	《诗》注《考工记》	撊	1	
	《春秋传》《诗》注（又音）	埆	1	
《国风》	《诗·风》	桼、栲、掤、揥、俣、籊、箠、寁、獫、薘、蓺、惕、惙、慎、莜、蓷、茇、蕑、蔓、芾、襮、襋、襛、袺、駓、鷊、訧、磓、璊、闍、秠、瀏、瀰、洒、溥、濍、縭、紽、緎、緫、絇、町、睡、靁、霰、嚔、噴、吪、噣、韎、韔、頍、皦、皎、沮、沛	56	65
	《诗·风》（又义）	覯	1	
	《诗·风》《春秋传》注	拮、据	2	
	《诗·风》《论语》（又音）	偲	1	
	《诗·风》《周礼》（又音）	丱	1	

（续表）

<table>
<tr><td rowspan="3"></td><td>《考工记》及《诗·风》</td><td>鍪</td><td>1</td><td rowspan="3"></td></tr>
<tr><td>《诗·风》《易》（又音）</td><td>啳</td><td>1</td></tr>
<tr><td>《诗·风》注</td><td>鬗、瘵</td><td>2</td></tr>
<tr><td rowspan="4">《小雅》</td><td>《诗·小雅》</td><td>梾、樢、捄、佽、傞、儆、穧、幡、酟、駪、腢、鱣、萸、鞙、憯、惔、痯、珌、戢、烘、烕、淒、鏂、軽、昫、弨、朁、眅</td><td>28</td><td rowspan="4">33</td></tr>
<tr><td>《小雅》</td><td>氿、蹐、沮</td><td>3</td></tr>
<tr><td>《诗·小雅》（又音）</td><td>栜</td><td>1</td></tr>
<tr><td>《诗·小雅》注</td><td>莝</td><td>1</td></tr>
<tr><td rowspan="5">《大雅》</td><td>《诗·大雅》</td><td>椐、棫、按、屎、俅、价、仳、僤、烋、仡、朦、菽、蓁、秠、穟、慨、駾、訌、瘨、痗、陾、瀼、溘、嘵、哆</td><td>25</td><td rowspan="4">29</td></tr>
<tr><td>《诗·大雅》及《尔雅》</td><td>僾</td><td>1</td></tr>
<tr><td>《诗·大雅》及《礼经》；《诗》（又音）</td><td>敦</td><td>1</td></tr>
<tr><td>《诗·大雅》（又音）</td><td>苴</td><td>1</td></tr>
<tr><td>《诗·颂》《诗·大雅》（又音）</td><td>茾</td><td>1</td><td></td></tr>
<tr><td rowspan="3">《颂》</td><td>《诗·颂》</td><td>梃、挍、搜、駰、駜、嫥、訩、訿、庤、飶、隋</td><td>11</td><td rowspan="3">13</td></tr>
<tr><td>《诗·颂》《诗·大雅》（又音）</td><td>茾</td><td>1</td></tr>
<tr><td>《鲁颂》</td><td>葚</td><td>1</td></tr>
<tr><td colspan="2">总见《诗经》</td><td></td><td colspan="2">269</td></tr>
</table>

（四）“三礼”，正文292字，注文63字，共355字

出处		字头	字数	
《礼》		挎	1	
《礼经》	《礼经》	枋、桁、檠、拴、擘、揬、揥、搞、倢、炰、蕡、臑、胳、膢、胝、膉、醋、算、軨、鞋、裷、稷、秅、秫、庿、扉、由、玪、皋、錟、瀹、淖、紖、鏄、輖、匴、翻、涪、纅	39	43
	《考工记》《礼经》（又音）	幎、綆	2	
	《礼经》及《周礼》	雟	1	
	《诗·大雅》及《礼经》；见《诗》（又音）	敦	1	
《礼经》注		個、乭、稚、膳、蓏、蒫、襽	7	
《周礼》	《周礼》	棹、橐、柘、梐、檦、楬、楅、椹、拲、搋、挼、撢、籍、摡、捎、攀、傀、儥、徬、遼、趮、穜、帨、幂、醢、醆、笱、簭、甕、駴、駔、騋、薙、宂、眡、瞭、胉、臞、獻、荚、藉、蕣、帑、簝、箠、箙、筴、篴、鞔、鞻、髗、鬴、鬻、襗、襘、裯、虋、瀍、鷩、磿、䂞、邸、郈、蜡、瑑、瑧、刉、詘、聮、爟、戠、燋、犖、沭、湪、濩、涿、羨、饎、鋝、鉼、鐲、鐃、鈑、輚、軓、孅、孜、轂、枭、鼢、鼯、匜、匶、匰、遈、厄、旜、虛、監、踋、鼛、骴	103	112
	《周礼·地官》	敂	1	
	《周礼》（又音）	鼙、祊	2	
	《礼记》《周礼》（又音）	椑	1	
	《诗》《周礼》	穋、稑	2	
	《礼经》《周礼》	雟	1	
	《周礼》《春秋传》	觵	1	
	《诗·风》《周礼》（又音）	卝	1	
《考工记》	《考工记》	梢、橑、桯、槷、楗、櫡、栁、掣、稹、訂、党、獐、膊、鷇、薜、萬、蔽、幭、艳、裂、庛、阤、防、埴、垸、刲、䋺、熛、爍、泐、湅、紾、緧、縜、鐻、轐、轛、輮、顧、彀、瓬、甐、盉	43	48

（续表）

	《诗》注及《考工记》	撊	1	
	《考工记》《礼经》（又音）	幎、綆	2	
	《考工记》《春秋传》（又音）	窌	1	
	《考工记》及《诗·风》	鋈	1	
《周礼》注、《考工记》注	《周礼》注	栻、揃、搉、糈、傳、茜、翣、膗、膝、籥、襀、禩、譶、滲、絙、繣、鏑、钃、頚、嗽、鸖、啗、圛、罣	24	33
	《礼记》及《周礼》注	豓	1	
	《周礼》注及《尔雅》	劀	1	
	《考工记》注	㞕、劀、淩、頌、鞑、鞄、斡	7	
《礼记》	《礼记》	槯、樿、梏、梡、枓、杓、椟、拚、拒、撕、擔、捲、扳、捭、抔、糒、糔、僢、儳、俐、麩、逮、噿、胥、袝、稌、憮、髆、醵、鹾、萁、亹、玃、猩、狘、狴、菱、忳、睆、軌、臅、脸、膴、膮、肫、觗、酏、鬍、鬌、袼、袷、禫、禫、䊷、祺、裼、禨、虋、鶡、鴿、謏、庮、瘖、培、堩、勦、創、煇、泛、澮、泫、澡、綪、緆、纇、鑴、嗷、嗻、圜、殚、盎、觸、蹌、髀、鍘、鈃、辟	87	95
	《礼记》《虞书》（又音）	孽	1	
	《礼记》（又义）	椒、辯	2	
	《礼记》及《周礼》注	豓	1	
	《礼记》《周礼》（又音）	桿	1	
	《礼记》《论语》（又音）	莞	1	
	《尔雅》《礼记》（又音）	庪	1	
	《月令》	膢	1	
《礼记》注	《礼记》注、《春秋传》	糒、扳	2	23

（续表）

	《礼记》注	棱、擿、捼、揅、仿、僊、僗、懦、襦、庡、輀、澌、溲、緵、餥、飡、㚇、螫、覸、吓	20	
	《王制》注	墽	1	
总见“三礼”			355	

（五）《春秋》“三传”，正文191字，注文7字，共198字

出处		字头	字数	
《春秋》	《春秋》	抒、臜、禚、鉼、貆、睔、睅、鱄、葴、袲、郹、鄸、鄏、郧、郹、邿、郱、鄟、邟、瓘、剽、煬、翠、髃	24	28
	《春秋》及《公羊传》	瀸	1	
	《易》及《春秋》	涕、洟	2	
	《春秋》《商书》（又音）	瞑	1	
《春秋传》	《春秋传》	榼、槬、椅、杅、樠、樢、櫟、擅、拑、捘、挑、擠、犅、犖、犨、犒、芊、羭、傒、傎、傫、傁、僄、咎、竀、嘖、肓、穮、稈、悕、雁、譆、歠、酎、篴、罃、䃰、獘、惏、慬、眅、矔、眕、晵、眹、睢、昧、瞫、腼、胘、斛、鯨、藋、蕞、菣、帆、肸、貙、薨、笫、箄、筑、箾、襘、裯、袓、裕、褚、褔、褭、袥、祓、祲、慭、縈、惎、鷁、鴟、雉、諓、廑、磌、瘌、鄦、酆、鄍、鄀、鄎、郰、郰、鄗、阬、鄟、螽、蝶、塏、塴、塓、堵、闕、黶、夷、沛、濡、湁、澶、涑、洙、泡、澆、浞、潘、濼、湝、綫、鋟、婼、嫛、顂、敲、霣、嗾、咮、唫、坔、鼆、甗、旝、踂、饘、憙、嚭、骭、頔、頜、鎮、頯、辟	140	150
	《周礼》《春秋传》	觿	1	
	《诗》及《春秋传》	迁、瘥、亹	3	
	《诗》《春秋传》（又音）	敻、摽	2	
	《春秋传》《诗》注（又音）	埆	1	

（续表）

	《春秋传》及《礼记》注	扳、糒	2	
	《考工记》《春秋传》（又音）	窌	1	
《左传》	《春秋左氏传》	餫、鑿、輮	3	12
	《春秋左氏》	郯	1	
	《左氏传》	戭	1	
	《左传》	鍥、鈃、軑、虒、盂、踏	6	
	《谷梁》及《春秋左氏传》	菽	1	
《春秋传》注	《春秋传》注	楞、擠、擊、泝、骼	5	9
	《诗·风》《春秋传》注	拮、据	2	
	《春秋传》注及《诗》	膘、繪	2	
《公羊传》	《春秋公羊传》	闖	1	3
	《公羊传》	飦	1	
	《春秋》及《公羊传》	瀐	1	
《穀梁传》	《穀梁》	侅	1	2
	《穀梁》及《春秋左氏传》	菽	1	
总见《春秋》及“三传”			198	

（六）《论语》，正文19字，注文2字，共21字

出处	字头	字数
《论语》	杇、槾、櫌、楢、柙、桴、撤、訒、葸、庾、卷、匱、犂	13
《诗·风》《论语》（又音）	偲	1
《礼记》《论语》（又音）	莞	1
《论语》注	宓	1
《论语》注、《诗》	著	1
《论语》《释文》	軏、虙、繪、繢	4
总见《论语》		21

（七）《尔雅》，正文357字，注文1字，共358字

出处	字头	字数
《尔雅》	楝、樆、槄、榎、槷、椵、欚、栘、槼、栩、柜、櫰、槐、樅、欇、朹、枌、棪、楔、檓、櫠、栱、檍、檮、欃、槍、桵、榹、楎、樴、榰、栁、榽、榼、樲、椔、梗、臬、指、拇、摳、揖、拱、犅、犻、犤、犣、犑、犦、犪、犚、牰、犝、犆、犈、犌、牂、羷、羳、羜、羖、翔、僾、佻、彴、徛、貾、䝶、懪、忉、怲、慘、懕、驨、駝、覝、笱、厔、貐、貜、貛、貓、貀、豾、獱、獠、狻、獥、獿、狒、豰、豭、豥、豜、豱、豴、豝、豶、彖、騜、駥、騇、騥、駺、騢、騕、騽、駓、宧、宦、窔、寎、暘、徂、鸒、鱯、鱦、鮆、鱓、鱁、鮬、鮡、鰦、鰤、黴、鮥、鰋、鰌、鱺、鮤、鱒、鱏、薍、蘼、萑、蔥、蒜、莖、萹、茦、葥、菉、蘩、蒚、薣、蔚、蓂、荼、萑、蕵、蘥、莿、蘛、蘬、萉、苊、菧、荅、荇、葖、葍、蕾、葴、莙、騂、萆、馲、芺、芫、蕛、虋、芑、莔、蔜、蔆、茺、蓯、葱、蘧、蓲、蒺、蔾、蘮、蕁、芄、藿、莥、菑、莕、蓫、薚、苹、蓱、藏、蘗、蘵、藒、葞、蔠、菋、茸、荎、薕、菟、芅、薷、薡、蓳、葝、蔧、蘆、虉、荄、蒵、菺、芍、茈、芙、蓧、蓨、藆、藅、蕈、蔞、菡、蘆、薵、茪、蘈、菌、芣、莒、騄、麔、麃、麚、麌、麋、麎、麛、麀、鷵、鳩、䳰、[illegible]、鴱、鷽、鷩、鵧、鳽、鶏、鵬、鴂、䳭、鷇、鴯、鵜、鳩、鴃、焉、舄、烏、庪、廙、厜、硈、礐、磽、疷、蹇、隒、蜥、蚚、螪、蜆、蜸、螼、蚓、蝎、蠸、蟼、䗪、螢、蠰、蝘、蜓、螟、蛵、蜭、蠖、蚳、蛜、蜙、蝑、蚌、蝦、蟆、蝝、蜼、蚻、蠽、螒、蠨、蝒、螯、螔、蝓、蠠、蛓、蛹、蠑、螘、蝥、蝮、蟲、蠹、蠿、蝨、壺、劇、斸、斛、閞、黛、濁、濆、湅、漦、澩、瀾、瀵、媞、鼸、霓、霧、霄、唶、強、鼉、鼀、瓬、瓿、瓵、瓳、甄、甓、瓴、鼫、鼢、鼬、虥、嬴、祪、垝、溼、蒸、濿	357
《尔雅·序》	摛	1
《诗·大雅》及《尔雅》	僾	1
《尔雅》《礼记》（又音）	庪	1
《周礼》注及《尔雅》	劇	1
《尔雅》注	婟	1
总见《尔雅》		358

已有研究成果中，唯李景远《张参五经文字之研究》对收字来源和范围做出详细统计，李氏分列各书，所得结论与本文互有出入，以字头对应出处的方式进行统计，与本文统计角度不同，列表[①]如下：

经书之名	周易	尚书	诗经	周礼	仪礼	礼记	左传	公羊传	穀梁传	孝经	论语	尔雅	总计
注明出典之字数	40	36	280	196	49	118	197	4	2	0	18	82	1022

我们基于数据库的统计，整合列表如下：

<table>
<tr><th rowspan="2">出处</th><th rowspan="2">周易</th><th rowspan="2">尚书</th><th rowspan="2">诗经</th><th colspan="3">“三礼”</th><th colspan="3">《春秋》“三传”[②]</th><th rowspan="2">论语</th><th rowspan="2">尔雅</th><th rowspan="2">总计</th></tr>
<tr><th>周礼</th><th>仪礼（礼经）</th><th>礼记</th><th>左传</th><th>公羊传</th><th>穀梁传</th></tr>
<tr><td>注文字数</td><td>2</td><td>2</td><td>15</td><td>33</td><td>7</td><td>23</td><td>7</td><td>0</td><td>0</td><td>2</td><td>1</td><td>92</td></tr>
<tr><td>正文字数</td><td>40</td><td>36</td><td>254</td><td>160</td><td>42</td><td>95</td><td>188</td><td>3</td><td>2</td><td>19</td><td>357</td><td>1188</td></tr>
<tr><td rowspan="2">总字数</td><td rowspan="2">42</td><td rowspan="2">38</td><td rowspan="2">269</td><td>193</td><td>49</td><td>118</td><td>195</td><td>3</td><td>2</td><td rowspan="2">21</td><td rowspan="2">358</td><td rowspan="2">1281</td></tr>
<tr><td colspan="3">355</td><td colspan="3">198</td></tr>
</table>

上列两表中的统计（总字数与各栏统计不符者，乃出处重出），除个别字的归属不同外，出现分歧的主要原因在于对《尔雅》一书的统计。字样学著作有一个重要的编纂体例——类推，即为避免繁琐，相同属性可以出现一次，其余以类推方式一以概之。《五经文字》注明类推见于《尔雅》次数15次，类推字数276个。李文统计所见《尔雅》字数82个，我们将类推之后的所见《尔雅》字数相加，得出358条记录。显然，李文统计所见《尔雅》字数并未包括类推字数。

其次，《五经文字》对举异体字形共399个，共208组，出《说文》者177字，出《字林》者9字，出“石经”者51字，以“（经典）相承”或“通用”统称者129字，单独注明“隶省”者8字、“隶变”3字，籀文7字，古文4字，未注明对举异体字形字际关系者11字（包括6个二同字、3个三同字），具体统计情况参见下表。

①（韩）李景远：《张参五经文字之研究》，台北：政治大学硕士学位论文，1989：46

②注明《春秋传》、《春秋经》或《左传》者，多为三传共有，此处《公羊传》、《穀梁传》仅统计有明确标注者。

字头	字际关系
桃	《說文》
桄	石經
本	《說文》
夲	經典相承隸省
築	《說文》
築	石經
檣	《說文》
樀	石經
樓	《說文》
樓	石經
桺	《說文》
柳	經典相承隸省
梟	隸省
槼	《說文》
榖	經典相承隸便（變）
指	《說文》
指	石經
接	《說文》
搜	經典相承隸省
搖	《說文》
摇	經典相承隸省
擾	《說文》
擾	經典相承隸省
掞	《說文》
探	經典相承隸省
擴	《說文》
括	經典相承隸省
㦲	《說文》
哉	經典相承隸省
牆	《說文》
牆	石經
將	《說文》
将	經典相承隸省
芈	《說文》
芊	經典相承隸省
夔	《說文》
夔	經典相承隸省

字头	字际关系
粲	《說文》
粲	石經
番	《說文》
畨	經典相承隸省
弔	今經典相承隸省作弔
得	《說文》
得	石經
復	《說文》
復	石經
遲	《說文》
遟	籀文，今從籀文
遯	經典通用之
遁	經典通用之
歸	《說文》，經典通用上字
帰	籀文
歲	《說文》
歳	經典相承隸省
癸	《說文》
癸	經典相承隸省
宴	《說文》
宴	《字林》
宇	《說文》
寓	籀文
寡	《說文》
寘	石經
宿	《說文》
宿	經典相承隸省
寂	《說文》。今依《說文》
寂	石經
宜	《說文》
宜	石經
竈	《說文》
竈	經典相承隸省
窻	《說文》

字头	字际关系
窻	經典相承隸省
尋	《字林》
尋	經典相承隸省，用下字
眉	《說文》
眉	經典相承隸省
督	《說文》
督	經典相承隸省
眄	《說文》
眄	經典相承隸省
褱	《說文》
褱	石經
齅	《說文》
嗅	經典相承隸省
罕	《說文》
罕	經典相承隸省作罕
罙	《說文》
罙	《釋文》，相承隸省
罰	《說文》，五經多用上字
罰	石經
贊	《說文》
賛	經典相承隸省
貿	《說文》
貿	經典相承隸省
貢	經典亦通用之
贛	經典亦通用之
膺	《說文》
膺	經典相承隸省
膀	《說文》
膀	經典相承隸省
胜	今經典通用腥爲胜字，並先丁反
腥	今經典通用腥爲胜字，並先丁反
散	《說文》

（续表）

散	石經
明	古文，今並依上字
朙	《說文》
明	石經
俞	《說文》
俞	依石經，變舟作月
朕	石經
朕	經典相承隸省
靑	《說文》
青	石經
觗	
觶	上通用
醻	
酬	下經典通用之
牆	《說文》
醬	經典相承隸變
醮	今經典通用之
醮	今經典通用之
薨	《說文》
薨	石經
苑	《說文》獨以上字爲苑囿字，今則通用之，經文多作苑
菀	《說文》獨以上字爲苑囿字，今則通用之，經文多作苑
荅	《說文》
荅	石經
薛	《說文》
薛	石經
業	《說文》
業	經典相承隸省
僕	《說文》
僕	經典相承隸省
策	
篇	古文
簋	《說文》
簋	石經

鞏	《說文》
鞏	石經
鞹	《說文》
穆	《說文》
穆	經典相承隸省
彥	經典相承隸省
弱	《說文》
弱	石經
裼	
禘	《說文》
衺	《說文》
衺	經典相承隸省
齋	《說文》
齋	經典相承隸省
稺	《說文》
稺	《字林》
兼	經典相承隸省作兼
慤	《說文》
慤	石經
恐	《說文》
恐	石經
慎	《說文》
慎	經典相承隸省
肸	《說文》
肸	經典相承隸省
獿	《說文》
獿	經典相承隸省
狂	《說文》
狂	經典相承隸省
豪	《說文》
豪	經典相承隸省
驟	《說文》
驟	經典相承隸省
麇	《說文》
麕	籀文
謠	《說文》
謠	經典相承隸省
謚	《說文》

諡	《字林》
譱	《說文》
善	石經
競	《說文》
競	經典相承隸省
厈	《說文》
厈	經典相承隸省
郭	《說文》
郭	石經
卿	《說文》
卿	石經
陰	《說文》
陰	石經
戹	《說文》
厄	經典相承隸省
屑	《說文》
屑	經典相承
屬	《說文》
屬	經典相承隸省
屨	《說文》
屨	經典相承隸省
履	《說文》
履	經典相承隸省
坐	《說文》
坐	古文。今依古文
對	《說文》
封	隸省
刪	《說文》
刪	經典相承隸省
劒	
劍	經典及《釋文》通用之
斲	
斲	經典相承或作下字
賊	《說文》
賊	石經
戟	《說文》
戟	經典相承隸省

第二章◎基本屬性測查

（续表）

開	《說文》
開	經典相承隸變
孼	《說文》
孽	經典相承隸變作孽
辤	古文
辝	籀文
辭	《說文》。經典相承通用上字
辯	經典或通用之
辨	經典或通用之
灾	三同
災	三同
烖	三同
炗	《說文》
光	經典相承隸變
奔	《說文》
奔	經典相承隸省
㚔	《說文》
幸	經典相承隸省
湥	《說文》
深	經典相承隸省
濕	《說文》
濕	經典相承隸省
溼	《說文》
溼	隸省
溉	《說文》
漑	石經
泝	《字林》
泝	經典相承隸省
沒	《說文》
没	經典相承隸省
淳	《說文》
淳	石經
寖	《說文》
𡨦	《字林》
沿	《說文》
沿	經典相承隸省
滕	《說文》

綏	經典相承
癛	《說文》
凜	經典相承隸省
䜌	《說文》
䜌	經典相承隸變
會	《說文》
會	石經
舍	《說文》
舎	石經
仝	今經典相承用下字
全	
饁	《說文》
饁	石經
飫	《說文》
飫	經典相承隸省
饔	《說文》
饔	隸變
飻	《說文》
餮	隸變
軌	《說文》
軌	相承隸省
嫂	《說文》
嫂	隸省
婁	《說文》
婁	石經
執	《說文》
執	經典相承
㱃	《說文》
飲	經典相承隸省
歀	《說文》
款	經典相承隸省
夋	《說文》
夋	石經
复	《說文》
复	石經
憂	《說文》
憂	石經
愛	《說文》

愛	經典相承隸省
夆	《說文》
夆	經典相承隸省
夅	《說文》
夅	隸省
敷	《說文》
敷	經典相承隸省
役	
伇	經典並用上字
叜	《說文》
叟	經典相承隸省
友	《說文》
友	經典相承隸省
叔	《說文》。今經典並依《說文》作叔
𡬤	石經
彗	《說文》
彗	經典相承隸省
隸	《說文》
隷	經典相承隸省
隸	《說文》
肄	《字林》
肄	經典及《釋文》相承隸省
書	《說文》
書	石經
畮	《說文》
畝	經典相承隸省
壽	《說文》
壽	經典相承隸省
脈	《說文》
脉	經典相承隸省
眞	《說文》
眞	經典相承隸省作眞
艮	《說文》
艮	經典相承隸省
卓	《說文》
卓	經典相承隸省

（续表）

靁	《說文》
雷	《字林》
䨮	《說文》
雪	經典相承隸省作雪
霢	《說文》
霡	經典相承隸省
霚	三同。《說文》
雺	三同。籀文
霧	三同。經典相承隸變
㮚	《說文》
栗	經典相承隸省
𡅅	《說文》
囊	石經
吠	《說文》
𠯗	《字林》
𠷎	《說文》
喪	經典相承隸變
丕	《說文》
丕	石經
雝	《說文》
雍	經典相承隸省
𠀉	《說文》
丘	石經
㫄	《說文》
旁	經典相承隸省

彊	今經典相承通用之
強	今經典相承通用之
𢎗	《說文》
弦	經典相承隸變作弦
弻	《說文》
弼	經典相承隸省
龜	《說文》
龜	石經
兑	《說文》
兊	經典相承隸省
兢	《說文》
兢	經典相承隸省
皃	《說文》
貌	籀文。今經典用下字
匩	《說文》
匡	經典相承隸省
甯	《說文》
寗	隸變
𢊁	《說文》
庸	相承隸省
𠈃	《說文》
備	經典相承隸省
𢍏	《說文》
弄	隸省
㬥	今經典通用之

暴	今經典通用之
晉	《說文》
晋	石經
㫺	《說文》
昔	石經
𣋇	《說文》
曹	經典相承隸省
曺	石經
盧	《說文》。亦作下字
盧	經典相承
虗	《說文》
虛	隸省
虎	《說文》
虐	石經
盇	《說文》。今依石經
盍	石經
韓	《說文》
韓	經典相承隸省
椉	《說文》
乘	隸省
䑞	《說文》
舜	經典相承隸省
跨	《說文》
跨	經典相承隸省
蹐	《說文》
蹐	經典相承

上表统计对举出现的异体字形中，包含23个单个字形（其对举的另一个异体字形未列出）、6组三体异体字形和199组二体异体字形。未对举出现的异体字形，部分在本条注文中注明了其对举的异体字形，如："弔"字于别体中注明了说文小篆形体"弔"，"鞹"字在注文中注明了经典著作中的字形"鞟"。

对收字来源的统计调查，我们初步得出如下结论：

（1）《五经文字》成于众人之手。上列诸表的出处一栏，有时一部经典有数种称谓，如《周易》一书就有三种称谓：《易》、《易经》、《周易》。格式也互有不同，有时代以简称，有时又具体到章节，如“敏”字的出处就具体到《周礼·地官》。又《序例》：“参幸承詔旨，得與二三儒者分經鉤考而共決之。”“乃命孝廉生顔傳經收集疑文互體……”上列诸表亦可作为《五经文字》产生于数人之手佐证，《序例》所言极是。

（2）结构分析祖述《说文》。《序例》云：“人苟趨便，不求當否，字失六書猶爲壹事，五經卒文蕩而無守矣。”这就说明，《五经文字》对所收录字形结构的分析，以《说文》六书为标准。这一点尤其体现在对举出现异体字形时，凡有《说文》字形者，必列首条，其他石经字形、经典相承隶省（变）字形则置于其后。

（3）明确给出经典使用来源，带有一定的复古色彩。《五经文字》明确给出经典使用来源，实际上是为其所规范的“正字”形体寻找经典文献的支持，以经典文献出现的字形为“正”的做法，明显带有较强的复古倾向。另一方面，在经典文献用例之外，以《说文》为主的字书等，亦成为其收字来源。其作用是能够尽量保持汉字的构造理据，使之不失“六书”原则。但同时从某种角度而言，《说文》亦为解经而作，故《五经文字》援引《说文》，亦带有一定的复古色彩。

《五经文字》（包括《九经字样》）所带有的这种复古色彩，与《干禄字书》具有明显的差别。后者虽然亦置《说文》于非常重要的地位，但对当时社会存在的非经典用字，包括大量的俗体字，亦给予了充分的肯定，这与《五经文字》等一概视为“讹”的情形具有理念上的差异。

（4）文献版本学上具有重要价值。《五经文字》儿部兟字注：“色巾反。見《詩》。”今天见到的《诗经》版本中并无此字，这就说明，《五经文字》编纂时，《诗经》的版本不止一个，而且编纂者采用的版本亦可能不止一个。可见字样学著作所贮存资料，为文献版本学提供了重要的参考资料。

二、《九经字样》

《九经字样》明确注明出处者68字，占总字数的16%，出处和字数列表如下：

	字头	出处	字数
《周易》	忼	《易》曰：忼龍有悔	3
	闡	《易》曰：闡幽	
	鬯	《易》曰：不喪匕鬯	
《尚书》	栞	《書》曰：随山栞木	2
	熮	見《周書》	
《诗经》	枖	《詩》云：桃之枖枖	17
	栵	見《詩》	
	控	見《詩》	
	忱	見《詩》	
	幝	《詩》曰：檀車幝幝	
	龙	見《詩》	
	瘏	見《詩》	
	部	《詩》曰：有部室家	
	圪	《詩》曰：崇墉圪圪	
	墉	見《詩》	
	焜	《詩》曰：王室如焜	
	岵	見《詩》	
	霝	《詩》曰：霝雨其濛	
	翬	《詩》曰：如翬斯飛	
	翽	《詩》曰：翽翽其羽	
	殣	《詩》曰：行有死人，尚或殣之	
	覃	《詩》	

	字头	出处	字数
《周礼》	寥	見《周禮》	12
	罷	見《周禮》	
	齎	見《周禮》	
	蕘	見《周禮》	
	房	見《周禮》	
	硍	見《周禮》	
	飌	見《周禮》	
	鍰	見《周禮》	
	嫺	見《周禮》	
	朼	見《周禮》	
	久	《周禮》久諸牆以觀其橈	
	隸	《周禮》女子入于舂稾，男子入于罪隸	
《仪礼》	檡	見《儀禮》	
	蕢	見《儀禮》	
	箱	見《儀禮》	
《礼记》	怗	《禮記》以爲怗澧字	
《春秋》	襚	見《春秋》	11
	狾	見《春秋》	
	趡	見《春秋》	
	瘃	見《春秋》	
	砮	見《春秋》	
	碬	見《春秋》	
	痡	見《春秋》	
	閟	見《春秋》	
	紇	見《春秋》	
	殛	見《春秋》	
	貀	見《春秋》	
《左传》	覘	見《春秋傳》	10
	㱃	見《春秋傳》	
	喦	《春秋傳》曰：次于喦北	

（续表）

	亲	《傳》曰：女贄不過亲栗	
	撌	《傳》曰：撌瀆鬼神	
	稔	《傳》曰：穀不五稔	
	廧	《左傳》廧咎如。相承作此。廧，《字書》無文	
	⿱龜灬	《傳》曰：龜⿱龜灬不兆	
	轢	《傳》曰：楚子乘轢車	
	⿱雨埶	《傳》曰：⿱雨埶隘	
《公羊传》	摯	見《公羊傳》	10
	迮	見《公羊傳》	
	怗	《公羊》卒怗荆，《禮記》以爲怗澧字	
	獋	見《公羊傳》	
	⿰氵不	見《公羊傳》	
	灊	見《公羊傳》	
	娟	見《公羊傳》	
	嶔	見《公羊傳》	
	⿰米見	見《公羊傳》	
	竫	見《公羊傳》	
《论语》	竂	《論語》云：公伯竂	2
	⿰女監	《説文》云：《論語》曰："小人窮斯⿰女監矣！"	
《尔雅》	褮	見《爾雅》	2
	碩	見《爾雅》	

虽然收字数量颇为悬殊，然通过上述量化调查，相对地，我们仍能看出《九经字样》不同于《五经文字》的几个特点：

1．部分出处具体到语境。68条出处中，有25条记录给出了具体语境，比例约为37%。而《五经文字》基本不涉及具体语境。此亦二书不同点之一。

2．加大对举异体字形的辨析。《五经文字》异体字组所占总字组比例为12%，而《九经字样》比例达到47%，这就说明，《九经字样》不仅只"于《五经文字》本部之中采其疑误旧未载者"，而且对于辨别异体字形有所偏重，尤其是对楷化篆字与楷字的辨析，即出于《说文》、《字林》、石经或经典相承隶省（变）等字形的辨析为主。

3．书名整齐划一。相较于《五经文字》出处异名纷呈的局面，《九经字样》较为规整。其原因主要是《五经文字》成于众人之手，而《九经字样》编纂者仅唐玄度一人。同时，《五经文字》收字亦包括各部经典的《序》及注文，《九经字样》则未出现这一情况。

第三节

注文属性调查分析

字样学著作注文属性的调查，是全面深入研究字样学的重要方面。但前人对此少有提及，更未出现较为全面、丰富的成果。各书虽编纂体例不同，但注文包含的基本属性则大致无别，主要有：注音、释义、字形结构分析、别体、出处、字际关系等。具体到每一字头，则根据该字头需要规范的程度择要列出。由于出处于上节中已经涉及，字际关系则在后面章节中陆续介绍，故本节依次从注音、释义、字形结构分析、别体等四个方面进行统计测查。

在依次交代各属性之前，需要注明一点，《五经文字》有173字只列出了字头，并无注文：

楯、捷、掄、犲、栽、載、戴、裁、裕、牞、牡、牀、翔、審、任、德、徑、征、適、同、黃、此、正、陶、類、嫠、忽、萃、荒、蔽、蔡、懷、慨、窕、矇、瞽、劓、罪、羅、罝、膾、膚、朔、鮪、蕭、葛、菽、英、苗、蔬、莫、葱、幣、蒺、菓、茈、對、篠、融、形、鬖、衺、稱、稼、穀、耕、耦、耘、耜、懋、鸓、離、謹、護、譖、諾、誤、謬、訹、龐、廢、廞、厥、厲、碎、痟、瘳、瘍、疽、郢、鄭、隩、陽、雖、蚓、蝑、蟲、蠡、蠶、蠭、塗、瘗、講、璿、璣、琬、勇、勤、剛、割、斛、料、戥、戮、戰、戠、忒、聲、闕、禽、禹、孕、疏、毓、辜、燒、燠、熊、黑、夫、奭、凝、冶、溧、纖、鈔、轉、妖、視、歇、歡、致、敏、救、孚、能、震、霑、覆、

粟、遷、悚、竦、唾、嗜、回、充、陋、曩、時、是、樂、皤、旟、虢、虔、獻、盆、盈、舞、蝨、詭、爨

如同注音、释义等注文属性会根据需要择要列出外，上述173字只出字形，是因为《五经文字》对于这部分字仅提供了规范的形体，其他属性恰好没有（不需要）列出。只列形体，未出注文，这一现象构成了字样学著作与字书的重要区别之一。

一、注音

（一）《干禄字书》

《干禄字书》1656字中，注明读音共64字，约占总数的3.9%，属于别异字组的共有58个，约占别字总数115字的50%，“凶、竝、蠡、祓、廷、綮”6字属于异体字组。具体注音情况列简表如下：

字头	注音
彤	徒冬反
肜	音融
凶	許勇反
祇	巨移反
秖	章移反
畀	必寐反
禕	音漪
褘	音暉
齍	音咨
齋	側皆反
涯	亦音儀
俳	音排
徘	音裴
揩	苦皆反
楷	苦駭反
蕃	亦音繁
餐	千安反
飧	息魂反
仚	許延反
場	音長
塲	音傷
埸	音亦

字头	注音
竝	亦音蒲猛反
冷	力鼎反
泠	力丁反
企	丘賜反
標	必遙反
摽	頻小反
儌	古堯反
僥	古堯反
繇	音胄
抄	初交、又初教反
杪	弥小反
謟	土高反
諂	丑冉反
鎗	楚庚反
鐺	音當
婬	音淫
媱	音遥
憙	許吏反
褚	竹呂反
楮	丑呂反
俛	俗以俛音免，非也
蠡	力奚反

字头	注音
餒	奴罪反
餧	於偽反
瑑	音篆
琢	竹角反
撿	音斂
檢	居儼反
逮	徒計反，俗音徒再反，非也
逯	音録
祓	音廢，亦音拂
喙	許穢反
啄	丁角反
廌	丈買反
橈	奴效反，又音鐃
撓	火高反
廷	今人音庭，非也
綮	汝鴆反
鞠	其六反
朴	普卜反
摘	竹革反
擿	他歷反

由上表可以看出《干禄字书》注音有如下几个特点：

首先，直音和反切法并用。直音法注音22字，反切注音42字。同组字注音，注音法亦同。其次，多音字采用“亦音”或“又…反”，或两者兼用（如“橈，奴效反，又音饒”）的注音方式，这种情况下，常见音多不注出。再次，与一般字书注音内容不同，“俛、建、廷”等3字注明了当时的错误读音。如果说《干禄字书》对属于别异字组的58个字进行注音是为了区别相近字形的需要，那么“俛、建、廷”及属于异体字组的“凶、竝、蠢、祓、廷、縶”6字的注音，则说明《干禄字书》也包含了正“字音”的内容，即对于读音进行规范。

（二）《五经文字》、《九经字样》

《五经文字》3250字中，给出明确注音2249字，占总数的69%。其中2239字注明了字的本音，注明又音322字，其中“檜、犆、復、罄、率、緌、鎮、畫、賈、蹐”10字为直接注明又音。339组重文字中，注明读音者142字，比例约为42%。注明本音的2239字中，反切法注音1743字，直音法注音496字[①]。又音322字中，注明经典著作中的其他读音者15字，注明3种及以上读音者36字，其中“衰、卷、辟、純”4字注明4种读音，“著”字注明5种读音，“敦”字注明6种读音。

《九经字样》注明本音181字，约占总数的43%，注明又音10字，亦即注明两种读音以上的共有10字，其中“亯、爽”二字注明3种读音。重文注音66字，比例约为49%。注音方式上，《序例》云：“其聲韻謹依《開元文字》，避以反言，但紐四聲，定其音旨。”故全书未采用反切注音，这也是与前二书在注音上的不同之处。

《五经文字》、《九经字样》二书共收3672字，其中有2429字注明字音，比例约66%，这一较高的比例足以说明，正字音是二书的一个重要内容。《干禄字书》虽然注明字音的比例不足4%，且大部分字只给出了字形和字际关系，但通过对属于异体字组的6个字注音的测查使我们确信，《干禄字书》亦包含正字音的内容，只不过在数量上较前二书确属偏低。

①其中“帑、孳”二字采用经典中的注音：“帑，《說文》乃胡反”、“孳，《禮記》音子”。

二、释义

（一）《干禄字书》

《干禄字书》明确注明字义者209字，非异体字组107组中，共有183个字注明了字义。异体字组中仅有26字注明了字义，见下表：

字头	释义	字际关系	注文
禯	禯華字	正	禯華字，上通下正。
兇	亦懼也	正	上通下正。亦懼也，許勇反。
階	階砌字	正	階砌字，上俗下正。合作階級之階。
鰥	鰥寡字	正	鰥寡字，上通下正。
乾	亦乾燥	正	上俗中通下正，下亦乾燥。
然	然燒字	正	然燒字，上通下正。
創	下亦創造	正	竝上通下正。下亦創造。
涼	炎涼字	正	炎涼字，竝俗下正。
皇	鳳皇字	正	鳳皇字，竝上俗下正。
焦	焦爛字	正	焦爛字，上通下正。
檣	所以剌船	正	所以剌船，上通下正。
芒	上芒剌字，音亡	俗	北邙山，上俗下正。上芒剌字，音亡。
邙	北邙山	正	北邙山，上俗下正。上芒剌字，音亡。
洗	亦姑洗字	正	竝正。上亦姑洗字，下亦洒掃字。
洒	亦洒掃字	正	竝正。上亦姑洗字，下亦洒掃字。
阪	阪亦阪泉字，蒲板反	正	上通下正。阪亦阪泉字，蒲板反。
懣	憤滿字亦懣，音亡本反	俗	竝上俗下正。憤滿字亦懣，音亡本反。
板	亦板蕩字	正	上通下正，下亦板蕩字。
果	果木字	正	果木字，竝上俗下正。
傃	向也	正	向也，竝正。
遡	向也	正	向也，竝正。
第	次苐字	正	次苐字，上俗下正。
祓	祓除字	正	祓除字，音廢，亦音拂，上俗下正。
剗	斫草	正	斫草，竝上俗下正。
拓	亦開拓字	正	竝正。下亦開拓字。
貊	蠻貊字	通	蠻貊字，上通下正。其獸名者，字作貘。

《干禄字书》注明字义的情况主要有两种：一是非异体字组中辨析形似字或音近字的需要、属于某一义项上通用所加的注明；二是异体字组中，属于二字同形或非完全对应的例外情况所加的注明。从《干禄字书》的释义情况可以看出，我们所定义的《干禄字书》收录的异体字，只能是一种权宜之称，《干禄字书》对异体概念的理解与今天我们所理解的异体概念（广、狭义）并不属于同一个层面，或者说《干禄字书》给出的俗、通、正的字际关系，并非全指严整的异体字组。上表所列26字，一部分为一字形身兼二字，其中所代表的一个字与其他字构成异体关系，为免淆乱而注明字义；一部分字实为二字某一义项上通用或某义项相同。上表中属于前一情形的共11字，以“某某字，…”为标志，明显用例如：

“凰、皇，鳳皇字，竝上俗下正。”

《尔雅·释诂》：“皇，君也。”《释鸟》：“皇，黄鸟。”“鶠、鳳，其雌皇。”义即我们常说的凤凰，雄鸟叫凤，雌鸟名凰。故“皇”字代表了“君也”及作为鸟类义项的两个字。按先秦典籍中，凤凰之“凰”多作“皇”字，如《书·益稷》：“簫韶九成，鳳皇來儀。”又陆德明《经典释文》：“皇本亦作凰”，故“凰”字乃“皇”（鸟类义）的后起字。在鸟类义上属于古今关系的“皇、凰”二字，至唐代演变为俗、正二体，故《干禄字书》加注释义，以明“皇、凰”二字非严整的异体关系。

后一种情形，一般无明显标志。如：

“莝、剉，斫草，竝上俗下正。”

《说文·艸部》：“莝，斬芻。从艸坐聲。”段玉裁注：“謂以鈇斬斷之芻。”又《诗·小雅·鸳鸯》：“乘馬在廄，摧之秣之。”汉郑玄笺：“摧，今之莝字也。”清王筠《说文句读》：“莝本靜字，此則以為動字也。”

《说文·刀部》：“剉，折傷也。从刀坐聲。”后引申为砍、铡切，如《玉篇·刀部》：“剉，斫也。”《世说新语·贤媛》：“剉諸薦以為馬草。”

“莝、剉”二字本为两个不同的字，在各自的流变中，产生出相同的义项，故《干禄字书》析介二字关系为“斫草，竝上俗下正”。此处注明字义并非交代“莝、剉”二字义即“斫草”，“莝”为俗字，“剉”为正字等内容，而是说在“斫草”这一义项上，二字为俗、正的关系，内中隐含二字在其他义项上无涉。

（二）《五经文字》、《九经字样》

《五经文字》注明字义720字，约占总字数（重文均计数为1）的25%。《九经字样》注明字义者182字，占总字数的43%，比例较《五经文字》有所提高。但是这里所说的字义是一个较为宽泛的概念。《五经文字》对字义的阐释，往往采用简约的种属概念，而非对字义的内涵做清晰明确的分析，如“疒”部字中“瘵、痗、瘉、瘣、疷”的释义均为“病也”，但具体属于何种病、病症如何等信息则没有进一步的阐发。我们抽样调查了释义中包含“名”的79个字，列表如下：

字头	释义
枵	歲名
楊	木名
樟	榆木之一名
楰	木名
椅	木也，與杶同物而異名
樠	木名
柷	柷敔，樂名
梄	柞梄，木名
槃	木名
柜	木名
櫐	木名
槣	木名
柒	《周書》篇名
侅	無侅，人名
幂	官名
醝	酒名
筤	籃也。又蒼筤，竹名
簦	晉大夫名
睔	鄭伯名
眅	鄭大夫名
矔	宋大夫名
睢	水名
瞫	人名
雎	雎鳩，鳥名
蔦	草名

字头	释义
蒹	草名
筑	地名
褎	地名
禫	祭名
祊	祭名
禬	祈祭名
禂	祭名
禜	禜祭。水旱之名
礿	祭名
禷	師祭名
祰	祭名
麑	狻麑，獸名
麃	獸名
鳸	雉名
雕	鳥名
鶅	邕渠，鳥名
雃	宋公子名
廑	人名
晢	官名
鄢	鄭楚地名
鄬	人名
郰	邑名
鄸	邑名
郯	地名
郱	地名
鄣	國名
蜡	祭名

字头	释义
琇	玉名
斞	量名
奎	星名
洓	《詩・風》以爲水名
沛	郡名
溠	楚水名
濰	齊水名
灘	澤名
澧	水名
淩	水名
漯	兖州水名
沭	水名
濡	燕水名
汜	水名
氾	鄭地名
潁	水名
澶	水名
菏	澤名
涑	水名
洙	魯水名
泒	縣名
濼	齊水名
淯	齊水名
緰	人名
軑	縣名
嶧	山名
強	強者，蟲名

上表以“某某名”为释义的字，提供了其所属种类或大致的范围，而具体内在的特征则没有细致说明。这一点也构成了字样学著作与字书的不同。我们认为这种释义方式意在通过概念传达出来的信息强化对规范字形的理解，释义并非其目的。

比较三书的释义，我们发现，三书在释义方面具有共同的特征，即力求简约，并多括举其外延。同时三书亦各有不同之处：

从释义格式上看，《干禄字书》由于编纂体例的需要，在注释字义时，从单音节、双音节到短语、句子皆有采用，如“愳”字注为“（上）懼”，用单音节所注的字共12个。而《五经文字》、《九经字样》即使有单音节可以注释，也会在单音节后面加“也”字，构成双音节结构，而《干禄字书》则少用“也”字。

从目的上看，《干禄字书》所注的字义，多是为辨析非异体字组中的形似字或音近字而加的注明，而《五经文字》和《九经字样》则是为强化对规范字形的理解而举其外延。

三、字形结构分析

字形结构分析是字样学著作正字的一个重要途径。《干禄字书》因编纂体例异于他书，未有对字形结构的具体分析，但对于《五经文字》和《九经字样》而言，字形结构分析则是极为重要的内容。《五经文字》分析字形者421字，可约略分以下两类：“六书”分析，具体构件规范。

（一）“六书”分析

“六书”分析亦可以分为两小类：注明“六书”之名和“六书”造字分析。

注明“六书”造字之名共17字，其中象形、形声、转注者分别为14、1、2字，见下表：

六书	字头	字形分析
象形	燕	象形
	褎	象形
	焉	象形
	舄	象形
	烏	象形
	壷	壷壼二字本象形字，不從士
	壼	壷壼二字本象形字，不從士
	升	象形。從斗
	萬	象形
	岳	象形
	韭	象形
	龜	象形
	於	象形
	䑞	象形
形声	嶽	形聲
转注	寤	從㝱，轉注
	寐	從㝱，轉注

分析“六书”具体造字的主要为会意字和形声字。会意字多以“象某某形”为格式，共19字，见下表：

朶	象樹木垂形
休	象人息木陰
臭	象獸走臭而知其迹者
戾	象犬出戶下者，身戾曲
器	象犬守器之形
豖	象豖半足之形
茦	象草木之有朿者
巛	象巛不通形
倉	從食省，從口，象倉形
母	從女，象乳形
毋	從女，象有姦者止之形
𡭴	上下皆從小，象空隙之形
弟	象圍帀次弟之形
鼓	從支。象其擊之形
乏	於文反正爲乏
武	於文止戈爲武
㐬	古子字倒形
周	用口爲周
[illegible]	上象肉文

形声字则以“從某（從）某聲”为格式，共3字：

柹：從木從朿聲。

狗：從犬句聲。

殺：從殳杀聲。

（二）具体构件规范

《五经文字》具体分析字形构件者382字，这里所说的具体构件规范主要是指除上述注明“六书”造字法之外，对具体构件的写法或造字的理据进行的规范说明。详见下表：

字头	字形分析
梅	從毐
本	從木，一在其下
櫂	從啻
梁	從水從刅
校	皆從木
梟	從鳥在木上
楚	從疋
楝	從柬
枲	從台從朩
揖	從咠
據	從豦
捋	從爪，下作寸
拒	從巨
搖	從肉從缶
援	從爰
搏	從尃
摶	從專
承	從手從氶
舉	從扌
在	從才旁土
存	從在省，從子
犧	從義下兮
壯	從爿從士
美	從羊從大
羌	從羊下儿
僑	石經從喬
俟	從矣
假	從叚
傅	從尃
偃	從匽
咎	從人從各
企	從人下止
弔	從人持弓
御	從午從止從卩
逆	從屰
迎	從卬
達	從幸

字头	字形分析
遏	從曷
逞	從呈
隨	從左
迥	從冋
延	從丿從㢟，㢟，從止從廴
趨	從芻
赳	從丩
越	從戉
起	從辰巳之巳
歷	從止
歰	從四止
步	從止下少
定	從正
寶	從缶
發	從弓從殳
察	從祭
害	從丰
憲	從丰
奧	從宀從米從大
宂	從人
穴	從宀從八
冥	從冖從日從六
冠	從寸
軍	古者以車戰，故軍字從勹下車，後相承逐便作軍，軍字從冖，義無所取
胄	從由下冃
瞿	從兩目
夐	從𠂊，𠂊音人，從穴省，從目從攵
矍	從瞿
矈	從臱
負	從人下貝
瑣	從貨
賴	從剌下貝
嬰	從賏

字头	字形分析
驫	從三犬
脅	從劦
胤	從八
腸	從昜
肥	從卪
脃	從刀從卪
俞	從亼從舟從刂。夲皆從舟，今作月
前	夲皆從舟，今作月
服	從卩從又。夲皆從舟，今作月
肜	夲皆從舟，今作月
朕	夲皆從舟，今作月
朕	夲皆從舟，今作月
騰	從馬。夲皆從舟，今作月
勝	夲皆從舟，今作月
青	從生從丹
解	從刀判牛角
鯈	從攸
配	從戊己之己
醢	從右
尊	從酋下寸
蘭	從柬
苟	從草下句
蘇	從穌
莽	從犬在兩草中
葬	上下從兩草相承
艾	從乂
雚	從艹下隹
觀	從雚從見
蔑	從戍從苜
敬	從攵從苟
度	從庶省
籍	從耒
箸	從者
策	從朿

（续表）

算	從昇
笑	從竹下犬
彥	從文厂從彡
祟	從出下示
祭	從月從又
祐	從右
祜	從古
兼	從又持二禾
猌	從來從犬
忌	從戊己之己
惡	從亞
愍	緣廟諱偏傍準式省從氏
慶	從鹿省，從心從夊
恭	從小
慕	從小
忝	從小
怪	從又從土
帶	從巾
帥	從巾
博	從尃
獲	從又
臭	從目
犯	從戊己之己
易	《字書》夲從日下一從勿
塵	從麤省，從土
麗	從丽
麃	從鹿下火
鳳	從凡下鳥
鶴	從隺
奮	從奞從田
隻	從又
雙	從又
評	從乎
謟	從爪從臼
諂	從ク從臼
競	從古文兩言

廏	從皀從殳
嚴	從厰
炭	從屵下火
疢	從火
邦	從丰
郵	從垂
鄙	從啚
卸	從午從止
卿	從二節相對
陟	從步
隱	從爪從工
尾	從到毛
尾	相承亦從正毛作下字
履	從舟下夊
蚤	從叉。叉從爪
風	從凡下虫
圮	從戊己之己
圭	從重土
珪	從重土
對	左旁，上從籀文屮，下從土，不從圭
堯	從垚下兀
懿	從壹，壹亦象形字
瓊	從敻
班	從刀分也
斑	從文采也
功	從工從力
勢	從埶
勗	從冒從力
劣	從少下力
刺	從朿
剌	從束
券	從拳省
制	從古未字
斟	從甚
斛	《釋文》云：從斤。

戛	從頁省
成	從人持戈
或	從一從口
我	從戈從扌
戉	從乚
必	從弋從八
貳	從弋
聯	從絲省
聽	從壬
聘	從由
聖	從呈
關	從𢇇
間	從月
閏	從王居門中
開	從幵
閻	從臽
离	《說文》從中從禽省
巂	從隹從中
孳	從玆
疑	右旁從子下止
徹	從云
州	從重巛
巠	從壬省
粼	從巜
灸	從久
炙	從月
赧	從叉
奄	從电
夷	從弓從大
奊	從圭從夨
沱	從它
沔	從丏
汜	從辰巳之巳
汜	從戊己之己
淫	從爪從壬
沴	從㐱
沈	從人出冖

（续表）

凖	從水傍隼
湇	從泣下月
湆	從泣下日
淠	從畀與之畀
滅	從烕
涅	從日從土
沃	從夭
㳂	從㕣
盜	從次從皿
漆	從桼。象漆如水滴而下
泰	下從水，相承省作氺
桼	下從水，相承省作氺
黎	下從水，相承省作氺
純	從屯
繼	從㡭
總	從匆
縛	從尃
縳	從叀
練	從柬
繰	從喿
縿	從參
紞	從冘
緌	從委
綏	從妥
緣	從彖
綱	從岡
繩	從蠅省
緝	從咠
纂	從算
徽	從微省
緊	從臤
絜	從丰從刀
繭	從虫從巿
彝	上從彐
䜌	從言從絲

會	從曾省
舍	從屮從口
僉	從吅
今	從乛
命	從口從卩
全	從亼下工
令	從卩
餞	從戔
饕	從號
養	從羊下食
鍊	從柬
鍛	從段
鍜	從叚
鐕	從朁
鉞	從戉
鈍	從屯
鑒	從監
鑿	從毀省從丵
輯	從咠
軘	從屯
輮	從柔
輒	從耴
軌	從八九之九
輩	從非
犨	犨從舛從禼省字
妃	從戊己之己
姊	從𠂔
媒	從某
佞	從仁
婁	從毌從中從女
猸	從犾
岡	從四下山
屺	從戊己之己
魃	從犮
禺	從鬼頭從内
順	從川
規	從夫
覽	從監下見

𡕪	從畐省從夊
憂	從頁從心夊
㥑	從旡從心從夊
夔	從頁從巳從止從夊，上兩點象角形
夋	從兇下夊
畟	從田從儿從夊
改	從戊己之己
敵	從啇
收	從丩
寇	從完
整	從敕從正
祋	從示
段	從端省
毅	從豙
毄	從軎
殹	從医
燮	從言
叜	從灾下又
友	從二又相交
豎	從臤從豆
反	從厂從又
秉	從又持禾
尹	從又丿
𢍰	從又持𣡌
肅	從聿從㸚
畫	從聿從田從一
畿	從幾省從田
畜	從玄
界	從介
耆	從老省從旨
耋	從老省從至
考	從丂
耇	從老省從句
耉	從老省從蒿
孝	從老省從子
耄	從老省從毛
眔	從横目下氺

（续表）

聚	從取
脉	從正永
瓞	從失
瓣	從二辛
采	從爪下木
爰	從𠬪夾于
受	從舟省
爭	從𠂆
眞	從匕從目從乚
化	從亻
印	從卩
監	從臥下血
臨	從品
需	從而
賈	從貝
票	本字從覀下火，隸文移火字一點就上，非示字
版	從片
㲋	從㲋
臭	從㲋。省從犬

柬	從八在柬中
啄	從豖
叫	從丩
䎛	從㗊
君	從尹下口
吝	從文下口
噩	從王從㗊
局	從尺下口
啗	從臽
哭	從犬從吅
因	從大
㬪	從㪯
北	從北下一
亟	從人又口在二之内
弧	從瓜
皃	從白下儿
兄	從口下儿
替	從曰從兟
匿	從若
匹	從八
備	從苟從用

殘	從戔
死	從人
旌	從生
旆	從市
旋	從疋
旅	從从
族	從矢
贙	從二虎從貝
處	從夂從几
齍	從齊下皿
益	從水
盡	從皿上聿
盥	從臼從水臨皿
畫	從聿從畐
韓	從入下韋
桀	從舛在木上
蹢	從啇
蹐	從脊
嘉	從加
果	從木，上象子形，是果實字

上表字形分析的标志性术语为“從某”，但这里的“從”与《说文》会意、形声等造字方式的术语“从某某”、“从某某聲”之“从”并不相同，而是引出“從”字后面具体构件的一种标志，不论这个构件是表音、表意或者其他。例如：

炭：從芦下火。（《说文》：“從火，岸省聲。”）

彦：從文厂從彡。（《说文》：“從彣厂聲。”）

延：從丿從㢟。㢟，從止從廴。（《说文》：“從㢟丿聲。”）

觀：從雚從見。（《说文》：“從見雚聲。”）

《说文》对上述四字的构造分析为“從某某（省）聲”的形声字，而《五经文字》则以“從某從某”对构成各字的具体构件进行规范。这种规范分为两种情况：一是对具体构件写法的规范，以“金”部所收字为例：

鍊	從柬
鍛	從段
鍜	從叚
鐟	從替

鉞	從戉
鈍	從屯
鑒	從監
鑿	從毀省從丵

“鍊、鍛、鍜、鐟、鉞、鈍”六字，“從”字引出了右半部分声符的规范写法。二是对造字理据的维护，上表“鑒、鑿”二字“從”字之后的内容虽亦为声符，但其形体已与构件本身“監”、“毀”等发生了细微的变化，《五经文字》加以还原，是对其造字理据的一种维护。

《九经字样》对字形结构进行分析者共139字，约占总数的三分之一，较《五经文字》（约为八分之一）有大幅度提高。其中注明“六书”造字法的有二字：

𣏟：象形

𤰞：象形

以“象某某形”为格式的会意字13个：

字头	字形结构分析
身	象人之身
芻	象包裹束草形
鬻	象熟五味，氣上出也
齒	象口齒之形
高	象臺觀之形
亯	從高省，象進熟物形
呂	象脊呂形

字头	字形结构分析
出	象草木益滋上出，達也
予	象相付予之形
𦣻	象人面，上從巛，象髮
互	象上下相錯之形
㚖	象人䏶自臼之形，本非從女
久	象人兩脛後有距也

以“從某某聲”为格式的形声字29个：

字头	字形结构分析
物	牛爲大物，天地之數，起於牽牛，故從牛勿聲。
億	從人意聲
蒿	從蒿省聲
㬪	從日在茻中，茻亦聲
雜	從衣集聲
秊	從禾從千聲

字头	字形结构分析
狄	從犬赤省聲
售	從口雔省聲
蜃	從虫從辰聲
墉	從土庯聲
切	從刀七聲
黔	從黑從今聲
䋲	從筍聲

（续表）

饉	從食堇聲
更	從攴丙聲
敨	從叒從古聲
旨	從甘匕聲
潯	從口從工從又，寸分理之，從彡聲
嗁	從口從虒聲
吏	從一從史，史亦聲
元	從一兀聲

翬	從軍聲
翽	從羽歲聲
殣	從歺堇聲
韠	從韋從畢聲
鼎	上從貞省聲，下象析木以炊
龕	從龍從今聲
夜	從夕從亦省聲
叅	從又持米，從尜聲

注明具体构件规范95字：

字头	字形结构分析
稽	從尤從旨從禾
斲	《說文》云：譚長說本從斤斷艸。
半	從八從牛
告	從牛從口
保	從人從子從八
僮	從人從童
侯	從人從厂，象張布形，矢在其下
般	從反身
弅	從从從开
衞	從韋從帀從行
迸	從火從艸
遂	從㒸從辶
賓	從貝從宀
壐	從玨
竂	本上從穴，下從火
看	從手下目
直	下從乚
賚	從貝從朿
賣	從貝從𧶠省
賫	從出從買省
貴	從貝從臾
胡	從月
肎	從月從冎省
筋	從月從竹，從力象筋也
有	從月

字头	字形结构分析
奠	從酉，酒也，從丌，几也，從八，分列也
茓	從艹從穴
芈	從艹，象四足之形
笪	中象人手所推握也
笑	從竹從夭，竹爲樂器，君子樂，然後笑
彰	從彡從章
初	從衣從刀
禮	從示從豊
杏	從卄而曳長之
猋	從三犬
語	從吾
麻	從广從林
幼	從力從幺
剮	從刀從冎
戎	《說文》從戈從甲
灰	從又
浙	從手
淵	從㴇
冬	從冫從夂
飧	從夕
頓	從屯
猷	從干從臼從欠
麥	自天而來，故從來，其下從夂，行來之皃也

（续表）

教	從文從孝
彐	從又
叏	從又持中
甫	從彐
氺	從彐
男	從力田
鬯	從凵，中象米，匕所以扱之
逸	從兔，言兔善走也。
冤	從冖從兔，謂兔不得走，善屈折也
甘	從口含一
舌	從干從口
京	從高省
品	從三口相連之形
尚	從八
員	從口從貝
亡	從亾從一
童	從二從干，干上爲辛
童	從重省
[illegible]	從二陰之數
亥	作二人，一人男，一人女。又從乙，象懷子之形
竟	從音從儿
區	從品在匸中
昌	上從日，下從曰
晨	從辰從臼

曐	上爲列星
疊	從三田
曾	從四，下從曰，上從八，象氣之分散也
汩	從曰
游	從㫃從汓
於	本非從㫃
虜	從毌
幻	從倒予
端	從立從耑
早	從𠂇從甲
冀	從北從異
亾	從人從乚
乾	上從倝，下從乙
鬭	從二丮，象兩士相對，兵仗在後之形
尰	從九
乏	《春秋傳》曰：人反正爲乏。
鬼	從甶
興	上從同從臼，下從廾
承	從卩從手，又從廾
異	從廾分畀
夕	從月半見
外	從卜從夕
[illegible]	從卂

从《五经文字》和《九经字样》的统计数据，可以得出三点结论：

首先，《九经字样》在字形结构分析上力度更大，约三分之一的字进行了字形结构分析，而《五经文字》的比例仅约八分之一。

其次，《九经字样》更注重经典文献的支持，如："乏，《春秋傳》曰：'人反正爲乏。'"虽"反正爲乏"已广为人知，但《九经字样》仍不厌其烦注明了其出处，亦是为"乏"的造字理据提供了经典文献的支持。

再次，《九经字样》注明形声字29字，这一数据说明其更注重"六书"造字分析，且基本与《说文》的字形结构分析相同。

上述几点说明，字样学著作在进行字形结构分析时，注重从经典文献角度出发，尤其以《说文》的分析为重要依据，这也从一个侧面反映出字样学著作进行字形结构分析以尽量保持汉字的造字理据为目的。

四、别体

（一）《干禄字书》

俗、通、正三体之外，《干禄字书》在部分字头下注出了俗体（讹误为主）、或体、古体等字形，我们统称为别体。注文出现别体共有22字，见下表：

字头	别体
辭	今作辤，俗作辞，非也
餐	字亦作湌
僥	相承已久，《字書》作儌，今不行，用僥
霄	俗作霄，非也
礭	字亦作榩
否	可否及否泰字同，今俗竝作否非也
叩	字亦作扣
珮	古竝作佩
廌	相承別用豸字
效	或作敢

字头	别体
清	俗作清，非也
熟	古作孰，今不行
狛	其獸名者，字作貘
蠟	俗字從葛，非也
慴	亦作讋
僮	古則反是。今所不行
撝	其指撝亦作麾
階	合作階級之階
哽	作鯁亦通
莊	其粧粉合用此字，相承從米已久
醋	今竝作酢
卞	古竝作弁

《干禄字书》注明别体的类型共有4种：一是讹误俗体，以“俗…非”为明显标志，共“辭、霄、否、清、蠟”5字。二是异（或）体，仅“效”字。三是古今字，以“今作”、“古作”或“相承”为标志，共“辭、僥、珮、廌、熟、僮、醋、弁”8字。四是义项互有交叉或二字同形，如：“麾、撝，上旌麾，下謙撝字，其指撝亦作麾。”共“礭、叩、慴、狛、撝、階、哽、莊、餐”9字。

其中“礭、狛、階、莊”4字出现于异体字组，且属于上述四类形体中的义项互有交叉或二字同形一类，其余18字均为非异体字组，可以看出《干禄字书》注明别体亦是为了辨别非异体字组的需要。

（二）《五经文字》、《九经字样》

《五经文字》于字头下注明该字别体者554字，具体类别及数量统计如下：

<table>
<tr><td rowspan="4">类别</td><td colspan="13">别体</td></tr>
<tr><td colspan="2">讹误</td><td colspan="11">异体</td></tr>
<tr><td rowspan="2">讹</td><td rowspan="2">非</td><td rowspan="2">经典形体</td><td rowspan="2">同</td><td rowspan="2">又作</td><td rowspan="2">亦作</td><td rowspan="2">或作</td><td rowspan="2">多作</td><td colspan="4">俗</td><td rowspan="2">别作</td></tr>
<tr><td>俗作</td><td>俗从</td><td>作某俗</td><td>从某俗</td></tr>
<tr><td>字数</td><td>234</td><td>41</td><td>104</td><td>68</td><td>29</td><td>32</td><td>27</td><td>8</td><td>20</td><td>2</td><td>4</td><td>1</td><td>2</td></tr>
<tr><td>注明讹误</td><td></td><td></td><td></td><td></td><td></td><td></td><td>8</td><td></td><td>11</td><td>1</td><td></td><td></td><td></td></tr>
<tr><td>注明出处</td><td></td><td></td><td></td><td></td><td>14</td><td>11</td><td>9</td><td></td><td></td><td></td><td></td><td></td><td></td></tr>
<tr><td rowspan="2">别体总量</td><td>246</td><td>45</td><td rowspan="2">107</td><td rowspan="2">68</td><td rowspan="2">29</td><td rowspan="2">32</td><td rowspan="2">27</td><td rowspan="2">8</td><td>20</td><td>2</td><td>4</td><td>1</td><td rowspan="2">2</td></tr>
<tr><td colspan="2">291</td><td colspan="4">27</td></tr>
</table>

上述553字中，作者界定属于讹误形体的字约占50%，其他属于非讹误形体的约占50%。这里首先需要交代一下《五经文字》所界定的讹误形体。李景远定义《五经文字》“讹体”为“由于偏旁形近相混、字形相近互讹、书法习惯上任意加点减画以及草体的介入所形成的错别字”。[①]这一定义的核心在“错别字”，究竟何种程度算“错”，何种程度则可以认同，中间的界限并不很明晰，故而需要借助具体的字例分析来探究《五经文字》判定别体讹误的标准。

首先来看讹误字例：

“哭，從犬從吅，吅音喧[②]。作哭訛。”“雄，于弓反。從右訛（雄）。”

“口”、“厶”及“人”等作为次级构件，常常发生换用，如“哭”字在唐代亦有如下形体：**尖**（《齐朗墓志》）、**尖**（《陶英妻张氏墓志》）、**尖**（《崔府君夫人源氏墓志铭》）等。“雄”字亦常作“雄”，如《张伏敬墓志》即作“**雄**”。

按《说文》：“吅，驚嘑也。从二口……讀若讙。”杨树达：“‘雄，鳥父也。从隹，厷聲。’按厷聲字多含大義……《說文》弘从弓厶聲，厶厷字同。”[③]“口”、“厶”构件在“哭”“雄”整字的构

①（韩）李景远《张参五经文字之研究》，台北：政治大学硕士学位论文，1989：193。

②徐铉曰：“或通用讙。今俗别作喧。非是。况袁切。”

③杨树达《增订积微居小学金石论丛》，北京：科学出版社，1955：30。

造上具有清晰的意义和功能，但是“口”、“厶”、“人”等发生混同或换用之后，造字理据发生了变化，构件组合后原有的信息无法传达出来，故而《五经文字》视之为讹。

其次，《五经文字》认同异体字例：

“鵞”字“或作鵝”，经典著作中二字形常见，如《左传·昭公二十一年》：“鄭翩願為鸛，其御願為鵞。”《尔雅·释鸟》：“舒鴈，鵝。”

“雕”“與鵰同”，《说文·隹部》：“雕，籀文雕，从鳥。”

“疥”“亦作疥”，“疥”即《说文》小篆形体。

经过测查，我们初步判定《五经文字》界定讹误形体的标准是看有无经典可依，凡是属于破坏了汉字造字理据，且无经典可循的则为讹误形体。属于书体自然演变且有经典可循的形体亦予以认同。

此外，在具有别体字的554字中，近五分之一出现于经典著作中，也就是说对这批字形《五经文字》给出了明确的经典文献的版本支持，这也从一个侧面反映了《五经文字》在规范异体字上，主要是以经典文献为依据。

从上述几点分析可以看出，在规范异体字上，针对汉字造字理据弱化的趋势，尤其是造字理据上遭到破坏而出现的形体，《五经文字》均给予了否定和纠正，最大限度地维持了汉字的造字理据。

《九经字样》注明别体74字，其中注明讹误字者44字，经典著作贮存别体字形者22字，其他8字分别为：古文、籀文形体3字；俗体3字；“廟諱”1字；“與某同”1字。

在注明别体这一属性上，《九经字样》基本沿袭了《五经文字》的模式和方法，虽然以订正经典文字为目的，但是达到了为汉字造字理据寻找依据的效果。针对异体字所呈现出来的汉字造字理据的弱化趋势，二书都尽可能从经典著作的角度入手，来最大限度地维护汉字造字理据。这也构成了其与字书甚至包括《干禄字书》等其他字样学著作的不同特点，亦成为二书正字观中极为重要的一方面。

第四节

定性分析梳理

定量统计服务于定性分析。本章主要统计分析了唐代三部重要的字样学著作的收字量、收字来源及范围和注文属性，以列表的方式将相关数据逐一呈现。然本章涉及大量表格和数据，相关定性分析内容散于其间，故单独于章末增“定性分析梳理”一节，以集中凸显量化调查基础上的理论性总结和阐释。需要注意的是，本节取“梳理”以代“小结”名目，一方面为免后面几章未出“小结”而使体例不符，另一方面其大半内容已见前述三节，故亦只能以“梳理”代言。

我们首先给出了已有研究成果中的部分数据和结论，它们是进一步研究中不可忽视的重要资料。但其中也存在多方面的问题。针对这些问题，我们基于数据库的测查得出了相关数据，并由此提出了若干倾向性的意见或结论。同时对已有成果中未触及到的层面，进行了初步的分析和探讨。

首先，字样学专书收字量的统计数据没有得出一致的结论。导致这一问题的原因除版本的不同外，主要有两点：一是研究者统计过程中疏失，二是对字样学著作编纂体例或内容的理解不当。针对这些问题，我们的统计首先避免了上述有可能引起的失误，得出结论如下：

《干禄字书》收录字头总数为1656字，共804组；《五经文字》三卷，收录字头总数为3250个，总字样数为3249个（其中包含一组重出字头“沮”字），共分为2905组字，重文共有339组（包括三体重文6

组），重文外字头数2566个；《九经字样》共收录字头422字，字组数为287组，其中重文134组（包括三体重文1组），重文外字头数153个。

其次，隐含于字样学著作本体中的收字量问题没有得到解决，尤其是各书内部出具的数据出现矛盾这一原因，我们提出了有价值的参考意见。其中一点就是《九经字样》并不将联绵字统计为两字，而是将其看作独立的个体，统计为一字。

再次，字样学著作同出（重出）字头的统计未出现专门的成果。故我们出具的数据当属首次：《干禄字书》与《五经文字》同出字头共404个，所占各书比例约为24%和12%；《干禄字书》与《九经字样》同出字头共61个。

对于字样学著作收字来源和范围的统计，主要以《五经文字》和《九经字样》为主，相关数据见本章第二节，不赘。但由此可以得出如下结论：

《五经文字》成于众人之手，收字来源超出“五经”，故“五经”并非确指，实为众经的统称；收字来源和范围，反映出《五经文字》尽量保持汉字构造理据的正字理念；在文献版本学上亦具有重要的参考价值。《九经字样》虽收字量较少，但作为《五经文字》的补充之作，确具有不可代替之处，其特点有三：明确注明出处的字数明显减少；部分出处具体到语境；征引书名整齐划一。

字样学著作注文属性的调查，是全面深入研究字样学的重要方面。相比较收字量、收字来源和范围，前人对注文属性的测查少有提及，更未出现较为全面丰富的成果。该节所进行的测查，大半尚属首次，故其开创之功，不言自明。

各书注文包含的基本属性主要有：注音、释义、字形结构分析、别体、出处、字际关系等。具体到每一字头，则根据该字头需要规范的程度择要列出。其中数据部分正文已有详尽统计，此处不赘。

通过对字样学著作注文中注音属性的测查，我们得出，正字音亦是一个重要内容。《干禄字书》虽然注明字音的比例不足4%，但通过对属于异体字组的6个注音的测查，我们确信，《干禄字书》亦包含正字音的内容，只不过在数量上较他书确属偏低。

通过对释义属性的分析，我们可以看出字样学著作特殊的释义方式意在通过概念传达出来的信息，强化对规范字形的理解，释义并非其目的。这一点也构成了字样学著作与字书的不同。尽管如此，比较三书释义，从目的上看，《干禄字书》所注明的字义，多是为辨析非异体字组中的形似字或音近字而加的注明，而《五经文字》和《九经字样》则是为强化对规范字形的理解而举其外延。

字形结构分析是字样学著作正字的一个重要途径。在进行具体的字形结构分析时，注重从经典文献角度出发，尤其以《说文》的分析为重要依据，这也从一个侧面反映出，字样学著作的字形结构分析尽量保持了汉字的造字理据。

在注文别体属性的测查上，我们初步判定《五经文字》界定讹误形体的标准是看有无经典可依，凡是属于破坏了汉字造字理据，且无经典可循的则为讹误形体。其他属于书体自然演变且有经典可循的形体则予以认同。

针对异体字所呈现出来的汉字造字理据的弱化趋势，《五经文字》与《九经字样》都尽可能从经典著作的角度入手，来最大限度地维护汉字造字理据。这也构成了其与字书甚至包括《干禄字书》等其他字样学著作的不同特点，亦成为二书正字观极为重要的一个方面。

上述对注文各属性的统计分析，可以看出字样学著作注文系统与字书有着截然不同的区别。综之，本章是对于字样学著作基本属性的测查研究，订正增补与创获并重，是进一步研究的基础。上述各方面多备有相关个案的探讨作为例证，可见一斑。

第三章 《干禄字书》字样学理与楷化因素

《干禄字书》是唐代『为字』类字样学著作的代表，本章及下一章即以《干禄字书》为主要探讨对象，从字级与字形、类推与类化、时代性与区别性三个方面，对《干禄字书》所蕴涵的字样学理及反映出的楷化因素进行重新梳理或首次探研，同时对若干组异体字例进行系统的调查与疏证，由宏观至微观、从历时到共时，将《干禄字书》的性质内容及意义价值揭示出来。

值得一提的是，虽前人时贤对于本章探讨的相关方面有所涉及，然经过本文论证，所得出的新的结论（如对于『通字』性质加以新的诠释），对原有旧说多加订正，起到了很好的补充作用。同时本章大部分内容为以往研究中并未涉及之处，故而本文的探讨具有重要的参考价值。

第一节

字级与字形

《干禄字书》系字样学著作，辨别社会用字实际，区分异体等级，辨析易混字组，我们暂以“为字”类字样学著作命名，亦得以与《五经文字》一系“为经”类字样学著作区分。“为字”类字样学著作的性质即以社会用字实际为取字来源，如《干禄字书》字级分为俗、通、正三体，说明社会实际用字中存在的异体现象亟须规范。同时，《干禄字书》规范异体字级，本身即说明唐代社会用字实际中，该字组字形之间可以相互换用或某种条件下相互换用。《干禄字书·叙》定义三类字级为：

> 所謂俗者，例皆淺近，唯籍帳、文案、券契、藥方，非涉雅言，用亦無爽，儻能改革，善不可加。所謂通者，相承久遠，可以施表奏牋啓、尺牘判狀，固免詆訶。若須作文言及選曹詮試，兼擇正體用之尤佳。所謂正者，竝有憑據，可以施著述、文章、對策、碑碣，將爲允當。進士考試，理宜必遵正體；明經對策，貴合經注本文；碑書多作八分，任別詢舊則。

对比三级分类的定义，所谓俗者，例皆浅近，亦即俗字即通行于民间的流俗用字，而通字相承久远，是指该类字形的产生及行用，经过了相当长的时间，正字则为有凭据可得而说的字形，此处所言凭据指经典文献及官方资料承认或规定的造字理据。可见，三类字级的分类标准是不统一的，俗字着眼于字形产生并流通的基础和范围，通字则着眼于字形沿用时间确已久远[1]，而正字则强调字形构字理据的正统性。虽然分类标准不一，然《干禄字书》重点强调的则是三类字级在当时社会实际用字中应当行用的范围和领域。俗体字形产生于民间流俗用字，故而非涉雅言类情形下均可使用俗体字形，“儻能改革，善不可加”，则给予俗体字形发展预留了充足的空间。通字则因沿用较久，社会接受方面已得到相当程度的认可，故而在“表奏牋啓、尺牘判狀”等公开场合使用的载体均得以适用，然《干禄字书》又注云：“若須作文言及選曹詮試，兼擇正體用之尤佳。”亦即科考等场合下虽然也能使用通字，然三级字形最优者为正字。而正字形体则因有经典文献及官方资料的依据，故而在进士考试、明经对策、碑碣等场合或载体下，必须使用正体。此处碑碣，非指如墓碑类私人性质的碑刻，而是特指为台观庙宇或经典文献所立颂扬类碑刻，如唐玄宗书《石台孝经》等。三类字级虽是一种自下而上的分层，但其行用范围则是自上而下的，即俗字可以行用的场合，通、正字均可行用，通字行用的场合，正字可以兼用，然俗字则不得出现，而正字行用的场合，俗、通字形则是不能够代替使用的。

一、正字

《干禄字书》注明正字754个，其中与《说文》小篆隶变楷化之后形体相同者729个，《说文》字头未见者25个。若以《名义》传抄字形对比，754个正字形体中，有524个字形，与《名义》有对应的字形，其中可见于《名义》字头位置者482字，出现于《名义》注文者42字。剩余字形，除禯、篪、釁、碁、稜等12字（包括该字异体字形）《名义》未见贮存外，其余均于《名义》中有相对应字形，实质上，这部分字形即《干禄字书》该字形同组内俗、通形体在六朝时期的形体（包括异体）。按其来源，可将《干禄字书》所规范正字形体分为三类：第一类

①张涌泉《汉语俗字研究》：“颜元孙所谓的‘通者’，其实也是俗字，只不过它的使用范围更大一些，流延的时间更长一些。换句话说，‘通者’就是承用已久的俗字。”（岳麓书社，1995：1）

为符合《说文》、《玉篇》等字书造字理据且与字书字形相吻合者；第二类为历代字书虽有对应收字，但字形之间存在一定程度的差异者；第三类为《干禄字书》三类字级字形均未见于之前字书者。

（一）符合《说文》、《玉篇》等字书造字理据，且与字书字形相吻合字形

与《说文》对照，《干禄字书》正字见于《说文》者729字，比例约为97%。与《名义》传抄字形对照，见于《名义》字头位置482字中，有340个正字字形完全相同，剩余142字形体略有细微差异；注文42字中，35字与《名义》字形完全吻合，仅7字存在形体细微不同，此类差异绝大多数属于文字形体演变序列中正常的递变现象。上述统计数据说明，《干禄字书》所规范正字形体中，大多数字形为“竝有憑據”者，一般而言即符合《说文》造字理据，《说文》未备者则与《名义》传抄原本《玉篇》字形相吻合。这部分字形是正字中的主体部分。试以从“㕣”构件所成字为例。

《干禄字书·平声》：“鈆、鉛（沿、船竝同）[1]，上通下正。”

按，《说文·金部》：“鉛，青金也。从金㕣聲。”[2]段注“㕣”字：“从口，謂山閒。从水敗皃，謂涺泥。谷字酋字皆从水半見，㕣亦从水半見出于口也。水敗土而涺泥多，是曰㕣。”汉隶“公”字所从之“厶”，形体似“△”，如《熹平石经·易》作“”、《鲁峻碑》作“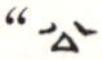”，致鉛字声符“㕣”与“公”形体相近而混同，如《张湾汉墓朱书陶罐》作“”、《张纳碑》作“”，又致六朝楷化形体作“鈆”形，如北魏正光四年《元仙墓志》即作“”形。《名义》字头传抄字形亦作“”形，可证“鈆”形于六朝时期处于正体地位。以六朝至唐代石刻用字资料统计显示，所有鉛字字形均作“鈆”形，如《隋故宫人（萧氏）墓志》作“”、《唐慕容君妻费婉墓志》作“”，而《说文》造字理据亦皆隐而不显。鉴于此，《干禄字书》以

①《汉语大字典》第4178页“鈆”字引《干禄字书》作：“鈆、鉛竝同。”引文有误。

②马叙伦《说文解字六书疏证》卷十七：“然金文及漢隸公字皆作㕣，無作公者，秦漢私璽私字作和，皆從口，口即本書六篇部首之口，即或屬字或所從之口，實垣之最初文，公實從八口聲。口之異文作吕又作宫，古書公或作宫，明宫聲矣。今作公者，蓋從八從厶，厶為厷之初文，肱之最初文，以借厶為公私之私，而增八以别之，此即厶字，傳寫為[illegible]耳，若為公私之義，則字當作口，口為公私之私耳……”

“鉛”形为正、鈆形为通，一改历代字形行用之失，实即以《说文》造字理据为正，维护了“鉛”字的造字理据，使之重新确认并得以延续。以后世行用情况来看，《干禄字书》所维护的从“㕣”构件字造字理据均得以沿用至今。

沿、船二字亦同。

《说文·水部》：“沿，缘水而下也。从水㕣聲。《春秋傳》曰：‘王沿夏。’”《五经文字·水部》：“沿、㳂，上《說文》，從㕣，㕣音鈆。下經典相承隷省。”六朝至唐代字形确多作“㳂”，如隋仁寿三年《苏慈墓志》字形作“㳂”，唐《慈恩寺圣教序》作“㳂”。《名义·水部》传抄字形亦作“㳂”，注文用字亦多作“㳂”[①]形，如筌字注文用字作“㳂”形、全字注文用字作“㳂”形、圎字注文用字作“㳂”形。《名义》亦出现从“㕣”形体“沿”字，然仅出反切：“古允反。余專反。”按，《说文·水部》：“沇，水。出河東東垣王屋山，東爲泲。从水允聲。沿，古文沇。”《名义·水部》：“沇，胡褊反，俞選反。沿，上文。”故《名义》此处字形作“沿”，当为《说文》沇字古文形体。裘锡圭先生在《汉语俗字研究》序中将其称为异字同形，而产生“沿”二字同形的首要原因即在于古今文字演变产生的形体混同。

《说文·舟部》：“船，舟也。从舟，鉛省聲。”春秋时期《南疆钲》[②]字形作“船”，字形犹从“㕣”形，至《睡虎地秦简·日书（甲种）》“舩”字、汉隶《船室瓦》“舩”字，字形则由从“㕣”形演变出现从“公”形。然今所能见到的六朝石刻用字中，仅出现“舩”形，如北魏建义元年《元瞻墓志》作“舩”，唐代字形仍以“舩”形为主。又，原本《玉篇》残卷字形作“舩”，《名义·舟部》传抄字形同作“舩”，注文用字亦多作“舩”形，如淦字注文用字作“舩”形、篷字注文用字作“舩”形，用例达十数处。然与鉛、沿字相同，

①《名义》注文用字亦多作“㳂”形。然亦出现作“沿”形者，即“泉”、“匧”二字反切用字，字形均作“沿”形。今按，此当为“沿”之形误，原因或为注文用字字号本身较小，又加传抄者空海毕竟为域外之人，故致此字形抄写之误。然除此二字形外，其余注文用字均为“㳂”形。

②于鸿志《吴国早期重器冉钲考》：“一般以‘南疆钲’为名，实应称为‘冉钲’为最确切。”（《东南文化》，1988年第2期）高至喜《两周铜钲研究》则认为：“‘冉钲’（即南疆钲）并非吴器，而是春秋晚期的楚器。”（《考古学报》，2006年第3期）

《名义》注文亦出现"船"形，但仅"舩"、"颱"二字。唐代实物用字资料，亦以"舩"形为常见形体，如《唐故处士张君（义）墓志铭》作"舩"。由此可见，《干禄字书》所立从"㕣"构件正字形体，虽然与六朝至唐代社会用字实际并不相符，但却与《说文》造字理据及古文字形体构造相吻合，且以后世行用形体来看，《干禄字书》所规范正字形体，后世一直沿用下来。

（二）《干禄字书》部分所收正字形体中，历代字书虽有对应收字，但字形之间存在一定程度的差异

相对于《说文》而言，《干禄字书》部分正字形体为《说文》小篆形体演变而来，如"乞"字即由"气"字演变而来[①]。前文已提到的见于《名义》524字中的149个与《干禄字书》形体存在细微差异的字形，亦基本属于此类，比例约为28%。试以迹字为例。

《干禄字书·入声》："跡、迹，竝正。"

按，《说文·辵部》："迹：步處也。从辵亦聲。蹟[②]，或从足、責。速，籀文迹从朿。"金文《师寰簋》正作"速"，可知迹本应作"速"。《睡虎地秦简·封诊式》出现"迹"字形体，"速"即"速"之变体。又古文字构件夾常作"亦（夾）"，故致"速"字演变为"迹"形[③]。

《名义·辵部》："迹，子亦反。跡也。理也。步遽也。道也。邇迹字。"（《足部》："跡，子亦反。馬跡也。"）同一语境，同一个字出现三个异体。"足"部与"辵"部，由于意义趋近[④]，"迹"字

①于省吾《甲骨文字释林》："（甲骨文）气字，俗作乞。《說文》：'气，雲氣也。'……气字之用法有三：一為气求之气，二為迄至之迄，三為終止之訖。"

②马叙伦《说文解字六书疏证》卷四："倫按迹在精紐，蹟从責得聲，責音照紐，皆破裂摩擦清音也，故迹轉注為蹟。"戴家祥《墙盘铭文通释》："'迹'、'績'聲同義通。《左傳·哀公元年》'復禹之績'，《釋文》'績，本作迹'，《三體石經·僖公》'楚師敗績'，古文以'速'為'績'。"（《上海师范大学学报》，1979年第2期）

③王贵元《马王堆帛书文字考释》："《春秋事語》80行：'邦治適亂，兵之所迹也。'迹即迹之变体。……帛书之速即速之变，隶书'朿'常寫作'夾'，如策作筴等。又，早期隶书夾、亦（夾）常不分，如《老子（甲本）》'夾'作夾，因疑《說文》小篆从亦，为《說文》据隶书而定。"（《古汉语研究》，1995年3期）

④马叙伦《说文解字六书疏证》卷四："步處也即辵字義。辵是足在道上。足在道上為走。所經為迹。步處即其引申義。"

发生构件替换，出现“跡”[1]字形体。小篆“亦”，隶变作“亦（亦）”（《武威汉简·有司四》），相应的，“䢢”字隶变作“迹”（《居延汉简·甲四九》）、“迹”（《汉孔彪碑》）等。

楷化之后，“迹（跡）”最初保存了隶书形体构件“灬”。同时由于草书的影响，构件“𠂉”多作“夂”，影响到楷书则出现“跡”（《北魏寇演墓志》）、“跡”（《北魏元尚之墓志》）、“迹”（《北魏封魔奴墓志》）等字形。

又由于楷化过程中的规整扬弃，构件“灬”逐渐向有理据（亦）的“小”、“小”形体过渡，出现“跡”（《孝文帝弔比干文》）、“跡”（《北魏元斌墓志》）、“迹”（《（北魏）大伐（代）孙秋生等二百人造像记》）、“迹”（《北魏元湛墓志》之一）等形体。

而楷书形体自身发展及其规范化，使部分字形完成了趋近于造字理据的形体过渡，如“跡”（《北魏元悌墓志》）、“迹”（《北魏元湛妻薛慧命墓志》）等，又回归到《说文》所分析的造字理据上来，这也是楷字优化选择原则的体现。

故《名义》字头字形作“迹”[2]，实际源于隶书楷化时的最初形体，即具有隶书楷化之后的正字形体的意味。而《名义》注文所贮存“跡”、“迹”字形，则应是当时社会通用字形。而《干禄字书》所收录“跡”、“迹”字形，并注明“并正”，亦确有所本。今所见唐代实物资料文献，大量石刻用字多作较为规整的“跡”、“迹”形体，如《慈恩寺圣教序记》字形作“跡”、《段秀墓志铭》字形作“迹”。仅少量字形，偶有魏晋南北朝异体字形的遗迹。如唐《元振墓志》作“迹”、《申署义墓志》作“跡”、《卢宏及妻崔氏墓志》作“跡”，尤其后者为晚唐时期墓志，故不排除为书写或刻写者有意复古之作。

从上述分析可以看出，从《名义》到《干禄字书》，楷字在其发展定型过程中，自身的优化扬弃原则，使得隶书楷化之后产生的大量异体字形渐趋减少，楷字形体趋于规整，另一方面，在逐步淘汰异体字形、隶变楷化之后的构字记号化过程中，字样学著作也在努力维护汉字的

①段玉裁注：“《广雅》‘躔跡解亢’，跡也。即《爾雅》‘麋跡躔、鹿跡速、麕跡解、兔跡迒’也。曹憲‘踈，音匹跡反’。《集韻》云：‘迹或作踈。’”

②构件“夂”亦确有所本，北魏《比丘道畅等造像铭残》“跡”字即从“夂”形。

造字理据。然回到本部分正字“竝有憑據”的探讨上来，上述分析说明《干禄字书》规范正体字形，“竝有憑據”只是一个前提，在此前提下，择取字形则以唐代社会实际用字为准，这一点与《五经文字》等“为经”类字样学著作区别明显。

（三）亦有少量正字形体，包括所对应俗或通体字形，均未见于是书之前字书

前文提到，未见《说文》者25字，未见《名义》者12字，比例仅分别约为3.3%、1.6%。试以“禯”字为例。

《干禄字书·平声》：“穠、襛，襛華字，上通下正。”

按，“穠”、“襛”二字均未见于《说文》及《名义》。《玉篇·禾部》：“穠，而容切。花木盛也。”《示部》：“襛，尼龍切。厚祭也。”可知二字当为宋本《玉篇》新增字。罗振玉《〈干禄字书〉笺证》：“案，《说文·衣部》：‘襛，衣厚皃，从衣農聲，《詩》：何彼襛矣。’據此則襛當从衣，此從礻誤。《廣韻》以穠、襛為二字，當據此正之。”今按，罗氏此论皆因未明唐代社会用字实际而发。“穠”、“襛”虽为宋本《玉篇》新增字，然以今所见六朝隋唐石刻资料所示，“穠”字六朝时期即已出现①，如北魏正光二年《卢奴张君故夫人赵郡李氏墓志》：“芳菲穠李。”“穠”字即作“”。“襛”字则多见于唐代，如唐长安四年《七品亡宫墓志》：“荒凉襛李之蹊”，字形作“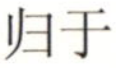”。然此处“襛”字与《玉篇》归于“示”部且释义为“厚祭也”之字并非相同，亦即二者为我们常说的“异字同形”。自六朝楷化过程始，从“禾”构件字即常与从“示”构件字产生混同，一方面，由于楷书草化因素的影响，从“禾”构件产生从“礻”形异体；另一方面，从“礻”形字则反过来又产生从“禾”构件异体，以《干禄字书》所收从“禾”、“礻”二体异体字组来看，共有四组从“禾”、“礻”形字为异体，分别是：

秘、祕，上俗下正；

稧、禊，上通下正；

蒜、蒜，上俗下正；

① 《诗·召南·何彼穠矣》：“何彼穠矣，唐棣之華。”毛传：“穠，猶戎戎也。”传世先秦文献用例，仅此一见。

褸、䙘，上俗下正。

其中，仅“褸”、“䙘”字组，从“衤”形为俗、“禾”形为正，前三组均从“衤”形为正，依据皆为《说文》或《玉篇》等字书造字理据。故针对“穠”、“襛”二字在字书及经典文献未有“憑據”的情况下，依照对于同构件字的处理情况，而加以类推，故而在“襛華字”义上，规范相承久远的“穠”字为通体，以“竝有憑據”（本条即指字书贮存同构件字及社会实际用字类推）的“襛”字为正体。

关于《干禄字书》正字后世传承情况，丁方豪《干禄字书正字与现代汉字规范字的传承关系》[1]一文，曾对比《干禄字书》正字与现代汉字规范字，并进行了量化统计，节引如下：

> 古今汉字传承关系十分密切。《干禄》正字中有46.15%的字在现代仍沿用作规范字；另有26.46%的字属今天的繁体字。这些繁体字在今天虽不能说是规范字，但它们是规范字（简化字）的前身，规范的简化字就是由这些繁体字简化而来。追溯其渊源关系，它们是一脉相承的。从历史的眼光来看，不妨承认它们是过去的规范字。因为唐代还没有产生这些简化字，与之相应的只可能是它们的前身——繁体字。把这两者加起来，共占《干禄》正字的72.61%，将近3/4。反过来，现代规范字类属于《干禄》正字的有46.34%，另有约140个《干禄》“无相同字形的字”是按照《干禄》正字简化的今简化字，占533字的26%左右。两者相加，数字也在72%左右。这说明了《干禄》的正字，作为当时的规范字，与现代汉字规范字有着相当密切的渊源关系、传承关系。有大约3/4的唐代正字到现代仍然是规范字（其中包括有一小部分今天已经简化了的繁体字，理由我们上面已经说明）。有大约3/4的现代规范字来源于《干禄》的正字，或根据《干禄》的正字进行了简化。表明《干禄》的正字与现代规范字之间有着密切的传承关系。这是两者关系中的主流。

①王均主编：《语文现代化论丛（第一辑）》，济南：山东教育出版社，1995年。

从“竝有憑據”的正字在楷字规范史上的传承来看，汉字发展至唐代，确已处于基本定型阶段，虽然经过六朝楷化变异过程中的记号化、符号化，但是楷字自身仍然是有理据可分析的，隐藏在记号化、符号化背后的造字理据仍然支配着汉字的发展。应当说，这种理据仍然传达出汉字是表意文字体系这一基本特征，这对当下的汉字规范及推广，具有积极的指导意义。

二、通字

相较于正字和俗字，通字是字样学特有的概念，《〈干禄字书〉字类研究》在“通字的性质”一节中，区分了《干禄字书》通字与通假字及现代汉字学中的通用字的不同，并得出如下结论：

> 《干禄字书》的通字跟俗字没有本质上的区别，通字也是俗字，只不过颜元孙认为它们比一般俗字流行时间长，规范程度高罢了。

这一观点与《汉语俗字研究》一书基本相同。然而经过我们的测查分析，《干禄字书》所贮存通字形体，并非全部与俗字性质相当。仅从数据统计结果来看，《干禄字书》通字就包含多个层次。

《干禄字书》注明通字360个，其中与《说文》小篆隶变楷化之后形体相同者36个，比例为10%，而与《名义》对比，有174个字形见于《名义》字头，字形点画无亏、完全相同的对应字形共138字，而可见于《名义》注文位置者79字，字形全同者68字。共有47个字形，《名义》虽有与之对应的形体，但字形却与《干禄字书》略有差别，主要体现在笔画层面且不属于可替换的一级构件上面。与《名义》相同字形和略有差别字形二部分共有253字，约占《干禄字书》通字总数的2/3，可见《干禄字书》通字所谓“相承久遠”者，即指六朝时期楷字。但是仍有近1/3的字形《名义》未备，而据历代实物用字资料统计显示，这一类字形多首见于隋代，或者隋代前后即六朝末期至唐代初年。此外，有数量较少的字形，或因并非当时社会常用字，实物用字资料极少见到用例，故而只能以唐代用例为证。故可将通字分为三类，第一类为见于《说文》者，第二类为见于《名义》或六朝、隋代实物用字者，第三类为唐代始见者。

（一）《干禄字书》通字见于《说文》者

共有筒、兇、鄰、燋、臯、篙、相、槎、強、傍、萍、砧、沾、象、氏、伎、爾、幾、夲、衮、版、肇、敿、妒、厝、契、个、輩、袋、訓、皃、棃、缺、徹、絜、劫等36个通字见于《说文》。相较于正字，通字见于《说文》者占通字总数的比例仅为10%（正字比例高达97%）。对于上述36个通字与同组正字，从构形上来看，通字与正字基本是在一级构件上发生替换，且《说文》本为二字，但在六朝楷化变异时期或唐代基本定型时期发生混用。如“夲”字。

《干禄字书·上声》：“夲、本，上通下正。”

《五经文字·木部》：“本、夲，上《說文》，從木，一在其下，今經典相承隸省。”按，《说文·夲部》：“夲，進趣也。从大从十。大十，猶兼十人也。凡夲之屬皆从夲。讀若滔。”《汉语大字典》“夲”：“按，‘夲’字不见经传。或谓古多借‘滔’为‘夲’。清王绍兰《说文段注订补·夲部》：‘《管子·君臣下篇》：‘心道进退，而形道滔赶。’此借‘滔’为‘夲’。’”又，《说文·木部》：“本，木下曰本。从木，一在其下。”徐锴曰：“一，記其處也。本末朱皆同義。”

汉代隶书实物资料中作“夲”形之本业已出现，如《白石神君碑》作“夲”，《隶辨》以为“碑盖誤用”，并引《佩觿》卷上曰：“其三曰傳寫之差……進趨之夲（土刀翻）爲本（布衮翻）末……其順非有如此者。”自南朝刘宋时代开始，本字作“夲”形大量行用，直至唐代，本字几近全部作“夲”形。又，《名义》传抄本字亦作“夲”形，而《说文》之“夲”字头，《名义》则传抄作“夲”形，由“本”演变作“夲”形，实因“進趣也”之“夲”字，今文字阶段并非常用字，至今用例仍未得见，而由于字形较本字书写更为顺畅，故而导致二者相混。此例为形近而致通用例，《〈干禄字书〉字类研究》仅谈到音同而通用[①]，《汉语俗字研究》则定义为俗字[②]，均未关注到此类形近通用例。

另有少量通字，本为《说文》贮存，然后代出现异体，逐渐取而代之成为正体。以“輩”字为例，《汉语俗字研究》对“輩”、“辈”[③]二字的发展演变做了清晰的描述，引录于下：

> 再如“輩”字，《说文》从车非声，但随着语言的发展变化，非声和它所代表的整个字的字音发生了脱节的情况，所以俗书便改非声为北声，以便声旁和整个字的字音更切合一些。“辈”字《魏司马昇墓志》已见，敦煌写本中则“輩”字类皆书从北声的“辈”，可见当时“辈”已取“輩”而代之。根据这种用字的实际情况，《干禄字书》便直接把“辈”字定作正字，而“輩”则被贬到了“通”的行列（《龙龛手镜》则“辈”、“輩”并见，不分正俗）。但《广韵》却仍坚持“辈”是俗字，段玉裁更斥为“从北非声”，便有点迂腐不知变通了。古人谓名无固宜，约定俗成谓之宜。既然北声更切合于字音，而且人们也都这么用，为什么就不可以承认这个事实呢？在这一点，颜元孙能够尊重事实，实事求是，确实是难能可贵的。

此类见于《说文》的通字，虽然数量不多，但却是探讨通字性质不可或缺的部分。总体来看，此类通字多为《说文》中无其他关联之字，然由于形近、音同音近或意义相关，在实际使用中，逐渐发生混用，久而久之变为通用形体。当然，我们也不排除学者所提到的最初发生换用是在民间用字层面。也有一种可能为异字同形现象，即《干禄字书》通字形体，恰好与《说文》收字形体相同。无论如何，从时间上来看，这

①《〈干禄字书〉字类研究》第90页：“通过对《干禄字书》通字的全面考察，我们发现其中虽然有个别通字可能跟正字是同音通假关系，更准确点说可能是因二字同音而同用，久而久之，二字变成了异体关系。”

②《汉语俗字研究》第8页：“古人所谓的‘通’有时是指承用已久的俗字而言，像《干禄字书》、《龙龛手镜》等书中的‘通’都是这个意思，有人把它们理解为通假字，那是完全错误的。”

③《〈干禄字书〉笺证》及《〈干禄字书〉字类研究》均认为二字倒列。

一类《干禄字书》通字确相承久远，六朝至唐代社会实际用字中成为通行字体；从构形上来看，与正字之间多发生于一级构件层面的替换，这一点也是与下一小类的不同之处。

（二）《干禄字书》通字见于六朝、隋代隶书、楷书实物用字者

依据现有资料初步统计，见于六朝石刻者283字，六朝未见，见于隋代者14字，这一类是《干禄字书》通字的主体组成部分，比例达到82.5%。与前一类别的不同之处，即在于其对应的正字才是《说文》或《名义》传抄所贮存字形，而且从构形上来看，通字与正字之间，多数是异写模式，形体趋简。以“從”字为例。

《干禄字书·平声》：“従[1]、従、從，上中通下正。”

《说文·从部[2]》：“，随行也。从辵、从，从亦聲。”徐灏《注笺》谓从、從古今字。从，二人相随，即从行之义。后加义符辵，随行义遂为從字所专。從字古文字形体主要出现三种：㧜、從、，作“㧜”者，如甲骨文字形作“”（《甲骨文编》京津1372）、西周晚期金文《芮公钟》作“”；作“從”者，如西周中期金文《贤簋》作“”，《侯马盟书》作“”；作“”者，如《侯马盟书》作“”、《中山王鼎》作“”。至篆隶递变时期构形尚与《说文》吻合，如《睡虎地秦简·日书（乙种）》字形作“”、《老子（乙本）》作“”，然汉隶成熟时期，字形发生变化，左半部分构件均从“彳”形，右半部分上部从字变为“”形，下半部分“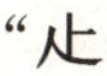”形变从“之”形，如《武威汉简·有司》字形即已作“”形，《干禄字书》所收录二通体字形，可溯源于此。作“従”形者，如《孔宙碑》作“”；作“従”形者，如《乙瑛碑》作“”，一直到楷化变异阶段，字形几近全部从汉隶所产生的变体，极少出现从“从”字形用例。《名义》传抄字形亦作“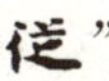”形，可证六朝时期“従”形已然成为正体。直到唐代，从“从”字形重又渐趋行用，然社会实物用字显示，仍以《干禄字书》通字形体为常用字形，《干禄字书》本身亦“従”、“従”二形并用，如“殳”字注文字形作“”、“聰”字注文则取

①夷门广牍本影印本《干禄字书》字形作從。

②翟云升、马叙伦等人则认为当归入辵部。

"裙"形。

其中，有一定数量的字形，以今所见社会实物用字资料来看，出现于六朝末期至隋代年间。与唐代字形相比，隋代楷体仍然呈现出六朝特点，且文字的发展是渐变的过程，一般而言，不可能划定精确的时间界限，只能划定一个相对的时间范围，故而本文将隋代与六朝归为一个阶段，即楷化变异阶段。

（三）《干禄字书》亦有少量通字（共36字），以今所见社会实物用字资料，仅始见于唐代

虽然数量较少（占10%），然而类型却较为多样，试以5组字例分别说明。

①《干禄字书·平声》："裙、帬，上通下正。"

《说文·巾部》："帬，下裳也。从巾君聲。裠，帬或从衣。"六朝楷化变异时期，"帬"、"裠"兼行，字形仍与《说文》合，如北魏《周天盖造无量寿像记》作"帬"、北齐《道略造像记》（《偏类碑别字》引）作"裠"，字形均为上下结构。左"衤"右"君"结构，今所见社会实物用字仅自唐代始，如《马惟良夫人王氏合祔墓志铭》作"裙"。按，左右结构的"裙"字当为上下结构的"裠"字构件发生位移而形成的通用字形。

②《干禄字书·平声》："迠、延，上通下正。"

《说文·廴部》："延，長行也。从延丿聲。"西周早期《康侯簋》字形作"延"，字形从"廴"从"止"，至《睡虎地秦简·日书（甲种）》字形作"延"，与《说文》吻合，汉代隶变字形作"延"，即《干禄字书》正体字形今文字来源，如《武威汉简·有司》作"延"、《汉持节校尉关内侯李坛府君神道阙》作"延"，由于隶变"廴"、"辶"构件混同，出现从"辶"字形，如《子游残碑》作"迠"、《西岳华山庙碑》作"迠"，此后直至唐代，从"廴"与从"辶"字形并行沿用。今所见六朝实物用字资料，已见从"𠂂"字形，如北魏《刘洛真造弥勒像记》字形作"延"，然均从"廴"形，而从"辶"之"迠"，仅自唐代始见，如唐《刘氏幼子（阿延）葬铭》字形作"迠"。又，《名义》传抄字形作"迠"，可证从"辶"字形，六朝已上升至正体地位。故而《干禄字书》通体作"迠"形，当来源有自。

③《干禄字书·入声》：“狢、貉，上通下正。”

《说文·豸部》：“貈，北方豸穜[1]。从豸各聲。孔子曰：‘貉之爲言惡也。’”金文字形即从“豸”、“各”，如西周早期《稣貉豆》作“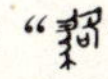”、《貉子卣》作“”，至《睡虎地秦简·日书（甲种）》字形作“”，仍与《说文》相合。汉隶成熟时期，形符小变作“豕”，如《唐扶颂》作“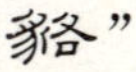”，《隶辨》：“按，蠻貊之貊，經典或通用貉。”“《唐扶頌》通作貊字，互見陌韻，此狐貉之貉也。”《五经文字·豸部》亦云：“貉、貊，二同。並莫白反。孔子云：貉之言貉，貉，惡也。上經典借爲貈字，下經典借爲蠻貊字。”《五经文字》注云：“貈，下各反。似狐。”故而此处“貉”字当为狐狢之义，非经典所通用“蠻貊”之“貊”。

至《玉篇》“狢”、“貉”分立，《犬部》：“狢，下各切。狐狢。”《名义》“貉”字传抄作“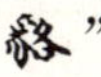”形，然“狢”（渠表反，獊）、“狢”（古斛反，如虎，白耳，馬尾）二字却同作“狢”形，当为传抄笔误，但却同时证明唐代“狢”字确已行用[2]。除此之外，社会实际用字资料，未见作“狢”形者。又，《广韵》“狢”同“貉”。楷化变异阶段，从“犭”与从“豸”构件常发生替换，如《干禄字书》“狸”、“貍”与“犲”、“豺”，均注为上通下正。由此可见，“狢”字当为“貉”字发生意符替换而形成的异体字，六朝至唐代实物资料未见通用字例者，或因“貉（狢）”字本身非常用字，抑或《干禄字书》据“狸”、“貍”与“犲”、“豺”等同构件字类推所得。

此外，《干禄字书·入声》：“貊、狛，蠻貊字，上通下正。其獸名者，字作貘。”[3]《五经文字》亦云“貊”字经典借为蛮貊字，而正字形体“狛”，《说文·犬部》曰：“如狼，善驅羊。从犬白聲。讀若蘖。甯嚴讀之若淺泊。”《名义》传抄亦从“犬”作“”形，故而自汉代至唐代几近没有出现社会实物用字用例情况下，《干禄字书》以

①段注本作“北方貉，豸穜也”，注云：“各本奪貉字，今補。”又，段注“貈”字：“今字乃皆假貉為貈。”

②《篇海类编·鸟兽类·犬部》：“狢，音陌。《史記·天官书》：‘胡、狢、月氏。’”按：中华书局标点本《史记》作“貉”，张守节《正义》：“貉，音陌。”

③《〈干禄字书〉笺证》：“振玉案，二字倒列，當改正。”《〈干禄字书〉笺证补》曰：“《篇》、《韻》蠻貊之貊从百，與驢父牛母之狛為二字。《說文》狛如狼，从犬白聲，讀若蘖，亦與狛有別。”

字书传承和经典文献为依据，在蛮貊义上，以“貃”为通字、“貊”为正字。然从严格意义上来看，二字更多为蛮貊义项上的通用关系，而非文字学意义上的异体关系。

④《干禄字书·去声》：“硬、鞕，上通下正。”

按，二字未见《说文》。汉隶《刘宽碑》：“故能去鞕揥，如獲其情；弗用刑，如弭其奸。”“鞕”字作“鞕”形，《隶辨》：“此则省鞭為鞕，非硬字也。”《名义·革部》：“鞕，補綿反。堅也。”“鞕”字作“鞕”形，然据反切“補綿反”，此字当为“鞭”字，若依释义“堅也”，当即“鞕（硬）”字。可见汉末至六朝，“鞕”、“鞭”二字经常发生混用，然至唐代实物用字中，亦未见“硬”字形体出现。又，敦煌写本《碎金》亦贮存“硬”字，形体作“硬”，《玉篇·革部》：“鞕，牛更切。堅也。亦作硬。”大致可以推测，“硬”字当为唐代出现形体。故《干禄字书》“硬”字为通，非确言“硬”字出现并沿用年代的久远，实指在社会使用层面，“硬”字使用范围可以如其他通字一样。

⑤《干禄字书·去声》：“愞、懦，上通下正。”

按，《说文·心部》：“愞，駑弱者也。从心需聲。”段注改声符从“耎”，字形作“愞”[①]。然六朝至唐代，声符需多从“需”形，如北魏永熙二年《张宁墓志》作“懦”、《武周黑齿常之墓志》作“懦”，《名义》传抄字形亦作“懦”，但均未见如《干禄字书》通字形体从“叓”字例。历代字、韵书亦少见贮存，仅《龙龛手镜》、《精严新集大藏音》等少数几部著作加以收录。又，《说文·人部》：“偄，弱也。从人从耎。”段注：“此與懦、儒二字義略同而音形異。”朱骏声《通训定声》：“从人从耎，会意，耎亦聲。字亦作愞。”汉隶《鲁峻碑》“儒”字作“偄”，《隶释》：“偄即儒字”。《隶辨》据《说文》、《类篇》云：“碑盖以偄爲儒，非即儒字也。”由此，需构件与“需”、“耎”形体发生混同由来已久。而《干禄字书》字形从“叓”，实即“耎”形小变。

①《说文·人部》：“偄，弱也。从人从耎。”段注：“此與懦、儒二字義略同而音形異。”朱骏声《通训定声》：“从人从耎，会意，耎亦聲。字亦作愞。”

上述字例，以现有资料来看，均为唐代始见用例者，但仍有部分通字是由六朝或隋代字形演变而来，如上举“裙”字，六朝时期构件位置“从君下衣”，但是如果承认这部分字形相承久远，则与《干禄字书》正字体例相悖。以“耆”字形体演变为例，《干禄字书》以“耆”为俗、耆为正，然而六朝隋代均以“耆”字为通用形体，《名义》传抄亦作“耆”形，而通字“耆”，乃由唐代俗体“耆”形体小变而来，若依“相承久远”为判定准则，则本字组“耆、耆、耆”当改注“上通中俗下正”才符合体例。由此可证，《干禄字书》通字判定准则中，“相承久远”只是一个充分条件，而“可以施表奏牋啓、尺牘判狀，固免詆訶。若須作文言及選曹詮試，兼擇正體用之尤佳”，亦即非正字形体中，可以用于“表奏牋啓、尺牘判狀”等一般社会雅言文体中的异体字形，亦为通字。若从此例，则诸多矛盾之处涣然冰释。故而通字的性质，并非单指行用时间的长短，同时也指该字级行用的范围，亦即正体之外，除科考等语言环境下亦可使用且较为通行的字形。文字发展是动态的渐变过程，相承久远只是对于出现并行用已久的字形而言，社会实际用字中，新增字、新出字，便不能以相承久远来定义了，正、通、俗三字级均同。当然，不能排除颜元孙本身所规范通字条例，确为相承久远的介于正字、俗字之间的字体，然而在实际处理时，部分通字出现例外情形。

三、俗字

从数量上来看，337个俗字中，有24字为源于《说文》字形，即《说文》小篆楷化后得到的字形，比例仅约为7%，可见《干禄字书》俗体字形之来源，相对于“竝有憑據”的正字，基本上呈现出并无凭据的特点。与对应通、正字形同出现于《说文》中或《干禄字书》本身注明原本分属两个字头者，共有23字，其中有5字《说文》未见。对照《名义》，见于字头位置者119字，字头未见、见于注文者85字，二者与《名义》点画有细微差异者共41字。然与石刻资料相比，共276字见于六朝、隋代石刻者，仅见于唐代者为35字，比例分别约为82%、

10%，囿于现有材料，与石刻用字资料的比对，未必能全部反映当时社会用字状况，然若将见于《名义》与六朝隋代石刻字形相互补充，则比例达到88%，此外还有少量虽然六朝至唐代未见，但汉隶中已经出现，然囿于现有资料，无从得知六朝至唐代社会实际用字状况，故而从比例上来看，《干禄字书》所规范俗字，绝大多数源于六朝楷化变异阶段。

相较于通字和正字，俗字是历来《干禄字书》研究中关注最重的一部分。不仅在于正字的提出，首要的前提即俗字的存在，同时俗文字学领域的蓬勃发展，也不能忽略《干禄字书》贮存俗字的重要价值。俗文字领域的研究，唐兰早在《中国文字学》中，就已经明确指出了这一领域研究的重要性，然而真正俗文字学的振兴，当以《汉语俗字研究》、《敦煌俗字研究》等几部著作的问世为标志。而对于《干禄字书》俗字性质的分析，《〈干禄字书〉字类研究》曾援引诸家观点，本文不一一赘述。颜元孙定义俗字为："所謂俗者，例皆淺近，唯籍帳、文案、券契、藥方，非涉雅言，用亦無爽，儻能改革，善不可加。"其关注点在于俗体适用的层面和范围，即正体之外适用于民间通俗文书中的形体较为"浅近"之字。何谓"浅近"？《敦煌俗字研究》云："字体浅近，主要与俗字简省的特征有关。即使有些增繁的俗字，同样具有浅近的特点。"《〈干禄字书〉字类研究》补充："可能还包括另外一层意思，那就是俗字流通的时间不如'通字'长，但有一定的社会流通度和认知度。"然而仅以俱言"俗通正"三体字组来看，有大量字组其通字仅行用于隋代之后，而与之相应的俗字则始于六朝，甚至之前。又，"浅近"一词，六朝至唐代义项之一为浅薄卑俗，如晋葛洪《抱朴子·博喻》："英儒碩生不飾細辯於淺近之徒，達人偉士不變皎察於流俗之中。"前蜀贯休《行路难》："淺近輕清莫與交，地卑只解生荆棘。"故而《干禄字书》所言浅近，从构形学来讲，即改变或破坏造字理据的形体，从使用范围上来讲，则行用于非涉雅言类的民间场合。至于相承时间的久暂，更不是《干禄字书》俗字所要强调的内容。试举两组字例说明。

①《干禄字书·上声》："百、旨、旨，上俗中通下正。"

《说文·旨部》："旨，美也。从甘匕聲。凡旨之屬皆从旨。"

甲骨文字形作“”（《甲骨文编》甲3065）、“”（铁191·4）、“”（后2·1·4），西周早期金文《匽侯旨鼎》字形作“”、春秋早期金文《伯旅鱼父簠》作“”，刘心源《奇觚室吉金文述》卷五：“从口与从甘同意，甘原从口取义。”是古文字形体多从“匕”形，与《说文》吻合，亦可证《干禄字书》正字形体作“旨”，造字理据上溯古文字，确来源有自。至汉隶成熟时期，所从“匕”构件变异作“亠”形，如《白石神君碑》字形作“”，《熹平石经·诗》作“”，且所有从“旨”构件字，均从“盲”形，足见汉隶成熟时期，“盲”形上升至官方通行正体地位。《九经字样》亦以“盲”形为《说文》旨字相对的隶省字。又，从“旨”之字，“嘗”字或省“匕”从“甘”作“甞”，如《汉杜临封冢记》作“”，“稽”字或省“匕”从“目”，如《乙瑛碑》作“”形等，可证汉隶成熟时期，“旨”字所从“匕”构件，对立区别意义逐步丧失，故至异体迭出。然《干禄字书》通字“旨”，汉魏隶书资料未见，仅自六朝楷书实物资料始见用例，如东魏《杜文雍等十四人造像记》作“”，且从“旨”形构件字，如北魏《尔朱袭墓志》“嘗”字作，均六朝时期始见用例，汉魏时期未见从“旨”字形。然六朝时期“旨”字亦多作“盲”形，大量作“盲”形实物用字资料均可证明，此处不赘。又，原本《玉篇》残卷“旨”字亦作“”形，可证六朝时期“盲”形仍较为通行。由此，《干禄字书》所贮存“盲”、“旨”二体，从相承时间久远来看，俗体“盲”产生自汉隶，通字“旨”则仅自六朝始见。从适用范围来看，“盲”字汉隶成熟时期作为正体字形行用，至唐代仍大量见于各种正式场合语境中，如唐《孔子家庙（陕西本）》字形作“”、《文安县公主墓志》作“”（本墓志亦出现其他《干禄字书》所规范俗体字形，如“雄”、“囙”等）、《开成石经·孝经》亦作“”，而“旨”字六朝时期仅作为俗体偶见行用。迨至唐代，从使用频度来看，仍以“盲”字为最主要通行字形，正体“旨”字次之，通体“旨”字最后。演变脉络如此，足以说明《干禄字书》俗字、通字概念，并非仅指相承时间久暂这般简单。

②《干禄字书·平声》："逄、逢，上俗下正。"

按，《说文·辵部》："，遇也。从辵，夆省聲[①]。"《〈干禄字书〉笺证》曰："振玉案《后漢書·劉玄傳》'郡人逄安'注逄字從夅，《字鑑》人姓之逄从夅，逢遇字从夆，以逄、逢為二字。據此則逄即逢字別體。證之漢《逢盛碑》陰、《孔宙碑》陰、《景君碑》陰，凡人姓之逢字皆从夆，《說文》亦有逢無逄，均可為此書之證。"《笺证补》曰："《顏氏家訓》云：'逄逢之別，豈可雷同。然人姓之逢，古籍多從夆。'除羅氏所舉漢碑三種外，《孟子》、《莊子》、《淮南子》皆有逢蒙，《左傳》逢伯陵、逢丑父，東漢逢萌、逢絲，《古今人表》逢於何，顏師古《匡謬正俗》云：'逢姓者，蓋出于逢蒙之後。'皆作逢字，惟《後漢書》作逄安，逄當為別體。"以今所见古文字资料，甲骨文字形作""（《续甲骨文编》征2·5），金文《盗壶》作""、《逢叔匜》作""，《侯马盟书字表》作""，是古文字字形或从"羊"，或从"丰"形。至汉隶递变时期，《睡虎地秦简·日书（甲种）》字形作"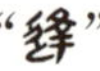"，汉隶初期字形仍从"羊"，如《相马经》作""、《孙膑兵法》字形作""，笔画虽不甚清晰，然所从羊形却清晰可辨。至汉隶成熟时期，字形从"羊"、从"丰"并行，如《北海相景君铭》作""、《西岳华山庙碑》作""。六朝时期所从"羊"形，或省一横笔作"䒑"形，如北魏《比丘道畅等造像铭残》字形作""；所从"丰"形，或演化为"干（丰）"形，六朝末期及隋代大行，如北齐《徐之才墓志》字形作""、隋《吴国公李氏女（尉富娘）墓志》作""。故前述《后汉书·刘玄传》"郡人逄安"，当即南朝宋范晔撰《后汉书》时期所用字形。唐代"逄"字行用仍较为常见，故而《干禄字书》规范后出"逄"字为俗体，然其来源却产生自六朝时期。故可证明，《干禄字书》所分字级与行用时间并无必然的联系。

由此可证，俗、通、正三体，并非全部是判定字级的基础，同时也是规范字形的依据，即一部分字形是依据社会用字的实际提取出来上升

①《说文释例》："《說文》固無峯，即有之，亦當從夆聲。……《夊部》：'夆，牾也'，《午部》：'牾，逆也'，《辵部》：'逆，迎也'。相迎是相遇也。'逢'下云'峯省聲'，誤。"

为字级，而一部分字形则是为了规范社会用字中不规范现象而实施的规定。同时在字级的定义上，颜元孙所进行的阐释，只是对字级本身的性质进行框架式的说明，即每一字级应该具备何种性质，而面对社会上既不规范又不统一的用字实际，便需要依据字级的定义（或曰标准）进行规范。故而《序》中颜元孙的定义与正文中列举字形的关系，是《干禄字书》正字理念和方式的一体两翼。如此便不难解释部分俗字，或相承久远，或正式场合下亦可行用等看似与俗字定义矛盾之处。

此外，仍须重申，三类字级出现的各种与本身定义不符之处，只能说明汉字的发展，是渐变的动态发展过程，其内因是汉字内在的发展规律。不明确这一点，不仅进一步的研究中无法突破已有成果，且极有可能步前人疏误，甚至达不到颜元孙尊重文字发展事实的精神。由此，对于《干禄字书》字级的研究，应当在借鉴今天较为成熟的楷字发展理论这一前提下，以唐代社会用字实际为基础，两者不可偏废。

四、字级界限的模糊性

上述对各字级规范字样与社会用字实际的对比分析，有两点需要进一步说明。

首先，一般而言，社会实际用字当中，通用流行的，也往往就是流俗的，且文字的发展变化是一个动态渐变的过程，因此，对俗、通字等级的区分，实际上并没有非常严整的客观标准。我们倾向于颜氏定义字级并进行规范的过程中，囿于各种条件限制，所参酌字例皆为唐代社会用字，且对于当时所取用字形，无法得知其形体源流演变的轨迹。而依托于今所见大量汉魏至唐五代石刻用字资料所建构的各类实物数据库，我们能够提取出各字样使用的大致频率，然而《干禄字书》编者当时不具备这样的分类条件，所以各组俗、通字的分类界限，事实上是带有一定模糊性的。尤其以同构件字所规范字级互有俗、通表现较为明显。以“艹—⺮”构件为例。《干禄字书》共收录六组从“艹—⺮”构件互为异体字组：

①《上声》：“蔈、篻，上俗下正。”二字形始见于唐代，用例极

少。

②《上声》：“䇭、等，上通下正。”《说文》从“竹”，汉隶成熟时期以降，形体均以从“艹”形为常见。

③《去声》：“苐、第，次苐字，上俗下正。”《熹平石经·诗》字形作“第”，而从“艹”之“苐”，仅自六朝楷书始见。

④《去声》：“蓦、簒，上俗下正。”同②。

⑤《入声》：“蔦、篤，上通下正。”同②。

⑥《入声》：“莭、節，上俗下正。”同②。

《说文》同从“竹”，《干禄字书》俱以之为正，然“䇭”、“蔦”为通字，“蓦”、“莭”为俗字，何也？通过数据库测查分析，自魏晋开始直至隋唐，上述②—⑥组从“艹”形俗或通体，均较从“竹”之正体，处于更为常用的地位，皆具有“例皆浅近”、“相承久远”的特点。如此来看，《干禄字书》所规范俗、通字级，确实具有一定的模糊性。

其次，从其他字样学著作规范字样的角度来看，以《五经文字》为例，是书所界定之俗字，与《干禄字书》具有明显的不同，如《干禄字书·入声》：“或、或，上通下正。”《五经文字·戈部》则注曰：“或，從一從口，口音圍。俗作或者，譌。”由此可见，《五经文字》所界定之俗，实际上即包括了《干禄字书》所规范的部分通字。然而，对于《干禄字书》所规范俗或通体，《五经文字》重出字头中，多数情况下，均界定为讹或非。如《干禄字书·平声》：“藂、叢，上通下正。”《五经文字》则曰：“作藂者，譌。”又如《上声》：“斚、斝，上俗下正。”《五经文字·斗部》亦注：“斝，作斚非。”由此来看，《干禄字书》所界定的三类字级，尤其是首次提出的通字概念，因其与俗字界限带有较大的模糊性，故而其社会接受范围，或仅为是书所专。

五、字形

虽字级分作三类，然每组并不全部包含三类字级，而是以二级居多，或俗、正，或通、正，又有二通一正、一俗（通）二正字组，即上述所有情况，每一字级最多不超过两个字形，且每组字形总数均不超过三个。这种编排方式和格局，确实起到直观、明了的规范效果。然而楷书变异至成熟阶段，异体迭出、极不规范，至《干禄字书》编撰时期，异体仍然大量存在，甚至新的形体仍层出不穷。这种情况下，《干禄字书》三类字级，尤以俗字为主，多数情况下只列一个字形，其遴选的理念和标准如何？这一问题，前人未曾关注。

《干禄字书·叙》评价之前字样学著作云：“時訛頓遷、歲久還變”、“或應出而靡載，或詭衆而難依”，说明《干禄字书》收字均为当时社会实际用字中亟须规范字形，且所收字形均有依据可循。又云：“夫筮仕觀光，惟人所急；循名責實，有國恒規。既考文辭，兼詳翰墨。昇沉是繫，安可忽諸。用捨之間，尤須折衷。目以‘干祿’，義在茲乎。”功名仕途，尤须折中，字形择取亦同。试以两组字例说明。

①《干禄字书·上声》：“叙、敘，上俗下正。”

按，《说文·攴部》：“，次弟也。从攴余聲。”甲骨文字形作“”（《甲骨文编》前6·10·3），罗振玉《增订殷虚书契考释》卷下：“篆文从攴之字若敏敃等，古文多从又。”战国字形亦从“余”从“攴”，如《包山楚简》作“”、《长沙子弹库楚帛书》作“”（饶宗颐先生谓“即叙之繁形，读为谜语”）。至汉隶成熟时期，所从“余”字中间最上一横笔与“亅”笔相接，或变异作相交状，而所从“攴”形仍多作“攵”或“又”形，如《老子铭》作“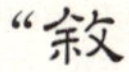”、《北海相景君铭》作“”、《史晨碑》作“”。魏晋隶书楷化阶段，三国吴《九真太守谷朗碑》字形作“”、晋《故处士成晃碑》作“”。这一字形发展轨迹，持续至楷化变异阶段，又出现新的变异线索。《孝文帝弔比干文》“敘”字作“”，所从“余”字形体变从“佘”，北魏《穆绍墓志》字形作“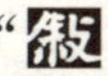”，所从“余”字中间最上一横笔与“亅”笔仍作相交状，而隋《豆卢寔墓志铭》同时出现“”、“”二字形，可证六朝隋代楷书变异阶段，“敘”字所从“余”，中间最上一横笔，其与“亅”笔，无论形体相离、相接或相交，不仅同时并行，且说明其对立区别功能近乎丧失。这一情形至唐代社会实际用字中，逐渐发展为以“叙”形为主，如唐《白知新墓志》作“”，其中“叙”字所从“又”，亦变异从“一”下“乂”形，如

唐《东都敬爱寺故开法临檀大德法玩禅师塔铭》即作“”形，且占有较大比重。面对“敘”字形符或从“支”、“攵”、“又”、“乂”，声符或从“余”、“余”、“余”等异体纷纭的局面，《干禄字书》在收录“敘”字形体时，便取《说文》构形为正，即“从支余聲”，然因汉魏至唐代社会实际用字中，所从“支”形多作“攵”形，“攵”形与“又”形相比，又以“又”形为主，且唐代所从“又”形亦多作“一”下“乂”形，故而正字“敘”所从形符即规范作“攵”。而声符“余”，自汉隶产生从“余”形体以来，六朝时期仍然沿用，《名义》传抄字形作“”，是为证，《龙龛手镜》所收录“敘”、“敍”二字，字形亦皆从“余”形，故而《干禄字书》正字形体规范作“敘”，一方面符合造字理据，另一方面又顾及到社会用字实际。而俗字形体作“叙”，则明显以社会实际用字为主要考虑因素，且《五经文字》从规范经典用字出发，亦云：“作叙訛。”可证唐代俗体主要字形即作“叙”，后世字书亦多沿承此说。此外，传世刻本《干禄字书》正字形体声符从“余”，多半为传刻致误。

②《干禄字书·上声》：“皷、鼓，上俗下正。”

按，《说文·鼓部》：“鼓，郭也[①]。春分之音，萬物郭皮甲而出，故謂之鼓。从壴，支象其手擊之也……”[②]甲骨文字形或作“”（《甲骨文编》京津1560）、“”（《甲骨文编》甲2288），西周晚期金文《克鼎》作“”、《沇而钟》作“”，唐兰《殷虚文字记》：“金文鼓字，或從，或從，殊無別。卜辭則有從攴從殳二體，又䜴字偏旁从支。蓋古文字凡象以手執物擊之者，從攴、殳或支，固可任意。”至篆隶递变时期，形体结构较为固定，如《包山楚简》字形作“”、《睡虎地秦简·为吏之道》作“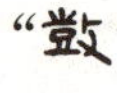”，汉代隶变早期形体亦同，如《老子（乙本）》作“”、《武威汉简·医简》作“”，均从“支”从“壴”。而成熟时期隶书或变异从“皮”，如《韩勑碑》字形作“”，《叔孙敖碑》亦作“皷”，至楷化变异阶段，所从“壴”又变异作“壹”形，出现《干禄字书》所收录俗体“皷”，如东

①徐锴曰：“郭者，覆冒之意。”

②王筠《句读》：“《釋名》：‘鼓，廓也，張皮以冒之，其中空也。’案：許不云革樂也，似疏。”

魏武定二年《元湛妃王令媛墓志》字形即作“皷”。而到了唐代，异体仍层出不穷，试择取主要异体字形，列表如下：

字形	出处
	安令节墓志
	李君妻韓氏墓志
	泉男生墓志
	冠军将军李仁德墓志
	王道智墓志
	魏国夫人裴氏墓志

字形	出处
	安国寺寂照和尚碑
	幽栖寺尼正觉浮屠铭
	定州鼓城县令王玄起墓志铭
	魏德墓志
	赵嘉夫人郭氏墓志

表中所列逾十种异体字形，左半部分，主要形体为“壴”、“壹”，然所从“士”下部分亦分作出头与不出头两类。右半部分，形体更为复杂，所从“攴”、“殳”、“支”、“皮”等构件，又分作加“丶”与不加、相交与不交等诸多情形。面对众体纷纭，《干禄字书》以“鼓”为正体、俗体取“皷”，依据何在？从俗体角度看，取“鼓”形体为正，当以《说文》义理为据，且古文字资料显示，造字之初即与《说文》构形吻合。而从正体角度来看，众多异体字形中，俗体取“皷”形，主要考虑到两方面的因素：一是社会实际用字从“皮”者占有相当分量的比重，且《名义》字头传抄字形作“皷”，可证《干禄字书》俗体从“皮”来源有自，故而至唐代仍能作为异体字形行用。二是左半部分从“壹”，相较于唐代从“壴”从“皮”字形，虽较为少见，然为能集中显示众多俗体的明显特征，故而折中取从“壹”形，且《名义》注文传抄字形即作“皷”，可证唐代“皷”字确为俗体行用较广。此外，高丽本《龙龛手镜》“支”部收“鼔”字、“文”部收“鼔”字尚从“壹”，后世字书或收录“皷”字，然未见“鼓”字形体从“壹”者。

由此可见，所谓折中，也就是在择取字形时，以能集中显示该字级的形体特征或义理的字形为首要考虑因素，选取最具典型性的形体。《干禄字书》大部分异体字组，与上述两组字例基本相同，社会实际用字均呈现异体纷呈的局面，而从众多形体中择取至多同一字级两个字形，折中取形是最优化的方法，一方面照顾社会实际用字现状，一方面则要考虑造字义理及传承演变，同时还要体现出字形区别特征中最为明显的部分。

第二节

类推与类化

《干禄字书》正字内容大致分为两类，其一为辨析异体字形，其二为辨别易混字组。《序》言：“偏旁同者，不復廣出（謂忩、殳、氐、回、臼、召之類是也）。字有相亂，因而附焉（謂彤肜、宂究、禕褘之類是也）[1]。”由于字样学特殊的性质，不能像字书一样，逐一列举字形，故而采用构件类推的方式，以便规范字形得到更好的实施和普及。然而本节所论类推，一方面关涉到《干禄字书》编撰方式，另一方面则在更广义层面上，论及与社会用字实际有关的构件混同现象。然因构件混同过度，使得大量同构件字极易产生混用现象，故而上述两句话即对应于构件类推与避免类化两个方面。

首先，构件类推是字样学著作与字书的不同点之一，《干禄字书》、《五经文字》等，凡言“凡字从某者（皆）放此”，即构件类推的标志。从数量上来看，《干禄字书》明确注明可类推者数量极少，可类推构件字形仅从“忩”、“殳”、“氐”、“回”、“臼”、“召”六个，可类推同声者为“逄”“逢”（“唯降字等從夅”）、“謟”“諂”、“縃”“緝”三组。以序言所举“忩”构件字为例。

《干禄字书·平声》：“聡、聦、聰，上中通下正，諸從忩者竝同，他皆倣此。”按，三字形六朝时期即已出现，如：

北魏正光二年《刘华仁墓志》作“聡”。

①括号内为原书注文。

北魏孝昌元年《元焕墓志》作“聰”。

东魏兴和三年《元宝建墓志》作“聰”。

北魏太昌元年《薛孝通敍家世券》作“聰”。

“悤”、“怱”、“悤”形体演变脉络，裘锡圭先生曾作考释[①]，本文节引该文，见脚注。依据“六朝石刻楷字资源库”所录字形，从“悤”构件字形，相较于通体字形——“怱”构件字，更为常见。至唐代从“怱”形构件字亦大量行用，然六朝至唐代字形从“悤”者相较于另二字形则处于较不常用地位。然三体并行的局面，确为不争的事实。如“蔥”字，隋代残碑字形作“蔥”、唐《孔子家庙（陕西本）》作“葱”、《五经文字》字形作“蔥”；“驄”字，周《左金吾郎将杨顺墓志》作“驄”、《左监门卫副率哥舒季通葬马铭》作“驄”；“總（摠）”字，唐《高慈墓志铭》作“總”、《李璆墓志铭》作“総”、《锡城县白士乡君孔氏墓志铭》作“揔”、《卢承业墓志铭》作“揔”、《多宝塔碑》作“摠”等。

由此可见，凡言类推字形，基本等同于今天所说的严格意义上的异体字。其他未注明可类推字形中，一部分字形，从汉字发展史角度而言，当为某一义项上的通用，以“筒”、“筩”二字为例。

《干禄字书·平声》：“筒、筩，上通下正。”

按，由汉隶演变至六朝楷书，“筒”、“筩”形体结构未发生较大变化，如西晋元康三年《裴祗墓志》作“筩”，北齐武平六年《都邑师道兴造释迦二菩萨造像记》（一）作“筒”，仅“筩”字所从“甬”

①裘锡圭《说文小记》：“秦简、汉印和西汉前期简帛上的‘悤’字（多见于‘蔥’、‘聪’等字偏旁），犹多袭周人之旧，作‘心’上加点形（《秦汉魏晋篆隶字形表》第721页‘悤’字，第56页‘聪’字。参看拙文《〈居延汉简甲乙编〉释文商榷（续二）》，《人文杂志》1984年4期第87页），较晚的汉简和汉碑的隶书多变点为‘△’（参看上引拙文），有时还在中间空白处加交叉线而形成◈（如逢盛碑‘聪’字和仲秋下旬碑‘摠’字的‘悤’旁），这跟汉代人写山（山）字有时也作山等形同例（‘山’字见《金文续编》9·3下、《汉印文字徵》9·6下）。从‘囱’声的‘摠’虽然已见于《说文》，但是其出现很可能在‘悤’字的上述那些写法之后。把‘悤’‘悤’改作从‘囱’声的‘悤’，就跟把珡改为‘琴’、把‘絃’改为‘弦’一样，是把表意字字形的一部分改为形近的音符，使表意字转化为形声字的一种现象（关于这种现象，请参看拙文《释‘勿’‘发’》，《中国语文研究》第2期第43页。）……汉隶‘悤’旁又有写作‘怱’的（如严欣碑‘蔥’字和郑烈碑、夏堪碑‘聪’字的偏旁，夏堪碑‘聪’字从‘蔥’声）。这大概是由于‘公’‘悤’二字韵部相同，所以改‘△’为‘公’以就‘悤’声。但是‘公’‘悤’二字声母不相近，‘怱’长期以来被视为俗体。今天所用的简化字‘总’，就是‘怱’的变形。”（《北京师范学院学报》，1988年2期。）

构件起笔增“丿”，如《名义》抄本字形作“筩”，至唐代则又回归至隶变形体所从“甬”形构件。然《说文·竹部》：“筒，通簫也”、“筩，斷竹也”，本为二字。迨至《广韵》，“筒”字读音有二，皆属东部：其一“徒弄切”，送韵定母去声，此为《说文》“通簫也”；其二“徒红切”，东韵定母平声，此为竹管之义。又，清朱珔《说文假借义证》：“《說文》本部：‘筩，斷竹也。’《一切經音義》二引《三蒼》郭注：‘筩，竹管也。’又廿二引《三蒼》云：‘筒，竹管也。’是以筒為筩之通借。”此外，《五经文字》对于《说文》外异体或通用字形，每判定为“非”，《竹部》云：“筩，音同，作筒非。”俱为“筒”、“筩”通用之证[1]。虽《干禄字书》认为“筒”、“筩”上通下正，然因其性质为同义基础上的通用，故而未见从“同”与从“甬”构件字成为异体者，“同”、“甬”构件亦不得类推。

其次，未注明可类推字组中，大部分具有相似特点，即异体构件相异之处，该构件所成字，多数情况下，亦得以类推，然毕竟存在例外情形，故暂以类化命名。一般而言，文字学领域中提到的类化，多指偏旁类化，即上下文用字或字内产生的形体构件趋同现象，然本文所言类化，实相对于类推提出的另一概念，即某一构件各字级中不同形体的使用，如部分从“氵”、“冫”构件字互为异体，导致社会用字中多数从该构件字，大都会产生混用的情形，亦即过度泛化。故而《干禄字书》辨别易混字组，某种程度而言，亦是为了避免类推泛化而提出。《干禄字书》共收录易混字101组205个，约占是书总804组的13%，从数量上可以看出，辨析形体混同，是《干禄字书》正字内容中重要的组成部分。今所见传世字书或字样学著作中，以《干禄字书》为肇端，至宋代郭忠恕《佩觿》，出现专为辨析易混字的字样学著作。《干禄字书》既辨析异体字形，又辨别易混字组，成为研究字样学正字理念及楷字发展史的重要内容。以“氵”、“冫”构件字为例。

《干禄字书》共规范12组从“氵”、“冫”构件异体字，从“冫”形为正体者四组，其中俗正三组（溤馮、澌凘、盜盜）、通正一组

①曾荣汾《〈干禄字书〉研究》：“筩、筒虽为二字，却多见混用，《汉书·律历志》上：‘黄帝使泠纶……取竹之解谷……制十二筩，以听凤之鸣。’《吕氏春秋·古乐》载此，筩作筒，王先谦《汉书集解》云：‘筒、筩一字。’”

（絜絜），从“氵”形为正体者八组，其中俗正七组（凉涼、减減、凍涷、羡羨、况況、决決、㓕滅）、通正一组（准準）。虽“凉”“涼”、“准”“準”二组，“氵”、“冫”构件外形体略有小异，然所规范部分实则以“氵”、“冫”为主。“氵”、“冫”二形，均为今文字阶段隶变之后产生的形体，故而二形之混同，亦当产生自今文字阶段。上述12组异体字形，多数为六朝楷化变异阶段所产生的构件混用，然时代较早者，从汉隶时期或魏晋隶书楷化时期即已产生混用，如“决”、“決”二字，汉隶实物用字资料，多作“決”形，同时出现从“冫”之“决”字，如《周憬功勋铭》字形作“决”。

《干禄字书》之外，社会实际用字，从“氵”、“冫”构件亦产生大量混同情形。从“氵”者，隋《萧翘墓志》“沉”字作“沉”，唐《张先墓志》“泥”字作“泥”，唐《王德表墓志》“泮”字作“冸”，唐《刘智墓志》“淑”字作“淑”，唐《李爽墓志铭》“淮”字作“准”，唐《薛先生（賾）墓志》“测”字作“测”，唐《杨曜生墓志》“渊”字作“渊”，隋《王衮墓志》“渠”字作“渠”。从“冫”者亦多从“氵”，如隋《田光山妻李氏墓志》“凝”字作“凝”，隋《张涛妻礼氏墓志》“冰”字作“冰”，唐《牛君妻申好墓志》“凋”字作“凋”，唐《张洛墓志》“凄”字作“凄”。

某种程度上可以说，《干禄字书》所规范从“氵”、“冫”构件异体字形，自汉隶开始即已出现构件混用，至六朝时期达到最高峰，二构件所成字，大量出现构件混用情形，已经上升至类化的程度。据“隋唐五代石刻楷字资源库”统计资料显示，从“氵”者基本存在从“冫”异体，而从“冫”者亦同，构件产生混同者达90%以上。其他“木”、“扌”构件混用，“厶”、“口（囗）”构件混用，亦不在少数。这里我们不能将大量的构件混用归因于构件类推，因为二者本没有必然的联系，且构件类推亦只是以今天的角度来审视唐代社会用字而提出的名称，但是构件混用的逐渐扩大，确实导致了该构件类化的产生。

类化之下的社会实际用字，部分本来区别明显的字形，亦因之混而行用。因此，字样学著作不得不将易混字亦列为正字内容之一。《干禄字书》共规范三组从“氵”、“冫”构件易混字例。试逐一解析。

①《干禄字书·平声》：“淩、凌，上浸淩，下冰凌。”

按，《说文·仌部》：“𦖆，仌出也。从仌朕聲。《詩》曰：‘納于滕陰。’𠗲，滕或从夌。”《水部》：“淩，水。在臨淮。从水夌聲。”然汉隶“凌”、“淩”均从“水”，如《老子（乙本）》“淩”字作“淩”，东汉《朝侯小子残碑》“凌”字作“淩”（“高志凌雲”），六朝楷化变异阶段，二字或从“麦”或从“夌”，如北魏太昌元年《元徽墓志》“凌”字作“淩”（“比穆凌攸”），东魏兴和三年《李挺墓志》“淩”字作“淩”，然仍未见形符从“冫”者，唐代从“冫”、“凌”字渐趋增多，如《王公素墓志铭》作“凌”，然字形从“氵”者，仍较为常用，如《卢承业墓志铭》作“淩”，正因如此，其他字样学著作，如《五经文字》、《佩觿》等亦加以严格区分。

②《干禄字书·上声》：“冷、泠，上力鼎反，下力丁反。”

按，《说文·仌部》：“冷，寒也。从仌令聲。”《水部》：“泠，水。出丹陽宛陵，西北入江。从水令聲。”自六朝[1]以来，“冷”字即常从“氵”形，如北魏神龟二年《寇凭墓志》“冷”字作“泠”（“遂得冷疾，患逕十三年”）。二字声符虽均从“令”，然音义皆有不同，《干禄字书》注明二字反切，更能凸显二字之不同。

③《干禄字书·去声》：“凊、清，温凊字，俗作清，非也。”

按，《说文·仌部》：“凊，寒也。从仌青聲。”《水部》：“清，朖也。澂水之皃。从水青聲。”自六朝以来，温凊字常从“氵”形，如北齐《叱烈延庆尔朱元静墓志》作“清”（“然温凊左右，閨房婌慎”），唐《梁基墓志》作“清”（“定省不闕於晨昏温凊”）。而“清”字亦出现从“冫”形体，如北齐《无量义经》（之二）作“凊”（“梵音雷震響八種，微妙清淨甚深遠”）。故而《干禄字书》规范“温凊字”俗从“氵”为误。

此三组字例，均出现于唐宋几部重要的字样学著作中。辨别三组易混字，正是为了避免大量从“氵”、“冫”构件字成为异体，因而过度类化，导致此三组字例亦混而无别。其他易混字组中，多数亦同此类。

---

①汉隶“零”字亦借作“泠”，如《樊敏碑》作“泠”（“士女涕泠”）。《金石文字记》云：“泠者，零之異。”《隶辨》：“按，《冀州從事郭君碑》：‘同僚涕泠。’《張公神碑》：‘天時和兮甘露泠。’零亦作泠。”

如构件从“木”异作从“扌”者，类化导致本来从“木”、从“扌”为二字者混而无别，《干禄字书》共六组辨别从“木”、从“扌”易混字例，即楷揩、標摽、杪抄、檢撿、校挍、橈撓；另如从“艹”、从“⺮”，从“衤”、从“礻”，从“彳”、从“亻”等均有若干组易混字例得到规范。

构件类推，作为字样学著作的编撰方式，与社会实际用字中的类化现象，均为楷字发展史上的重要现象。其与楷字发展中区别性的丧失与重建，均为混同与区别机制的有机组成部分。后者为汉字发展中的内在规律，而前者则是字样学著作正字过程中的人为规范。二者不仅为《干禄字书》等字样学著作的研究提供了便捷的途径，也为汉字发展史的研究，尤其是异体字领域的研究，提供了明晰的线索。

第三节

时代性与区别性

——以《名义》传抄字形为参照

传承与变异的调查需要首先确立一个历史坐标或参照。《干禄字书》以上，梁顾野王《玉篇》为第一部楷字字书，恰好处于魏晋南北朝楷字解体变异时期，字样学著作正可据以历时系联。

但《玉篇》原本已佚，唐代中期日本僧人空海在顾野王《玉篇》的基础上编撰而成《名义》，基本保留了顾氏《玉篇》面貌，故而极具重要的文献价值，亦可以代原本《玉篇》而成为我们研究的参照。

然《名义》毕竟为唐代（公元8世纪上半叶）域外之人编撰，今天所见到的底本为鸟羽永久二年（1114年）据敦文王之本抄录的传写本，故书中讹误在所难免。本文所据底本为1995年5月中华书局影印崇文院本，讹误之处参照华东师范大学吕浩博士《篆隶万象名义研究》[①]所附“校释”，同时参校六朝石刻文献用字及原本《玉篇》残卷、宋本《玉篇》等资料进行校订，以期最大限度减少误差。版本之外，还需要注意《名义》传抄字形的层次性。一般而言，《名义》字头传抄字形当与原本《玉篇》字形相同，亦即六朝时代字形，而注文所使用形体，因注文内容对原本《玉篇》的整合而多采用唐代社会常用形体，这一点社会实物用字资料可以为证，下文有述。

臧克和师曾撰文《楷字的时代性——贮存楷字的时间层次问题》[②]、

①吕浩：《篆隶万象名义研究》〔D〕，上海：华东师范大学出版社，2003年。

②《中国文字研究》2007年第1辑（总第8辑），郑州：大象出版社，第105—115页。

《楷字的区别性——楷化区别性的丧失及其重建》①，对魏晋南北朝至隋唐之际楷化变异定形过程中，作为贮存形态楷字的时代属性问题、楷字对立区别性的丧失及其重建等问题进行了详细论证和阐发，是本节研究的理论基础，相关术语亦源自该文。

一、二书贮存楷字反映出楷化的时代因素

《干禄字书》所贮存1656个字头中，仅24字与《名义》传抄字形无对应形体，大部分字头均能找到对应关系。故而对照社会实物用字，二书所贮存楷字反映出楷化的时代因素。

以《干禄字书》易混字组“羇、羈”为例，《名义》未见“羇”字，字头传抄“羈”字作“”，注文则与《干禄字书》字形同。

按，甲骨文“”（《续甲骨文编》甲1790）、“”（《续甲骨文编》粹247）字形，学界释为“”，汉《张迁表颂》即作“”字，马叙伦《说文解字六书疏证》卷十四曰：“然此字甲骨文作，漢碑作。其從者即字，易為糸耳。其從者，蓋為馬絡頭之象形字。變為篆文，又經傳寫，遂譌成，又譌為网，此蓋其轉注字。”

楷化之后，字形保留了本与网义无关的从“网”形结构，如北魏《李壁墓志》作“”。但本墓志另有字形作“”②，今按“”即“羇”字，六朝石刻多见“羇”字形体，如北魏《尔朱袭墓志》作“”（“事窮力屈，方見羇執”）、《王璨墓志》作“”（“懷不羇之譽”）。从语境可以看出，“羇”、“羈”二字通用，同从“网”构件，传承了篆文讹误，同时，二字又易隶变字形“糸”构件为“革”，当为马络头制作材质发生转换而反映到文字构形上，使之发生构件替换。

《名义》字头传抄作“”，上半部分“网”字形作“”，当

---

①《中国文字研究》2007年第2辑（总第9辑），郑州：大象出版社，第1—28页。

②《释名·释车》：“羇，檢也，所以檢持制之也。”毕沅疏证：“今本羇上从网，譌。《玉篇》：‘羇，古文羈字。’则是本作羇。《說文》作‘䍐’，云‘馬絡頭’者也。”

为楷化篆文[1]结构[2]，注文中贮存字形作“羈”，应为当时书写通用字形。同时六朝“羇”、“羈”均为“羈勒”义。今所见实物楷字资料，至唐代始出现“羇旅”义之“羇”字形，如唐《刘升墓志》：“匍匐喪事，能反羇魂。”然“羈”字始终为“羈勒”义，如《大唐济度寺法乐法师墓志铭》：“羈象心而有裕，法場探秘。”故而《干禄字书》明确规范二字形及释义的不同。

今大型语文工具书，如《汉语大字典》，但据宋本《玉篇》“羈：寄也”标注来源属性，已落后尘。

又如“鶂”、“鷁”。《干禄字书》：“鶂、鷁，上六鶂，下鷁首船。”《说文》无“鷁”字，“鶂”字作“鶃”[3]：“鶃，鳥也。从鳥兒聲。《春秋傳》曰：‘六鶃退飛。’鷊，鶃或从鬲。鵣[4]，司馬相如說鶃从赤。”

《穀梁传·僖公十六年》：“六鶂退飛過宋都。”杜预注：“鷁，水鳥。”南朝梁沈约《郊居赋》：“其水禽則大鴻小雁，天狗澤虞，秋鷖冬鶶，修鷁短鳬。”南朝梁江淹《杂体三十首》之七：“蟋蟀依素野，嚴風吹枯莖。鸛鷁在幽草，客子淚已零。”《名义·鸟部》：“鶂，牛歷反。水鳥，高飛。鷊，同上。鵣，同上。鷁，同上。”[5]故“鶂”、“鷁”初指鸟类，直至六朝，二字形互为异体。

又，《方言》卷九：“（舟首）或謂之艗艏。”晋郭璞注：“鷁，鳥名也。今江東貴人船前作青雀是其像也。”《汉书·司马相如传上》：“西馳宣曲，濯鷁牛首。”颜师古注：“濯者，所以刺船也。鷁即鷁首之舟也。”由此大致可以推测，鷁指头上画着鷁鸟的船，初为方言用字。

①《说文》未收“羈”字，但《网部》：“䩭（䍶）：馬絡頭也。从网从馽。馽，馬絆也。羈䩭或从革。”徐灝《注笺》：“縶絆之義，从馬而口其足。隸不便於書而變為䩭；羈則省而為馬也，盖既絡其頭，亦不必更口其足矣。”

②今所见社会实物资料，仅隋《冯君妻卢旋芷墓志》“羈”字、唐《孔子家庙碑（陕西本）》“羈”字，保留楷化篆文结构“罒”，当为书写或刻写者有意复古字形。

③马叙伦《说文解字六书疏证》卷七：“鈕樹玉曰：‘《韻會》、《玉篇》並作鶂。《左傳·僖十六年》作鷁。《釋文》云：鷁，本或作鶂。’桂馥曰：‘《一切經音義·十九》：《說文》鶂或作鷊，《字書》作鷁。《莊子·天運》釋文引《三蒼》：‘鶂，蒼鶂也。’王筠曰：‘顧本《繫傳》作鶂，而注中六鶃字同各本。’倫按據陸德明玄應引，則古自作鶂。”

④《汗简》有“鵣”字形，《古文四声韵》亦作“鵣”。

⑤宋本《玉篇》：“鶂，午的切。水鳥，善高飛。又五兮切。鷊、鵣、鷁，並同上。”

按《名义》传抄字形，字头分别作“鶂”、“鷁”，而注文传抄字形与《干禄字书》稍异，如“鶂”[1]（《鸟部》：“鷟，材洛反。似鶂”）。

首先，《名义》传抄字形，“灬”构件多简省作“一”，另如“馬”部字等亦同。究其原因，一方面是书写便捷的需求，一方面则说明“灬”构件区别意义的逐步弱化。

其次，字头“鶂”字，声符“兒”构件之“臼”作“旧”，应为当时社会正体字形，而注文字形则作“臼”，应为当时社会通用字形。而据《干禄字书》：“旧、臼，上俗下正”。可知六朝时期的正体“旧”形构件，到唐代已经变为俗体，而当时的通用字形“臼”，则取而代之，成为正体字形。

再次，《名义》“鷁”字声符“益”中间有“丶”[2]，《干禄字书》云：“益、益，上俗下正。”可见，六朝时期“益”字加“丶”者为社会通用字体，《干禄字书》确立未加“丶”之“益”为正体字，说明构件“丶”之于“益”字，已不具备字形区别意义。这样，就使得从小篆时期衍生出来的加“丶”、“益”字最终得到规范。

而“鷁”指“鷁首船”社会通行时代，以今所见社会实物用字资料推测，当即隋唐时代，如隋《宁贙墓碑》“舟移鷁轉”、“櫂以樓舡五鷁”，唐《仵君墓志铭》“君沈戈畫鷁”、唐《薛元超墓志铭》“汎鷁金塘”等。而“鶂”字则一直用于“六鶂退飛過宋都”典故之中，如唐《故越国太妃燕氏墓志铭》：“宋都鶂退。”

二、楷化过程带有过渡性时代特征

从《干禄字书》贮存字形与《名义》传抄字形的对比分析可以看出，一批楷字构件的原部件与变异部件在某个时段共存，这种共存局面，表现出楷化过程带有过渡性时代特征。

如：晏—晏（安—女）。《干禄字书》：“偃、偃，上通下正。”

---

①此字形“兒”构件之“乚”笔，包“鳥”构件，与个人书写风格有关。

②实际上，楷化阶段之“丶”，在“益”字结构中，当属下“皿”，即“血”字，二字形混始于篆文，如《汉印文字征》所收“益”（《苏益寿》）、“益”（《臣益》）等。

"宴、宴，上通下正。"《说文·人部》："偃，僵也。从人匽聲。"《宀部》："宴，安也。从宀妟聲。"《名义》构件"妟"抄作"晏"①。

按，魏晋南北朝石刻，"晏"形构件多作"晏"，如东魏《元湛墓志》之二字形作"偃"、《李挺墓志》作"宴"。同时，部分"妟"构件字形仍同《说文》"从女、日"②结构，如北齐《乐陵王妃斛律氏墓志铭》作"偃"、北魏《元乂墓志铭》作"宴"。《名义》所抄字形为当时通用字形。

隋唐时代"妟"形构件向"晏"过渡趋势加剧，"妟"形多出现于典雅正统场合，如颜真卿所书《多宝塔碑》作"偃"、《颜勤礼神道碑》作"偃"，社会较普遍使用层面则多作"晏"形，如唐《李岗墓志》字形作"偃"、《韦项墓志》作"宴"。故《干禄字书》规范"晏"构件字形为通体，而将《说文》"妟"字确立为正体。其他字样学著作，如《五经文字》在此基础上，全依《说文》，明确规范："作偃，訛。"

在上述字样学规范的基础上，后世从"晏"形构件字渐趋减少，宋代以降，从"妟"形字成为唯一通用字形。一方面说明"晏"形之"丷"构件已不具备对立区别意义，另一方面，说明字样学著作在正字理念上，不仅只参考社会使用层面因素，而且将趋近于符合造字理据作为另一重要标准。

从《名义》、《干禄字书》贮存"偃"、"宴"可以看出，原构件"妟"与变异部件"晏"在六朝时代共存，至隋唐时期，变异部件一跃上升至主导地位，而经过字样学规范，原构件又逐渐回归到正体字形地位。故《说文》小篆"偃"、"宴"经过隶变楷化，定型为今天的字形结构，其间经历过"妟"、"晏"构件的竞争演变。字书贮存、传抄字形为认识这类字形的楷化定型提供了较为清晰的线索。

又如：旧一臼。《干禄字书》："旧、臼，上俗下正。諸字从臼者竝準此。"《说文·臼部》："臼，舂也。古者掘地爲臼，其後穿木

①《名义·人部》："偃，於獻反。倒也。息也。作也。仆，狂也。"《宀部》："宴，於見反。安也。息也。"

②《说文·女部》："妟，安也。从女、日。《詩》曰：'以妟父母。'"

石。象形。中，米也。凡臼之屬皆从臼。”《名义·臼部》：“臼，渠九反。”字形抄作“臼”。杨树达《文字形义学》：“列内容之米形，则臼義顯矣。凵為外形，米為内形。”《名义》抄字“凵”形断开，造字理据已被破坏。又本部“畽”字释义“麦舂”，“舂”字形作“舂”，可见《名义》传抄字形，“臼”形业已出现作“旧”者，且两种传抄字形均对“臼”字构字理据产生一定程度的破坏。另如“臽”构件：

《干禄字书》：“爓、餤，並正。”《名义》传抄字形分别作“爓”、“餤”，六朝石刻“臽”形构件与《名义》同，多作“臽”形，如北魏《崔承宗造像记》字形作“爓”。唐初一仍旧贯，如《张行满墓志》作“餤”、《刘夫人妙美墓志铭》作“爓”等。经过字样学规范，唐代中后期石刻用字资料中，未再出现“臽”形构件字。

“諸字从臼者竝準此”，一批隶变楷化之后形成的“臼”形构件字，虽然“臼”构件之于整字，并非“舂也”之意，但受到类化影响，仍形成对原造字理据的破坏。如“寫”字，《说文》“从宀舄聲”，“臼”之于声符“舄”，本为鸟羽之形，转写为“臼”，六朝楷化解体过程中，“寫”字亦出现从“旧”字形，如北魏《孝文帝弔比干文》作“寫”。而从“臼”字形亦同时使用，如北魏《李宪墓志》作“寫”。又如“竄”字，六朝墓志中，北魏《檀宾墓志》字形作“竄”、南朝陈《卫和墓志》作“竄”，二形并存。

综上，“臼”字楷化定型过程如下：

《说文》小篆字形“臼”隶变楷化作“臼”；魏晋南北朝解体过程中“臼”、“旧”并存，构字理据破坏；继而使用中，“旧”形逐渐取得主导地位；隋唐定型过程中，经过字样学规范，“臼”形构件重新取得正体地位；唐末以降，“旧”形渐趋消亡，“臼”成为唯一合法形体。楷化过程简之如下：

臼→臼→臼、旧→旧（臼）→臼（旧）→臼

三、《干禄字书》规范字样与《名义》传抄字形的区别性差异

南北朝至隋唐时期，是楷字发展、变异与定型最重要的阶段，楷字字形处于一种对立区别性的丧失与重建阶段。首先，《干禄字书》规范字样对比《名义》传抄字形，集中体现了这一过程中区别性的丧失与重建。以“友”字为例：

《干禄字书》：“友、友，上俗下正。”《名义·又部》“友”字与《干禄字书》俗体相同，同时《犬部》传抄“犮”字作：“犮，薄朱（末）反。拔也，犬走皃也。”《名义》二字形体近乎同形，一为“友”之正字，一为“友”之异体。

按，《说文·又部》：“友，同志爲友。从二又。相交友也[①]。𦫵[②]，古文友。䎍[③]，亦古文友。”甲、金文多从二“又”，如“𠬪”（《掇二·四九人头骨刻辞》）、“𦫵”（《多友鼎》），铭文亦有作“䎍”（《多友鼎》）或“䎍”（《农卣》）形者。《说文·犬部》：“犮，走犬皃。从犬而丿之。曳其足，則刺犮也。”[④]林义光《文源》卷五：“《爾雅》‘跋，躐也。’此當為犮之本義。古印有作犮𨔻二字者，犮當即犮，象人（文象人形）足下有物越而過之之形。

①马叙伦《说文解字六书疏证》卷六：“鈕樹玉曰：‘《韻會》無‘友也’二字。’嚴可均曰：‘《一切經音義·廿五》引作‘同門曰朋，同志曰友’，《御覽》四百六引作‘愛也，同志為友’，此當有脫文。’沈濤曰：‘《五經文字》云：‘友，《說文》从二又相交。’則此解當讀‘交’字句絕。‘友也’必‘愛也’二字之譌。蓋古本作‘同志為友，從二又相交。一曰愛也’。大徐妄有刪改耳。’倫按，同志為‘友’，亦不可得造象形、指事、會意之字也。如從二又取二手相助，則義與右同，當是右之別體……則友亦當有本義。《易·兌卦》：‘君子以朋友講習。’兌即說之初文，《兌卦》取乎朋友講習……均以‘相有’釋友，可證友之本義矣……倫謂同志為‘友’乃受字義，受乃交易之易本字，篆當作𠬪，因相譌耳，說解當作有也，以聲為訓，校者注‘相交，友也’以釋之。後之校者復據《倉頡》解詁，加‘同門曰朋，同志曰友’，唐人刪改如今文耳。《御覽》引‘愛也’者，蓋‘一曰’以下文，亦校語。”

②𦫵古文友。马叙伦《说文解字六书疏证》卷六：“……按疑此本作𠬪从二手，傳寫譌為𦫵。”

③《说文》古文作“䎍”，与习字似，《无叀鼎》“史䎍”，阮元即释为友，可知《说文》小篆传写之讹。高田忠周《古籀篇》五十七：“朱氏駿聲云：‘《太平御覽》四百六引《說文》‘友，愛也’，按，又亦聲，又，古文未詳，疑引《易》‘朋友講習’，傳寫闕脫習字，又誤入正篆為古文耳。’此攷甚有條理。依許氏說，習字‘从白从羽’，白即自字，自古文作𦣹，𦣹亦白古文也，䎍是習字甚顯矣。”商承祚《甲骨文字研究·下编》亦云：“金文𦣹从之誼雖不能盡曉，而《說文》之古文乃从此寫誤則可知。”孙诒让《古籀拾遺》卷下：“㝊父鼎‘女，率我𠬪事’。阮釋文云：‘𠬪謂臣僚也。《詩·既醉》鄭箋：‘朋友謂羣臣同志好者也。《書·酒誥》‘太史𠬪、內史𠬪’，是臣僚得偁𠬪也。’’”

④段玉裁改作：“犮，犬走皃。依《篇》、《韻》訂。”并注：“刺犮，行皃。”

古有犮（《友尊彝癸》）字，亦當為犮，从犬乃形之譌。”可见，古文字“友”、“犮”形体截然分明，区别度大。

“犮”字隶变形体或作“犮”（《定县竹简·九一》）、“犮”（《马王堆帛书·周易》），完整保留了古文字形体构造理据。隶书楷化阶段，字形仍保留隶意，略具波磔，如三国吴《九真太守谷朗碑》作“犮”、东晋《司马芳残碑》“犮”，构件位置和形体亦无较大变化。约至北魏时期，字形变化较大，既出现了完全过渡为楷字的形体结构“犮”（北魏《韩显宗墓志》），也出现了增具饰符“丶”的字形。其中加“丶”结构又分两类：一是部分保留古文字造字理据的“犮”形（北魏《寇凭墓志》），一是混同于“友”字的“犮”形（北魏《元彦墓志》）。《名义》贮存字形选择后者，几乎丧失了与“友”字的形体区别度，体现了楷化过程中形近构件及结构的混同。

唐代楷字形体渐趋规整，石刻文献淘汰了增具饰符“丶”的第一类，即部分保留古文字造字结构理据的“犮”形，所贮存字形仅剩两类：犮（《卢有度墓志铭》）、犮（《张轸墓志铭》），《名义》所传抄较为通用形体“犮”，至《干禄字书》中降为俗体地位，而正字形体则采用未加饰符“丶”的结构，但为了进一步形成对立区别，《干禄字书》正字形体保留并凸出了造字理据较接近于隶书形体的折笔构件，字形作“犮”，重新实现“友”、“犮”二字形体结构的对立区别。

同时，“犮”字在楷化定型过程中，亦产生了部分异体字形，如唐《元振墓志》作“犮”，而这一异体字形又混同于“夭”（唐《庆国故细人孙氏墓志铭》）、“夭”（《寇堮墓志》）等，从而又破坏了与“夭”字的形体区别性，故而《九经字样》继续加以规范：“犮，音跋，犬走皃，作犮[1]者，訛。”

从《名义》到《干禄字书》所贮存“犮”字形体结构的演变，可以看出楷字优化选择原则即记号区别性的实现过程。一方面，楷化过程大量形近形似构件、结构产生混同，需要楷字本身进行结构调整；另一方面，这种结构的调整，就是重建古文字结构隶变楷化解体之后，所丧失

① “犮”亦即“夭”字，石刻字形如北魏《司马景和妻孟敬墓志铭》作“夭”。

的对立区别性，重建被破坏的楷字形体区别机制。在汉字楷化破坏与重建的过程中，我们看到，汉字的发展趋向于优化的态势，不仅形体结构形成对立区别，同时也重视汉字形体结构的构造理据。

其次，楷化过程区别性的丧失，使得《名义》贮存了当时并未通用的字形结构。同样，对立区别性的重建，也使得《干禄字书》规范字样择用当时已非通用字形结构。试以“舛”、“夙”、“紝”、“絫”为例。

〔舛〕《说文·舛部》：“，對臥也。从夊𡕒相背。凡舛之屬皆从舛。”《名义·舛部》：“舛，尺兖反。交也。相背也。卧也。互也。”“舛”构件字形均抄从“”，改《说文》“夊𡕒相背”形为“夊”、“𡕒”相从。按，魏晋南北朝石刻“舛”字构形皆取“夊𡕒相背”，如北魏《李宪墓志》作“”。同时由“夊𡕒相背”引申出命运不顺利、不幸，故“夊”构件亦混同“歹”形，如南朝齐《石信墓志》作“”，可见“舛”字构形中，构件“夊”与混同形体“歹”对立区别性降低，致使《名义》传抄字形径作“”形。这一对立区别性的丧失，影响到整部字的构形，本部“舞”字亦同。《名义》：“舞，莫禹反。弄也。疾也。翌，古文。”字形抄作“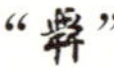”，魏晋南北朝石刻用例均同《说文》构形，未见有作“夊𡕒相从”者，可见《名义》传抄“舛”构件字形为当时并未通用字形结构。至隋代唐初“舛”字上升为主导字形结构，而字样学著作仍据《说文》造字理据规范“舛”为正字，如《干禄字书》：“歼、舛，上俗下正。”《五经文字》同《干禄字书》，“舛”部凡六字，皆“從舛”。《汉语大字典》收录“歼”字形，引据《龙龛手镜》，已落后尘。

〔夙〕《干禄字书》：“夙、夙，上俗下正。”《说文·夕部》：“[1]，早敬也。从丮，持事，雖夕[2]不休，早敬者也。”《名义·夕部》：“夙，胥六反。早也。夜也。”字形抄作“”。按，《说文》“”字隶变字形即作“夙”，如汉《北海相景君铭》作“”、三国吴《九真太守谷朗碑》作“”。楷化解体阶段，“夙”字出现如

①徐铉曰：“今俗書作夙，譌。”

②胡光炜《说文古文考》：“象人執事于月下，侵月而起，故其誼為早。”

下异体字形：凤（北魏《封魔奴墓志》）、凮（北魏《元宏赵氏（充华）墓志》）、凤（北魏《檀宾墓志》）、凬（东魏《闾伯升及妻元仲英墓志》）、凬（北魏《齐都王元祐妃常（季繁）墓志》）等。《名义》传抄字形当为隶变字形直接楷化后所得，亦即当时社会承认正体字形。隋代至唐朝初年，众体已不兼行，“夙”、“夙”成为主要通行字形，《干禄字书》规范“夙”字为俗体，而对于“夙”字，鉴于造字理据遭到破坏，且众异体结构中，“夕”上之构件从“二”、“一”及“䒑”已丧失对立区别意义，故仍从《说文》小篆之“丮”作“夙”。之后，俗体“夙”渐渐取代其他异体，唐末以降，成为唯一正体字，而《干禄字书》所规范正体字形“夙”，由于构件“夕”上之“二”已不具备区别意义，且久不通行，最终沦为历史字形。

〔紝、絍〕《干禄字书》：“紝、絍，竝正。音汝鴆反。”《说文·糸部》：“紝，機縷也。从糸壬聲。䋕，紝或从任。”《名义·糸部》传抄作：“絍，如深反。繒布。絍，維（絍）字。”原本《玉篇》残卷作：“絍，……絍，《说文》之絍字也。”宋本《玉篇·糸部》字形与原本《玉篇》残卷同。

按，今所见魏晋南北朝石刻字形多作“絍”、“紝”，如北魏《邢峦妻元纯阤墓志》作“絍”、《穆彦妻元洛神墓志》作“紝”，“絍”字形体未见用例。《玉篇》、《名义》一方面贮存了已经不再通行的《说文》字形“絍”，一方面又对当时社会通行字形“絍”加以收录。至唐代趋势又变，“絍”字大行，如唐《隋东宫左亲侍卢万春墓志铭》作“絍”，而“紝”字少见，如周《获嘉县朱四娘造浮图铭》作“紝”。《干禄字书》所立并正字头“紝”、“絍”，均为《说文》所确立字头，一方面说明《干禄字书》规范字样遵从《说文》造字理据择用字形，另一方面“糸”构件位置属下与属左已不具备区别意义，“人”符之于“任”构件，在“絍”、“紝”结构中亦不具备区别意义。

第四章

《干禄字书》字例疏证

《干禄字书》字体分级研究，历来重点有二：一为字样学理探究，如李景远《隋唐字样学研究》对比《干禄字书》俗、通字体与其他字样学著作分字层级，认为：『「学术派」的字样著作编纂主要目的在保存经典文字，根本没有给「通」、「俗」字体存立余地……「实用派」的字样著作肯定了「通」、「俗」字体的优点（则书写便利），并指出它们实际适用的范围。』一为构形研究，如曾荣汾《字样学研究》归纳俗正二体构形模式为九种：省形；益形；部首形近而混用；构字意符代换；形近而混用；隶变误字；草书隶定；形声偏旁假借；纯为当时草写习惯。刘中富《〈干禄字书〉字类研究》则利用实物用字资料，印证《干禄字书》俗、通字形体，为我们进一步研究提供了新的视角。

《干禄字书·叙》："所謂俗者，例皆淺近，唯籍帳、文案、券契、藥方，非涉雅言，用亦無爽，儻能改革，善不可加。所謂通者，相承久遠，可以施表奏牋啓、尺牘判狀，固免詆訶。""例皆淺近"亦即俗体字通行于民间，然"非涉雅言"类的"籍帳、文案、券契、藥方"中，亦承认俗体字的使用，而"改革"的态度，较于《五经文字》、《九经字样》非讹即非，体现了"为字"类字样学著作重实用的特点。通字形体，余嘉锡《四库提要辩证》认为"則隸省、隸變及增益偏旁之字屬焉"。此论乃从构形角度而言。又，《干禄字书》注"通者"曰："若須作文言及選曹詮試，兼擇正體用之尤佳。"曾荣汾《字样学研究》据此推论："'曰通'文字多行于文士阶层。"

《干禄字书》注明俗体字形337例、通字360例，均取自唐代社会实际用字，然逐本溯源，俗、通字体均来源有自。其中，绝大部分字形，见于魏晋至隋代实物用字资料，实物资料未贮存者，亦可多见于唐抄本。余未备者，或见于汉代隶书资料，或仅为唐代社会用字形体。其中多半为非常用字，故而实物资料少见用例。仅见于唐代实物资料的字形，大半为该递变字形仅出现于特定历史阶段，而极个别仅见于《干禄字书》贮存字形，虽未见其他资料佐证，然确为历史汉字发展史保存了极为珍贵的资料。上一章亦谈到正字754个，见于《说文》者729例，比例约为97%，足以说明《干禄字书》所规范正字形体中，大多数字形为"竝有憑據"者，一般而言即符合《说文》所分析造字理据。

本章从大量汉代隶书石刻资料、魏晋至唐代楷书实物资料出发，分级、分层、分体，探析《干禄字书》所收俗、通、正字体的来源。同时，因《〈干禄字书〉字类研究》已然大量列举唐代石刻用例，故本文为免支离，唐代社会用字字例，多有省减。因同一规范构件在不同的俗、通、正三体中，会呈现出不同的字际关系，为清晰勾勒规范构件的异体递变序列的演变脉络，故突破将俗、通、正三体独立开来的传统研究思路，而将同一规范构件所构之俗、通、正三体合并。又，《干禄字书·叙》："偏旁同者，不復廣出。"本章例证，亦按偏旁类推体例，以同规范构件统摄俗、通、正三体，实物用字资料排列亦以俗、通、正为次，其余处于参考地位的异体字形则附于其后，为避免芜蔓，仅出字形，若释义需要，则出具语境。囿于篇幅，本章仅取五组规范构件统摄86组字例，以见一斑。

第一节

刀（刃）、力①

一、〔刀—力〕

（一）《干禄字书·平声》：“刅、功，上俗下正。”

北魏孝昌二年《于纂墓志》（一）作“刅”。

北齐天保六年《窦泰墓志》作“功”。

按，《说文·力部》：“㓛，以勞定國也。从力从工，工亦聲。”汉隶既已出现从“刀”形之“刅”，如《衡方碑》作“”、《刘熊碑（残石）》作“”，可见《干禄字书》所规范俗体“刅”，实源于汉隶成熟阶段字形。又，《曹全碑》“功”字多从“力”，然亦多次出现从“刀”形之“刅”，说明此时“功”字从“刀”与从“力”形，对立区别性开始逐步降低。六朝楷化变异阶段，“刅”、“功”二体兼行。《名义》字头形体传抄作“刅”形，亦说明六朝“刅”形已然通行，至唐代从“刀”形“刅”字仍是社会较为通行字体，故而《五经文字·力部》从《说文》义理角度亦加以规范：“功，從工從力。作刅訛。”

（二）《干禄字书·去声》：“荔、荔，上俗下正。”

北魏正光二年《荔非天德造像记》作“荔”。

①本章所疏证5组构件变化字例，绝大部分属于构件的演变迁移，但亦有少部分字组非构件演化问题，诸如“第二节　艹、䒑、业、竹”中，第4组〔艹—芈〕为造字方式的不同，第6组〔艹—　〕为加形字，均是因便于提纲标目，而采取的权宜之计。

北魏太和十八年《孝文帝弔比干文》作“荔”。

按，《说文·艸部》：“荔，艸也。似蒲而小，根可作刷。从艸劦聲。”《睡虎地秦简·秦律十八种》字形即从“劦”作“荔”，说明《干禄字书》正字“荔”，至迟秦代已出现。六朝楷化变异阶段，“荔”字从“劦”、从“刕”便多有混用，如上举《荔非天德造像记》形体虽略带草意，然声符确从“刕”形。又，《名义·艸部》“荔”字字头形体传抄作“荔”，泽存堂本《玉篇》亦从“刕”形（至宋本《玉篇》则改从“劦”形），亦为《干禄字书》俗体“荔”源自六朝之证。

（三）《干禄字书·入声》：“恊、協，上通下正。”

北魏孝昌二年《元乂墓志》作“恊”。

北魏建义元年《穆彦妻元洛神墓志》作“恊”。

按，《说文·劦部》：“恊，同心之和。从劦从心。”段注：“同心一如同力，故从劦、心會意。”汉印《王协印信》作“協”、《赵协》作“協”，《隶辨》引《蔡湛颂》作“恊”、《尧庙碑》作“恊”。故至迟汉隶成熟时期，“恊”字已大量行用。又，《五经文字·十部》：“協，和也。心部亦有恊字，與此字同，並訓和。案古文作叶，則從十者義長。”《九经字样》又补足曰：“恊，音俠，同心之和也。”揆诸汉隶，《封龙山颂》字形从“刕”形作“協”，《刘熊碑》亦从“刕”作“恊”、“協”之形[1]，《隶辨》于《蔡湛颂》“恊”字下注曰：“（恊、協）諸碑通用之。”此后诸体兼行直至唐代，故而《干禄字书》通字“恊”，当亦即源自汉隶成熟阶段字形。

（四）《干禄字书·入声》：“脋、脅，上通下正。”

北齐武平六年《都邑师道兴造释迦二菩萨造像记》（一）作“脋”。

东魏武定四年《道颖等造像记》作“脇”。

南朝陈太建二年《卫和墓志》作“脋”。

按，《说文·肉部》：“脅，兩膀也。从肉劦聲。”汉隶《孙子兵法》即从“三力”，字形作“脅”，《武威汉简·有司》字形亦作“脅”。今所见历代实物用字资料，从“刕”形之“脋”仅自六朝始

①《隶辨》引汉《刘熊碑》字形作“恊”，字迹不清致有此误。

见，如上举北齐《都邑师道兴造释迦二菩萨造像记》字形即从“劦”，唐代字样学著作如《五经文字·肉部》加以规范曰：“脅，虛劫反，從劦，劦音協。”故而《干禄字书》所规范正字形体“脅”，汉隶早期即已出现，而通字形体“脅”至迟六朝时期出现。

此外，后三组字例均从“劦”，《说文·劦部》：“劦，同力也。从三力。”甲、金字形象三耒形，表示合力并耕之意①。隶变之后，从三力之“劦”形，亦作从“刀”形。《干禄字书》虽规范“荔”字为俗体，“恊”、“脅”为通体，但实质上其区别仅是从“刕”形之字形在唐代通行程度和范围不同而已。

又，《名义》传抄字形，“恊”字字头形体作“恊”，注文形体则作“协”形，“脅”字仅见于字头位置，字形作“脅”。字头位置“劦”、“刕”共用，注文形体则仅用“刕”形，这一用字现象说明，六朝从“劦”构件字，不仅多从“刕”形，而且亦以该形为常见；唐代从“刕”形体不仅具有较强的生命力，而且俗体字和通体字应用场合，均以从“刕”形为常见，“刕”形渐趋向正体过渡。然《干禄字书》参以《说文》造字理据，定从“劦”形为正。实际上，“劦”、“刕”是音义完全不同的两个字，“刕”字《广韵》属脂部，《玉篇·刀部》：“刕，姓。”《通志·氏族略四》：“刕氏，蜀有刁逵，避难改焉。又百济八姓，其三曰刕氏。”故而，“劦”构件字，字形亦从“刕”形，实为历史“误会”。然这一事实也说明，“刕”字在表示姓氏之外，与“劦”形在隶变楷化过程中，对立区别性逐步丧失。

二、〔刃—力〕

（一）《干禄字书·去声》：“刻、劾，上通下正。”

北魏神龟二年《高道悦墓志》作“刻”。

北魏建义元年《元略墓志铭》作“刻”。

按，《干禄字书》正字作“劾”，与《说文》相合。《说文·力部》：“劾，法有辠也。从力亥聲。”段注：“此字俗作刻。”然

①亦或从“口”，如《𨻰𥫗》作“𠀉”形，学者训释多有不同。

“刻”字六朝时期亦为“刻”之异体，故而为形成对立区别，俗体“刻”，于刀旁增“丶”作“刻”形，且“刀”、“刃”二形旁，本已多有混用。故字形虽与上述“刀—力”异体字组不同，其实一也。又，《名义》“劾”字字头形体传抄作“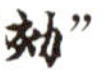”形，与《干禄字书》正字形体吻合，“槩”字反切所用劾字则为“”形，又与《干禄字书》通字形体相符，参以上举两例六朝用例，可见六朝至唐代“刻”形确实较为通行。

（二）《干禄字书·去声》：“剄、勁，上俗下正。”

北魏孝昌元年《元纂墓志铭》作“”。

北齐天保十年《徐徹墓志》作“”。

按，《干禄字书》正字作“勁”，与《说文》相合。《说文·力部》：“勁，彊也。从力巠聲。”然今所见六朝石刻资料，“勁”之异体多从“刀”，未见从“刃”形构件者。《名义》字头传抄字形作“”，注文字形亦同，直到唐代从“刀”形之“勁”仍大量使用。然从“刃”形之“剄”，仅始见于有唐一代，如唐《湖州刺史封泰墓志》字形作“”，故而《干禄字书》定从“刃”之“剄”为俗体，确来源有自。

三、〔力—刀〕

《干禄字书》亦收录从“刀”形为正体、从“力”形为通体的字形，即入声收字：劫、刧。

北凉《凉王大且渠安周造像记》作“”。

北魏景明四年《侯太妃自造像记》作“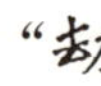”。

北魏延昌二年《刘璿等造像记》作“”。

按，《说文·力部》：“劫，人欲去，以力脅止曰劫。或曰以力止去曰劫。”楷化阶段，字形从“力”、从“刀”者并行（或从“刃”，同），然以“刀”形构件为常见。至唐代，实物资料字形多从“刀”形，如圣历元年《漆劫阿弥陁壹區》作“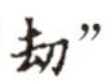”，而绝少见从“力”形者。又，《名义》字头、注文位置传抄“劫”字形体，亦皆从“刀”形。

四、〔刀—羽〕

《干禄字书·上声》："剪、翦，上俗下正。"

北魏延昌元年《元显儁墓志》作"剪"。

东魏兴和三年《李挺墓志》作"剪"。

北魏正光五年《元平墓志》作"翦"。

按，《干禄字书》确立"剪"、"翦"字际关系为"上俗下正"，实由假借用字发展而来，先秦文献已有用例[①]。从这一角度而言，二字形并非严格意义上的异体关系，《干禄字书》本组字例所规范字级，从整个汉字发展史的角度而言，只能算作特定时段的混用，故而"刀"、"羽"构件所成字，此例之外，未见其他混用字例，更未产生严格异体关系的字组。

从上述从"刀—力"形体构件字例可以看出，《干禄字书》正字形体多半与《说文》相合，汉隶成熟时期，部分从"力"形体出现从"刀"形结构，至六朝楷化解体阶段，趋势愈演愈烈，唐代楷书定型期，最终出现从"刀"形字取代从"力"形字，成为正体字形的情况，"劫"、"刧"字组即是明证。

①《〈干禄字书〉字类研究》第47页："'剪'本作'前'。《说文》：'前：齐断也。从刀歬声。'后来以'前'作'歬进'之'歬'，遂增刀旁以别之，产生了'剪'字。《集韵》：'前：俗作剪，非是。'可以为证。又'翦'本与'前'(或'剪')是不同的字。《说文》：'翦：羽生也。一曰矢羽。从羽前声。'经典多借'翦'作'前'(齐断义)，《说文解字注》：'前：古假借作翦。'《尔雅》：'翦：齐也。'《召南·毛傅》：'翦：去也。'亦可为证。元孙以经典相承用字'翦'高正，以'剪'为俗，乃据用字实际而定。《广韵》：'翦：俗作剪。'与《干禄字书》同。今一般用'剪'字，'翦'多作姓氏用字。"

第二节

艹、䒑、⺌、⺮

一、〔䒑—艹〕

（一）《干禄字书·平声》：“蒙、蒙，上通下正。”

北魏正光二年《刘华仁墓志》作“蒙”。

北魏太和十九年《丘穆陵亮妻尉迟氏造像记》作“蒙”。

北周保定二年《董道生造像记》作“蒙”。

北魏建义元年《元端墓志》作“蒙”。

按，“䒑”部件的产生及与“艹”部件的平行沿用，在今文字发展史上，是一个较为明显易释的现象。隶变阶段，形符“艹”出现隶书草写体“䒑”，如《西陲汉简》作“蒙”形，《曹全碑》作“蒙”形，故，《干禄字书》通字“蒙”即源于隶变字形。这里值得注意的是“艹（䒑）”构件以下的部分。

《说文·艸部》：“蒙，王女也。从艸冡聲。”《冃部》：“冡，覆也。从冃、豕。”段注：“凡蒙覆、童蒙之字，今字皆作蒙，依古當作冡。蒙行而冡廢矣。”隶变阶段，“冡”字或省去“冃”内“一”笔作“冢”形，如《北海相景君铭》作“蒙”，或在省形基础之上增“、”笔作“冢”形，如《史晨碑》作“蒙”。六朝楷化变异阶段，又产生与“象”字相混字形，如上举后两例用例。这一变异过程，一直影响到唐代楷书定型阶段，《干禄字书》所规范通体“蒙”字，即

“冡”字省去横笔形，逐本溯源，当源自汉隶草体。又，《名义》字头传抄字形作“蒙”，即从省横笔增“丶”画之“冡”形构件，或可以说六朝楷化变异过程中，《说文》所分析的“从冃、豕”这一造字理据遭到破坏，而这一变化也说明，横笔与“丶”画之于整字“蒙”已不具备对立区别意义。

（二）《干禄字书·上声》：“茍、苟，上俗下正。”

北魏景明三年《元弘嫔侯氏墓志》作“茍”。

北魏永安二年《穆彦墓志》作“苟”。

按，“茍”、“苟”所从“丷”、“艹”构件之发展演变，与“冡”、“蒙”基本相同，只不过“茍”字用例，六朝时期始见，此不赘言。然《说文》另贮存“茍”字，隶变字形与“苟”相近。

《说文·茍部》：“茍，自急敕也。从羊省，从包省，从口，口猶慎言也。从羊，羊與義、善、美同意。凡茍之屬皆从茍。”《艸部》：“苟，艸也。从艸句聲。”二字虽隶变字形极近，然小篆形体却迥然有别，字音、字义亦完全不同。然依据今所见出土文献，“苟”字形体迟至汉隶中出现，如《相马经》作“苟”、《娄寿碑》作“苟”，而“茍”字形体恰好汉隶开始逐渐消亡，此前古文字资料中却大量出现，如《甲骨文编》收录字形作“茍”（后下·36·6）、“茍”（前8·7·1），金文《太保簋》作“茍”形、《楚季茍盘》作“茍”，直至《武威汉简·燕礼》仍出现作“茍”形用例。

又，《说文》“茍”部唯一从“茍”构件属字“敬”，学者多推论甲、金文中“茍”字即借为“敬”字，篆隶递变时期，“敬”字所从“茍”构件，形体即已多作“苟”形，如《睡虎地秦简·秦律十八种》作“敬”、《为吏之道》作“敬”，汉隶亦悉数从“苟”形，如《史晨碑》作“敬”、《曹全碑》作“敬”。由此可见，“茍”、“茍”、“苟”字形演进是一个历史传承过程，即古文字形体“茍”，隶变结果使其形同于“苟”，而楷化变异又将“苟”所从之“丷”形，混同于“艹”。又，《名义》传抄“茍”字形体作“茍”、“苟”字作“苟”，上半部分所从构件形体已无分别，然下半部分“勹”内所包“口”字，后者变作“厶”形，或为字形混同之后所形成的新的对立区别手段之一。

此外，《干禄字书·上声》收录从“苟”形构件俗体：“猗、狗，上俗下正。”

北齐武平六年《都邑师道兴造释迦二菩萨造像记》（二）作“猗”。

按，《说文》“狗”字“从犬句聲”，《侯马盟书》字形作“狗”，古钵作“狗”，《老子（甲本）》作“狗”，隶变阶段，《居延汉简》作“狗”、《武威汉简》作“狗”，今所见汉隶之前（包括汉隶）出土资料，未见“狗”字从“艹”构件者。又，《名义》字头、注文传抄字形皆作“狗”形，故大致可以推测，六朝至隋唐，“猗”字形体为非常用字形。

（三）《干禄字书·去声》：“着、着、著，上俗中通下正。”

北魏建义元年《穆彦妻元洛神墓志》作“着”。

北魏孝昌二年《杨乾墓志》作“着”。

北魏建义元年《元子正墓志》作“著”。

按，《说文》无“著”字。《干禄字书》所规范通、正二体，汉代隶书碑刻中业已出现，如《北海相景君铭》作“著”、《尧庙碑》作“著”、《灵台碑》作“着”，所从“䒑”、“艹”形体构件产生、演变轨迹同上。六朝楷化沿袭隶变形体结构，如上举三例，然字形下半部分均从“日”（小篆“者”字从“白”，隶变形体作“日”），无一例外。而《干禄字书》贮存俗体从目作“着”者，今所见实物用字资料，唯《碑别字新编》引《隋口钟葵墓志》字形作“着”，虽铭文隶书，且字形上半部分从“羊”，然下半部分形体正从“目”，而今所见唐代墓志石刻中，“著”字形体已然多从“目”形。一方面说明《干禄字书》俗体“着”当源自隋代，甚至有可能上溯至六朝时期，另一方面也说明相对于整字“著”，六朝隋唐从日或从目，已不具备对立区别意义，故致形混。

（四）《干禄字书·入声》：“若、若，上通下正。”

北魏正光五年《元崇业墓志》作“若”。

东魏元象元年《南宗和尚塔铭》作“若”。

按，《说文·艸部》："𦱵，擇菜也。从艸、右。右，手也。一曰杜若，香艸。"《干禄字书》正字作"若"，与《说文》相合。而《熹平石经·论语》残碑字形亦作"若"，可证汉隶"若"字从"艹"形为正。然汉代隶书实物用字资料中，"若"形大量行用，如《武威汉简·服传》作"若"、《鲁峻碑》作"若"、《郙阁颂》作"若"，故而隶变形体"若"成为《干禄字书》通字形体来源。又，《名义》传抄字头作"若"、注文用字皆作"若"形，原本《玉篇》残卷字形亦皆作"若"，皆可证"若"形之于六朝唐代，确较为通行。

二、〔（艹）丷—䒑[1]〕

（一）《干禄字书·平声》："兹、茲、玆，上俗中通下正。"

北魏正光五年《慈庆墓志》作"兹"。

北魏太昌元年《元顼墓志》作"兹"。

东魏武定五年《元澄妃冯令华墓志》作"玆"。

按，《说文·艸部》："茲，艸木多益。从艸，兹省聲。"《玄部》："玆，黑也。从二玄。《春秋傳》曰：'何故使吾水玆？'"杨树达《积微居金文说·新识字之由来》："甲文、金文皆以88為兹，88即絲字，古字絲、兹無別。88孳乳為兹。"至石鼓文出现"兹"形，篆隶递变时期，《睡虎地秦简·为吏之道》字形作"兹"，汉代隶书实物用字资料，字形多作"茲"，如《华山庙碑》作"茲"、《熹平石经》凡五见皆作"茲"形，同时，亦出现从"丷"形体，如《孔宙碑》作"兹"，可证汉隶变古文字"88"形为"茲"，且已处于正体地位。

虽《说文》明确注明"茲"、"玆"二字不同，然楷化变异，使"茲"、"兹"、"玆"三形混同。且汉隶中"茲"正、"兹"俗，六朝变为"茲"、"兹"、"玆"三体并行通用。唐代，《名义》虽字头传抄字形"茲"、"玆"分立，然注文用字皆作"兹"形。又，唐《开

[1] "䒑"形并非构件，皆因隶变楷化使"丷（艹）"形字，尤其是本条所指"兹"字，与"玆"形混同，故而本条权且以"䒑"形举例，并非确指"䒑"为有意义之构件。

成石经》变东汉《熹平石经》“茲”形为“玆”，皆可证唐代社会用字确如《干禄字书》所规范“玆”通、“玆”正。

（二）《干禄字书·上声》：“並、竝，上通下正。亦音蒲猛反。”

北魏普泰二年《韩震墓志》作“並”。

北魏永平四年《元倖墓志》作“竝”。

南朝梁天朝十五年《旧馆坛碑》作“傡”。

晋王羲之书《黄庭内景经》作“併”。

北魏孝昌三年《胡明相墓志》作“并”。

按，汉代隶书实物用字，“竝”字与《说文》构形相同，从“二立”，如《五凤熨斗》作“竝”、《西狭颂》作“竝”，同时出现隶省字形“並”，如《夏承碑》作“並”、《曹全碑》作“並”。故而《干禄字书》“並”通、“竝”正二字形，今文字形体皆源自汉代隶变形体。又，《说文·竝部》：“竝，併也。从二立。”《人部》：“併，並也。从人并聲。”“並”字未录，而《名义》传抄字头“並”、“竝”分立，可证顾野王时代，“並”、“竝”二形已然作二字行用，而上列举诸字例，又可证社会用字中，“竝”、“併”、“並”诸字互为异体。

三、〔亠—卄〕

《干禄字书·平声》：“權、權，上俗下正。”

北魏正光五年《彭城王妃墓志铭》作“權”。

北魏普泰元年《元诲墓志》作“權”。

北魏正光五年《元子直墓志》作“權”。

东魏兴和二年《太尉公刘懿墓志》作“權”。

按，《说文》“權”字从“雚”声，汉代“雚”形构件，即已出现从“亠”字形，如《张迁碑》“權”字作“權”形、《史晨碑》“觀”字作“觀”。故而《干禄字书》俗、正二字形，当即源自汉代隶变字形。六朝楷化变异阶段，所从“吅”构件，亦作“厶”，如北魏《王史平等造弥勒像记》作“權”形，或简化作“丷”，如北魏《雍州刺史元固墓志》作"權"形。"權"、"權"二字形隶变楷化过程，共有三部分构件出现形体混同，亦即对立区别性的弱化、丧失：一级构件中形符"木"与"扌"形的混同；二级构件即声符"雚"所从"卄"形与"亠"形的混同；构件"雚"所从"吅"形与"厸"、"丷"的形体混同。从中可以直观看出楷化过程中存在的简化因素。

四、〔艹—丵[1]〕

（一）《干禄字书·平声》："藂、叢，上通下正。"

东魏武定二年《元湛妃王令媛墓志》作"藂"。

北魏正始四年《龙泉古井铭残石》作"叢"。

按，《说文》未收"藂"字。《丵部》："叢，聚也。从丵取聲。"《六书正讹》："从丵、从聚省，会意。别作藂，非。"《五经文字》亦曰："作藂者，訛。"然《名义》字头"藂"、"叢"并出，可证顾野王时代，"藂"、"叢"二形已然作二字行用。而注文用字，"藂"、"叢"互见，然以"藂"形稍长，又可证社会用字中，"藂"、"叢"二字已互为异体。《干禄字书》以"叢"为正，乃以《说文》为宗，而社会用字实际，则"藂"形更为习见，故致《五经文字》等均规范"作藂，非（訛）"。

（二）《干禄字书·去声》："對、對，上俗下正。"

北魏孝昌元年《元诱墓志》作"對"。

东魏武定二年《元湛墓志》（二）作"對"。

北齐天统至武平年间《无量义经》（一）作"對"。

北齐天保三年《道明墓志》作"對"。

按，《说文·丵部》："對，譍無方也。从丵从口从寸。"罗振玉《增订殷虚书契考释·中》："案古金文無从口作者，亦非从士。又許書从寸，古金文及卜辭均从又。"今《干禄字书》正体作"對"，形体结构与甲、金文吻合，如《甲骨文编》收录字形作"對"（甲740），

①按，"藂"为形声字，"叢"为会意字，二字为造字方法的不同，非构件"艹"—"丵"变化的结果，实以二构件适于标目之用。

《毛公鼎》作“”。汉代隶书形体除构件“又”变从“寸”外，结体亦基本相同，如《老子（乙本）》作“”、《熹平石经·论语》残石作“”。又，《说文》：“對或从士。漢文帝以爲責對而爲言，多非誠對，故去其口以从士也。”征之汉隶资料，早期实物用字，如《纵横家书》作“”形、《居延汉简》作“”形，合于《说文》。《金石录》云：“周以後諸器欵識對字最多，皆無从口者，疑李斯變古法作小篆對字始从口，至文帝復改之耳。”然从“口”之“對”实源于金文，如《趞尊彝》作“”，即已从“口”。又，《干禄字书》俗体字形作“對”，虽六朝楷化过程中形成，然亦来源有自，隶变后期，如《苍山画像石题记》作“”。由此可见，《干禄字书》俗体“對”当为正体“對”经由隶变楷化而来，这一演变过程分为两个步骤：一是隶变后期，“丵”构件中“䒑”形混同于“厶”，致使左下半部分构件形似“至”；二是楷化变异阶段，“丱”形混同于“廾”形（关于这一点，下面两组字形分析亦可为证），最终形成了俗体字形“對”。

五、〔廾—丱〕

《干禄字书·去声》：“夢、夣，上俗下正。”

北魏永平五年《王蕃墓志》作“”。

北魏武泰元年《元举墓志》作“”。

东魏武定二年《元显墓志》作“”。

按，《说文·夕部》：“”，不明也。从夕，瞢省聲。”《甲骨文编》：“象人依牀而睡，㝱之初文。”又《说文·㝱部》：“”，寐而有覺也。从宀从疒，夢聲。”段注：“㝱，今字叚夢為之，夢行而㝱廢矣。”楚帛书字形作“”，字形上部所从“丱”形与小篆形同。至篆隶递变初期，字形发生变化，如《睡虎地秦简·日书（甲种）》字形作“”、《老子（乙本）》字形作“”，上半部分所从“丱”形异作“”形、“罒”形变作“日”形。然隶变结果最终使得“夢”字又回归至古文字形体构造上去，如汉《云梦之印》作“”、《孙叔敖碑》作“夢”。同时，隶变亦使得“丷”形与“艹”形混同，出现从“艹”之夢，如《刘熊碑》作“夢”。六朝楷化阶段保存了隶变形成的两条变异线索。《干禄字书》贮存俗、正二体，区别即在于上部之“艹”、“丷”二形，从源头上分析，俗体源于隶变后期出现的形混，而正体“夢”形则源自古文字构形。

又，《干禄字书》亦贮存从“艹”字形为正、通体则变从“丷”形字组，即《上声》：“苦、苦，上通下正。”

北齐天统至武平年间《无量义经》之四作“苦”。

北魏太和十九年《丘穆陵亮妻尉迟氏造像记》作“苦”。

北魏建义元年《元信墓志》作“苦”。

北魏建义元年《元瞻墓志》作“苦”。

东魏武定六年《邑主造石像记》作“苦”。

按，与“夢”、“夢”所从“艹”、“丷”构件演变过程相反，《说文》“苦”字“从艸古聲”，《干禄字书》通字“苦”，所从构件“丷”为“艹”形异写而来。然据六朝楷书实物用字，“苦”字所从之“丷”，多半为六朝后期开始，渐由“艹”形小变而成，上举字例可为证。

六、〔艹—　〕[1]

（一）《干禄字书·平声》：“蕉、樵，上俗下正。”

北魏正光三年《郑道忠墓志》作“樵”。

唐天宝元年《贾令琬墓志》作“蕉”。

唐贞观十四年《于孝显碑》作“蕉”。

按，《说文·木部》：“樵，散也。从木焦聲。”六朝楷书构件位置小变，左“木”右“隹”易为上“椎”下“灬”，《名义》字头传抄字形作“樵”亦同。《干禄字书》所收俗体字形作“蕉”（唐代字形如上举两例），六朝实物用字未见用例，或因“樵”字并不常用之故。

---

①即《干禄字书》所收字组为俗或通体字形从“艹”而正体无者。下同。本部分字组大多为加形字，并非构件的变迁问题。

又“蕉”所从“扌”形构件，亦作“木”形，如唐《贾令琬墓志》即作“藮”形，然正体“樵”形所从之“木”却不能易作从“扌”形，若从“扌”形，则为“擇也”（《广韵·宵韵》）之“撨”字。然《干禄字书》所收俗或通体字形从“艹”、正体无者，除“樵”字外，另有5组，其中有4组为植物名称，依次列出如下。

（二）《干禄字书·平声》：“苽、瓜，上俗下正。”

北魏正光五年《王璨墓志》作“苽”。

北齐武平三年《徐之才墓志》作“苽”。

东魏武定二年《元湛妃王令媛墓志》作“瓜”。

唐天宝四载《王爽墓志》作“𤓰”。

唐显庆二年《薛王友杜询妻崔素墓志》作“瓜”。

按，《说文》“𤓰”字，金文《令狐君壶》作“𤓰”形，汉魏隶书字形，《西陲汉简》作“𤓰”（与“辰”字形近）、《魏上尊号碑》作“𤓰”形，故今所见唐代“瓜”字形体作“𤓰”、“瓜”，虽经六朝楷化阶段，然实源于隶变形体。今据《名义》字头字形传抄作“苽”、“𤓰”，可以看出，六朝时期从“𤓰”形较“瓜”形更为通用，而《干禄字书》所贮存俗、正二体从“瓜”形，则说明唐代“瓜”形取代“𤓰”形上升至通行形体地位。然《说文·瓜部》：“𤓰，胍也。象形。”[①]《艸部》：“苽，雕苽。一名蒋。从艸瓜聲。”“苽”、“瓜”本为二字，六朝楷化变异，致“苽”、“瓜”混用，渐至互为异体，如上举《王璨墓志》：“既専裁讓蕃，化被南裔，志同灌苽，節慕羊陸”，“灌苽”即“灌瓜”。又，今字作“瓜”形，以今所见历代实物用字资料，至迟唐代初年出现，如上举《薛王友杜询妻崔素墓志》即作“瓜”形。

（三）《干禄字书·上声》：“藳、稾，上通下正。”

唐调露元年《卞国公泉男生墓志铭》作“藳”。

唐武德九年《孔子家庙（陕西本）》作“藳”。

唐景龙三年《東良墓志》作“稾”。

---

①徐锴《系传》作“蓏也”，曰：“厶，瓜實也，外蔓也。”段注：“蓏，大徐作‘胍’，誤。《艸部》曰：‘在木曰果，在地曰蓏。’瓜者，縢生布於地者也。”

按，《说文·禾部》："稾，秆也。从禾高聲。"汉隶构形与《说文》小篆相符，如《睡虎地秦简·效律》作"稾"、《老子（乙本）》作"稾"形、汉印《稾张》作"稾"。而从"艹"之"藁"，今所见文献资料用例，仅自唐代始，如上举二例。然字形除从"艹"外，《说文》所从声符"高"或省"口"，形符"禾"或从"木"。

（四）《干禄字书·上声》："菓、果，上俗下正。"

北魏建义元年《元湛墓志》（一）作"菓"。

北魏普泰二年《韩震墓志》作"果"。

按，《说文》未收"菓"字。"果"字甲骨文字形多作"果"（《续甲骨文编》粹1034），金文《果簋》字形作"果"、《蔡公子果戈》作"果"，汉隶形体结构多与小篆形体同，但同时出现从"艹"之"菓"，如汉印《菓辅私印》作"菓"、《菓意之印》作"菓"，是《干禄字书》所存唐代俗体"菓"，可上溯至汉代隶书。又，《名义》字头传抄作"果"，字头未收"菓"形，而注文用字则取"菓"形，足见六朝时期，"菓"形既已处于俗体地位，至唐代虽仍为俗体，然却更为通行。

（五）《干禄字书·上声》："韮、韭，上俗下正。"

北齐武平六年《都邑师道兴造释迦二菩萨造像记》（一）作"韮"。

按，《说文》"韭"字小篆作"韭"。"韮"形未录。《睡虎地秦简·秦律十八种》作"韭"。今所见六朝石刻楷字未见"韭"形用例，但《名义》传抄字头字形作"韮"，故《干禄字书》所录"韮"、"韭"二体，并来源于六朝楷字。

（六）《干禄字书·去声》："菟、兎，上通下正。"

三国魏延康元年《上尊号碑》作"菟"。

北魏太昌元年《元延明墓志》作"菟"。

北魏永安二年《王翊墓志》作"菟"。

东魏武定三年《元賥墓志》作"菟"。

唐永徽六年《黄罗汉墓志》作"菟"（"狐菟為隣"）。

北魏太和二十三年《元彬墓志》作"兔"。

东魏天平三年《高盛墓碑》作“兔”。

北周宣政元年《时珍墓志》作“兔”。

隋开皇六年《恒州刺史鄂国公龙藏寺碑》作“兔”。

唐圣历二年《南玄暕墓志》作“兎”。

唐开元十七年《靖策墓志》作“兔”。

唐大历十三年《李国清墓志》作“兔”。

按，《干禄字书》收字形未出语境，故致部分字组形体与形近字组产生混淆，甚至歧解。故而还原混淆形体语境，就成为我们的工作之一。《干禄字书》所贮存“莬”、“兎”二字形，从社会实物用字资料来看，六朝隋唐时期均为非常用字形，然其常用字形究竟为“菟”、“兎（兔）”二字，抑或“莬（wèn）”、“免”二字，似生两可。虽然“莬”、“兎”二形与“莬（wèn）”、“免”二字形体极近，且具备相通用的可能性[①]，然据社会实物用字用例分析，二字形当分别为“菟”、“兎[②]（兔）”之异体，而非“莬（wèn）”、“免”二字。理由如下：

首先，从文献贮存字形情况来看，“菟”、“兎（兔）”二字确出现异体作“莬”、“兎”二形用例，如三国魏《上尊号碑》即已出现“菟”字作“菟”形、《偏类碑别字》引魏《孙辽浮图铭》“兎（兔）”字作“兔”。虽六朝隋唐字形多不省“丶”画，然“菟”、“兎（兔）”二字形体多有从“兎”（或不省丶或厶笔）形者，如东魏《元晔墓志》作“菟”、唐《黄罗汉墓志》作“菟”（“狐菟為隣”），隋《恒州刺史鄂国公龙藏寺碑》作“兔”、唐《李国清墓志》作“兔”。

相反，历代文献则未见“免”字作“兎”形用例。六朝隋唐时期社会实物用字资料，“免”字异体或作“免”（唐《贾从贽墓志》）、“免”（《景福元年万寿寺记》），然未见作“兎”形者。

---

① “莬”、“免”二字读音非一。“莬”字《广韵》为谆部微母去声字，反切为“亡運切”，表脱落、脱掉义之“免”字《广韵》属元部明母上声，反切为“亡辨切”。然《广韵》亦贮存与“莬”音相近之“免”字，即同为微母去声字，反切亦为“亡運切”，仅韵部为元部。又，《玉篇·艸部》：“莬，草木新生者。”《礼记·内则》：“堇荁枌榆、免薨滫瀡以滑之。”郑注：“免，新生者。”《字汇·儿部》：“免，物之新鲜者。”即在字义上，均具有新生之物义，故而二字具备相通用的可能性。

② 《字汇·儿部》：“兎，俗兔字。”

其次，从历代字书贮存或典籍旧注来看，“莵”、“兎（兔）”二字具备成为异体字形的可能。《楚辞·天问》：“厥利維何，而顧莵在腹？”王逸注：“言月中有莵，何所貪利，居月之腹而顧望乎？莵，一作兔。”洪兴祖补注：“莵，與兔同。”《集韵·模韵》：“莵，或作兔。”

再次，从后世行用情况来看，“兎”形作为“兔”字异体，至迟元代仍然使用，如《徐世隆记梦五言诗》：“牛膝藥靈斟美醞，兎毫[1]盞净啜芳芽。”“兔”字即作“兎”形。

此外，《干禄字书》收录并正字组“迢”、“遒”。

按，“迢”字为大徐本《新附》字，为《名义》传抄本所无，而见于《广韵》、《玉篇》，则说明为唐人增字。然历代字书并未著录“遒”字，唯《干禄字书》立为正体字形。今所见历代实物用字字例，“遒”字集中出现于六朝末至隋代唐初年间，如北魏《元延明墓志》作“遒”、隋《严元贵墓志》作“遒”、郑《韦匡伯墓志》作“遒”，但皆与“遰（遰、遰[2]）”成词。故“迢”、“遒”二字当为连绵词单字的不同写法，虽行用时间仅百余年，但行用时段内均平行通用（即“竝正”）。然历代字书并未著录，《干禄字书》保留了历史汉字发展过程中的突变因素，其价值可见一斑，而孙祖同、俞鸿筹《〈干禄字书〉笺证补》“竝正疑有誤”，盖未参考社会用字实际而致误。

上述（二）—（五）组植物类名称异体字组，俗、通体均为正体字形增加形符构成，说明楷化变异至成熟定型这一过程，即偏旁构件类型化、系统化，表义功能逐步增强、明晰的过程。

七、〔艹—阝〕

《干禄字书·平声》：“芒、邙，北邙山，上俗下正。上芒刺字，音亡。”

北魏正光四年《元秀墓志》作“芒”。

---

①“兔毫盏”为宋代建窑（今福建建阳水吉乡）碗盏的一种。所谓“兔毫”，就是泥胚在烧制过程中，釉面经过火的烧灼发生了化学变化，产生了类似兔子毫毛一样的纹路。

②《说文·辵部》：“迢，遰也。从辵召聲。”

北魏孝昌三年《元融墓志》作“邙”。

按，《说文·艸部》：“芒，艸耑。从艸亾聲。”《邑部》：“邙，河南洛陽北亡山上邑。从邑亡聲[1]。”段注：“山本名芒，山上之邑則作‘邙’。後人但云北邙，匙知芒山矣。”王筠《句读》：“山名亡山，故加邑為邙，以名其邑矣。羣書亦曰芒山，亦曰北邙。”故在表示地名“北邙山”义上，《干禄字书》定“芒”俗“邙”正。然《说文》“芒”字本为“艸耑”，且其义沿用至今，故《干禄字书》又补充：“上芒剌字，音亡。”

八、〔艹—⺮〕

（一）《干禄字书·上声》：“蘌、籞，上俗下正。”

唐总章二年《王德墓志铭》作“籞”。

唐贞元十九年《徐思倩墓志铭》作“蘌”。

按，《集韵·语韵》：“篽，《说文》：‘禁苑也。’或作籞。”《名义·竹部》：“籞，音嚴也。籞也。翳也。”“籞”字传抄字形作“籞”，可见唐代“籞”形确较“篽”形通行。又，《说文》未收“蓹”字，典籍亦少见“蘌”字，一方面可以推知《干禄字书》定“蘌”俗、“籞”正确有历史原因及社会因素，另一方面，也说明《干禄字书》在保存“籞”字楷化变异线索中所体现出的重要作用。

（二）《干禄字书·上声》：“等、等，上通下正。”

北魏建义元年《元悌墓志》作“等”。

东魏武定四年《道颖等造像记》作“等”。

北魏太和年间《韩曳云等造像记》作“等”。

北齐武平七年《三十五佛名经》作“等”。

按，《说文·竹部》：“等，齊簡也。从竹从寺。寺，官曹之等平也。”《睡虎地秦简·效律》字形作“等”、《老子（甲本）》作“等”，所从形符“⺮”与“艹”形近，汉隶成熟时期形符已大半变从“艹”形，如《史晨碑》作“等”、《曹全碑》作“等”形，且构件

①段注：“亦从芒省，會意。”唐《李侶侶墓志》即作“邙”形。

“土”或因草化之由书作“工”形。六朝楷化变异阶段，形符依然沿袭隶变形体，“⺮”、“艹”并行，然构件“土”在隶变书作“工”形的基础之上，受草化影响又作“𠄌”形，即成为《干禄字书》通体字形来源。

（三）《干禄字书·去声》：“苐、第，次第字，上俗下正。”

北魏正光五年《元崇业墓志》作“第”。

北魏正光二年《元恪嫔司马显姿墓志》作“第”。

按，《五经文字·韋部》：“弟，從韋省。象圍帀次弟之形。”高鸿缙《中国字例》二：“後借為兄弟之弟，乃通叚第字以代之，久而成習。又省作第。”“第”字字形当出现于汉代隶书，如《熹平石经·诗》作“第”形，同时说明《干禄字书》亦规范“第”字为正，确来源有自。从“艹”之“苐”，今所见汉魏六朝石刻资料，仅自六朝楷书始。又，《集韵·齐韵》：“荑，《說文》：‘艸也。’一曰卉木初生葉皃。或作苐。”故而《干禄字书》注明在“次苐字”上，“苐”俗、“第”正。

（四）《干禄字书·去声》：“篹、簒，上俗下正。”

北魏正光三年《张卢墓志》作“篹”。

西晋永嘉二年《石尠墓志》作“簒”。

按，《说文·厶部》：“簒，屰而奪取曰簒。从厶算聲。”汉隶《曹全碑》字形作“簒”，形符“⺮”几近与“艹”形混同。《名义》字头“簒”，字形传抄作“篹”[①]，隋唐实物楷字用例亦多作“篹”形，如隋《孔神通墓志》作“篹”、唐《高木卢墓志》作“篹”，可见楷化变异至成熟定型时期，“篹”形较“簒”形更为常用，然《干禄字书》以《说文》形符从“⺮”为正。

（五）《干禄字书·入声》：“蔦、篤，上通下正。”

北魏景明三年《穆亮墓志》作“蔦”。

北齐乾明元年《高淯墓志》作“篤”。

按，《说文·馬部》：“篤，馬行頓遲。从馬竹聲。”《睡虎地秦简·秦律杂抄》字形作“篤”，汉隶成熟期，所从声符（本字组为

① 《名义·竹部》另传抄“篹”字作“篹”，释为：“蘇管反。符（冠）竹相也。筸也。”

"艹—⺮"构件混同组群中唯一作声符者）"⺮"与"艹"形混同，如《尹宙碑》作"篤"、《夏承碑》作"篤"形。六朝楷化变异阶段，社会实物用字形体以从"艹"形较为常见。至唐代《名义》"篤"字，字头传抄形体作"篤"，而注文用字则用"篤"形，故而自魏晋开始直至隋唐，"蔦"字作为"篤"字异体，一直处于更为常用地位。故而《干禄字书》规范"蔦"形为通字，字形当源于汉隶成熟时期字形，而正体作"篤"则取《说文》所分析之造字理据为正。

（六）《干禄字书·入声》："莭、節，上俗下正。"

北魏景明三年《侯太妃墓志》作"莭"。

北魏永平四年《司马绍墓志》作"莭"。

北魏永安二年《王翊墓志》作"莭"。

六朝《曹永康砖志》作"莭"。

东魏武定元年《元悰墓志》作"莭"。

按，《说文·竹部》："節，竹約也。从竹即聲。"《睡虎地秦简·日书（乙种）》字形作"莭"、《老子（甲本）》作"莭"，汉隶成熟期，所从形符"⺮"与"艹"形混同，如《鲁峻碑》作"莭"、《史晨碑》作"莭"形。六朝楷化变异至唐代定型阶段，社会实物用字形体以从"艹"形较为常见。又，《名义》"節"字字头传抄形体作"莭"，而注文用字则用"莭"形，故而自魏晋开始直至隋唐，"莭"字作为"節"字异体，一直处于更为常用地位。故而《干禄字书》规范"莭"形为俗字，确取自唐代社会用字实际，然该字形实是汉隶成熟时期字形，而正体作"篤"则取《说文》所分析之造字理据为正。

九、〔艹—刂〕

《干禄字书·去声》："莖、剉，斫草，上俗下正。"

隋开皇三年《寇炽妻姜敬亲墓志》作"莖"。

北齐武平六年《都邑师道兴造释迦二菩萨造像记》（一）作"剉"。

按，罗振玉《〈干禄字书〉笺注》："振玉案《說文》莖訓斬艸，剉訓折傷，非一字。"曾荣汾《〈干禄字书〉研究》："未知元孙何据而云莖、剉為上俗下正，若为通假，于斫草义，亦当莖正、剉俗矣。然《玉篇》剉字云：‘子卧、士卧二切，去芒角也，斫也。’已混入莖义，以剉为莖，或即当时之习惯也，此姑箸之，待求旁证。”今以唐抄本《名义》未收“莝”字、《刀部》“剉”“细斫也”来看，六朝“剉”字已经“混入莖义”了。故《干禄字书》在“斫草”义上规范“莖”俗、“剉”正，确来源有自。

又，本字组除形符不同外，构件“吅”与“从”形的发展演变〔详见“第五节　厶、口（囗）”字组〕，也是隶变楷化阶段较有代表性的形体演变现象。“莝”、“剉”二字历代实物资料用例不多，然可以从声符“坐”的形体演变测查《干禄字书》俗、正二体之来源。今“坐”及从“坐”之字所从“人”形，隶变阶段多作“△”或“口”形，如银雀山汉简《孙膑兵法》“莝”字作“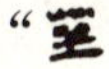”，《史晨碑》“坐”字作“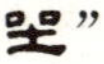”、《熹平石经·仪礼》作“”。六朝楷化变异阶段，隶书所从“△”或“口”形亦多作“人”或“厶”形，然因“莝”、“剉（莖、剉）”二字唐代用例不多，故而并不能直接判定《干禄字书》择用“莖”、“剉”字形是否祖述《说文》抑或依据唐代社会用字实际。

《干禄字书》异体字组中与从“艹”形构件相关字组全部列出如上。主要变异部分，关涉“艹”形与“䒑”、“北”、“⺮”及俗、通字形为正字形体增“艹”符而成四类。

第一类为“艹—䒑”组别。汉代隶变过程中，受草书楷化影响，从“艹”字形，多写作从“䒑”形，久而久之，字形中含有“亠亠”部分者，亦与从“艹（䒑）”形发生混同，如上举第“二、（一）”组中，《说文》本为二字之“茲”、“玆”，汉隶中已多有混用。

第二类“艹—北”组别中，一般正字为从“北”字形，然由于小篆“北”形之线条作“卝”，与“艹”形形近，故致使用中二形发生混同，相对地，从“艹”形之字，亦因之异作从“北”形。

第三类为“艹—⺮”组别。该组别不同于前述两类，构字形符从“⺮”与从“艹”，均为植物类，故致使用中渐以从“艹”代替从“⺮”。然原本从“艹”与从“⺮”为二字者，亦因此发生混用，故而《干禄字书》易混字组中亦对从二构件字形易混者加以辨别，如《平声》“苻、符”，注曰：“上人姓，下符契。”

最后一类俗、通字形为正字形体增“艹”符而成者，实际上亦是因为社会观念以植物类用字多从“艹”构件，故而在正字基础上变异增形符，形成新的形声结构。

其中明显可以看出，大部分正字形体与《说文》所分析构字理据相合，而俗、通字形则为正字形体在使用中逐渐变异而成，然多半亦由来已久，远者可上溯至汉代隶变初期字形。从“艹”形结构的异体变化，说明楷化变异至成熟定型这一过程，即偏旁构件类型化、系统化，表义功能逐步增强、明晰的过程。

第三节

丿、丶

一、〔丿—丶〕

（一）《干禄字书·平声》："衷、衷，上俗下正。"

北魏正光三年《长乐冯邕之妻元氏墓志铭》作"衷"。

北魏永安元年《元钦墓志铭》作"衷"。

唐太和三年《卢昂墓志》作"衷"。

按，《说文·衣部》："衷，裹亵衣。从衣中聲。"篆隶递变时期，马王堆帛书《周易》作"衷"形，汉代隶变字形，如《孔彪碑》作"衷"形，基本是依篆字形体，用隶书笔画摹写而来。至六朝楷化变异阶段，实物资料用例显示，"衷"字出现两种演变趋势：一是"衣"旁"亠"构件，由隶书形体交叉笔画作"十"形，楷化作今天的"亠"形；二是"衣"旁"亠"构件仍保留隶变形体之交叉状作"十"形，但下半部分"𧘇"构件则增横笔作"衣"形。《干禄字书》所列俗体"衷"，则多见于唐代。然如下例"裹"字形体六朝时期亦作"裹"形，故"衷"之俗体"衷"，亦已具备六朝时期出现的可能性。

（二）《干禄字书·上声》："裹、裹，上俗下正。"

北魏永平二年《石门铭》作"裹"。

北魏建义元年《武昌王妃墓志铭》作"裹"。

北魏时期《比丘道畅等造像记》作"裹"。

北齐天统至武平年间《无量义经》之一作"裏"。

按，《说文·衣部》："裏，衣内也。从衣里聲。"篆隶递变时期，《睡虎地秦简·封诊式》字形作"裏"、银雀山汉简《孙膑兵法》作"裏"形，汉代隶变字形，如《吴仲山碑》作"裏"形。与"衷"字隶变轨迹相同，"裏"字古今形体演化，亦是以隶书笔画，依篆字形体摹写而来。然楷化变异时期，字形分化为若干发展趋势：一是保持隶变字形；一是同"衷"字一样，"衣"旁"亠"构件仍保留隶变形体之交叉状作"十"形，但下半部分"𧘇"构件则增横笔作"衣"形，同时，声符"里"亦或以其他写法代替，如上举《石门铭》、《武昌王妃墓志铭》所存字形；另外一种演变轨迹，即变形符"衣"所从之"亠"构件为"千"形，下半部分"𧘇"构件与"衷"字相同，增横笔作"衣"形，同时声符"里"变为"田"形。《干禄字书》所举俗字形体"褁"，六朝石刻字形未见严格意义上与之相符字形，亦即"褁"形取自唐代社会用字，但确源自六朝楷化变异过程中的一个分支，同时也证明前述"㚐"形亦具备出现于六朝时期的可能性。

（三）《干禄字书·平声》："凢、凡，上俗下正。"

北魏熙平至正光年间《青州樊可憘造阿弥陀像铭》作"凢"。

北魏正光三年《长乐冯邕之妻元氏墓志铭》作"凡"。

按，《说文·二部》："凡，最括也。从二，二，偶也。从弓，弓，古文及。"汉代《杨著碑》字形作"凡"、《史晨碑》字形作"凡"，故而《干禄字书》正字形体作"凡"，实源自汉代隶变字形。而俗体"凢"字，则始见于六朝石刻。虽"凢"、"凡"二形体亦均于六朝石刻中出现，然今所见六朝实物资料所贮存字形，二字形体分别多异作"凢"、"凡"形，如北魏《寇臻墓志铭》作"凢"，北齐《高叡定国寺塔铭碑》作"凡"，《名义·二部》"凡"字字头形体传抄亦作"凢"形，故而可证《干禄字书》所收俗、正二字形，六朝时均不是最常用形体。又，《五经文字·二部》："凡，相承作凢者，訛。"一方面，"相承作凢者"实源自六朝楷化变异阶段，另一方面，亦可证唐代"凡"字异体从"丿"者确为俗体字形。

二、〔丿一　〕

《干禄字书·平声》："私、私，上俗下正。"

北魏武泰元年《陈天宝造像记》作"私"。

东魏武定五年《元澄妃冯令华墓志》作"私"。

按，《说文》"私"字小篆形体作"私"，《干禄字书》正字与之相合。由篆变隶，《睡虎地秦简·日书（甲种）》字形作"私"，《老子（甲本）》作"私"，《校官碑》作"私"，声符"厶"字形均为封闭的"△"形。六朝楷化变异时期，隶书"△"形楷化作"厶"形。然因《说文》所分析的构字理据，反映在楷化变异过程中，小篆"厶"形上出"丨"笔，以"丿"画代替，如上举《陈天宝造像记》字形作"私"。即使"厶"形变为"口"形，"丿"笔字形仍有用例出现，如北魏《奚智墓志》作"私"。又，《名义》字头、注文"私"字传抄字形皆作"私"，即以"私"形为基础，又小变增加"丶"笔，近于"私"形，可见"私"形六朝时期确较为常用。

三、〔　一丿[①]〕

（一）《干禄字书·平声》："原、原，上俗下正。"

北魏孝昌二年《于纂墓志》（二）作"原"。

北魏正始二年《李蕤墓志》作"原"。

按，《说文·灥部》："厵，水泉夲也。从灥出厂下。原，篆文从泉。"段注："厵乃古文、籒文也。後人以原（原）代'高平日邍'之邍，而别製源字為原（原）之原（原），積非成是久矣。"段注至确。

金文《瘫伯原鼎》作"原"形、《散盘》作"原"形，高鸿缙《中国字例》云："象水从石穴出，向下墜流之形。"篆隶递变时期，古陶字形作"原"（《古陶文字征》5·117"咸少原龍"）、《睡虎地秦简·法律答问》作"原"形，甲骨文虽"厂"形增作"广"形，然"广"下之"泉"形并未增"丿"笔，汉印字形亦多同此，直到《熹平

---

①即正体字形较俗、通形体，增加"丿"笔。

石经》仍作“原”形（《诗经·大雅·公刘》）。同时，篆文“原”隶变过程中，开始出现从“泉”形体，但经过隶书楷化变异，从“泉”形与从“泉”形，二体并行，且贯穿了汉魏六朝直至有清一代。然而，在历史汉字发展的各个阶段，二字形的使用是不均衡的。汉代隶书中，“原”形占有绝对的主导地位，而魏晋隶书楷化阶段，“原”形的使用渐趋上升，六朝时期“原”、“原”二形的使用形成平分秋色的局面。唐代开始，“原”形已然取代“原”形，成为正字形体。然而，由于“原”字形体较“原”字形体书写更为快速，故而社会通行用字层面，“原”字形体仍然占据较强的位置，《名义》抄本注文用字，全用“原”字形体，可为佐证。虽然经过字样学著作的规范，“原”字形体却一直使用到有清一代。

（二）《干禄字书·平声》：“歸、歸，上通下正。”

北魏正光四年《元谭妻司马氏墓志》作“歸”。

北齐天保六年《窦泰墓志》作“歸”。

按，《说文·止部》：“歸，女嫁也。从止，从婦省，𠂤聲。”《𠂤部》：“𠂤，小𨸏也。象形。”甲骨文字形[①]多作“𠂤”（《甲骨文编》铁100·4）或“𠂤”（《甲骨文编》前4·31·5）形，小篆字形上弯之笔，甲骨文中尚未形成，且方向并未固定。迨至金文，字形全部出现小篆形体上弯之笔，如《召尊》作“𠂤”、《𠂤鼎》作“𠂤”，且方向已经固定。然而隶变过程中，正如段玉裁注“其字俗作堆，堆行而𠂤廢矣”，今所见实物资料中“𠂤”字并不常见，但“歸”字却有大量用例，如《老子铭》作“歸”、《孔彪碑》作“歸”，但“歸”所从“𠂤”构件均作“目”形，至六朝楷化变异阶段，从“𠂤”形之“歸”，渐趋增多，然仍以“歸”形为主要通用形体，《名义》字头字形传抄作“歸”，即是其证。故而《干禄字书》规范“歸”形为唐代通体，实源于六朝时期占主导地位的常用形体。此外，“歸”字所从“止”构件，整个楷化变异至定型阶段，异写形体层出不穷，囿于篇幅，不作过多涉及。

①甲、金文多借作“師”。

（三）《干禄字书·上声》：“𨸏、阜，上俗下正。”

北魏延昌四年《皇甫驎墓志》作“阜”。

东魏兴和三年《李仲璇修孔子庙碑》作“阜”。

东魏武定二年《元湛墓志》（二）作“𨸏”。

东魏武定三年《元賥墓志》作“𨸏”。

北齐武平元年《刘悦墓志》作“阜”。

按，《说文·𨸏部》：“𨸏，大陸，山無石者。”《甲骨文编》收录字形作“”（甲3936）、“”（甲2327）、“”（菁3·1）等，故小篆形体上弯之线条，实由甲骨文字形之“丨”笔转写而成，汉代隶变字形，并未保留小篆上弯之线条，如汉印《兒𨸏》作“”形、银雀山汉简《孙膑兵法》作“”形、《鲁峻碑》作“”形，楷化变异阶段早期，字形仍多同于隶变形体，仅“丨”笔和横笔交叉部分与正字分割为两部分，然受《说文》小篆字形影响，渐趋出现上部增“丿”笔之“阜”形。故而《干禄字书》所举“𨸏”、“阜”二体，虽唐代为俗、正字际关系，然六朝时期二体字际关系却完全相反，即“𨸏”形处于更加通行的地位，《名义》字头字形传抄作“”，即是确证。

（四）《干禄字书·上声》：“缶、缶，上俗下正。”

东魏武定二年《元湛妃王令媛墓志》作“缶”。

按，《说文·缶部》：“缶，瓦器。所以盛酒漿。秦人鼓之以節謌。”《干禄字书》正字形体作“缶”，实源出于汉代隶变字形。《隶辨》贮存字形作“”，注曰：“缶與《說文》同，象形。亦作，或省作，俗作缶，非。”即古文字上部之蓋形[①]，隶变过程中出现省从横笔者，《干禄字书》俗体作“缶”，当即为隶省字形楷化而来。这也成为本组字与前述几组不同之处，即俗字之“丿”笔，实由隶省字形之横笔演变而来。又，从《名义》字头及全书注文字形均作“”形，可以看出，六朝时期，隶省字形“缶”较“缶”字，处于更为常用的地位。直到唐代，仍大量使用，如《张矩墓志》字形作“”。故而《干禄字书》定“缶”、“缶”字际关系为“上俗下正”，兼顾了社会

①饶炯《部首订》：“下象所盛之器，上象蓋，中象畫文，以土作之，故寄音於土；而引借為凡瓦器之大名，如偏旁所从取其義也。”

用字状况与《说文》所分析的构字理据。

本部分关涉从“丿”形异体字组，严格意义上来说，并不是同一构件的变异，大半属于二级构件以次所属笔画，故而我们归类具体到笔画层面。

首先，“一、〔丿—丶〕”类为正字所从构件之“丶”笔，俗、通字形变从“丿”笔。由于“丶”笔在实际书写中，出于隶书运笔的需要和艺术性的需要，多书作短横，由此便渐与横撇混而使用。而从楷书运笔及书写便捷的角度而言，竖行上字之末笔多位于该字之右下角，而下字若起笔为“丶”，则须从左上角起笔，然第二笔多半亦从左边运笔，故亦须从“丶”笔落脚之右边转到左边。然而若下字起笔为“丿”，则“丿”之起笔上承上字之末笔，下与第二笔左边运笔相续，如此则少费时间，较下字起笔为“丶”者少费转折，更为顺畅。由上述两个因素作诱导，楷化过程中便出现从“丿”与从“丶”互为异体的情形。

其次，“二、〔丿— 〕”、“三、〔 —丿〕”类即俗、通字形为正字形体增、减“丿”笔者。小篆字形上承甲金等古文字形体，上出弯曲之线条，实由甲骨文字形之“丨”（缶字为横笔）笔转写而成，隶变过程中，对此多不保留，至六朝楷化变异阶段早期，字形仍多同于隶变形体，即传承了隶变所形成的未含“丿”笔构形者。然受《说文》小篆字形影响，渐趋出现上部增“丿”笔形体，但实际使用中，仍以未含“丿”笔之字形为常用形体。而《干禄字书》所规范字际关系，虽然多与六朝时期实际用字中的字际关系相反，却更符合《说文》所贮存之小篆形体结构。

第四节

氵、冫

一、〔氵—冫〕

（一）《干禄字书·平声》：“溤、馮，上俗下正。”

北魏孝昌二年《元乂墓志》作“溤”。

北魏正光三年《冯邕妻元氏墓志》（二）作“溤”。

按，《说文·馬部》：“馮，馬行疾也。从馬仌聲。”[①]声符“仌”隶变作“冫”形，今所见汉隶实物用字，即均作“冫”形，如《居延汉简》作“馮”、《孔龢碑》作“馮”，《干禄字书》正字从“冫”，即源于汉代隶变字形。而俗体从“氵”作“溤”，从历代实物用字资料来看，六朝楷化变异时期始见，且直至唐代，俗体“溤”在使用中一直处于较不常用地位。

（二）《干禄字书·平声》：“澌、凘，上俗下正。”

唐龙朔三年《古弘节墓志》作“澌”。

按，《说文》本为二字。《水部》：“澌，水索也。从水斯聲。”《仌部》：“凘，流仌也。从仌斯聲。”但今所见六朝隋唐实物用字资料，“澌”、“凘”用例极少出现。原本《玉篇》残卷：“澌，相誰反。《說文》水索也。《蒼頡萹（篇）》：澌，盡也。流水之澌为凘字，在仌部。”《五经文字·水部》：“澌，仙智反。盡也。見《禮

①徐铉曰：“本音皮冰切，經典通用爲依馮之馮，今别作憑，非是。”

記》注。凌澌字從冫。”由二书对“澌”、“凘”二字加以辨析，可以看出，六朝至唐代社会实际用字中，“凘”字当多与“澌”字混用。上举唐《古弘节墓志》：“加以友於資性，載叶鶺原之詞；愛敬基心，允極鱗凘之致。”亦可为证。故《干禄字书》承认“凘”、“澌”二字为俗、正字际关系，当以社会用字实际为据。

（三）《干禄字书·去声》：“盗、盜，上俗下正。”

北魏永熙二年《元爽墓志》作“盜”。

北魏正光五年《檀宾墓志》作“盗”。

按，《说文·次部》：“盜，私利物也。从次，次欲皿者。”《睡虎地秦简·日书（乙种）》字形作“盜”。汉代隶变出现从“次”字形，如《北海相景君铭》作“盜”。楷化变异阶段，“盗”形大行，《名义》字头、注文传抄字形亦均作“盗”。今据六朝至唐代石刻楷字用例来看，作“盜”形者仅偶或出现，故而《干禄字书》以社会实际用字为准，并未取《说文》从“次”字形为正。相反，罗振玉《〈干禄字书〉笺证》等多依《说文》及宋以后字、韵书，认为《干禄字书》“二字倒列當改正”，实未审当时社会用字实际及《干禄字书》正字理念，强为之解而致误，是书另有多组判定为“倒列”例，大半失误如此。

（四）《干禄字书·入声》：“絜、潔，上通下正。”

北魏普泰元年《张玄墓志》作“潔”。

北魏神龟二年《寇演墓志铭》作“絜”。

按，“絜”、“潔”二形当为“絜”之后起字，六朝楷化变异时期出现。《说文·糸部》：“絜，麻一耑也。从糸㓞聲。”段注：“絜，又引申為潔淨。俗作潔，經典作絜。”《新附·水部》：“潔，瀞也。从水絜聲。”《玉篇·冫部》：“㓗，公節切。俗絜字。”今所见汉隶实物用字资料，均同《说文》构形，如银雀山汉简《孙膑兵法》作“絜”、《孔彪碑》作“絜”，未见从“氵”或“冫”用例，迨至三国魏《徐邈碑》出现“潔”字，六朝楷化变异阶段字形大半从“氵”，而至唐代从“冫”形字例陡然增多，故《干禄字书》规范从“氵”形为通体，与“相承久远”之条件相符合，而以从“冫”形为正体，则符合唐代社会用字实际。又，汉隶“絜”字声符“㓞”所从

“刀”，均不作“刃”形，至晋《成晃碑》始见从“刃”字形作“絜”，至此，《干禄字书》所贮存通、正二形体，其来源及演变轨迹则清晰可辨。

二、〔冫—氵〕

（一）《干禄字书·平声》：“凉、涼，炎凉字，竝[①]俗下正。”

北魏永平五年《王蕃墓志》作“凉”。

北魏永熙三年《高珪墓志》作“凉”。

按，《干禄字书》贮存此二字形，其来源均为唐代社会用字实际，然历代字、韵书及实物用字传抄资料，矛盾、错讹百出，直可以“五花八门”称之。

首先，传世刻本《干禄字书》，即据夷门广牍本影印本正字形体作“涼”，较故宫博物院藏明拓善本“涼”字形多一横笔。今按《五经文字·水部》：“涼，從冫訛。”正作“涼”形，《干禄字书》亦贮存“京”通、“京”正字组及“景”通、“景”正字组，正字形体皆从“京”，故《干禄字书》正字形体不误，传世刻本字形当涉俗体“凉”而讹。

其次，国家图书馆藏明拓本王羲之正书《黄庭内景经》字形作“凉”，然故宫所藏本《黄庭内景经》字形则作“涼”。又，《碑别字新编》引《魏王昌墓志》字形作“凉”，今核刻石字形却作“涼”形。

再次，原本《玉篇》残卷所存“涼”字，字头及注文字形均作“涼”形，然《名义》传抄字头字形虽与之相同，俱作“涼”形，注文用字却取“凉”形，故而《名义》注文用字当为唐代社会实际用字中的常用形体。

又次，六朝楷书字形出现一例作“涼”形者，即北魏《万福荣造像记》作“涼”，然本刻石同一句话中亦出现“涼”字作“凉”形。今按本刻石字形缺笔、省笔情况甚为突出，致使一字数体屡见不鲜，如

① “竝”字当为“上”字之误。

“年”字既已作“丰”形，又作“千”形，故本刻石字例作“凉”形，作为六朝时段的孤例，更像是民间书写中的偶见笔误。

今对“凉”、“涼”二字形的分析，需要从三方面入手：形符、声符及字义。

首先，形符方面，部分从“冫”或“氵”构件字，自汉隶或魏晋隶楷过渡时期开始，即已发生构件替换，如下举“凍、涷”、“羡、羨”、“决、決”等字组用例。然今所见汉隶字形，如汉印《嗛涼私印》作“涼”、汉碑《曹全碑》作“涼”，直至六朝楷书字形，均未见从“冫”者，迨至唐代从“冫”字形渐趋行用，如《契苾夫人墓志铭》作“凉”，故上述疑误字形及用例，自可迎刃而解。

其次，声符方面，《说文》“涼”字“从水京聲”，《干禄字书》另收录“亰”、“景”二字。《干禄字书·平声》：“亰、京，上通下正。”

北魏永平二年《元愿平妻王氏墓志》作“京”。

北魏普泰二年《郑黑墓志》作“亰”。

隋代《河东郡首山栖岩道场舍利塔之碑》[①]作“亰”。

按，“京”字字形今文字来源可追溯至汉隶，魏晋南北朝时期亦是唯一通行字形，一直到唐代仍然是行用最为常见字形。而“亰”字字形，今所见《郑黑墓志》贮存该字形，此墓志旧作北魏普泰二年刻，然赵超《汉魏南北朝墓志汇》附《伪志（包括疑伪）目录》所载，此墓志当为伪刻，除此之外，汉魏六朝实物用字，未见作“亰”形者，《名义》传抄字形亦作“京”形。今按，隋《河东郡首山栖岩道场舍利塔之碑》当是最早出现作“亰”字形用例者。然受《说文》字形作“京”影响，《干禄字书》、《九经字样》等均以“京”形为正体，至后世字书亦对“京”、“亰”二形疏理不明，如《康熙字典·亠部》：“亰字《字汇》不載，韻書無考，《正韻·十一先》收原，邍，亦闕亰。《正字通》強增以為亰即原字，不知京、亰古通假。”

又，《干禄字书·上声》：“曻、景，上通下正。”

北魏景明四年《广川王祖母太妃侯为幼孙自造弥勒像记》作

① 《金石录》作隋仁寿二年（602年），清陆增祥考为隋大业三年（607年）所立，会稽贺德仁撰。

“景”。

北魏正光六年《李遵墓志》作“景”。

东魏元象元年《南宗和尚塔铭》作“景”。

按，《说文》小篆字形作“景”：“从日京聲。”与“京”字基本相同，魏晋南北朝时期“景”字亦是唯一通行字形，《名义》传抄字形亦作“景”形，而上举二例作“景”形者，旧刻“东魏元象元年《南宗和尚塔铭》”，赵超《汉魏南北朝墓志汇编·前言》：“将其它朝代（如唐代）的墓志加以修改凿抹，冒充北朝（或汉晋）墓志……又如北京图书馆藏东魏元象元年南宗和尚之塔铭，书体与东魏碑志不同，通篇无一异体字，与当时通用异体别字的习惯不合。刻写形式，文中词语也与时代不合。不能确认为东魏石刻。”而另一篇北魏《李遵墓志》，通篇字形多存行笔，或连笔，或缺笔，且“景”形声符“京”所从口，中间似有一横笔，虽则如此，便不能排除南北朝时期，出现作“景”字形用例的可能，实际上，无论“景”形中间有无横笔，“景”形作为常用字形，仍自唐代始。

第三，从字义来看，《说文·水部》：“涼，薄也[①]。从水京聲。”原本《玉篇》残卷：“涼，力漿反。《毛詩》：‘職涼善背。’《傳》曰：‘涼，薄也。’野王案：《左氏傳》‘虢多涼德’是也。又力將反。《韓詩》：‘孔北風其涼，雨雪其雱。’涼，寒皃也。野王案：今謂薄寒為涼，《礼記》‘孟秋涼風至’，《楚辞》‘秋之為氣也’、‘薄寒之中人’是也。《尔雅》北風謂之涼風。《說文》為飆字，在風部。不善悲涼為{矢京}字，在（无）矢部，飲漿名涼為醇字，在酉部。”故《干禄字书》注明涼为“炎涼字”，至确无误。

尽管字样学著作规范“涼”字形体为正体字形，然此前社会实际使用中，仍以汉隶以来的“凉”形为常用形体，但也正因为字样学的规范之功，“涼”形渐趋取得社会常用字形地位。

臧克和师每言此类情形“一笔糊涂账”，本组字例至为明显，故而在“弄清家底”、消除“历史的误会”上，历代社会实物用字资料，确

①段玉裁注：“涼側於此者，謂六飲之涼，與漿為類也。鄭司農云：‘涼，以水和酒也。’許云‘薄也’，蓋薄下奪一酒字。”《说文解字六书疏证》卷二十一引姚鼐曰：“涼當以漿人水漿醴涼為正義，訓薄為借義。”

有传世字、韵书及其他文献所不具备的重要价值。本组字例论证所得，当可据以考订部分伪刻作品。

（二）《干禄字书·上声》：“准、準，上通下正。”

北魏永安二年《尔朱袭墓志》作“准”。

晋王羲之书《黄庭内景经》作“准”。

按，《说文·水部》：“準，平也。从水隼聲。”段玉裁据《五经文字·水部》“從水傍隼，《字林》作准”，注曰：“按，古書多用准，蓋魏晉時恐與淮字亂而别之耳。”而《说文解字六书疏证》云：“非吕忱原書作准也，或宋以後所書之《字林》也。”[①]今据原本《玉篇》残卷：“準，……《字書》：‘或為准字。’在三部。”是梁代顾野王所见《字林》既已于“準”字之外，收录“准”字，且属“三”部，于此可证马氏臆测之失。又，小篆“準”字形体确易与“淮”字形体产生混淆，如汉印《胡修準印》作“準”，然隶变字形“準”与“淮”形体结构区别较为显著，若如段说，则从冫与从氵之字形又会产生新的形体混淆，以《干禄字书》所收“冫、氵”构件字为例，仅从二形所构成异体者已超过十组，故而汉隶末期，由“準”形变异出“准”字，如《桐柏庙碑》作“准”，经过六朝楷化变异，直到唐代成熟定型期，“准”形已然取代“準”形成为主要通用字体，其变异原因即在于隶变楷化过程中的简化因素及对立区别性的逐步丧失。

（三）《干禄字书·上声》：“减、減，上俗下正。”

北魏正光二年《元恪嫔司马显姿墓志》作“减”。

北齐天保四年《道常等造像记》作“減”。

按，《说文·水部》：“減，損也。从水咸聲。”自古文字至汉隶，字形皆从“氵”，如金文《者減编钟》作“減”、《睡虎地秦简·日书（甲种）》作“減”、汉隶《西狭颂》作“減”，六朝楷化变异阶段，出现从“冫”之俗体字形，《干禄字书》俗体作“减”即源

① 《说文解字六书疏证》卷二十一引桂馥曰：“宋順帝名準，沈約《宋書》省作准。”并驳段玉裁曰：“如段說必已有準為准，而後嫌其同淮水之淮，復省為准。固如是，其委曲乎！倫疑《字林》之作淮准者，傳寫隨當時通用字為之，非吕忱原書作准也。或宋以後所書之《字林》也。宋以避帝諱，則當時寫書自皆避之也。故古書多作准矣。復乃有改有未改者，此例固多。”而《正字通·冫部》：“準，或謂宋寇準為相，行文書不敢成字，去其‘十’則嫌于淮，故改氵為冫。”则又误之如前。实自六朝始，“准”已然较“準”更为通行。

于此。又，《名义》传抄字形，字头从“氵”，注文则从“冫”，《五经文字》亦规范“從冫，訛”，说明唐代“减”形之通行，故不得不正。

（四）《干禄字书·去声》：“凍、涷，上俗下正。”

北魏永安二年《尔朱绍墓志》：“摧鳞涷雨，折翮頽風。”字形作“凍”。

北魏正光四年《元仙墓志》：“涷練爲袍，無羡若月之華。”字形作“涷”。

按，《说文·仌部》：“凍，仌也。从仌東聲。”《水部》：“涷，水，出發鳩山，入於河。从水東聲。”《通训定声·豐部》：“涷，叚借為凍。”汉隶已见“涷”用为“凍”之例，如《王纯碑》“涷餒之患”，字形作“凍”，《张纳功德碑》“卹瀹涷餒”，字形则作“涷”，《隶辨·送韵》云：“（《张纳功德碑》）碑盖借涷為凍。”然《干禄字书》“凍”俗、“涷”正，正与之相反。故《〈干禄字书〉字类研究》推测“元孫大概是從實用目的出發，以常用者為正”。其说与《〈干禄字书〉笺证》常用的“倒列”等说法，均是以今臆古的无奈之举。

今按，《尔雅·释天》：“暴雨謂之涷。”郭注：“今江東人呼夏月暴雨為涷雨。”《广韵·送韵》：“涷，瀑雨。”考察六朝隋唐石刻楷书用字，即存在《说文》“仌也”义上的“涷”与“凍”通，上举北魏《元仙墓志》即其用例；亦出现《尔雅》“大雨”义上的“凍”与“涷”通，北魏《尔朱绍墓志》亦是例证。故而，《干禄字书》云“凍、涷，上俗下正”，虽确实“從實用目的出發”，然却并非“以常用者為正”，而是确有来源的另一义项上的通用。

（五）《干禄字书·去声》：“羡、羨，上俗下正。”

北魏孝昌元年《元熙墓志》作“羡”。

北魏正光四年《元仙墓志》作“羨”。

按，《说文·次部》：“羨，貪欲也。从次，从羑省。羑呼之羑，文王所拘羑里。”汉隶即已出现从“次”之俗体，如《王孝渊碑》作“羡”、《圉令赵君碑》作“羨”。《隶辨》：“次，讀若涎，碑訛從次。”是《干禄字书》俗体“羡”字来源可溯至汉隶。

（六）《干禄字书·去声》：“况、況，上俗下正。”

北魏延昌三年《元濬嫔耿氏墓志》作“况”。

北齐河清三年《韩山刚造碑像记》作“況”。

按，《说文·水部》：“況，寒水也。从水兄聲。”《名义·水部》传抄字形作“況”，同时《冫部》收录“况”字云：“况，詡誑反。歎也。辟也。善也。益也。”字形作“况”（《名义》“冫”符皆与之所从“冫”形同），《玉篇·冫部》曰：“况，許誑切。俗況字。”宋郭忠恕《佩觿》卷下：“⿰二兄、况、況，上，發語之端；中，寒冰也；下，形況。今多通用下字。”《正字通·二部》：“⿰二兄，从二，从兄，與况、況二字少異。”段玉裁《说文解字注》：“況，古矧兄、比兄皆用兄字，後乃用況字，後又改作⿰二兄、作况。”①段说可从。今所见汉隶资料，字形多作“況”，如《武威汉简》作“況”、《流沙坠简》作“況”，至魏晋隶书楷化阶段，出现从“冫”之“况”字，如《魏上尊号碑》作“况”。六朝至隋唐，二体兼行，从构形理据及形体传承演变角度来看，“况”、“況”二形，确为“上俗下正”。

（七）《干禄字书·入声》：“决、決，上俗下正。”

北魏太昌元年《元延明墓志》作“决”。

北魏太昌元年《宋虎墓志》作“決”。

按，《说文·水部》：“決，行流也。从水从夬。廬江有決水，出於大别山。”《名义》字头传抄字形作“決”，注文用字从“冫”作“决”，《玉篇·水部》：“决，古穴切。俗決字。”汉隶实物用字资料，多作“決”形，如《史晨碑》作“決”、《苍山画像石题记》作“決”。同时出现从“冫”之“决”字，如《周憬功勋铭》作“决”。六朝至隋唐，二体兼行，例同“况”、“況”二字，“决”俗、“決”正。

（八）《干禄字书·入声》：“㓕、滅，上俗下正。”

北魏正光元年《李璧墓志》作“㓕”。

北魏正光五年《慈庆墓志》作“滅”。

①丁佛言《说文古籀补补》卷八亦云：“案古兄訓滋益，與今況字為一字。”

北齐天统至武平年间《无量义经》（二）作“滅”。

按，《说文·水部》：“滅，盡也。从水烕[1]聲。”汉隶《华山庙碑》作“滅”、《熹平石经·春秋》作“滅”，《灵台碑》则作“烕”，《隶释》云：“以威为滅。”《隶辨》注：“古文《尚書》滅皆作威，《詩·小雅》‘褒似威之’，《釋文》云：‘威，本又作滅。’”今按，“滅”当为“威”之后起字，汉代二字兼行，以今所见魏晋南北朝石刻，“滅”字于楷化过程中，变异出现从“冫”之“㓕”形，其变异轨迹及形体演变与上述几例无别。

三、〔氵—谷〕

《干禄字书·平声》：“溪、谿，上通下正。”

北周建德元年《步六孤须蜜多墓志》作“溪”。

唐麟德二年《史信墓志》作“溪”。

唐龙朔元年《靖徹墓志》作“谿”。

按，《说文·谷部》：“谿，山瀆无所通者。从谷奚聲。”汉代“溪”、“谿”二体兼行，且形、声符位置并未固定，如《老子（甲本）》作“谿”、《冯绲碑》作“溪”，汉印《谿陵》作“谿”、《熹平石经·春秋》作“谿”，《郙阁颂》同时出现“谿”、“溪”二形。六朝楷化变异时期，构件变异线索有二：一是偏旁位置基本固定，即“溪”字左形右声、“谿”字左声右形，不再出现如《老子（甲本）》作“谿”、汉印《谿陵》作“谿”等构件位置不固定的情形；二是意符替换趋势加剧，即又出现从“山”或“石”[2]等构件字形，如东魏《廉富等造像记》作“嵠”、《太公吕望表》亦作“嵠”形。唐代承袭六朝形体演变轨迹，如《名义》传抄字形，字头作“谿”、注文则取“溪”形，然意符替换现象仍然存在，如《吕思礼墓志》作

①《说文·火部》：“威，滅也。从火、戌。火死於戌，陽氣至戌而盡。《詩》曰：‘赫赫宗周，褒似威之。’”唐桂馨《说文识小录》：“戌有不用義，有鎮壓義，戌下从火則火滅之義自見。許拘於漢儒五行之說，其失與說戌字同。”（《古学丛刊》第一期）于省吾《双剑誃殷契骈枝续编》则认为：“契文威字从火，戌聲……自東周以後譌戌為戌，《說文》遂有‘火死於戌’之誤解。”

②《集韵·齐韵》：“谿、溪、嵠、磎……一曰水注川曰谿，或从水、从山、从石。”

“磎”。又《玉篇·谷部》：“谿，詰雞切。與溪同。”《山部》：“嵠，溪谷名。亦與溪同。”则说明至迟唐代开始，“溪”字逐渐变得更为常用。

四、〔丶—冫〕

《干禄字书·平声》：“氷、冰，上通下正。”

北魏景明四年《侯太妃自造像记》作“氷”。

北魏正光四年《元秀墓志》作“氷”。

北魏正光二年《元恪嫔司马显姿墓志》作“冰”。

按，《说文·仌部》：“仌，水堅也。从仌从水。凝，俗冰，从疑。”[1]《五经文字·冫部》：“冰，古凝字。經典相承以爲冰凍字。彼陵反。”金文《陈逆簋》冰字作“仌”，高田忠周《古籀篇》五据之注曰：“寒字所从仌亦作二，知二為古文仌也。”至汉隶以笔画摹写古文字“仌（二）”形，如《李冰石像》作“冰”、《苏冰私印》作“二水”，是《干禄字书》正字作“冰”可溯至汉隶。又，《名义》传抄字形作“氷”，亦可证《干禄字书》俗字作“氷”，至迟六朝即已出现。然因“冫”、“氵”二构件楷化变异过程中，发生相互混用和替换，又出现从“氵”之“冰”字，直到唐代仍然使用。例皆如上。

本部分从“氵—冫”构件字，主要包含从“冫”为正和从“氵”为正两类。

从“冫”为正体、从“氵”为俗或通体一类中，“凘”、“澌”字组《说文》本为二字，“凙”、“澤”二字则是《说文》后起字，另有《说文》收字在《干禄字书》中变为俗体者，即“盗”、“盜”字组，仅“凴”、“憑”字组中，正字“凴”为《说文》字形，由此可以看出，该类异体字组的共同特征，即基本以社会实际用字为依据，即使“凴”、“憑”字组中，正字“凴”为《说文》字形，看似以《说文》为据，然社会实际用字中，正体字形确为主要通用字形，而俗体“凴”

①段玉裁注：“以冰代仌，乃别製凝字。經典凡凝字皆冰之變也。”

字出现时代较晚，且社会实际用字层面并不是最常用字形，故而本字组亦属于以社会实际用字为依据。由是，《干禄字书》在确立字级时，若该字形未见《说文》，即《说文》收字不能作为依据者，如《说文》为二字或为《说文》后起字等，该字级即以社会用字实际为依据，即使《说文》贮存该形体，但魏晋以降社会实际用字中，该形体并不常用，即该形体之异体跃而成为行用更普遍之形体，《干禄字书》便以社会用字实际为据，确立异体为正。

相比之下，后一类别中，其正字确实与《说文》吻合，但部分俗或通字形体，其形体来源可上溯至汉代隶变字形，与《说文》字形之隶变形体的来源时段大致相当。如“羡”、“羨”字组，汉隶已出现从“次”之俗体，如《王孝渊碑》作“羡”、《圉令赵君碑》作“羡”。而部分俗或通字形体，六朝隋唐时代的通行程度亦比较高，如“減”、“减”字组中，六朝隋唐石刻用字，甚至唐代以降，“减”字形体之通行程度，并不比从“氵”字形低，《名义》注文用字传抄形体亦从“冫”，《五经文字》亦规范“從冫，訛”，均说明六朝唐代“减”形确实较为通行。然《干禄字书》仍以《说文》之“減”形为正，其原因就在于，虽然俗、通字形确实具有较广泛的流通层面和较高的通行程度，然《说文》所分析之造字理据仍然具有相当广泛的认可度，其他形体尚不能直接取代或较大层面上取代该字形的使用。此情形下，《干禄字书》规范字级的依据仍以《说文》为正，其他异体字形按流通程度和时间之久暂，归为俗或通字。一方面说明《干禄字书》确实为服务社会用字实际而撰，对于部分异体字与《说文》字相持不下的局面，则以规范异体字形为主。另一方面，针对这一局面，选择《说文》为正来服务于社会用字实际，又体现出《说文》所分析的造字理据对于颜元孙的影响，亦即《干禄字书》并未背离或不顾《说文》所分析之造字理据。

第五节

厶、口（冂）

一、〔口、冂—厶〕

（一）《干禄字书·平声》："雄、雄，上俗下正。"

北魏正始四年《奚智墓志》作"雄"。

北魏太和十八年《孝文帝弔比干文》作"雄"。

按，《说文·隹部》："雄，鳥父也。从隹厷聲。"于省吾《甲骨文字释林·释厷》："甲骨文厷字作𠃊或ㄥ，于肱之曲處加㇀，以示厷之所在，于六書為指事字。"诸家亦多以"厷"为"肱"之初文。东汉中期之前社会实物用字资料中，"雄"字声符字形皆从"右"，如《睡虎地秦简·日书（甲种）》作"雄"，《老子（甲本）》作"雄"，银雀山汉简《孙膑兵法》作"雄"，《干禄字书》俗体"雄"字，来源即可追溯至汉隶初期字形。东汉后期，右形所从之"冂"多不封口，如《熹平石经·诗》作"雄"，《鲁峻碑》作"雄"，且字形由近似"冂"形变为近于"△"形，与《说文》小篆字形所从之"ㄥ"形较为接近，至楷化变异时期，楷作"厶"形，即《干禄字书》正字字形之楷体来源。又，《名义》字头传抄字形即作"雄"，《五经文字·隹部》亦云："從右訛。"经过字样学著作之规范，"雄"形自唐代末期开始，渐不行用，宋代以后"雄"字成为唯一通用字形。

（二）《干禄字书·平声》：“弓口、弘，上俗下正。”

北魏正始三年《郑君妻墓志》作“弘”。

北魏太昌元年《元袭墓志》作“弓口”。

按，《说文·弓部》：“弘，弓聲也。从弓厶聲。厶，古文肱字。”于省吾《甲骨文字释林·释弘》：“总之，弘字，甲骨文和商代金文均加一邪划于弓背的隆起处，以标志高大，于六书为指事，其所从的邪划，本非独体字，周代金文弘字多作弘，其所附加的弯划，是由邪划所演变。后来弯划又与弓形分化，因而讹变为小篆的弘字，这就是弘字演化的原委。”汉隶“弘”字所从“厶”多作“口”形，如《老子（甲本）》作“弓口”，隶楷过渡阶段，字形或从“△”形，如《孔彪碑》作“弓口”、《华山庙碑》作“弘”，从“△”之形多不作相接形。迨至六朝楷化变异阶段，“△”形楷作“厶”形，即成为《干禄字书》正字之楷体来源。然“弓口”形实甲骨文中已出现，如《续甲骨文编》收录“弘”（乙1002）、“弘”（佚915）等字形。故而六朝之前，“弓口”形一直处于主要通行字体地位，至《干禄字书》作为临界点，此后“弓口”形渐不行用，唐代结束之后，“弘”形成为唯一通行字形。

二、〔厶—口、囗〕

（一）《干禄字书·去声》：“勾、句，上俗下正。”

北魏武泰元年《元举墓志》作“勾”。

南朝梁天朝十五年《旧馆坛碑》作“句”。

按，《说文·句部》：“句，曲也。从口丩聲。”段注：“古音總如鉤。後人句曲音鉤，章句音屨。又改句曲字為勾。”《隸辨》：“句……隸變如上，與從勹之字無別。勹本作勹，讀若包，與丩異。亦作勾，譌從厶。句勾本一字，讀若溝，又讀若屨，今俗相承以從口者為章句之句，從厶者為勾曲之勾。從句之字，拘或省作抅，亟從人從口，隸變譌與句同，非從句也。”《甲骨文编》收录字形作“句”（前8·4·8），金文《鬲比盨》作“句”，《睡虎地秦简·为吏之道》仍作“句”形，是古文字形构与《说文》同。汉隶《马王堆帛书·纵横家书》作"句"、《武荣碑》作"句"，"丩"形与"勹"形发生混同，然皆从"口"形不变。楷化变异阶段，所从"口"形亦作"厶"，如《名义》字形传抄即从"厶"作"勾"，说明六朝楷化过程中，"勾"形已然处于较为常用地位，亦说明《干禄字书》俗字作"勾"，至迟六朝已出现。然《干禄字书》之后诸字书多以作"勾"形为非。

（二）《干禄字书·入声》："局、局、局，上俗中通下正。"

隋开皇九年《暴永墓志》作"局"。

北魏正光三年《冯邕妻元氏墓志》（二）作"局"。

东魏兴和二年《太尉公刘懿墓志》作"局"。

按，《说文·口部》："局，促也。从口在尺下，復局之。一曰博，所以行棊。象形。"[①]徐锴曰："人之無涯者唯口，故口在尺下則爲局。博局外有垠堮周限也。"《睡虎地秦简·为吏之道》字形作"局"，《苍山画像石题记》作"局"，今所见汉魏六朝实物用字，均未见作"局"、"局"者。《偏类碑别字·尸部·局字》引北齐武平二年《石永兴造像记》字形作"局"，然《石永兴造像记》实作"局"形，未必即如《偏类碑别字》所摹勒字形，该刻石字形多有缺笔情形，且距隋代仅差十年，而"局"字形体行用年代即为隋代，上举《暴永墓志》即为一例，故而"局"形产生年代，大致当为六朝末年至隋初年间，而局形产生及行用年代则迟至唐代。皆因字样学著作祖述《说文》，规范"局"形为正体，如《五经文字·口部》："局，巨曲反。從尺下口。局之取其促也。作扃與局皆訛。"此外，《名义》传抄字形，字头作"局"形，当为《玉篇》原本承袭《说文》字形，而注文字形，或作"局"形，如"怐（怢），古勞反。局也。知也"，或作"局"形，如"趜，力足反。促局小皃也"。此亦可说明《干禄字书》三体字形来源及规范标准。

（三）《干禄字书·入声》："或、或，上通下正。"

北魏正光五年《元悦妃冯季华墓志》作"或"。

---

①马叙伦《说文解字六书疏证》卷三："是毛（《詩》）以局為句也……本書無从局得義之字，其从局得聲者，惟一挶字……是與拘為一字。局篆文作局，句篆文作句，形近而誤……字盖本作句。棊局無本字，欲造字亦惟从木而附以語聲相近之字，為形聲字耳，句譌為局，《字林》收之。"按，如马说成立，《睡虎地秦简》局字作"局"、句字作"句"，二形分明，故局、句"形近而误"至迟不晚于秦简时代。

北魏建义元年《元子正墓志》作“或”。

按，《说文 · 戈部》：“或，邦也。从口从戈，以守一。一，地也。”《甲骨文编》收录“或”字，所从“口”构件作“日”形，如“或”（铁27 • 3）、“或”（前2 • 6 • 5）。西周晚期金文《多友鼎》字形作“或”、《毛公鼎》作“或”，所从“口”形则为规整的圆形。至战国隶书萌芽时期，“口”形始出现作不规整的“△”形，如《侯马盟书》字形作“或”。《睡虎地秦简》字形从“△”形者已较为规整，如《日书（乙种）》作“或”。其他汉隶资料，《武威汉简》字形作“或”，《华山庙碑》作“或”，而《熹平石经 · 易》亦作“或”形，则说明汉隶成熟时期从△字形处于正体字形地位，然经过六朝楷化变异，至唐代则降至通字地位，故而《干禄字书》规范“或”字为通体。然“或”字所从“口”、“厶（△）”二体兼行，贯穿整个今文字阶段。又，《名义》传抄字形，字头作“或”形，注文作“或”形，均从“厶”，可证六朝至唐代，“或”形处于较为常用字形地位。字样学著作另如《五经文字》以《说文》为正，规范“或”形为正字、“或”形为讹字，注曰：“或，從一從口，口音圍。俗作或者，訛。”然据社会实际用字，《干禄字书》对于“或”形，亦承认其通用地位。

（四）《干禄字书 · 入声》：“馘、聝，上通下正。”[①]

北周天和五年《谯郡太守曹恪碑》作“馘”。

东汉永和二年《敦煌太守裴岑纪功碑》作“馘”。

按，《说文 · 耳部》：“聝，軍戰斷耳也。《春秋傳》曰：‘以爲俘聝。’从耳或聲。馘[②]，聝或从首。”唐慧琳《一切经音义》卷八十三《大唐三藏玄奘法师本传 · 第六》：“俘馘，杜注《左傳》馘所以截耳也。《文字典說》，馘正從耳作聝，《傳》從酋作馘，俗字也。”

甲骨文有“或”（《甲骨文编》后上17 • 5）、“或”（《甲骨文编》粹1164）字形，用例多达十数处，伍仕谦证得二字形当为一字，即𢀛方之首领，“像戈下繫人首。而口為𦣻簡化，以口作人首。本來應刻

①因历来“馘”、“聝”、“馘”的嬗递脉络不易厘清，故而着墨较多，略显支蔓。

②段玉裁注：“今經傳中多从首。”

為圓形，由于刻圓形不便，遂成方形……可、或即馘之初字。”[1]又甲骨文“或”《乙3176》、商器“𢦏”（《戜[2]觚》一）、“𢦏”（《戜觚》二）等字形，于省吾《甲骨文字释林·释戜》云：“戜即聝字的初文。其从戈从耳，取義于以戈斷耳，乃會意字。”故“馘”、“聝”本为二字，“馘”为人名，而“聝”为“軍戰斷耳”。后来“馘”字意义引申为“获俘”，故《字林》：“馘截耳則作耳，獻首則作首”。随着社会的发展，“战俘”渐渐退出历史舞台，“割耳”、“献首”亦渐渐发生变化，但代表他们的文字，却没有消亡。

《说文》小篆字形作“馘”、“聝”，亦“可”、“或”之形讹，而注明二者为或体关系，则说明后世对二字的认识渐趋混同。今所见《名义》传抄本，分立“聝”、“馘”为二字头，注为：“聝，古獲反。軍戰斷耳也。”“馘，古獲反。獲。”字头传抄“馘”字形体与《干禄字书》正字形体相同，注文中所贮存“馘”字形体则作“𩠐”、“𩠐”。说明楷化阶段对于二字混同趋势的有意打破。其他字样学著作，如《五经文字》亦对二者的不同做出明确规范，注曰：“聝，古麥反。斷耳也。《經典釋文》並作馘，斬首也。”

虽然楷化阶段“聝”、“馘”二字在意义上的对立区别得到明晰的规定，但同时二字字形又与其他字形发生混同。

“聝”字隶变亦作“䂫”[3]（《赵宽碑》），《名义》：“䂫，同上（聝）。”但社会实物楷字用例中，并未一见，故《名义》传抄此字头字形，或为收录隶变字形，而非当时社会通用字。同时，《名义》于“騞”字头下反切用字，取用“䂫”字，此字形符当为“首”字结构的讹变，即“酉”上“丷”符，对称挪至“酉”下，今所见魏晋南北朝实物用字作“馘”或“馘”形（声符“或”、“或”二形，见上例分析），与《名义》字形稍异，如北周《谯郡太守曹恪碑》即作“馘”。唐代实物用字亦同，如“馘”（唐《张忠义墓志铭》）、“馘”（唐

①伍仕谦：《甲骨文字考释六则》，《古文字研究论文集》（《四川大学学报丛刊》）第十辑，成都：四川大学出版社，1982年。

②殷商时期尚未形成国家的概念，故多方来指称部族，西周金文中有邑、邦等名称，亦不用国。故甲骨文之“可”字与“国”字并无联系。伍仕谦《甲骨文字考释六则》：“或已經是可字之譌變。”故“聝”隶变字形作“䂫”，可能来源于形符和声符意义、声音两方面的类化影响。

③与“聅”字不同，“聅”为“職”之俗字，《宋元以来俗字谱》收录。

《蔺君元亮墓志》）。

由此可见，处于汉字楷化定型期的《名义》传抄字，一方面重新强化了“职”、“䶒”二字的对立区别，另一方面也贮存了处于过渡性阶段的新的异体关系，这种新的异体关系，其对立区别性并不强，故而需要进行新的调整。而《干禄字书》所收通正二字形体，不仅承认了社会使用较为普遍的“䶒”字形体，同时又尽量维护了汉字的造字理据，定“䶒”形为正体。《干禄字书》的这种调整，实质上是在延续《名义》传抄本“职”、“䶒”对立区别关系的基础上，注重楷字实际使用的体现。

（五）《干禄字书·去声》：“售、售，上俗下正。”

唐乾符三年《崔璘墓志》作“售”。

唐大中十一年《李眈墓志》作“售”。

唐仪凤三年《唐嘉会墓志》作“售”。

按，“售”为《说文》新附字：“售，賣去手也。从口，雔省聲[①]。《詩》曰：‘賈用不售。’”《〈干禄字书〉笺证》：“振玉案：售乃讎之俗體，古从言之字或从口，如諭作喻、訶作呵之類甚多。讎字變言為口，又省去一隹字，口不在隹旁而在隹下者，恐與唯混也。沿誤之迹斑斑可考，大徐乃以售字坿《說文》誤矣。”汉隶及之前字形皆为“讎”，如《睡虎地秦简·日书（乙种）》作“讎”、《熹平石经·诗》作“讎”，六朝楷化变异阶段，今所见楷字实物用字资料，未出现“讎”作“售”字者。然《名义》传抄字形，字头作“售”，注文取“售”形，分别与《干禄字书》正、俗二体形同，故可大致推测，“售”字产生年代当为魏晋隶书楷化至六朝楷化变异时期。又，《九经字样·口部》：“售，音授，從口雔省聲，作售[②]者訛。”一方面说

---

①高田忠周《古籀篇》五十二：“（讎）或省作售，汉以后人多用之。非。”“后人以唯為唯诺字，以谁為何谁字，以讎為当讎字，遂分别矣。”李孝定《金文诂林读后记》卷叁：“高田氏谓讎谁唯同字，其说未安；隹為一鸟，雔為鸟之雌雄，其义有别，非籀繁也。”

②《敦煌俗字研究》：“售，《时要字样》（斯六二〇八号）：‘售，賣。’《字宝》（斯六二〇四号）：‘賣不售受。’斯八一一号《永书》：‘貧不自資，所以求售朱門。’后例形微异。按：俗书方口尖口相乱，故‘售’俗或作‘售’，而‘售’又為其变体。”又“售，《佛经难字》载‘售’字。《王一》去声宥韵承秀反：‘售，賣去。’斯六一〇号《启颜录》昏忘类：‘數回牽入市，叁朝賣不售。’按：《干禄字书》：‘售售：上俗下正。’慧琳《音义》卷四《大般若菠萝蜜多经》第叁百九十八卷音义：‘售，經文从厶作售，非也。《今古正字》从佳从口。’‘售’為‘售’或‘售’的繁化字。”

明，大徐新附“售”字，其来源有自；另一方面则说明唐代从“厶”之“雔”，确为“售”字俗体。

（六）《干禄字书·去声》：“悋、吝，上通下正。”

北魏正光五年《郭显墓志》作“吝”。

北魏普泰元年《元天穆墓志》作“吝”。

北魏正光五年《张标夫人李淑真墓志》作“吝”。

北魏熙平二年《元新成妃李氏墓志》作“恡”。

按，《说文·口部》：“吝，恨惜也。从口文聲。”甲骨文字形作“吝”（《甲骨文编》后2·13·15）、“吝”（《甲骨文编》佚725），《长沙子弹库楚帛书》字形作“吝”、《睡虎地秦简日书（甲种）》作“吝”，可见汉隶之前“吝”字确从“文”下“口”形，至汉隶上半部分之“文”，字形近似“爻”形，如《熹平石经·易》作“吝”。六朝时期，楷化变异线索有三：其一，《说文》所从声符“文”，出现近似上“亠”下“乂”之“文”形结构，如上举《张标夫人李淑真墓志》即作“吝”形，亦出现从“又”结构，如《碑别字新编》引《齐□敬碑》作“恡”形；其二，形符“口”变从“厶”形，行用较为普遍；其三，在“悋”形基础上，增加形旁“忄”，形成“悋”字结构，至唐代开始大量使用。然《干禄字书》通、正二体，“文”形结构小变，俱从“乂”下“𠂇”形，字形结构规整。另如《名义》传抄字形，字头作“吝”、注文用字作“悋”形，《五经文字·口部》：“吝……從文下口……作悋非。”均可证明唐代从“厶”形之“悋”，确较为通行。

（七）《干禄字书·入声》：“郄、郤，上通下正。”

唐长寿二年《王贞墓志》作“郄”。

东魏兴和三年《李仲璇修孔子庙碑》作“郤”。

按，《说文·邑部》：“郤，晉大夫叔虎邑也。从邑谷聲。”汉隶资料《白石神君碑》字形作“郤”。《隶辨》卷十四引汉隶《学师宋恩等题名》字形亦作“郤”，注曰：“按，《說文》作郤，從邑從㕣。㕣，讀若臄，口上阿也，從口，上象其理，碑變作吝，與悋相似，今俗遂譌作郄。”《干禄字书》正体“郤”，以今所见历代实物用字资料，当自汉隶始，而通体“郄”[①]，则仅自唐代始。《名义》传抄字形，字头作“郤”，与《干禄字书》正体形同，注文用字，或作“郄”（“撖”字注文），或作“郄”（“蹥”字注文），后一字形，虽然不够清晰，但仍能辨认出该字形左半部分构件下部从“厶”形。又，《五经文字·邑部》：“郤，去逆反，作郄者，訛。”故而唐代“郤”字之外，“郄”字亦为较常用字形，故而字样学著作加以规范。

三、〔**公**—㕣〕

（一）《干禄字书·平声》：“鈆、鉛（沿、船竝同）[②]，上通下正。”

北魏正光四年《元仙墓志》作“鈆”。

按，《说文·金部》：“鉛，青金也。从金㕣聲。”[③]段注“㕣”字：“从口，謂山閒。从水敗皃，謂㕣泥。谷字㕣字皆从水半見，㕣亦从水半見出于口也。水敗土而㕣泥多，是曰㕣。”汉隶“公”字所从之“厶”，皆作“△”形，如《熹平石经·易》作“公”、《鲁峻碑》作“公”，致“鉛”字声符“㕣”与“公”字形体相近而混同，如《张湾汉墓朱书陶罐》作“鈆”、《张纳碑》作“鈆”，又致六朝楷化形体作“鈆”形，《名义》字头传抄字形亦作“鈆”形，可证“鈆”字于六朝时期处于较为常用地位，直到唐代，相对于“鉛”形，仍处于主要行用地位。《干禄字书》以《说文》造字理据为正，故规范“鈆”形为通体。

（二）《干禄字书·上声》：“衮、衮，上通下正。”

北魏太和二十三年《故谘议元弼墓志》作“衮”。

北魏孝昌二年《于纂墓志》（一）作“衮”。

北魏建义元年《元廞墓志》作“衮”。

---

①《广韵·陌韵》：“俗從叅。”《集韵·陌韵》：“或作郄。”

②《汉语大字典》第4178页“鈆”字引《干禄字书》作：“鈆、鉛竝同。”引文有误。

③马叙伦《说文解字六书疏证》卷十七：“然金文及漢隸公字皆作㕣，無作公者，秦漢私璽私字作䋝，皆從口，口即本書六篇部首之口，即或屬字或所從之口，實垣之最初文，公實從八口聲。口之異文作吕又作宫，古書公或作宫，明宫聲矣。今作公者，蓋從八從厶，厶為厷之初文，肱之最初文，以借厶為公私之私，而增八以别之，此即厶字，傳寫為耳ㄙ，若為公私之義，則字當作口，口為公私之私耳……”

东魏兴和三年《李挺墓志》作“衮”。

按，《说文·衣部》：“衮，天子享先王，卷龍繡於下幅，一龍蟠阿上鄉。从衣公聲。”刘心源、高田忠周均认为《说文》“衮”字从“㕣”，非从“公”，马叙伦《说文解字六书疏证》卷十五：“金文《公伐斜鼎》作衮、《㲋侯鼎》作衮、《伯晨鼎》作衮，皆從公，唯《吴尊》作衮，從㕣，似本書㕣字耳。”于省吾《甲骨文字释林·释光》认为：“《㲋侯鼎》从公作㕣，乃形之訛，因为此鼎多變體字。”金文《舀壶》字形作“衮”，亦从“口”。然隶变字形未见从“㕣”形者，如《蔡湛碑》字形作“衮”、《魏受禅表》作“衮（衮）”。六朝隋唐时期，社会实物用字亦极少出现从“㕣”作“衮”形用例。《名义》传抄字形，字头作“衮”，注文用字凡九见，虽形体稍异，然基本与汉隶字形相同，如“衮”（“捆”字注文），说明自汉隶开始至唐代楷书定型时期，《干禄字书》所立正体“衮”形并不通行。又，《五经文字·衣部》字形作“衮”[①]，唐代社会用字，亦多作“衮”形，若依《说文》及唐代社会用字实际，“衮”形处于绝对的正字地位，而《干禄字书》以“衮”形为通体、“衮”形为正体，虽不得确知颜元孙立“衮”形为正体的依据，然确与“衮”字古文字源头相吻合。

此外，汉隶《衡方碑》作“緄”、《鲁峻碑》作“緄”，《高颐碑》、《樊敏碑》等“衮”字亦皆作“緄”形，从构形学角度分析，形符、声符均发生了构件替换，异体形成原因暂阙。

（三）《干禄字书·上声》：“兖、兗，上通下正。”

北魏正光五年《郭显墓志》作“兖”。

北魏永熙二年《元肃墓志》作“兖”。

北魏永熙二年《元钻远墓志》作“兖”。

东魏天平四年《张满墓志》作“兖”。

按，“兖”字《说文·水部》作“沇”，释曰：“水。出河東東垣王屋山，東爲泲。从水允聲。㕣，古文沇。”徐铉曰：“口部已有，此重出。”段注：“㕣，古文沇如此。”马叙伦、商承祚皆考证小徐所据

①《正字通·衣部》：“衮，本字《説文》衮，篆作衮，六書統衮。”

原本早出，古文字形当作“沿（㕣）”。而诸家对于“沇”字作“兖”的解释，聚讼纷纭，莫衷一是。[①]

于省吾《甲骨文字释林·释兊》：“甲骨文字作㕣，也偶尔作㕣（京津4469），隶定作兊或兖。此字旧不识，《甲骨文编》入于附录。按其字中从允，上部两侧从水作八或八，在甲骨文偏旁中是常见的。兊或兖即沇字的初文。沇字始见于东周器的《沇儿钟》，移水于左侧，为《说文》所本。”“兖与兗下从兖或兊，与商周古文合，汉隶之与商周古文合者时有所见，不仅此字为然。至于汉碑兗字或作兊，是由于隶书从口与厶往往互作的缘故。六朝齐《李希宗造像记》的兖字作兊，犹存古文。汉《王纯碑》以衮為兖，这不仅由于音近相假，同时也由于二字形近易混。衮字上部从亠，则又是兖字上部讹变为亠的由来。”

于氏考论详备。汉隶《礼器碑》字形作“兖”、《曹全碑》作“兖”、《王稚子阙》作“兖”，皆是其证。六朝楷化字形，字中“允”上部两侧从“八”或“八”兼行。《名义》传抄字形，字头作“兖”，注文字形或作“兖”，与汉魏隶书一脉相承，与六朝楷化形构基本吻合。唐代字形较为规整，字中形体多从“公”或“㕣”。《干禄字书》通、正二体，六朝楷字皆已出现用例，通体“兖”更为常用，当为“兖”形行草楷化而来。

（四）《干禄字书·去声》：“兊、兑，上通下正。”

北齐武平六年《毕文造像记》作“兊”。

唐咸亨五年《王素妻姜氏墓志》作“兊”。

按，《说文·儿部》：“兑，說也。从儿㕣聲。”[②]“兑”字《甲骨文编》收录字形作“兑”（佚437），西周金文《师兑簋》字形作“兑”，至《睡虎地秦简·日书（甲种）》字形仍从“㕣”作“兑”。然汉代隶变之后，字形所从“口”形多作“厶”形，如《郙阁颂》作

①钱大昕《潜研堂金石文跋尾·夏承碑》：“古文从水者，或用立水，如江河之類；或用横水，如益頻之類。沇本立水，或从横水作兖，而隸變為兖爾。”王筠《说文释例》：“沇之所以譌为兖者，《曹全碑》作兖，蓋迻水於允上而又易其部位，再省即成矣。然是碑吮膿之吮亦作兖。”段玉裁《古文尚书撰异·禹贡》：“蓋古文《尚書》作容州而字轉寫既久，漢碑皆作兖，作兖則參合容沇二體，成此一字。”

②徐铉注：“㕣，古文兖字，非聲。當从口从八，象气之分散。《易》曰：‘兑，爲巫爲口。’大外切。”古文“兖”字实作“沿（㕣）”，其辨析参见上例“兖、兗”疏证。

"兌"、《熹平石经·易》作"兊"。《名义》传抄字形作"兊"，注文用字"悦"字作"悅"形，《玉篇》亦以"兑"列"兊"字下，注："兑，《說文》兊。"又，《五经文字·儿部》："兑、兊，大外反。上《說文》，下經典相承隸省。凡字從兊者放此。"由此，六朝至唐代，"兊"形不仅成为正体字形，且较"兑"形更为常用。《干禄字书》通字作"兊"形，当为"兊"形行草楷化而来。

（五）《干禄字书·上声》："囧、囧，上俗下正。"

北魏建义元年《元湛墓志》之一作"囧"。

北魏正光四年《元祐妃常季繁墓志》作"冏"。

北齐武平四年《临淮王像碑》作"囧"。

按，本组字例，古文字形体并不从"公"或"台"，然六朝至唐代，俗体变从"公"，故录于此。《说文·囧部》："囧，窻牖麗廔闓明。象形。凡囧之屬皆从囧。讀若獷。賈侍中說讀與明同。"王筠《说文释例》："此字之形與囪相似，皆是外匡內櫺，而不得與囪同為象形者，取義于麗廔闓明也。"

《甲骨文编》收录字形作"囧"（甲278）、"囧"（後下·23·5）、"囧"（京津2453）等，西周早期金文《戈父辛鼎》作"囧"形，这一时期甲、金文字形，外框全为圆形。至迟春秋早期，圆形开始向方形过渡，如西周早期金文《陈侯鼎》作"囧"形，《说文》小篆字形与之基本吻合。汉代隶变，圆形变为方形，如汉印《蔡囧》作"囧"，即是《干禄字书》正体"囧"今文字形体源头所出。至六朝楷化时期，如上举《临淮王像碑》，字形与《干禄字书》正体全同。而俗体"囧"，六朝楷化时期，亦已出现，且出现"冏"形用例，如《元祐妃常季繁墓志》即作"冏"形。六朝从"口"形亦多作"厶"形，本系列字组全为从"厶"、"口（囗）"形互为异体例，故而"囧"形的产生，大致当为"冏"形演变而来。又，《名义》传抄字形作"冋"，与"冋"[1]字形体相混，故而"冏"形的产生，或为区别"冋"形而形成。

①《说文·㕯部》："㕯，言之訥也。从口从內。"隶变作"冋"，"商"、"矞"、"矞"、"巂"等字从之。

四、〔吅—从〕

《干禄字书·去声》："晋、晉，上俗下正。"

北魏正光元年《李壁墓志》作"晋"。

北魏正光五年《檀宾墓志》作"晋"。

北齐天保六年《窦泰妻娄黑女墓志》作"晉"。

北齐武平元年《宇文诚墓志》作"晋"。

按，《说文·日部》："晉，進也。日出萬物進。从日从臸。《易》曰：'明出地上，晉。'"段注："以日出而作會意，隸作晉。"杨树达《积微居小学金石论丛·释晉》："晉字上象二矢，下為插矢之器"，"二矢插器，其義為箭"，"自小篆變二矢之形為臸，變器形為日，形與義略不相關，于是說字者遂不得其正解"。杨氏考论精审，古文字形确多象二矢插器形，如《甲骨文编》收录字形作"晉"（拾13·1）、《续甲骨文编》字形作"晉"（佚600），金文《格伯作晋姬簋》字形作"晉"、《晋公簋》作"晉"，绝大多数字形下部器形加点类日，成为《说文》小篆从"日"形之因。

《五经文字·日部》："晉、晉，上《說文》，下石經。"汉隶"晉"、"晉"二体兼行，"晉"字如《老子铭》作"晉"、《苑镇碑》作"晉"，"晉"字如《冯绲碑》作"晉"、《熹平石经·春秋》作"晉"，《干禄字书》正体作"晉"，与《熹平石经》用字吻合，亦即汉隶成熟时期与楷书定型时期，"晉"字均作为正体字形出现。魏晋隶书楷化过渡时期，汉隶"晉"字所从二"厶"形，楷化作"从"形，如《司马芳残碑》作"晋"。《名义》传抄字形，字头作"晋"，虽少一横笔，然亦从"从"形，而注文字形从"吅"形作"晋"，则说明"晋"形于六朝唐代确较为常用。然汉隶中"晋"形实已出现，如《张迁碑》字形即已作"晋"，故而俗体"晋"实可上溯至汉隶。

五、〔从—吅〕

（一）《干禄字书·平声》：“单、單，上俗下正。”

北魏延昌三年《元珍墓志》作“”。

北魏孝昌二年《元天穆墓志》作“”。

按，《说文·吅部》：“單，大也。从吅[①]、甲，吅亦聲。闕。”古文字所从“吅”形均为圆形，如《甲骨文编》收录字形作“”（前7·26·4）、“”（菁5·1），西周早期金文《小臣单觶》字形作“”、晚期《蔡侯匜》作“”。古、今文字过渡时期，“吅”构件由圆形渐渐演变为不规整的方形，如《睡虎地秦简·编年记》字形作“”[②]，《老子（乙本）》字形作“”。汉隶成熟以后至隶楷过渡时期，“吅”构件又由方形演变为三角形，如《衡方碑》作“（單）”，《魏受禅碑付额》作“”，六朝楷体成熟时期，形体变从“从”或“吅”形。故而《干禄字书》“单”、“單”二体，楷字形体确源于六朝。此外，單字中间“丨”笔，六朝至唐代形体长短不一，或与“日”相接，如北魏《寇凭墓志铭》字形作“”；或作相交至半状，如唐《王敏墓志》作“”；或作出头形，如北魏《李遵墓志》作“”，《名义》传抄字形作“”，“丨”笔出头至为明显，说明“丨”笔之于整字“單”，其对立区别功能逐渐降低。由此，《干禄字书》正字“單”，与《说文》相合，俗体“单”，其今文字形体来源可上溯至汉魏之际，二字形于唐代并行沿用，故《干禄字书》规范“单”俗、“單”正，是尊重社会用字实际与《说文》所分析造字理据综合作用的结果。

（二）《干禄字书·上声》：“兴、兕、兕，上俗中通下正。”

北齐武平元年《刘悦墓志》作“”。

东魏兴和二年《刘懿墓志》作“”。

---

①《说文》“單”字所从之“吅”形，学界众说纷纭，诸家观点多不相同。囿于篇幅，本文仅对篆隶递变时期以降字形进行分析。

②《睡虎地秦简·编年记》此简图版（编号50）不甚清晰，字形作“”，《汉语大字典》摹写作“單”，而《睡虎地秦简文字编》摹写字形作“單”，多出一横笔。按，“戰”字从“單”，《秦律杂抄》字形作“戰”，《日书（甲种）》分别作“戰”、“戰”，“單”字上部“吅”与下部“甲”之间横笔数目亦并不统一。今细校图版，本文更倾向于该“單”字中间部分未有横笔，故从《汉大》摹写字形。

东魏武定元年《元悰墓志》作"兕"。

唐天授二年《高像护墓志》作"光"。

唐贞观三年《等慈寺碑》作"兕"。

按，《说文·舄部》："兕，如野牛而青。象形。與禽、离頭同。凡舄之屬皆从舄。兕，古文从儿。"段注："謂上象其頭，下象其足尾也。""兕，漢隸作兕。"

唐兰《获白兕考》（《史学年报》，1932年4期）："甲骨字之變體殊多，然第緐简不同、位置互異而已，固皆象一角之兽，而其角且特大者；金文《巳觚》有字，殷文存下卷二十五葉。其狀尤顯箸。"并云，《诗经》、《左传》数用"兕"字，可知彼时为常见之兽，但后世颇为罕见。

古、今文字过渡时期，"舄"字古文字象形因素逐步解体。《睡虎地秦简·日书（甲种）》字形作"兕"，汉隶《孔宙碑》则作"兕"形，《干禄字书》"兕"俗、"兕"正二体今文字源头当即源于篆书向隶书过渡时期字形。又，《名义》传抄字形作"兕"，说明汉隶成熟时期至楷化变异时期，从"厸"形之"兕"当为常见异体字形。而《名义·豕部》："𧰼，因（四）理反。兕字。""兕"字作"兕"形，则说明《干禄字书》通体"兕"，六朝楷化变异时期已行用，该字形当由《说文》"舄"字古文"兕"楷化变异产生。又，《五经文字》与《干禄字书》相同，亦立"兕"形为正。楷化变异过程中，由于"口"形与"厶"形之间的混用，致使"兕"字产生从"厸"、"吅"、"从"、"叺"等众多异体字形，从"从"形者，如《广韵》字形即作"兕"，余皆见上举字例。

（三）《干禄字书·上声》："斝、斝，上俗下正。"

唐永淳元年《贾文行墓志》作"斝"。

唐太和六年《聚庆砖志》作"斝"。

唐贞观二十年《薛颐墓志铭》作"斝"。

按，《说文·斗部》："斝，玉爵也。夏曰琖，殷曰斝，周曰爵。从吅从斗，冂象形。與爵同意。或說斝受六升。"汉魏六朝，"斝"已经退出社会生活舞台，故而社会实物用字资料中，少见"斝"字，仅字、韵书，或诗文偶见著录或引用。《名义》传抄字形作“𣂕”，可以看出，六朝时期，从“厸”形之“𣂕”已经较为常用。唐代“𣂕”、“斝”仍二体兼行。故而《干禄字书》俗字作“𣂕”至迟六朝即已行用。然字样学著作，另如《五经文字·斗部》：“斝，作𣂕非。”均以《说文》构字理据为正。此外，上举字例“斝”字所从之“斗”，或作“升”、“舛”等，或为受《说文》“或說斝受六升”影响，而产生的形近“斗”字的俗体。

六、〔吅、厸—卯（夘）〕

（一）《干禄字书·平声》：“劉、鐂、劉，上俗中通下正。”

南朝宋大明八年《刘怀民墓志》作“”。

北魏太和元年《光州灵山寺塔下铭》作“”。

东魏武定二年《元湛妃王令媛墓志》作“”。

按，“劉”为汉朝国姓，然《说文》未录“劉”字。《说文·金部》：“鐂，殺也。”《玉篇·金部》：“鐂，古劉字。”徐锴曰：“《說文》無劉字，偏旁有之，此字又史傳所不見，疑此即劉字也。从金从丣[①]，刀字屈曲，傳寫誤作田尔[②]。力求切。”吴颖芳《说文解字理董》：“劉從丣[③]得聲，卯金刀者，緯書㡀字之說，非六書本恉。光武即位告天祝文引《讖記》曰：‘丣金修德為天子。’許若列劉字，正說從丣，則違朝廷，如詭說從丣，則丣又無義，且劉義為殺，於漢時國姓自當忌諱，故劉字不列正文，而於藰、瀏二字箸之。”《隶辨》引汉《刘君神道碑》字形作“劉”，注曰：“劉，本從丣，丣，古文酉字，他碑皆變從卯，復省爲厸、吅。《漢書·王莽傳》云：‘受命之

①《广韵·巧韵》：“丣”，“卯”的篆文。《六书正讹·巧韵》：“丣，闢戸也，从二戸，象門兩闢形，因聲借為寅丣字，為日出物生之義。”

②朱士端《说文校定本》：“士端尋古鐘鼎文，酉字皆作丣，本即卣字，竝無從丣之字，推求其故，凡作丣者皆丣之省變也，段玉裁不考鐂即劉，而據小徐說改鐂為𨪐，士端謂古鐘鼎文田字或作㽙，銘文作又者，與㽙中之又形相近，乃古篆省文。古田𢿱二字不分，𢿱字左旁從攴，或从攴省作㔾，其實皆為㽙之省變。又從攴之字亦或從刀，如攴部敹之重文作剫，校者不審，又為㽙之省變，而疑為刀之或體，遂相沿而改從刀旁，段改為𨪐，幾不成字矣。”

③《说文·酉部》：“丣，古文酉。”《六书正讹·有韵》：“後人以此字類丣，故借酉字以別之。酉乃古文酒字，象器中半水。既以酉字為丣字，復加水旁作酒字。”

日，丁卯也，丁，火，漢氏之德也。卯，劉姓所以爲字也。’據此疑變隸之初，劉已從卯。此碑獨從丣，亦爲僅見。”《韩勑碑》碑阴字形作“”、“”，两侧字形作“”，《华山庙碑》字形作“”，从“丣”、“卯”、“吅”、“丛”等众体兼行，《熹平石经》后记字形作“”、《三体石经·君奭》字形从“”作“”，从官方通行用字的演变，可见其造字理据已经隐而不显。然汉隶实物用字中，形体以从“吅”、“丛”者居多，另如《刘元壹买地砖券》字形作“”、《鲁峻碑》作“”等。故而《干禄字书》俗、正二体，其楷字形体今文字源头即汉隶，经过六朝楷化，楷作“劉”、“劉”二形，唐代沿用，字例如上。

又，《古今韵会举要·巧韵》：“卯，俗作夘。”从“夘”形之“劉”字，六朝已经出现。如北魏《孙秋生等二百人造像记》字形作“”，故而《干禄字书》通体“劉”，实源于六朝“劉”字楷化变异产生的从“夘”形简体。《名义》传抄字头字形，即作“”形，可证六朝时期，“劉”字确为较通行字形。需要注意的是，“劉”字虽从夘形，却并非由“卯”构件进行直接构件替换产生，而是“卯”构件与“金”构件所从之“人”形（次级构件）合并或简化而产生，即“夘”形中间“丿”、“丨”两笔所代替的是“卯”形之“丿”、“丨”及“金”形之“人”形两部分。

总之，虽然《干禄字书》规范“劉”、“劉”、“劉”，依次为俗、通、正三体，然自魏晋隶书楷化过渡时期，直到有唐一代，“劉”字异体之多，实难如数统计。仅以碑别字著作收录字形为例，列表如下（以六朝为主）：

字形	碑名	出处
劉	《北魏张猛龙碑阴》	《金石文字辨异》
劉	《东魏敬使君碑阴》	《金石文字辨异》
劉	《北齐天保八年造像记》	《金石文字辨异》
劉	《北齐武平七年造像记》	《金石文字辨异》
劉	《齐高刘二姓邑义造浮图记》	《偏类碑别字》
劉	《魏雍州刺史王翊墓志》	《偏类碑别字》
劉	《魏蔡洪象碑》	《偏类碑别字》
劉	《魏三级浮图颂》	《偏类碑别字》

（续表）

劉	《魏孙秋生造像记》	《偏类碑别字》
劉	《晋石尠墓志阴》	《碑别字新编》
劉	《魏韩显祖造像》	《碑别字新编》
劉	《魏张卢墓志》	《碑别字新编》
劉	《魏巨始光造像记》	《碑别字新编》

三部著作未收异体字形亦为数众多。上表字形左下部分“金”字，虽异写形体繁多，然“劉”字形体差异主要集中在左上部分，这就说明六朝隋唐时期，“劉”字所从“丣”构件之于正字，其对立区别功能非常低。

（二）《干禄字书·平声》：“畄、留，上通下正。”

北魏永安二年《元恩墓志》作“畄”。

东魏天平元年《张瓘墓志》作“畱”。

唐贞观五年《化度寺塔铭》之四作“留”。

按，《说文·田部》：“畱，止也。从田丣聲。”然留字古文字形体实从“丣”形，如金文《留钟》字形作“畱”、《趞鼎》作“畱”，先秦空首布作“畱”，直到《睡虎地秦简·秦律十八种》字形仍从“丣”作“畱”形。汉代隶变所从“丣”形隶作“吅”或“厸”形，《隶辨》：“《說文》作畱，上從丣，變隸從卯，碑（《北海相景君铭》）作厸，他碑亦作吅，皆卯之省也。”有时同一碑刻上二体皆见，如《北海相景君铭》碑阳从“吅”作“畱”形，碑阴则从“厸”作“畱”形，《杨叔恭残碑》亦同，碑阳字形从“吅”作“畱”，碑侧则从“厸”作“畱”。《名义》字头“留”字，传抄作“畄”形，说明《干禄字书》通体“畄”，六朝时期已较为常用。而此时期从“吅”形体又变异产生出从“夘”字形，如上举东魏《张瓘墓志》字形作“畱”。然从“夘”字形演化作“卯”形，即《干禄字书》正字从“卯”形之“留”，则迟至唐代始见。虽然楷体“留”字形体始见于唐代，然其今文字源头，则可上溯至篆隶递变时期字形，且从古文字构形角度而言，留字古文字形体即从“丣”形，故而《干禄字书》立“留”为正体。

此外，同前一字组“劉”、“劉”、“劉”一样，六朝至唐代，楷书“留”字上半部分构件，异体峰出，如北魏《王璨墓志》作“畄”、隋《李弘秤墓志》作“留”、唐《悯忠寺重藏舍利记》作“留”、唐《鄂国公夫人苏氏（斌）墓志铭》作“留”、唐《耿氏夫人惠氏墓志铭》作“留”、唐《萧贞亮墓志铭》作“留”等，亦可证明“留”字所从之“丣”，楷化变异至成熟定型时期，对立区别性逐步降低。又，“留”字所从之“田”，六朝至唐代，出现大量从“由”形体，如北齐《窦泰妻娄黑女墓志》作“留”、唐《彭国太妃王氏墓志铭》作“留”等。于鬯《香草校书》：“此篆（畱）疑當上從丣省，丣則有畱義矣。下從由，不從田，蓋由聲也……《手部》：‘擂，或作抽。’《玉篇·示部》：‘袖，古文福。’可證從由不從田矣。”故而六朝至唐代从“由”形之“留”字的行用，正说明《说文》之外存有另一构字理据的反映。

（三）《干禄字书·去声》：“貿、貿，上俗下正。”

北魏正光五年《元子直墓志铭》作“貿”。

北魏太昌元年《元徽墓志》作“貿”。

按，《说文·贝部》：“貿，易財也。从貝丣聲。”《五经文字·贝部》：“貿、貿，上《說文》，下經典相承隸省。”是唐本《说文》仍从“丣”形。又，“貿”字古文字形体亦从“丣”形，如西周中期金文《公贸鼎》作“貿”、先秦空首币《贸字布》作“貿”。至《睡虎地秦简·法律答问》仍从“丣”形作“貿”。故段王诸人改宋本《说文》“丣聲”为“丣聲”，小篆字形亦改为“貿”形。汉代隶变字形或从“𠃊”，如《高彪碑》字形作“貿”；或从“卯”，如《周憬功勋铭》作“貿”形。故而《干禄字书》“貿”、“貿”俗正二体，今文字字形均源于汉隶。隋唐时期，所从“卯”形又多从“夘”形，如隋《豆卢寔墓志》作“貿”，唐代从“卯”、“𠃊”、“夘”三体并行，然“卯”、“夘”实一，故从字形来源角度，《干禄字书》立“貿”俗、“貿”正。

七、〔叺、**从—吅**〕

（一）《干禄字书·上声》：“坐、坐、坐，上俗中下正。”

北魏孝昌二年《侯刚墓志》作“坐”。

南北朝（年代不确）《邑主王硕等造像题名》作“坐”。

北魏建义元年《元愔墓志》作“坐”。

按，《说文·土部》：“㘸，止也。从土，从畱省。土，所止也。此與畱同意。坐，古文坐。”《五经文字·土部》：“㘸、坐，上《說文》，下古文。今依古文。”由此可证，《五经文字》所见唐本《说文》小篆字形当从“丣”，非从“卯”。而今所见古文字资料“坐”字皆从“从”形，如甲骨文字形作“坐”（《甲骨文编》后下2·16·8），古陶文字形作“坐”（《古陶文字征》3·987），较少见到从“丣”或“卯”形体。林义光《文源》卷六亦云：“經傳皆作坐，象二人對坐土上形。作㘸者，丣古作卯，蓋人人變作人人，形近卯，遂譌从丣耳。”古、今文字过渡时期，出现从“丣”字形，如《睡虎地秦简·秦律十八种》作“坐”。汉隶除早期从“丣”形，如《老子（甲本）》作“坐”形外，成熟时期多变从“㐺”形，如《武威汉简》作“坐”、《熹平石经·仪礼》作“坐”，亦出现从“吅”形体，如《史晨碑》作“坐”。由此可证，《干禄字书》所贮存正体“㘸”，其来源可溯至汉隶成熟时期，然彼时正体却从“㐺”形。而另一正体“坐”，则源自甲骨文。然汉隶成熟时期正体“坐”字从“㐺”形者，演变至六朝楷体仍从“㐺”形，如北魏《贾良造像记残石》作“坐”。故而从“从”形“坐”字，由古文字过渡至今文字，隶变阶段混同于从“㐺”形，楷化阶段则又重新分化为二，这一点与前面几组略有不同，即二异体字形，均各有不同来源，非一字由另一字形演化而来。

《干禄字书》俗体“坐”，六朝已见用例，如上举《侯刚墓志》字形作“坐”，同时出现“坐”形，如北周《马龟墓志》作“坐”，“坐”或“坐”当为六朝时期从“㐺”、“吅”、“从”诸异体相互混用产生的新的异体。又，《名义》传抄字形，字头作“坐”、注文字形作“坐”，《玉篇》亦以“坐”为主字头、以“㘸”字为“同上”字，一方面说明《干禄字书》正体“坐”，亦即《说文》古文形体，六朝时期大半作为常用正体行用，另一方面则说明俗体“坐”唐代确为较常用字形。

（二）《干禄字书·入声》："哭、哭，上俗下正。"

北魏永安二年《邢峦妻元纯阤墓志》作"哭"。

北魏正光五年《元悦妃冯季华墓志》作"哭"。

北魏正光五年《彭城王妃墓志铭》作"哭"。

按，《说文·哭部》："哭，哀聲也。从吅，獄省聲。"古文字资料中，"哭"字少见。篆隶递变时期，形体构造合于《说文》[1]，如《睡虎地秦简·日书（甲种）》作"哭"、《纵横家书》作"哭"。汉隶成熟时期，字形仍从"吅"不变，如《孟孝琚碑》作"哭"、《郑固碑》作"哭"。然下半部分所从"犬"构件之"丶"笔，逐渐弱而不显，最终讹从"大"形，如《熹平石经·仪礼》作"哭"、《候成碑》作"哭"。《隶辨》卷六亦云："隸變如上（哭），或作哭，譌從大。"故而《干禄字书》正体"哭"，楷字形体源于成熟期的汉隶字形。至六朝楷化变异时期，从"吅"从"大"之"哭"字，已然为常用形体，如《名义》传抄字形，字头即作"哭"形。虽今所见六朝实物用字资料未见《干禄字书》俗体"哭"，但已出现如《邢峦妻元纯阤墓志》作"哭"形用例，且上例"坐"字六朝即已出现从"从"字形，故而"哭"形具备六朝出现的可能性。又，《名义》注文字形多作"哭"形，原本《玉篇》残卷字头、注文字形却均作"哭"形，《五经文字·口部》又云："從犬從吅（吅音喧），作哭訛。"故而可证"哭"形于唐代确是较常见的俗体，而《干禄字书》规范"哭"为俗体，符合唐代社会实际用字。

八、〔叅—**曑**〕

按，《说文·晶部》："曑，商星也。从晶㐱聲。参，曑或省。"《九经字样·日部》："曑、曑，音森，商星也，上《說文》，下隸省，與參字不同。參，音驂。參字，從厽。厽，音纍。今經典相承，通作參。"《隶辨》："此說非也。《說文》厽部無參字，《玉篇》有

①虽字形构造相同，然《说文》六书分析"獄省聲"，前人多有疑问，段玉裁注："本謂犬嗥而移以言人。"

之，隸變品為厽，故《玉篇》收入厽部，注云‘千含切’、‘又所今切，星名。亦作曑’。則知曑、參為一字也。毛晃《增韻》云：‘《史記》曾參字子輿，盖取驂乘之義。今《論語》音森。’”

汉隶《唐扶颂》：“家有參騫。”字形作“”，《隶释》云：“以叅為參，即曾閔也。”《隶辨》云：“按，從㐱之字，諸碑或變作尒，如珍為珎、軫為軨之類甚多，故參亦作叅。《方言》：‘叅，分也。’注云：‘叅，古本作參。’則叅即參字，非以叅為參也。俗專以參為參商之參，而以叅為叅謀，《隶释》盖為俗所惑耳。《陳君閣道碑》：‘行同叅騫。’與此碑同。”此说可从。篆隶递变时期，字形尚作“曑”形，如《睡虎地秦简》作“”，《老子（乙本）》作“”，至《武威汉简》已出现“曑”作“喿”及“參”形，如《医简》作“”，《仪礼·泰射》作“”。

又，《说文·品部》：“，鳥羣鳴也。从品在木上。”西周中期金文《叔喿父簋》字形作“”，《睡虎地秦简·日书（甲种）》作“”，林义光《文源》卷六：“按象三口在木上。”[1]隶变字形仍从“三口”在木上，如三国吴《九真太守谷朗碑》作“”。《名义》“喿”部传抄字形仍作“喿”形，唐代“喿”字亦未见其他异体，而“參”字《名义》传抄字形作“”，字属“品”部，由此可见，自先秦至唐代，“喿”、“參”二形分明，“喿”并不相混于“參”字。然前述“參”字，其异体如“喿”形，则与“喿”形相似，故致使从“喿”构件之字出现从“叅”形异体，用例甚丰，下述四组异体字形，即从“喿”构件又作从“叅”形例。

（一）《干禄字书·上声》：“燦、燥，上俗下正。”

唐建中二年《房有非及妻尚氏墓志》作“”。

唐乾元元年《杨君妻秦氏墓志》作“”。

按，《说文·火部》：“，乾也。从火喿聲。”早期汉隶字形与《说文》合，如《老子（乙本）》作“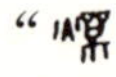”，《孙膑兵法》作“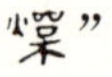”，汉印《燥临》作“”。《干禄字书》正字作“燥”，即

①高田忠周《古籀篇》三十：“蓋作字之意，與雧字同。彼主鳥羣而製，故从雥；此主羣鳴而製，故从品。三隹三口，即多略不過三之例也。”

源于此。汉隶成熟时期出现从“參”形之“燥”字，如《郙阁颂》作“燥”。至隶书楷化过渡时期，“參”构件所从次级构件“彡”变异作“小”形，如晋《徐美人墓志》作“燥”。又，《名义》传抄字形作“燥”，可见六朝时期，“燦”形已较为常用。然《干禄字书》收录俗体字形作“燥”，较“燦”形少一“、”笔，以今所见六朝楷书实物资料，未见从“枲”字形，故而确切地说，“燥”形为唐代俗体字形。故，《五经文字·火部》亦规范正字形体作“燥”。此外，《隶辨》：“按，《干禄字书》燥俗作燥，相仍積習，有所自來。”此处“燥”字，当为系联《郙阁颂》作“燥”形而言，非即指《干禄字书》俗体作“燥”形。

（二）《干禄字书·上声》：“藻、藻，上俗下正。”

北魏正光五年《元崇业墓志》作“藻”。

北魏永安二年《王翊墓志》作“藻”。

北魏建义元年《元悌墓志》作“藻”。

按，《说文·艸部》：“藻，藻或从澡。”《五经文字·艹部》：“藻、藻，二同。”然以历代社会实物用字资料显示，二字形中，“藻”形并不多见，而或体“藻”更为常用，如汉隶《度尚碑》作“藻”、《苑镇碑》作“藻”、《张平子碑》作“藻”。六朝楷化从“枲”或“枲”字形渐趋行用，《名义·艸部》：“藻，績道反。藻字。”“藻”字即作“藻”形。故而《干禄字书》俗体“藻”确源自六朝楷字，而正体“藻”则源自汉隶。由“藻”形变异作“藻”形，其间经过汉隶成熟时期从“參”、“喿”形体的并行沿用，逐渐楷化变异从“枲”、“枲”字形。

（三）《干禄字书·去声》：“操、操，上俗下正。”

北魏正光五年《檀宾墓志》作“操”。

北魏永安二年《邢峦妻元纯阤墓志》作“操”。

北魏熙平二年《元怀墓志》作“操”。

北魏孝昌二年《于景墓志》作“操”。

按，《说文·手部》：“操，把持也。从手喿聲。”《睡虎地秦简·日书（甲种）》字形作“操”，汉隶仍从“喿”形者，如《鲁峻碑》作“操”，由从“喿”形演变为从“喿”形者，如《鲜于璜碑》作“操”、《校官碑》作“操”，可证《干禄字书》所贮存“搽”、“操”二形，俱源自汉隶成熟期字形。《名义》传抄字形作“操”，并未如其他“喿”构件俱从“喿”形者，实为避免“操”字作“搽”形与“掺”字相混之故。而汉隶《议郎元宾碑》字形正作“掺”形，《隶辨》卷四：“按，《博雅》：‘掺，操也。’《詩》：‘掺執子之袪兮。’《釋文》音所覽切，《五經文字》云掺與攕同，皆非也。以此碑及《博雅》証之，掺即操字，操變為搽，亦變為掺，從喿、從參者，參、喿本一字也。”今按，《五经文字·手部》：“掺、操，上山檻反，見《詩》。下千到反，又倉刀反。”未知《隶辨》“《五經文字》云掺與攕同”所从何出。又，《广韵·咸韵》：“掺，同攕。”故《隶辨》所引《五经文字》或为《广韵》之误。然自魏晋至唐宋，均未见作“掺”形之“操”，可证“掺”、“操”确为二字无疑。故“搽”从“喿”形，与从“参”形之“掺”实为二字，亦如前述：“自先秦至唐代，喿、參二形分明，喿并不相混于參字。”“操”、“掺”二字亦同之。

（四）《干禄字书·去声》：“躁、躁，上俗下正。”

《兰亭序（神龙本）》作“躁”。

唐太和八年《王振墓志》作“躁”。

按，《说文·走部》：“趮，疾也。从走喿聲。”段注：“今字作躁。”《五经文字·走部》：“趮、躁，二同。”汉隶“趮”字，银雀山汉简《孙膑兵法》作“趮”形、马王堆帛书《相马经》作“趮”，实物用字资料所限，今所能见到的汉代隶书中，未见作“躁”形者。“躁”字出现的最早用例，即上举王羲之《兰亭序》，该字形从“喿”，可证《干禄字书》贮存俗体“躁”，晋代楷书即已出现。又，《名义》传抄字形，“趮”字仅于字头位置出现，字形作“趮”，而注文字形则全用“躁”字，字形或从“喿”形，如：“動，徒董反。躁也、行也、出也、作也。”“躁”字作“躁”；或从“喿”形，如：“超，耻驕反。越也、出前也、遠也、踰跳也、怡也、躁也、疾也、度也。”“躁”字作“躁”形。

本系字组主要涉及“厶”—“口（囗）”构件（包括从二形构件者）的异体规范，二者互有正俗，然从数量上来看，仅“雄”、“弘”二字为正，余皆以从“口（囗）”构件字为正体。六朝至隋唐时期社会实物用字，“雄”与“雄”、“弘”与“弘”分别并行沿用，量化统计难以区分各自使用频率的高低，故而《干禄字书》仍以《说文》构字理据为正，取从“厶”形者为正，自唐末五代开始，社会实物用字则从“口（囗）”之俗体渐趋消亡，宋代以后，从“厶”形者成为唯一通行字形，且上升为绝对正体字形地位。然汉魏至隋唐社会用字出现从“口（囗）”形构件异体，其原因大概受从“口（囗）”形构件字又异作从“厶”形的反作用影响。

余从“口（囗）”构件字为正体者，多数情况下，与《说文》构字理据吻合，且社会实际用字中，从“口（囗）”构件字较其他异体结构，亦较为通行，故而《干禄字书》所规范字级依据当即综合社会用字实际与祖述《说文》构字理据交互作用的结果。然亦存在《干禄字书》未取《说文》为正者，尤以“衮”字为代表。唐代社会用字，“衮”形较“衮”形更为多见，若依《说文》及唐代社会用字实际，“衮”形处于绝对的正字地位，而《干禄字书》以“衮”形为通体、“衮”形为正体，虽不得确知元孙立“衮”形为正体的依据，然确与“衮”字古文字源头相吻合。

而“口（囗）”形异作“厶”形的主要因素，从今文字源头上来看，当即隶变阶段的简化因素。“厶”形前身即隶变时期的“△”形，“口（囗）”形隶变过程中，受到来自书写求简求便的影响，由四条边简作三条边，尤其是“口”形叠加而成的“吅”、“品”构件，变为“厸”、“厽”形体后，书写时间大为缩短。然“△”形于今文字阶段，并不具备读音和意义，亦即非文字学意义上的构件，但亦足以说明，隶变阶段非构件的“△”形较成字构件的“口（囗）”形，尚不具备对立区别意义，故而从“口（囗）”形字，大都能够异作从“△”形。魏晋隶书楷化阶段，非构件的“△”形，其末笔“㇏”形，为适应楷书笔画的规整性，而变作“丶”画，最终形成沿用至今的“厶”构件。自汉魏至唐末五代时期，“厶”—“口（囗）”构件的大量混用，反映出贯穿在今文字发展演变过程中，文字本身构字理据的自我维护、社会使用中的简化因素及人为的字样规范三种力量的交互作用，在这一多种力量的综合作用中，起主导作用的仍是文字本身构字理据的自我维持和调节。

第五章

《五经文字》、《新加九经字样》传承《说文》研究（一）

《五经文字》、《九经字样》是在刊刻《开成石经》的基础上编纂而成，某种程度而言，是《开成石经》的副产品。二书所收单字，全部来源即《开成石经》刊刻的十一部先秦经典著作。其规范字样的首要依据，即为《说文》，甚至包括分部立目，亦多传承《说文》。故而本章第一节首先从字样学著作对《说文》部首的传承与变异及由此呈现出的特征入手，探讨字样学著作对《说文》部首的沿革。需要注意一点：由于《九经字样》收字量少，与《五经文字》相比，立部带有很强的特殊性，故而在『部首沿革』一节中，主要以《五经文字》的分析为主。

对于《说文》未收字，字样规范则以《字林》、石经等为依据。经过数据库测查统计，《五经文字》3250个字头中，192字为石经、《字林》或经典相承隶变、隶省字。去重之后，得到不重复单字3057个，其中见于《说文》字头者2630个，比例约为86%，《说文》字头未见者共434个，比例约为14%。《说文》重文外字头数2564个，《说文》未见者407字。

《五经文字》所收3250个字头，编者标注为2901组，其中重文共有337组（三体重文共6组）。重文字组包括二同字组88组、三同字组1组，二同字组176字中，有26字，《说文》字头未见。二同字的实质即字样学所认同的一种异体关系，这种异体关系与其他重文字组中古文字字形和今文字字形的关系并不相同。由于并未有注明讹误字者，故而二同字即指《五经文字》所确立的并正字。虽然《五经文字》确立其为异体关系，但上溯至所征引的《说文》来看，部分字组存在一定程度的问题，故而成为我们探讨唐代字样学正字理念及异体关系标准的重要资料。

此外，重文字组中，186个字形为《说文》小篆字形楷写，我们拟称之“楷化篆字”，这一部分亦是我们研究的重点之一。同时，由于《说文》较完整的最早版本，今天所能见到的仅为宋代徐铉校订本（世称大徐本《说文》），大徐本之前，《说文》经过了唐代李阳冰的刊改，故今所见大徐本《说文》已与《说文》原本相距甚远。故而《五经文字》、《九经字样》征引唐本《说文》就成为还原许慎《说文》原貌的有效途径。故而利用字样学征引唐本《说文》对校宋代大徐本，所得结论，对大徐本之讹多有订正。

然由于字样学著作传承《说文》这一专题内容丰富，篇幅稍长，故而分割为二，本章主要包括：部首沿革、二同字及楷化篆字研究。后一章则主要对字样学专书校订宋本《说文》小篆字形和相关引文展开研究。

第一节

部首沿革

《说文·叙》：“此十四篇，五百四十部，九千三百五十三文，重一千一百六十三，解说凡十三萬三千四百四十一字。其建首也，立一為耑。方以類聚，物以群分。同牽條屬，共理相貫。雜而不越，據形繫聯。引而申之，以究萬原。畢終于亥，知化窮冥。”这一编排理念和方式，即为《说文》首创的部首。

部首即根据汉字形体偏旁所分的门类[1]，一般而言，同部字中，字形简单、排在首位的字头，即被确立为部首字。《说文》据此确立了540部。各部内所属字之编排条例，段玉裁于《一部》末注：“凡部之先後，以形之相近為次。凡每部中字之先後，以義之相引為次。《顏氏家訓》所謂隱括有條例也。《說文》每部自首至尾，次第井井，如一篇文字。如一而元，‘元，始也。’始而后有天。天莫大焉，故次至丕，而吏之从一終焉是也。”

邹晓丽先生《基础汉字形义释源——〈说文解字〉部首今读本义》（北京出版社，1990年）一书，即按《说文》部首的意义，依类编排，整合540部为七个大类18个小类：第一大类是“以人体为内容的部首”共197个。197个部首又分为六小类。首先是与人形体有关的部首83个；然后是一些具体部位，它们依次是头（页）、目、口、手、足，共五小类。第二大类是“以器用为内容的部首”180个。它们又可分为七小

① 《汉语大词典》10卷第652页。

类，祭祀、打仗、衣、食、住、行及29个与器用有关的其他部首为第七小类。动物、植物、自然界都和人类的生存息息相关，在《说文解字》中的有关部首共129个。其中动物类61个，植物类31个，自然界类27个，它们分别为第三、四、五大类。最后两大类是以数目字和干支字为内容的。可以看出，从部首据形系联，到部中字以义之相引为次，《说文》540部构成了一个较为严密、完整的编排系统。

《说文》之前，《尔雅》一系工具书以义编排为主，由于词义因时因地而异，对词义的理解亦因人而异，故而以义编排的方式，具有很大的局限性。而《说文》部首编排虽然在归并方面存在一定不够合理的地方，但是毕竟首次采用了据形系联的部首概念，开字书部首编排体例的先河，对后世字书编纂产生了巨大的影响。以梁顾野王《玉篇》为例，虽然《说文》540部是以古文字小篆构形系统分解得出的归类，但作为第一部楷书字典的《玉篇》，其采用的依然是《说文》部首编排体例，且其部首格局亦多沿袭《说文》，但《玉篇》成书阶段毕竟处于楷字发展渐趋成熟期，故而其部首的确立存在小篆与楷字之间的不对应性，故而《玉篇》在楷字系统内进行了适当调整，最终确立542部，前人均有相关统计数据①，此处不赘。

刘志基先生《部首意义三论》②云："汉字的意义，通常系于汉字部首。"故而对于《说文》部首字的研究亦成为说文学研究的一个重要组成部分。尤其是近代以来，章太炎《说文部首均语》，康殷先生《说文部首》，邹晓丽先生《基础汉字形义释源》，徐復、宋文民先生《说文五百四十部首正解》等，均对《说文》部首字进行了不同程度的考证和阐释。

本节所论，并非对各部首字逐字考释，而是对比《说文》部首，不仅调查字样学著作所立部首反映在数目上的变化，而且更为重要的是，探析部首编排方式的更革，以及由此反映出的部首发展演变特征及相关正字理念。

张参《序例》云："近代字樣，多依四聲，傳寫之後，偏旁漸失，

①陈建裕《玉篇部首说略》（《阴山学刊》，1999年1期）一文，汇总了钱大昕、胡朴安、郑师许、孙钧锡、胡奇光等先生的统计数据。

②《辞书研究》，1998年2期：第83-89页。

今則采《說文》、《字林》諸部，以類相從，務於易了，不必舊次。”今所能见到的唐代字样学著作，《干禄字书》以四声编排，四声之内收字依韵部排次，敦煌写卷S388写卷后半部收录郎知年《正名要录》，经台湾学者蔡忠霖、郑阿财[①]等人离析，认为该书不依形分部，亦不依声分部，仅以六个类别总括1367字，仅其中第五类和第六类中，字次依四声编排。其余字样学著作中，颜师古《颜氏字样》已佚，无法得知其编排体例，杜延业《群书新定字样》则不仅未依声或依形分部，且字次也没有固定的编排方式，仅在需要时把易混字相连排列。故，《五经文字》、《九经字样》对《说文》部首的沿革，价值尤为明显。

《五经文字·序例》：“凡三千二百三十五字，依偏旁为百六十部。”去重之后单字量为2901字，用160部统摄“五经”收字[②]中的2901字，相较于《说文》540部统摄九千三百五十三文，重一千一百六十三，数量上存在明显差异，其原因在于二书编纂性质的不同。字样学著作，收字标准即“五经”中，编撰者认为需要规范之字，且体例上“凡從某者，皆放此”，以类推的方式规范整批同构件字。又《九经字样》“於五經文字本部之中採其疑誤舊未載者”（《九经字样·序》），总字样数仅为422字，从属于76个单部首字部及一个杂辨部[③]，故而无法以部首数目的绝对数量来探讨字样学著作对《说文》的沿革。然以同时代其他字书立部情况，如《开元文字音义》序云：“古文字唯《說文》、《字林》最有品式，因備所遺缺，首定隸書，次存篆字，凡三百二十部，合為三十卷（今仅存二十五卷）。”或可从侧面反映字样学著作对《说文》部首在立部数量上的更革。故而，本节主要以《五经文字》部首的分析为主，《九经字样》部首但需要处，则加以交代。

①参看蔡忠霖：《唐代的两种字样书——〈正名要录〉与〈干禄字书〉》，《中国文化大学中文学报》，1994年2期。又，郑阿财：《敦煌文献与唐代字样学》，第六届中国文字学全国学术研讨会，1995年。

②清人钱泰吉统计“十三经”正文字数647500余字（另有学者统计为589283字，去重之后得到单字量为6544字）。

③《九经字样·序》：“其偏旁上下本部所無者，乃纂為雜辨部以統之。”按，杂辨部收75字。

一、《五经文字》部首的类别

《五经文字》部首对于《说文》的沿革，从汉字形体发展演变的角度来看，所有部首皆可称为变异部首。其因即在于《说文》所立部首为小篆字形，而《五经文字》部首则为楷书结构。这种书体的演变，即由古文字的线条过渡到今文字的笔画，本身就属于一种变异。然本节所论，暂时将书体的因素剥离，进而选择从构件的传承角度探究，就可以在上述变异的基础上，分析传承演变过程中的相同与差异。

按照部首形体结构的特征，首先可以将《五经文字》部首分为三类：部首及所属字未变例、变异部首例及《说文》未见部首例。其次，变异部首例中，又可分为形体变异和形体未变但部首整合两个层次。本部分即按照上述四个层次依次分析。需要说明一点，在形体未变但部首整合层次中，该部分将属于形体变异且部首整合的情况一并统计列出，拟以归并部首例命名，故而第二类的变异部首例中，仅列出属于部首形体结构存在变异的字例即可。这种分类量化，虽存在部分交叉，但却勿求更明晰、突出地说明《五经文字》部首对《说文》传承演变的层次。

（一）部首及所属字未变例

《五经文字》160部统摄字头（此处所谓统摄字，均指《五经文字》贮存字亦见于《说文》者。若无注明，本节所论各部首所收字及字量义皆同此），出现于《说文》相同部首者，共47部，约占总部数的29%，亦即《五经文字》直接传承《说文》部首近1/3。此类部首及该部统摄字数，统计如下表：

部首	收字量
釆	4
人	61
廴*	3
走*	6
穴	23
冂	2
冃	4
鼎*	3

部首	收字量
角	13
酉	26
革*	13
示*	26
耒*	4
巾	17
豸*	13
馬*	31

部首	收字量
广	14
石*	9
蚰*	9
斤	4
斗	8
耳*	13
内	5
子	6

部首	收字量
夭	3
赤*	4
金*	43
幸	3
山	13
攵	8
夂*	2
老	6

部首	收字量
𠂢	2
瓜	2
叒	3
匕	2
雨*	17
片*	2
橐	3
口*	7

部首	收字量
瓦*	9
皿	9
血*	4
足*	15
喜	2
骨*	5
爨	2

（部首顺序依《五经文字》排次，且部首字未计入，下同。“收字量”一栏为《五经文字》所收字见于《说文》字头者。下同。）

上表统计47部，同其他部首不同之处，即在于抛开书体因素，将小篆部首隶定或楷化之后，字形同《五经文字》部首完全相同，且《五经文字》该部属字，其来源亦皆为《说文》相对应部首所属字。除此之外，不仅《说文》与《五经文字》立部相同，且《玉篇》及《字汇》、《康熙字典》等历代字书亦基本沿用。其中标“*”的部首为《汉大》所立部首及属字全同《说文》、《五经文字》及《玉篇》者，共有21部，如“革”部字13个、“示”部字26个、“马”部字31个、“金”部字45个，可见其古今传承率之高。

此外，如“人”部所收61字，《说文》、《玉篇》立部均同，除“咎”、“弔”二字《汉大》分别归部于“口”、“弓”二部之外，余59字亦皆同立为“人”部。又如“穴”部，收字23个，《说文》、《玉篇》立部均同，除“邃”字《汉大》立于“辵”部外，余22字亦皆同立为“穴”部。

以“人”部为例，《说文·人部》：“，天地之性最貴者也。此籀文，象臂脛之形。凡人之屬皆从人。”清孔广居《说文疑疑》：“人字有七體，在旁者作；在下者作，即之小變。今《說文》作，譌也；在上者作，或作，或作，即之横者；或作，亦是横；在外者作。”

按，孙海波《甲骨金文研究》：“又人、、、四字，古文並是一字，而許君析之為四，皆列部首，實有未安。”王慎行先生《从人形古文字零释》①：“早期或較為早期的人、大、女、卩這四種形體，因為都起着表示人形及其姿態的作用，其意義相近，所以用人形構成的文字的偏旁時，它們彼此可以代用，即有些古文字偏旁從人、從大、從女或從卩互作無別。”

又，甲骨文“人”字形体皆像人侧立形，徐復、宋文民先生《说文五百四十部首正解》曰：“側立則僅見其軀幹及一臂也。金文《追敦》、《盂鼎》等作，石鼓文作，《說文》篆文本之。”《五经文字》：“人部：此一部多作亻，亻與人同。”《九经字样》即作“亻”形。

①《殷都学刊》1991年1期。

《五经文字》对《说文》“人”部及从“人”构件的部首，均承袭使用，即使该部属字数量零星一二，亦不轻易归并，如：

“从三人”之“𠈌”部，《说文》仅收“眾”、“眔”、“聚”、“㬈”四字，《五经文字》全部加以收录，楷化部首作“乑”形，注曰：“象三人”。

“从到人”之“𠤎”部，《说文》亦仅收录匕、䖒、眞、化四字，《五经文字》收录“匕”、“眞”、“化”三字，楷化部首作“匕”形，并注曰：“象倒人。古變匕字。”又，《五经文字》楷化《说文》“匕”部形体作“匕”形，与《说文》“匕”部形体丧失区别性，由于《说文》“匕”构件唐代均楷化定型为“𠤎”形，产生新的对立区别，故而《五经文字》依楷化字形，变《说文》“匕”部形体为“𠤎”形。

儿、卩等部亦各为部。同时将其他部中，形体有某种联系者，亦加以归并。如“卩”部所收7字中，仅“卸”、“卻”、“卷”三字为《说文》“卩”部属字，而其他四字，即《说文》“邑”部之“𨚓”、“血”部之“衃”、“卯”部之“卿”、“卮”部之“卮”，均因楷化字形包含“卩”构件或与“卩”形近之构件，而加以归并，归并其他部首的比例达到57%。直至《汉语大字典》，除“𨚓”字仍归“邑”部之外，其余三字均同《五经文字》，并入“卩”部。故而在这一点上，许慎虽将“古文並是一字”或“都起着表示人形及其姿态的作用”的字形各自立部，但《五经文字》却没有统一归并，仍直接承袭《说文》。

由此可见，虽然汉字由古文字过渡到今文字，发生了质的变化，且不能将后世其他字书分部归类直接归因于对《说文》部首的沿袭，但是仍应明确，《说文》分部立目，对后世字书，产生了巨大影响。

（二）变异部首例

由于隶变、楷化的影响，部分《说文》部首，传承至《五经文字》发生了若干变异。主要体现在构件的组成或笔形体态上。依据上文分类，拟命名为变异部首。下表所列16个部首（占总部数的10%），仅列出了排除书体因素之外的，属于部首形体结构存在变异的字例，亦即形体由小篆字形演变至楷书形体，在构件的组成或笔形体态上，发生若干变异的部首。其中也包括部分归并部首例（亦见下文第三类“归并部首例”）。同时，本表将《玉篇》、《汉大》对应部首一并列出，以期对变异部首的演变脉络及多样性有进一步的了解。

《五经文字》部首	《说文》部首	《玉篇》部首	《汉大》部首	收字量	同属字数	比例
辶	辵	辵	辶（辵）	24	23	95%
罒	网	网	网（罒冈）	17	16	94%
肉	肉	肉	肉（月①）	51	51	100%
艹	艸	艸	艹（艸）	157	153	98%
鬲	鬲	鬲	鬲	7	5	71%
疒	疒	疒	疒	17	17	100%
阝	邑	邑	阝（邑）	36	36	100%
斗	斗	斗	斗	8	8	100%
冫	仌	冫	冫	10	9	90%
攵	攴	攴	攴（攵）	23	23	100%
乑	㐺	乑		3	3	100%
匕	匕	匕		2	2	100%
匕	匕	匕	匕	6	4	67%
覀	襾	襾	覀（襾西）	2	2	100%
羽	羽	羽	羽	12	12	100%
歹	歺	歹	歹（歺）	10	6	60%

（“同属字数”为《五经文字》该部属字亦见于《说文》相应部首所属字字量。）

以“鬲”部为例，《说文·鬲部》：“鬲，鼎屬。實五觳。斗二升曰觳。象腹交文，三足。凡鬲之屬皆从鬲。”孙诒让《名原》卷上：“金文鬲字最多，唯《虢中（仲）鬲》作，腹交文三足咸完具，與小篆相近，其餘異體尤衆，並舛異不合，要皆省變象形字也。金文鬲字上並象器形而皆無耳，唯《郳白（伯）鬲》作，約略存兩耳形，古文鼎字亦多如是。鬲鼎器本略同也，其下半展轉變易則多失其本形，足則類、、、、諸文，腹交文又或變為，蓋依傅他字以易其原形，周時已有此弊，不徒秦篆也。”

《五经文字·鬲部》：“鬲，音歷。鼎屬。《說文》作，經典相承隸省作鬲。凡從鬲者皆放此。”《九经字样》与《五经文字》同，亦立部为“鬲”形。

①除“臠”字《汉大》归为“肉”部外，其余50字中，47字全部归为“月”部。

按，金文“腹交文”从“羊”形者甚多。如，《盂鼎》作“鬲”、《夨鼎》作“鬲”、《毛公鼎》作“鬲”、《多友鼎》作“鬲”。《三体石经·君奭》小篆字形作“鬲”，汉隶《武威简·服传一》作“鬲”、《石门颂》作“鬲”。至六朝隋唐时期，楷书字形亦多从“羊”形，如北齐《高叡定国寺塔铭碑》作“鬲”、唐《朱光宙墓志》作“鬲”。故《说文》小篆“鬲”形从“丫”，《五经文字》变异从“羊”作“鬲”，确属来源有自。然宋代以降，“鬲”字六朝隋唐时期所从之“羊”形，逐渐演变为“丫”形，最终回归到《说文》小篆所从构件上，沿用至今。

又，《说文·䰜部》：“䰜，歷也。古文亦鬲字。象孰飪五味气上出也。凡䰜之屬皆从䰜。”王筠：“鬲、䰜為一字，古文兼象釜上气。”《五经文字》将《说文·䰜部》之“鬻”、“鬻”二字，归并至“鬲”部下，《九经字样·鬲部》亦收录“䰜”字，注曰：“音歷，象熟五味，氣上出也。非從弓，鬻字從此。”后代字书亦多沿用，今《汉大》亦只立“鬲”形一部。故《五经文字》、《九经字样》将《说文·䰜部》之字归并至《鬲部》下，确有一定程度的合理性。

通过上表可以看出，共有9个部首所属字量与同属字量相同，即《五经文字》该部所收字（亦见于《说文》字头者），对应《说文》亦属于同一部首，其余7个部首中，虽然各有部分字为非同属字，但从比例来看，同属字量均超过50%（包括50%）。如《五经文字》“艹”部所收157字中，仅“薵”、“荐”、“薙”、“薅”四字在《说文》中归于其他部首，《五经文字》“艹”部传承比例达到98%。这也说明变异部首与“部首及所属字未变例”基本都是对《说文》所立部首及其所属的继承。这两类部首总数为63部，约占《五经文字》总部首数的39%，足见《五经文字》传承《说文》部首的比重之大。

此外，上述两类部首中，除《汉大》将《说文》“𠂹”部之“㐺”、“眔”、“聚”、“臮”及“匕”部之“匕”、“㲋”、“眞”、“化”，分别归入其他部首外，《玉篇》和《汉大》对于《说文》所立部首均以直接承袭为主，对于《五经文字》所收字，其归部亦基本相同。或可以说明，上述约占总数39.4%的部首，在楷字发展及字书传承演变中，处于较为稳定的地位。

（三）归并部首例

上文提到，变异部首中，存在部首形体变异和形体未变但整合其他部首两种情况。而不论部首形体发生何种变化，抑或保持《说文》字形结构，其中均含有整合、归并其他部首的情况，故本部分单独提取这类部首，拟名之归并部首例。《五经文字》160部中，有98个部首属于归并部首例，约占总数的61%。相比上述变异部首例，归并部首更多关注部首的来源层次，而不是部首形体结构的差异。下表将98个部首对应《说文》情况及相关统计数据、《玉篇》与《汉大》对应部首[①]一并列出如下（“《说文》部首”一栏，为免冗繁，未列出与归并部首相同者。“《五经文字》字例”一栏，包括《五经文字》对应“《说文》部首”栏下该部的全部属字）：

归并部首	收字量	同属字数	比例	《说文》部首	《五经文字》字例	《玉篇》部首	《汉大》部首
木	159	153	96%	夲	夲	夲	大
				叒	桑	叒	木
				西	棲	西	木
				林	楚棼	林	木
				朩	臬	朮	木
手	124	123	99%	日	晢	日	日
才	11	0	0	豸	豺	豸	豸
				門	閉	門	門
				口	哉	口	口
				木	栽	木	木
				肉	胾	肉	肉
				酉	酨	酉	酉
				車	載	車	車
				異	戴	異	戈
				衣	裁	衣	衣
				土	在	土	土
				子	存	子	子

①《五经文字》归并部首字例为单字时，则取单字在《玉篇》、《汉大》中的部首；若为两个及以上字例时，则取《说文》部首与《玉篇》及《汉大》相对应的部首。

（续表）

羊	13	10	76%	水	洋	水	水
				彇	羹	鬻	羊
				羽	翔	羽	羽
米	18	15	83%	食	饎糦	食	米
				口	屎	口	尸
辶	24	23	95%	竹	籩	竹	竹
止	10	4	40%	此	此	此	止
				步	步歲	步	止
				正	正乏	正	止
				宀	定	宀	宀
缶	5	3	60%	宀	寶	宀	宀
				𠂤	陶	阜	阜
癶	3	1	33%	癸	癸	癸	癶
				弓	發	弓	癶
宀	31	26	84%	心	憲	心	心
				寥	寤寐病	寥	宀
				穴	穴	穴	穴
冖	2	1	50%	冥	冥	冥	冖
勹	6	4	67%	包	包	包	勹
				車	軍	車	車
目	35	29	83%	眉	眉省	目	目
				盾	盾	盾	目
				瞿	瞿矍	瞿眀	目
				夏	复	旻	夂
鼻	3	2	67%	刀	劓	刀	刀
罒	17	16	94%	刀	罰	刀	网
且	6	1	17%	辵	徂	辵	彳
				水	沮	水	水
				金	鉏	金	金
				言	詛	言	言
				力	助	力	力
貝	18	15	83%	玉	瑣	玉	玉
				女	嬰	女	女
				口	嘖	口	口
月	4	2	50%	囧	明朙	明	月
舟	7	5	71%	馬	騰	馬	月
				力	勝	力	月

（续表）

丹	3	2	67%	靑	靑	靑	青
鹵	2	1	50%	鹽	鹽	鹽	皿
艹	157	153	98%	薵	薵薅	薵	艸
				茻	莽葬	廾	艸
丫	8	0	0	萑	萑舊	萑	艸
				艸	雈	艸	艸
				見	觀	見	見
				苜	蔑	苜	艸
				瓦	甍	瓦	瓦
				苟	敬	苟	攴
				卵	丱	卵	卜
丵	7	4	57%	菐	僕	菐	人
				衣	襥	衣	衣
				黹	黼	黹	黹
竹	40	38	95%	句	笱	句	竹
				先	簪	竹	竹
鬲	7	5	71%	弼	鬻鬻	鬻	鬲
彡	8	4	50%	禾	穆	禾	禾
				彣	彦	彣	彡
				須	須顲	須	頁
髟	19	18	95%	彡	鬒	彡	髟
衣	48	47	98%	裘	裘	裘	衣
禾	36	35	97%	秝	兼	秝	八
心	53	52	98%	惢	繠	惢	糸
十	7	3	43%	劦	協	劦	十
				率	率	率	亠
				中	屯	中	一
				卅	卅	卅	十
犬	26	25	96%	㗊	器	㗊	口
豕	12	10	83%	帬	豪	帬	高
				彑	彖	彐	彐
勿	2	1	50%	心	忽	心	心
鹿	17	13	77%	麤	麤	麤	鹿
				廌	廌薦灋	廌	广
烏	32	29	91%	烏	焉舄烏	烏	火
隹	13	10	77%	奞	奮奪	奞	大
				雔	雙	雔	隹
言	31	29	94%	詰	譱競	詰	言

（续表）

厂	13	10	77%	鳥	鴈	鳥	鳥
				吅	嚴	吅	口
				火	炭	火	火
卩	7	3	43%	邑	郄	邑	邑
				血	卹	血	卩
				卯	卿	卯	卩
				巵	巵	巵	卩
𠂤	19	18	95%	井	阱	井（丼）	阜
戸	4	3	75%	攴	啓	攴	口
尸	7	3	43%	尾	尾屬	尾	尸
				履	屨屣	履	尸
虫	43	40	93%	風	風	風	風
				蟲	蟲蠱	蟲	虫
土	28	26	93%	垚	堯	垚	土
				丮	執	丮	土
士	4	2	50%	壺	壼	壺	土
				壹	懿	壹	心
冓	6	0	0	木	構	木	木
				水	溝	水	水
				辵	遘	辵	辵
				女	媾	女	女
				言	講	言	言
				見	覯	見	見
玉	23	20	87%	玨	珏瑴班	珏	玉
力	16	15	94%	劦	勰	劦	力
刀	19	15	79%	刃	創劒劔	刀	刀
				朿	刺	刀	刀
戈	16	14	88%	我	我	我	戈
				戊	戊	戊	戈
門	13	12	92%	王	閏	王	門
冋	4	2	50%	隹	嶲	隹	山
				衣	裔	衣	衣
子	6	5	83%	子	疑	子	疋
云	5	3	60%	水	流	水	水
				攴	徹	攴	彳
辛	9	6	67%	辡	辯	辡	辛

（续表）

				刀	辨	刀	辛
				辟	辟	辟	辛
巛	6	5	83%	巜	鄰	巜	米
火	37	30	81%	黑	黶黑黷	黑	黑
				熊	熊	熊	火
				卂	熒	卂	火
				炎	燅	炎	火
				炙	炙	炙肉	火
大	9	7	78%	夫	夫	夫	大
				夨	奊	夨	大
水	129	123	95%	林	涉	林	水
				次	次羨盜	次	水
				桼	桼黎	桼	桼
冫	10	9	90%	馬	馮	馬	馬
糸	68	62	91%	絲	絲繼	絲	糸
				言	䜌	䜌	糸
				系	縣孫	系	糸
				県	縣	県	糸
亼	7	3	43%	會	會	會	日
				亼	舍僉今	亼	舌
				口	命	口	口
				入	仝	入	人
				卩	令	卩	人
食	25	24	96%	倉	倉	倉	人
車	32	30	94%	車	範	車竹	竹
				舛	䡅	舛	乙
女	28	27	96%	毌	毌	毌	毌
鬼	4	3	75%	由	禺	由	田
頁	17	16	94%	臣	頤	頁	頁
見	7	5	71%	夫	規	夫	見
				巫	覡	巫	見
欠	9	7	78%	歆	歆歠	欠	欠
殳	12	11	92%	殺	殺	殺	殳
又	18	12	67%	豎	豎	豎	豆
				聿	肅隸書	聿	聿
				隶	隸	隶	隶
				畫	畫	書	田

（续表）

田	9	8	89%	畕	畺	畕	田
爪	3	2	67%	木	罙	木	采
匕	6	4	67%	比	毙	比	比
				能	能	能	月
臥	3	2	67%	鹽	監	鹽	皿
襾	3	2	67%	貝	賈	貝	貝
兔	1	0	0	㲋	毚	㲋	刀
朿	2	1	50%	束	朿	束	木
				立	竦	立	立
口	47	42	89%	㗊	䶩	口㗊	口
				不	否	不口	口
				言	啨	言	口
				哭	哭喪	吅	口
一	4	1	25%	一	丕	一	一
				非	非鼂	非	非
				丘	北	北	一
二	5	2	40%	齊	齊	齊	齊
				上	旁	上	方
				欠	次	欠	欠
弓	10	7	70%	虫	強	虫	弓
				弦	弥	弓	弓
				弜	粥	弜	弓
黽	9	7	78%	冥	鼆	冥	黽
				龜	龜	龜	龜
儿	11	3	27%	舄	兕	兕	儿
				兄	兄兢	兄	儿
				皃	皃貌	皃	白
				兆	兜	兒	儿
				曰	替	曰	日
匚	15	13	87%	皀	陋	阜	阜
				竹	匽	匚	匚
用	4	2	50%	口	周	口	口
				人	備	人	人
歹	10	6	60%	奴	壑叡睿	叔	歹
				死	死	死	歹
日	19	18	95%	旦	旦	旦	日
曰	3	2	67%	是	是	是	日

（续表）

白	6	4	67%	木	樂		木
㫃	15	14	93%	烏	於	烏	方
虍	16	5	31%	虎	虎虢虩虪虤虒	虎	虍
				号	號	虎	虍
				虤	贙	虤	貝
				皿	盧	皿	虍
				犬	獻	犬	犬
				几	處	几	虍
韋	10	7	70%	市	韐	市	韋
				斗	斡	斗	斗
				弟	弟	弟	八
舛	4	1	25%	桀	桀乘	桀	木
				舜	䑞	舜	夕
壴	6	2	33%	鼓	鼓鼖鼛鼜	鼓	鼓
危	4	0	0	示	祪	示	示
				土	垝	土	土
				頁	頠	頁	頁
				言	詭	言	言

以“且”部[①]为例，《说文·且部》收录“且”、“俎”、“䏣”三字，《五经文字·且部》（部首字计入）共收录“且”、“徂”、“沮”、“俎”、“鉏”、“詛”、“助”、“睢”八字，其中“徂”、“沮”、“鉏”、“詛”、“助”五字，《说文》所注均为形声结构，各字归入所从形符部首内，且皆为收字较多的大部。同时，《五经文字》亦立有上述五字在《说文》中所从的“辵”、“水”、“金”、“言”、“力”五部。在全为形声结构，且构件均为声符的情况下，《五经文字》剥离各字所从部首，重新归并为“且”部，其目的正是“以類相從，務於易了”（《序例》）。《五经文字》且部所属七字（“睢”字《说文》未收）及注文列表如下：

①“且”字《名义》分列“目”、“且”二部，臧克和师《〈篆隶万象名义〉价值及体例特点》云：“这是符合历史汉字隶变楷化过程实际的：《马王堆汉墓帛书》‘且’字仍明显从目在横笔之上。东魏《元湛墓志之二》作[illegible]。《宋本》《说文》皆归《且部》。《五经文字》：‘且部：千也反，又子余反。’”（《中国文字研究》第十辑第15页，2008年12月）

字头	注文
徂	在奴反，往也。《爾雅》又爲徂落字，一體作殂，與《說文》同，亦見《虞書》。
沮	七餘反，又子茹反，沮洳。《詩·風》又音七絮反，止也。
殂	音阻。
鉏	作鋤譌。
詛	側據反。
助	從目譌。
雎	七餘反。雎鳩，鳥名。經典亦爲雎漳之雎，楚水名。宋之睢水，從目，見目部。

上表辨析形体结构者四字：“徂”字“一體作殂”、“鉏”字“作鋤譌”、“助”字“從目譌”、“雎”字（从且）“宋之睢水，從目，見目部”。“徂”、“殂”二字为形符发生替换，其余为声符发生替换，“助”、“雎”二字更是出现形体极为接近的从“目”字形（虽然“睢”字为“宋之睢水”，并非“雎”字形讹）。这样一种“以類相從”的归部原则，从规范字样的角度来看，确实达到了“務於易了”的效果。但是由于字样学著作特殊的性质和功用，多数归并部首例，在后世字书部首立目中，并未加以择用。仅以上述七字为例，今《汉大》又全部回归到《说文》所立部目中去。

又如儿部，《说文》所属儿、兀、皃、允、兑、充六字，《五经文字》所属十一字（部首字计入），其中“儿”、“皃”、“兑”、“充”四字二书同属“儿”部。此外，《五经文字》又将《说文》“㒼”部之“兜”、“兄”部之“兄”“兢”、“皃”部之“皃”“貌”、“兆”部之“兜”及“曰”部之“替”等七字，皆并入“儿”部。

按，《说文·儿部》：“儿，仁人也。古文奇字人也。象形。孔子曰：‘在人下，故詰屈。’凡儿之屬皆从儿。”孙海波《甲骨金文研究》：“甲骨金文從儿之字皆從人，如兒作，允作之類是其證，知儿與人乃一字之寫譌。”

被归并为“儿”部字者，依《说文》字形结构分析，均可与“儿（人）”形体发生联系。归并字头（未列《说文》“儿”部字）及其部首字结构分析见下表：

部首	字头	结构分析
㒳	兕	㒳，象形。與禽、离頭同。凡㒳之屬皆从㒳。兕，古文从儿。
兄	兄	从儿从口。凡兄之屬皆从兄。
兄	兢	从二兄。二兄，競意。从丰聲。
皃	皃	从人，白象人面形。凡皃之屬皆从皃。貌，籀文皃，从豹省。
兜	兜	从兜，从皃省。皃象人頭也。（兜，从人，象左右皆蔽形。凡兜之屬皆从兜。）
曰	朁	从曰兓聲。（兂，从人，匕象簪形。凡兂之屬皆从兂。）

是《说文》字形分析，构形皆从"人（儿）"。因楷化字形皆从"儿"形，与"人"部字形成清晰的对立区别特征，故未归并至"人"部下。这种将《说文》分部过细，但又具有内在构件关联的字，统一归部的原则，亦即"以類相從"。

从归并部首例表格所列数据来看，被归并部首数量超过归并部首数量，即表中比例低于50%者，仅"兔"、"且"等14部，其余80个归并部首，被归并部首数量均占少数，即表中比例高于50%（包括50%）者。足以证明，《五经文字》所立部首相对《说文》而言，继承大于更革，亦即是在《说文》所立部首的基础上，所进行的局部变革。

（四）《说文》未见部首例

《五经文字》所立部首取自《说文》和《字林》，上述三类部首均见于今本《说文》，即宋代大徐本，但仍有5个部首，为大徐本所无。见下表：

《五经文字》部首	字头	《说文》部首	《玉篇》部首	《汉大》部首
爿	牀	木	木	爿
	壯	士	士	士
	臧	臣	臣	戈
	牆	嗇	嗇	爿
	戕	戈	戈	戈
	將	寸	寸	爿
	藏	艸	艸	艸
	狀	犬	犬	犬
	牂	羊	羊	爿
	斨	斤	斤	斤
廿	堇	堇	墓	土
	歎	欠	欠	欠
	燕	燕	燕	火

《五经文字》部首	字头	《说文》部首	《玉篇》部首	《汉大》部首
	庶	广	广	广
	度	又	又广	广
	席	巾	广巾	巾
	黄	黄	黄	黄
弋	必	八	八	心
	貳	貝	貝	貝
	忒	心	心	心
覀	遷	辵	辵	辵
	票	火	火	示
羸	嬴	女	女	月
	贏	貝	貝	月
	蠃	虫	虫	月
	羸	羊	羊	月

〔爿〕大徐本《说文》无“爿”部。徐锴引李阳冰曰：“木右為片，左為爿。音牆。”《九经字样》“鼎”字亦注云：“上從貞省聲，下象析木以炊。又《易·鼎卦》巽下離上，巽爲木，離爲火。篆文‘’如此析之兩向，左爲爿，爿，音牆；右爲片。今俗作鼎，云象耳足形，誤也。”段玉裁据《六书故》“唐本有《爿部》”,而于“片”下增“爿”，注曰：“爿，反片為爿，讀若牆。”

按，许慎《说文》原本是否立“爿”为部，文献不足，未敢遑论。但《五经文字》“爿”部统摄十字，《说文》皆从“爿”得声，且均归部于所从之形符部首。《五经文字》取其声符所从之“爿”立部，与上文且部，同为以类相从。

〔廿〕《说文·燕部》：“，玄鳥也。籋口，布翄，枝尾。象形。凡燕之屬皆从燕。”段玉裁注：“籋口，故以廿象之；布翄，故以北象之；枝尾，與魚尾同，故以火象之。”罗振玉《增订殷虚书契考释》卷中列古文字形体“”、“”、“”、“”、“”、“”，曰：“象燕籋口布翄枝尾之狀，篆書作，形稍失矣，卜辭借為燕享字。”出土资料小篆字形同《说文》，如马王堆帛书《纵横家书》字形即作“”，卜辞字形“籋口”状，业已形同于“廿”。

又，《说文·黄部》：“，地之色也。从田从炗，炗亦聲。，古文光[①]。，古文黄。凡黄之屬皆从黄。”《殷虚文字甲编》“黄”字作“”（1647）、《铁云藏龟》字形作“”（10·3），金文字形则多演变从“廿”形，如《召尊》作“”、《买簋》作“”。

按，“燕”字《甲骨文续编》收录字形或作“”（3200）、“”（8852）。系联甲骨文“黄”字形体，其上部所从之“”，金文中部分字形变作“”形，至篆文则全变为“廿”形，“廿”形发展演变形成明晰的轨迹。

《五经文字·廿部》所属其他字形，《说文》构形多从“黄”或从“黄”所从之“炗”。如，《说文·广部》：“”：“从广、炗。”《巾部》“”：“从巾，庶省。”《又部》“”：“从又，庶省

①林义光《文源》卷六：“炗為古文光無所考。”

聲。”《堇部》“𡋯”：“从土[1]，从黄省。”故，《五经文字》取上述字形所从之“廿”形，立为“廿”部。同时，也使得《说文》相应部首属字过少者，如《燕部》仅收部首字、《堇部》除部首字另收“艱”字等，归类为一，便于检索。

〔弋〕《说文·厂部》：“厂，抴也。明也。象抴引之形。凡厂之屬皆从厂。虒字从此。”本部所属仅“弋”字，《说文》：“弋，橜也。象折木衺銳著[2]形。从厂[3]，象物挂之也。”朱芳圃《殷周文字释丛》：“字象橛形，今呼木樁。上象槎枒，丿所以固之。”于省吾《甲骨文字释林》：“按許氏訓弋為橜是對的，但據已譌的小篆以為之解，迂妄不通……甲骨文弋字作[illegible]或[illegible]，象樹立有杈之木于地上之形，與《說文》訓弋為橜之義相符。朱駿聲《說文通訓定聲》謂‘凡豎木而短者皆得曰橜’。弋字典籍也通作杙或樴。”

又，《说文·八部》：“必，分極也。从八、弋[4]，弋亦聲。”《心部》：“忒，更也。从心弋聲。”《貝部》：“貣，副、益也。从貝式聲。式，古文二。”孙诒让《名原》：“而古文又有弌弍弎，字竝从弋[5]。”故《五经文字》将上述分属三部之字，提取其从“弋”声符，立为“弋”部，较《说文》所立“厂”部，从字样规范的角度来看，具有一定程度的合理性。

〔覀〕《五经文字·覀部》：“覀，音遷。《說文》作襾。今經典相承作覀。案此文從西與栗字之上文相類而義不同。”本部所属仅二字：遷、票。

《说文·辵部》：“遷，登也。从辵䙴聲。”西周早期金文《何尊》：“隹王初[illegible]宅于成周。”唐兰认为“[illegible]”字“从邑[illegible]声”，即

①诸家多依甲金字形，释“堇”从黄从火。罗振玉《增订殷虚书契考释》卷中：“《說文解字》𡋯，从黄省……下从火……吳中丞（大澂）云：‘从八、人皆火之省’，許云从土，誤也。”

②段注改“著”为“者”，云：“者，各本作著，不可通，今正。古箸與者無二字，箸即者字。折木之衺銳者為橜，故上體象其衺銳。”

③马叙伦《说文解字六书疏证》卷二十四：“此部所屬有弋字，則厂非抴義，亦非明義。且金文弋字作[illegible]、[illegible]、[illegible]，斷不从厂。”

④裘锡圭《史墙盘铭解释》：“‘必’、‘弋’古音不相近，《说文》以为‘必’字从‘弋’声，不可信。用作虛詞的‘弋’应该读为《诗经》中常见的虛詞‘式’。”（《文物》1978年3期）

⑤林义光《文源》卷十：“按古作[illegible]，本从戈不从弋。”商承祚《说文中之古文考》：“金文《[illegible]君鉼》作[illegible]，从戈，與从弋同。”

“䙴”字，读为“遷”。《老子（甲本）》“遷”字作“”形，汉《孔宙碑》作“”，即“遷”之古体小变。其声符“䙴”字《侯马盟书》作“”形、“舁”字作“”形，《睡虎地秦简·秦律十八种》作“”形。按，《舁部》：“，升高也。从舁囟聲。䙴，舁或从卩。”刘心源《奇觚室吉金文述》卷二：“……此从，乃省，如《說文》鬧，《叔弓鏄》作、《毛公鼎》作，亦是省𦥑為，即。”由是“遷”字隶变字形，如《居延汉简》作“”、《张迁碑》作“”，其声符形体当源自金文。而声符“䙴”所从之“廾”，迟至秦代篆隶递变时期，仍从“”形。

又，《说文·火部》：“，火飛也。从火、，與䙴同意。”段玉裁注：“當作從火，舁省，蓋省廾為一也。䙴即舁之或體，舁訓升高，火飛亦升高，故為同意。”《五经文字》云：“票，本字從覀下火，隸文移火字一點就上，非示字。凡摽剽之類皆從票。”

按，《望山楚简》字形作“”，《睡虎地秦简·日书（甲种）》作“”、“”，字形保留古文字形体向隶变形体过渡之痕迹。可以明显看出，“票”字上下两半部分结构，隶变轨迹分别为：“”形变为“覀”形，“火（夾）”形变为“示”形。而《五经文字》所言“今經典相承作覀”，实误将次级构件“廾（）”及“夾”所从横笔属上半部分之“覀”。

〔𦝠〕《说文·肉部》：“，或曰：嘼名，象形。闕。”段玉裁注：“𦝠為蠃之古字，與驢、蠃皆可畜於家，則謂之畜宜也。”严可均《说文校议》：“此蓋裸蟲之本字。”林义光《文源》卷一：“則𦝠為虎豹之屬淺毛者之總名……則𦝠有堅中多肉之象。”

按，王筠《文字蒙求》“𦝠”字注：“案此字從肉可解，餘皆不可解。”于省吾《释“能”和“𦝠”以及“从𦝠”的字》[1]：“擇引金文中‘𦝠’和‘从𦝠’的字”，证得段玉裁等人的旧注，均不可据，“總之，𦝠為能的孳乳字，是十分明顯的”。

“嬴”、“羸”、“蠃”、“贏”四字，《说文》均从“𦝠”得声，归于各字所从形符部首，《五经文字》取声符立部，便于在规范字

①《古文字研究》，第八辑，中华书局，1983年。

形的实际接受中，得到集中和强化。然《汉大》对于从“羸”得声的字，均取“羸”所从之“月（肉）”，归于“月”部。

上述五个部首的分析，除“爿”部不能确定《说文》究竟是否设立为部首外，其余四个部首，极有可能为《字林》所立。如果这一结论能够成立，将为《字林》的考逸订补工作，提供巨大的参考价值。

二、《五经文字》立部特点

从《五经文字》立部与《说文》的对比分析，可以看出其分部立目具有如下特点：

（一）《五经文字》立部对《说文》部首的沿革，根源于汉字自身的发展演变，即汉字由古文字形体演变为今文字形体，其理不言自明

如《说文·辵部》“辿”字，小篆形体作“𨑒”形，隶变之后，“辵”部所从之“彳”、“止”构件发生位移，两“止”上下相叠，字形作“徙”，故《五经文字》据隶变后形体归“徙”于“彳”部。同时，由于《说文》立部取小篆形体，小篆以笔画为基础构件，而《五经文字》立部则以楷书基本构件——笔画为基础。故而《五经文字》立部必无法全取《说文》以小篆形体为依据所立部首。如以行走义相关的部首，《说文》“彳”、“辵”、“廴”、“走”，《五经文字》分别楷化作“彳”、“辶”、“廴”、“走”，已然无法易知行走之形。致使《五经文字》大量归并《说文》部首，同时部分《说文》部首产生变异形体。部首的变化反映出其表意功能的弱化，同时也反映出汉字楷化解体变异过程中表意功能的弱化。但弱化并不代表丧失。相反，《五经文字》分部立目采取部首构形分析及立附部的做法，说明了楷字成熟定型之后，其表意文字体系的本质特征仍是不争的事实。

（二）《五经文字》分部立目，主要以传承《说文》为主，虽然部首属字多有归并，但其构形分析及归类依据亦以《说文》为据

张参于《序例》中指出：“今则采《說文》、《字林》諸部，以類相從，務於易了，不必舊次。”意即《五经文字》对《说文》部首的沿革，主要体现在部首的编次，即“以類相從”。虽然《五经文字》在编

排体例上有创新，且立部多有归并，形体亦有变异，但是从上述所分四个类别的数据统计和比例来看，《五经文字》并没有从根本上变革《说文》所立540部首，而是仅在归类和编次上加以重新整合，以求“務於易了”。

以《说文》重文为例，《说文·叙》：“方以類聚，物以群分。同牽條屬，共理相貫。”将各正篆之重文均归于该正篆所属部首下。而《五经文字》为检索方便，打破《说文》这一归部原则，根据《说文》之结构分析，而归入相应部首内。如“棲”字，《说文·西部》：“㢴，鳥在巢上。象形。日在西方而鳥棲，故因以爲東西之西。凡西之屬皆从西……或从木、妻。”作为或体之“棲”，《说文》归于正篆“西”字所从之“西”部，而《五经文字》则据《说文》字形说解“从木、妻”，而归于“木”部。然“木”部则为《说文》所创设部首，《五经文字》承用。也正是因为部首编次的不同，形成了《说文》与《五经文字》两种不同性质的部首体系。

（三）在《说文》文字学原则部首之外，创设了新的检字法原则部首

王亚丽《汉字部首表意功能研究》一文[①]，从部首功能性质将字书（包括字样学）立部体系分为两类：一为文字学原则部首，一为检字法原则部首。文字学原则部首以《说文解字》为代表，其后《字林》、《玉篇》，直到《类篇》等都属于这一类型的部首编排体系。检字法原则部首则孕育于字样学著作，尤以《五经文字》为代表，其后《龙龛手镜》、《字汇》等沿用至今。从这一点来说，部首的这两种分类，对应于《说文》和《五经文字》，都处于始创地位。

但从数量上来看，文字学原则部首数目繁多，《说文》所创立的540部，检索非常不便[②]。而检字法原则部首则相对精简。然数量的多寡，并不是两类部首体系的主要区别。其相异之处主要在于立部目的及方式的不同。

首先，从立部目的上看，《说文》所立部首，首列部首字，部首字

①兰州大学硕士学位论文，2006年。

②徐铉：“偏旁奥密，不可意知；尋求一字，往往終卷。”清毛謨根曾据《康熙字典》214部将《说文》重新编排，撰成《说文检字》，后姚覲元又作“补遗”。

是一个单独的形音义结合体，部首字同部属字一样，《说文》亦对其进行字义、构形及读音和例证的说解，通过部首字，而使整部字的属性，尤其是在字源及结构分析上得到明晰的认识。而以《五经文字》开创的检字法原则部首，其部首的创设，只是起到符号指称的作用，即具有这一构件的字形类聚在一起，方便检索，但对于部属字与部首的字源关系以及构形关联上则很少触及。如“二”部，《说文》本部属字为二、亟、恆、亘、竺、凡，共六字，《说文》构形分析如下表：

字头	说文原文
二	地之數也。从偶一。凡二之屬皆从二。
亟	敏疾也。从人从口，从又从二。二，天地也。
恆	常也。从心从舟，在二之閒上下。心以舟施，恆也。
亘	求亘也。从二从囘。囘，古文回，象亘回形。上下，所求物也。
竺	厚也。从二竹聲。
凡	最括也。从二，二，偶也。从弓，弓，古文及。

可见，所有本部属字均与“二”形所传达出来的“地之數也。从偶一”这一概念存在内在的意义联系。而《五经文字》本部所收“次”字，《说文》归于“欠”部，“二”为其声符，“次”字意义并不关涉“二”之形体，“二”形仅起到了符号指示作用。

其次，从编排方式来看，《五经文字》变《说文》“據形繫聯”为“以類相从”。黄侃《说文略说》云：“許書列部之次第，據其自叙，謂據形繫聯。徐鍇因之以作《部叙》。大抵以形相近為次，如一、上、示、三、王、玉、珏相次是也。亦有以義為次者，如齒、牙相次是也。亦有無所蒙者，冓之後次以幺，予之後次以放是也。必以為皆有意，斯誣矣。”而《五经文字》则打破《说文》部首编次，按类别重新整合，其中又分义类和形类。

以《五经文字》始以“木”、“手”、“才”三部相次为例。《说文》“木”部后依次为“東”、“林”、“才”三部。《東部》：“東，動也。从木。官溥說：从日在木中。”《林部》：“林，平土有叢木曰林。从二木。”《才部》：“才，艸木之初也。从丨上貫一，將生枝葉。一，地也。”“東”、“林”皆从“木”，“才”亦为“艸木之初，將生枝葉”，故而得以系联。

《五经文字·手部》："拳也。凡在左者，皆依石經作扌。"六朝唐宋从"木"之字，楷字亦多异作"扌"形，即与从"手"之字相混，同时楷书"扌"构件亦与"才"字形体相近，故而《五经文字》得以"木"、"手"、"才"三部相次。此为以形类相从。《说文》"據形繫聯"与《五经文字》以形类相从的根本区别，在于"據形繫聯"以六书造字理据为基础，即在构字理据上从某一构件形体者便可相次；而《五经文字》以形类相从则主要以部首形体的相近程度为标准，形近者得以归类。

同理，以义类相从，则主要以部首字意义的内在关联为标准。如"巛（川）"、"火"二部，《五经文字》相次为序，其归类的标准，显然因"巛（川）"、"火"为自然界存在的常被并举的物质。而《说文》"巛"部则位于从"水"部类序列中：水、沝、瀕、く、巜、川、泉、灥、永、𠂢；"火"部则归类于从"火"之部类序列：炎、黑、囪、焱。相反，《五经文字》"水"部（凡在左者皆作"氵"）则因与"巛"部形体相似程度较低，而与"冫"部相次。

然部分部首亦存在两种编排原则的交叉。即如黄侃《说文略说》所举例："亦有以義為次者，如齒、牙相次是也。"《五经文字》则因采部于《说文》，亦在"以類相从"的前提下，遵从《说文》构形理据的分析，尽量顾及到"據形繫聯"的合理之处。

（四）创设附部，为后世字书所沿袭

《五经文字》160部中，26个部首设立附部。如"手"部又作"凡在左者，皆依石經作扌"。"人"部又作"此一部多作亻，亻與人同"。这一创设，为后世字书沿用。26部所设附部如下表所示：

部首	附部
木	冒也，冒地而生，從屮，下象根形。今依石經省作木，凡字從木，皆放此。
手	拳也。凡在左者，皆依石經作扌。
人	此一部多作亻，亻與人同。
辶	丑斫反，《說文》作辵，從彳從止，今依石經作此辶。
廴	弋忍反，長行也，《說文》從彳引之，今依石經作廴。
走	祖苟反，《說文》從夭從止，今依經典相承作走。
罒	亡往反，《說文》作网，今依石經作罒，凡從罒，放此。非從四，四從口中八，與罒不同。

（续表）

肉	如叔反，《說文》肉字在左右及下，皆作肉，與肉同。今依石經，變肉作月，偏傍從月者，皆放此。偏傍從月者，皆放此。
魚	象魚尾形，《說文》作奐，今依石經作魚。
鬲	音歷。鼎屬。《說文》作鬲，經典相承隸省作鬲。凡從鬲者皆放此。
髟	必由反，長髮猋猋，從長從彡。今依石經作髟。凡從髟者放此。
心	象形。《說文》作𢖩。今依石經作心。其在左者，經典相承隸省作忄，又作⺗。
犬	丘泫反。今依石經，凡在左者皆作犭。犭音犬。
卩	音節。《說文》作卪。今依石經並省點。
𨸏	輔九反。今依石經作阝。
玉	象三玉相連形。古文作玊。經典相承隸省作玉。凡字從玉在左者皆省點。
刀	今依石經作刀。凡字在右者皆省從刂。
門	從二戶。今依石經作門。
水	準也。象衆流之貌。凡在左者皆作氵，與水同。
食	《說文》從亼從皀，皀彼立反。今依石經作食。凡字在左者又省一畫作飠。凡從皀者鄉旣之類皆同。
幸	女涉反。所以犯驚人也。《說文》從大從羊，羊音干。今依石經作幸。
攴	普卜反。小擊也。《說文》作攴，從卜從又。今依石經作攵。
覀	大幺反。《說文》作鹵，象草木實垂條形。今經典相承作覀。東西之西，從八與此不同。
覀	音遷。《說文》作𡆪。今經典相承作覀。案此文從西與栗字之上文相類而義不同。
匸	下弟反。《說文》作匸，今隸省。
歹	几承反。《說文》作歺，今依石經作歹。歹列骨之殘。

（五）从影响上来看，《五经文字》检字法原则分部立目及创设附部的做法，为后世字书所沿用

同时，调整部分《说文》部属字，加以整合归并，使得部首数目大为精简，部分部目仍为后世字书所沿用。如《说文·眉部》之“眉”、“䀢”、“省”三字，“盾”部部首字，“瞿”部之“瞿”、“矍”二字，《五经文字》均归并为“目”部，《汉大》归部仍同《五经文字》。又如《说文·㗊部》之“㗊”，“不”部之“否”，“言”部之“唶”，“哭”部之“哭”、“喪”，《五经文字》归并为“口”部，《汉大》一仍其旧。

然而，由于按类立部的标准及以类相从的原则具有多样性，故使得部分《五经文字》所立部首，并未沿用下来。以《说文》未见部首例为例，“覀”、“羸”二部今已不用。“覀”部所属“䙴”、“票”二字，今《汉大》分别归入“辵”、“示”二部，“羸”部所属“嬴”、“羸”、“羸”、“羸”四字，《汉大》皆归入“月”部。由此可见，作为字典学中的检字法原则部首编排，当遵行同一标准的立部编次原则，而多样化则可能适得其反。

第二节

二同字①研究

相对于《干禄字书》“竝正”字的命名，《五经文字》采用二同字的概念，一方面《五经文字》所收录字头均为正字，讹误和俗体等字际关系均于注文中注明，字头位置严格不出现俗体及讹误字形，故无需格外注明为正；另一方面，“竝正”字着眼于字样在共时层面的形体规范，而二同字则可能明确注明在某个历时时段，二字并不一定全同，即包含了历时概念。《五经文字》注明二同字组共88组176字，其中有26字《说文》字头未见。二同字共同见于《说文》者56组。

（一）按照二同字对应《说文》字头在《说文》中的字际关系，可分为如下四类：

1．二同字对应《说文》重文

这是二同字来源比重最大的部分，共39组，包括或体、古文、籀文、俗体等。或体26组：搹扼、拜擇、膋膫、鱷鯨、醻酬、蕿萱、蔾蔾、藻藻、禩祀、穋稑、稈秆、憜惰、詬訽、蝨蝶、凷塊、璂琪、珏瑴、䅿頳、軎轊、髟魅、敉敉、霰霓、噍嚼、匧篋、暱昵、旃旜。古文8组：鬄髢、廟庿、圭珪、鬵鬲、綫線、岳嶽、役役、叡睿。籀文4组：麇麏、劒劔、皃貌、柩匶。俗体1组：褎袖。从数量对比可以看出，或体是二同字对应《说文》重文类的主体部分。以“拜擇”二字为例：

《五经文字·手部》：“拜、擇，二同，下見《周禮》。”

---

①由于三同字仅有一组，故而不单独命名列出。

《说文·手部》：“，首至地[①]也。从手、𠦪。𠦪音忽。，楊雄說：拜从兩手下。，古文拜。”徐锴曰：“𠦪進趣之，疾也，故拜从之。”

高田忠周《古籀篇》五十四：“依此篆，从𠦪聲者亦古文也，此字古有兩體明矣。”

按，金文形体主要结构有如下几种：《井侯簋》作“”[②]、《师嫠簋》作“”、《几父壶》作“”、《友簋》作“”[③]。前两种为金文早期偏旁并未固定的写法。《三体石经·皋陶谟》贮存古文字字形作“”。小篆字形除《说文》贮存外，东汉《袁安碑》篆作“”。篆隶递变时期，“拜”字结构主要作“从手、𠦪”，如《睡虎地秦简·秦律十八种》作“”、《日书（甲种）》作“”。可见，“拜”字古文字形体即已出现“从兩手下”和“从手、𠦪”两种。

隶变之后，“拜”字左右构件基本定型为“从兩手”结构，如，《居延汉简》甲编八六A作“”，《曹全碑》作“”，《张迁碑》作“”。不同之处在于左半部分“手”字构件，从两横到四横不等；右半部分“手”字构件，或为四横，或上横变为“丶”画。同时，“从手、𠦪”仍有少量隶变字形出现，如东汉《杨著碑》作“”。

六朝楷化变异阶段，“拜”字左半部分构件定型为三横，右半部分“手”字则主要以四横为主，上横已不再写作“丶”画，如《魏安乐王

①段玉裁注：“地當作手，首至地是䭫首，乃拜中之一。不可該九拜之名。”桂馥曰：“首當為手，《增韻》‘拜，手至地’，若首至地，是䭫首矣。重文從兩手下，可知首字之誤。”张光裕《“拜䭫首”释义》，据《两周金文辞大系》及《三代吉金文存》所录器物，认为：“而‘拜䭫首’及‘拜手䭫首’兩辭，則往往見於賞賜之後……乃既拜首至手，復拜首至地之禮。故‘首至手’、‘首至地’二者，其義固有所分屬也。……竊意以為金文中‘拜’字偏旁之類禾草者，蓋取其下垂之象，而旁著手形，意味行拜禮之際，俯首下垂於手之意。”（《中国文字》第二十八册）

②吴大澄《字说》：“古拜字，从手从粤，古蕚字。从屮从粤，彝器古文無粤字。而蕚拜二字皆從粤可相證也。石鼓文粤字作，毛公鼎蕚字從，知古粤字當作，亦各有緐簡之不同。《吳尊》蓋蕚字作，亦作，拜字作，知粤即之簡文也。……拜字古文或作，或又作，皆象以手折粤形。《詩·甘棠》‘勿翦勿拜’，箋云：‘拜之言拔也。’……大澂謂‘勿拜’之拜當訓以手折粤，蓋漢以后詁訓家不見古文……拜手、稽首為拜字引伸之義也。”郭沫若《金文余释之余·释𢷎》：“……《詩經》次章‘勿翦勿敗’為對文，鄭玄‘拜之言拔也’，蓋謂假拜為拔，今案拜實拔之初字……拜手至地有類拔草卉然，故引伸為拜，引伸之義行而本義廢。”

③商承祚《说文中之古文考》：“《友毀》又从頁作，與拜首至地之說符。”戴家祥《金文大字典·中》：“（《康鼎》），當是拜之異文。……金文通語‘拜䭫首’，亦寫作。”

元诠墓志》作“拜”。但同时出现少量末笔加“丶”结构，如，《孝文帝弔比干文》作“拜”。《名义·手部》传抄：“拜，保界反。再拜叩頭也。”字头据小篆字形楷化，故“扌”旁仍作“手”，注文字形则取加“丶”画结构，且四横变为三横。

唐代楷体定型阶段，“拜”字形体沿袭六朝情形，社会通用结构基本等同今所使用“拜”字，如《范阳卢友度墓志铭》作“拜”，但同时加“丶”结构仍偶有出现，如《张禅师墓志》作“拜”。此外，偶有仿古之作，字形采用“从手、𠦪”结构，如《崔沔墓志》作“拜”、《博陵崔佑甫墓志》作“拜”。

2．二同字对应《说文》字形涉及到文献版本的不同，体现了若干版本的传承关系，在文献校勘方面具有重要的参考价值

这类二同字共有5组：柝欜、觶觗、漁𢿥、藡葥、䙸禓。如：

《五经文字·木部》：“柝、欜，他各反，二同，上見《易》，下見《周禮》。”

《说文·木部》：“欜，夜行所擊者。从木橐聲。《易》曰：‘重門擊欜[1]。’”“㯷，判也。从木㡿聲。《易》曰：‘重門擊㯷。’”邵瑛《说文解字群经正字》曰：“《易》《釋文》云‘《說文》作欜’，則㯷字非《說文》真本也。”王筠亦云：“欜下既引之矣，且《釋文》曰‘《說文》作欜’，尤為㯷下不引《易》之明證。”故，“㯷”字下引《易》，当为后人增加。

按，《说文·广部》：“㡿，卻屋也。從广，屰聲。”《正字通·广部》：“㡿，斥本字。”《集韵·铎韵》：“㯷，《說文》：‘判也。’或作柝。”帛书《周易·系辞下》“柝”字作“枳”形，《名义·木部》传抄作“柝，達各反。判也。柝字。又劅也”。“柝”字形与帛书字形相近，故《说文》“㯷”即帛书“枳”、《名义》“柝”字。故在此基础上，六朝本《说文》“㯷”字下增引《易》作“㯷”形。

又，《周易·系辞下》陆德明《经典释文》残卷：“馬（融）云：柝，兩木相擊以行夜。”《左传·哀公七年》：“魯擊柝聞於邾。”

---

①朱骏声《通训定声》：“經傳亦以柝為之。”

《释文》："柝，字又作櫜。"又《周礼·天官·挈壶氏》："掌挈壶以令軍井，挈轡以令舍，挈畚以令糧。凡軍事，縣壺以序聚櫜。"是《五经文字》所见唐本《易》作"柝"、《周礼》作"櫜"。

综上，《说文》"㯓（柝）"、"櫜"各为一字，"㯓（柝）"为"判也"，"櫜"为"夜行所擊者"，汉代帛书，"㯓（柝）"已与《说文》"櫜"互为异文，故致六朝《说文》"㯓（柝）"字增引《周易》。隋唐时代，"柝"、"櫜"二字演变为异体关系。

"㯓"、"櫜"得以通用，高田忠周《古籀篇》八十四云："朱氏聲云：'土裂曰㡿，木判曰㯓'，是。或叚借為櫜，《說文》㯓下引《易》'重門擊㯓'是也。而如銘意，借㯓為橐囊字，亦與借㯓為櫜同，均皆古音同部通用也。"唐写本《说文·木部》残卷"櫜"字下引《易》作："重門擊橐"，少偏旁"木"，误遗。

3．二同字对应《说文》字头为某一义项通用

共6组：栝檜、椎槌、擘捭、揜掩、遯遁、釂醮。以"椎槌"为例：

《五经文字·木部》："椎、槌，二同，並丈追反，並擊也，下鼓槌。"

《说文·木部》："椎，擊也。齊謂之終葵[①]。从木隹[②]聲。""庬，關東謂之槌，關西謂之持。从木追聲。"

按，《说文》训"椎"为"擊也"，《名义·木部》传抄亦作："椎，直鼀反。檅也。繫（擊）也。"玄应《一切经音义》卷二十二引《仓颉》曰："椎，用打物者也。"马叙伦曰："椎訓擊也者，以名詞為動詞後而以動詞之義為訓也。"[③]

《增韵·灰韵》："槌，擲也。《扬子》：'槌提仁義'。"按，今本《法言·问道》作"搥"。《古今韵会举要·灰韵》："搥，或作槌。"是"槌"字亦具"擊也"义。

又，《方言》卷五："槌，宋、魏、陳、楚、江、淮之間謂之植，

①徐灏《注笺》："終葵之合聲為椎，杼上漸殺而上也。"

②唐写本《说文·木部》残卷音"丈追"，"隹聲"作"隼聲"。按，《长沙砂子塘西汉墓木封泥匣》作"椎"，《武威医简》二〇作"椎"，均不从"隼"，唐写本当为笔误。

③《说文解字六书疏证》卷十一。

自關而西謂之槌。”郭璞注：“槌，絲蠶薄柱也。”[①]马叙伦《说文解字六书疏证》卷十一：“唐寫本木部殘卷梼亦作持，文追丈位二音，‘關東’以下十一字呂忱或校者所加……今杭縣謂擣衣具曰棒槌。紹興謂之棒梼。”

故，《说文》之训，各自为字，《五经文字》所释，并有来源。《集韵·脂韵》因之：“椎，通作槌。”

4. 二同字对应《说文》为非异体关系字头

共有6组：汎泛、餉饟、轄鏧、叫嘂、輻輹、籥策。

《五经文字·食部》：“餉、饟，二同。並式向反。”

《说文·食部》：“餉，饟也。从食向聲。”“饟，周人謂餉曰饟。从食襄聲。”沈涛《说文古本考》：“《一切經音義·四》引《說文》：‘餉，或作饟，饋餉也。’《十三》引：‘餉，饋也。’疑古本餉饟為一字。”钮树玉《校录》：“《一切經音義·十三》及《韻會》引作饋也。”

按，原本《玉篇》残卷：“餉，式尚反。《書》乃葛伯仇餉。孔安国曰：見農民於餉田者，殺其人集其餉曰仇餉也。《說文》饟也。《廣雅》：餉，貴也。”“饟，式尚、式章二反。《尔雅》：饟，饋也。野王案：《毛詩》其饟伊黍是也。《說文》周人謂餉曰饟也。”是六朝所见《说文》与大徐本同。又，《汉书·灌婴传》：“受詔別擊楚軍後，絕其饟道。”颜师古注：“饟，古餉字。”故而《说文》所注，“饟”、“餉”当为古今字。

又如，《五经文字·车部》：“輻、輹，二同。方木反。上車輪輻，下車縛也。見《易》。《釋文》以下字音服。”

《说文·车部》：“輻，輪轑也。从車畐聲。”“輹，車軸縛也。从車复聲。《易》曰：‘輿脫輹。’”《左传·僖公十五年》：“車說其輹，火焚其旗。”杜预注：“輹，車下縛也。”孔颖达《正义》：“輹，車下伏兔也。今人謂之車屐，形如伏兔，以繩縛於軸，因名縛也。”

①《名义·木部》传抄：“槌，紂媿反。蠶薄柱也。”《玉篇·木部》：“槌，紂愧切。植也，蠶槌也。”

按，朱骏声《通训定声·颐部》：“輻，叚借為輹。”《周易·小畜》：“輿說輻。”陆德明《经典释文》：“輻，本亦作輹。馬云：‘車下縛也。’”

又，《字汇·车部》：“輹，輻、輹二字本相通用。平菴項氏又曰：輻，車轑也。”《周易·大壮》：“藩決不羸，壯于大輿之輹。”《经典释文》：“輹，本又作輻。”“輻”、“輹”二字，《广韵》同作“方六切”，皆为非母屋韵入声字，音同义异，当为通假字。

（二）二同字中仅有一字对应《说文》字头者32组，按其来源，大致可分为五类

1. 二同字组中，一字为《说文》小篆字形楷化，另一字为该字隶变楷化所出字形。可分为异写模式、异构模式两类

异写模式有4组：伱价、苶芥、珎玠、冑胄。前三组均为“介”声符构件字，以之为例：

《五经文字·人部》：“伱、价[①]，二同，古賣反，見《詩·大雅》。”《玉部》：“珎、玠，二同。並音介。大圭也。”《艹部》：“苶、芥，二同。”

《说文·人部》：“价，善也。从人介聲。《詩》曰：‘价人惟藩。’”《玉部》：“玠，大圭也。从玉介聲。《周書》曰：‘稱奉介圭。’”《艸部》：“芥，菜也。从艸介聲。”

按，《干禄字书》：“尒、介[②]，上通下正。”《说文·八部》：“介，畫也。从八从人。人各有介。”介字古文字形体向今文字形体演变情况，如下表所示：

① “价”字同注释② “介”字一样，其释义众说纷纭。《诗·大雅·板》：“价人惟藩。”毛传：“价，善也。”郑玄笺：“价，甲也，被甲之人，謂卿士掌軍事者。”朱熹注：“价，大也。”

② “介”字字形传承并不复杂，但“介”字释义则众说纷纭。徐灏《注笺》：“古疆界字祗作介。”《诗·周颂·思文》“無此疆爾界”，陆德明《释文》“界”作“介”。罗振玉《增订殷虚书契考释》以为“介”“象人著介（甲）形”。杨树达《增订积微居小学金石论丛》卷一《释介》：“介，閒也，从人在八之閒。”杨树达《积微居小学金石述林》卷一《再释介》：“由此孳乳，田境介在田閒，故謂之界；門關介在闑閒，故謂之㝏；褧在褧衩之中，故祏謂之衸。物相界接者往往相摩切，故齒相切謂之齘，刮謂之扴，搔謂之疥。人相接者往往相嫉忌，故妬謂之妎。”经典文献中，“介于石”（《周易·豫卦》）、“一介臣”（《尚书·秦誓》）、“一介行李”（《左传·襄公八年》）、“一介之使”（《史记·廉颇蔺相如列传》）等，仍有歧解。限于篇幅，相关考证可参考：季忠平《释“介石”》，《古汉语研究》，2006年3期；刘德辉《“一介之使”辨》，《古汉语研究》，2005年2期；胡世文、徐朝红《“一介之使”再辨——兼谈量词“介”的发展》，《云梦学刊》，2007年2期。

书体	字形	出处
甲骨文		前一·四五·六
		粹二五七
金文		介锺磬
大篆		诅楚文
小篆		《说文》
篆隶递变		楚帛书
		《老子》甲本九一
隶书		《老子》乙本一八八下
		三体石经《仪礼》残碑

故而，楷化之前“介”字及“介”构件字，均“从八从人”。

六朝楷化解体阶段，“介”及“介”构件字逐渐出现二体，《名义》传抄“介”字，字头作“”，“貝”字释义“海介虫”则用“介”字形，其他从“介”构件字亦同，如“价”、“玠”分别作“”、“”之形。六朝社会实物用字资料，“介”字如《孝文帝弔比干文》作“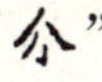”、《北魏王基墓志》作“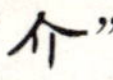”，“玠”字《北魏元徽墓志》作“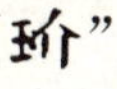”，“芥”字《北魏法生造像记》作“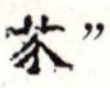”、《邢峦妻元纯阤墓志》作“”。唐代“介”字“从八从人”结构仍然沿用，“介”字如《骠骑将军孙迁墓志铭》作“”、《卢璠墓志》作“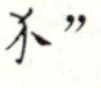”，“玠”字《泉男生墓志铭》作“”，“芥”字《石崇俊墓志》作“”。

异构模式共5组：儁俊、窮窮、駓駓、瑰瓌、顋顖。以“儁俊”为例：

《五经文字·人部》：“儁、俊，二同。”

《说文·人部》：“，材千人也[①]。从人夋聲。”《玉篇·人部》：“俊，子峻切。《説文》云：‘才過千人也。’《書》曰：‘克明俊德。’儁，同上。俗作儁。”

按，《说文》未见“儁”字。《玉篇》所贮存俗体“儁”字，今所见社会实物资料中，最早见于隶书碑刻，如《张迁碑》作“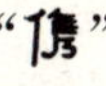”。楷化之后，“儁”、“俊”二体兼行，大量见于六朝隋唐石刻文献。“儁”字偶见于南北朝楷书石刻文献，如《北魏元继墓志》作“”、《东魏

① 《玉篇》引作“才過千人也”。《集韵》引作“才千人也”。

侯海墓志阳》作“”。有唐一代亦见少量用例[①]，如《萧公夫人田氏墓志铭》作“”、《郭氏家庙碑》（一）作“”。

又，《干禄字书》：“儁、俊，竝上通下正，亦作儁字。”亦可证唐代“儁”字通行，同时，“俊”、“儁”二体，仍处于正体地位，故而《五经文字》注二字为同。

2. 二同字组中一字为《说文》贮存字，另外一字为经典相承字形或其他字书贮存字形

该类共有4组：驟騄、刪刪、寖濅、嫂嫂。其中，“寖”、“濅”二字，上字见于《说文》，下字出《字林》。其余三组均上字见于《说文》字头，下字经典相承隶变。以“寖”、“濅”为例：

《五经文字·水部》：“寖、濅，二同。並子鴆反。上《說文》，下《字林》。經典及《釋文》或作浸。”

《说文·水部》：“濅，水。出魏郡武安，東北入呼沱水。从水㝲聲。㝲，籀文寑字。”大徐本楷作“寖”，段玉裁注：“隸作浸”。

按，《广雅·释诂一》：“寖，積也。”王念孙疏证：“浸與寖同。”《玉篇·水部》：“寖，子賃切。寖水，出武安縣東。又寖漬。浸，同上。”《周礼·夏官·职方氏》“其川三江，其浸五湖”，《经典释文》：“浸，本又作寖。”《汉书·沟洫志》：“泉流灌寖，所以育五穀也。”颜师古注：“寖，古浸字。”是经典及《释文》或作浸字。

又，《五经文字》注明见于《字林》之“濅”字，亦见于六朝隋唐实物用字资料，如，《西岳华山庙碑》作“”、《周住公屏盗碑铭》作“”，是《五经文字》所注并有来源。

3. 二同字组中，仅一字见于《说文》字头，另外一字，为其他文献贮存异体字

共7组：櫛楖、篠蓧、趮躁、官宨、薐菱、監醢、轏輚。以“轏”、“輚”为例：

《五经文字·车部》：“轏、輚[②]，二同。士諫反。上見《春秋左

①《左传·庄公十一年》：“得儁曰克。”《释文》曰：“儁，本又作俊。”

②《正字通》：“輚，同轏。《九經字樣》轏作輚。《集韻》與《字樣》同。”按，《九经字样》未收录“轏”、“輚”二字，《正字通》所引，未知所由，疑《九经字样》为《五经文字》之讹。

氏傳》，下見《周禮》。與棧同。”

《说文·车部》：“轏，車名。从車孱聲。”

按，“轏”为《说文》新附字。原本《玉篇》残卷：“轏，《左氏傳》‘寢於轏中’[①]，杜預曰：‘轏，主車也。’《聲類》：‘忽（亦）輚字也。’”“輚，仕儞反。《考工記》：‘輚車欲弇。’鄭玄曰：‘士乘輚車。’《儀礼》：‘奠幣于輚，左服。’鄭玄曰：‘輚謂柩車也，服車箱也。’古文輚作栈。《埤蒼》：‘卧車也。’《聲類》：‘簀也，庶人車也。’或为栈字，在木部。”是“輚”字古文作“栈”，与《左传》贮存“轏”字互为异体字形。

4. 二同字组中，仅一字见于《说文》字头，另外一字，或为包含若干版本传承关系的异文，或为假借用字，或为某义项相通用，或为意义有别、并无联系的他字，此处统为一类

该类包含若干版本传承关系者主要有8组：簭筮、笛篴、鷁鶃、展輾、娒姆、斛觓、爇焫、錞鐓。某义项相通用者1组：摺搚。为假借关系者1组：貉貊。意义不同、二字并无联系者1组：鼉鼉。

包含若干版本传承关系者，如“簭”、“筮”二字：

《五经文字·竹部》：“簭、筮，二同。上見《周禮》。”

《说文·竹部》：“簭，《易》卦用蓍也。从竹从𢍰。𢍰，古文巫字。”

按，《周礼·春官·簭人》：“簭人掌三《易》，以辨九簭之名。”高田忠周《古籀篇》八十：“葢謂從㗊與從口同，《周禮》筮作簭，即籭之省……又按《說文》作籭，與經傳作簭，均皆噬字，叚借為筮耳。”

又，西周金文《史懋壶》作“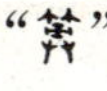”、《三体石经》古文作“”，故《周礼》作“簭”，当为不同版本之异文。

某义项相通用字例，如《五经文字·手部》：“摺、搚，二同，路合反，又作拉及搚，並見《春秋傳》注。”

《说文·手部》：“摺，敗也。从手習聲。”段玉裁注：“敗者，毁也。”

①孔颖达疏：“轏與棧字異音義同耳。”

按，《玉篇·手部》："摺，力合、之涉二切。敗也，折也。"《史记·范睢蔡泽列传》："魏齊大怒，使舍人笞擊睢，折脅摺齒。"司马贞《索隐》："摺，音力答反，謂打折其脅而又拉折其齒也。"《汉书·扬雄传》："范睢以折摺而危穰侯。"颜师古注引晋灼曰："摺，古拉字也。"《文选·吴都赋》注引拉"頓折也"，《一切经音义》卷七引作"敗也"。马叙伦《说文解字六书疏证》卷二十三："按立為位之初文，位聲亦脂類，故得借拉為折也……敗也者，蓋折之引申義。"

"擠"字《说文》未收，《名义·手部》传抄："擠，吕闔反。摺也。敗也。折也。"《玉篇·手部》："擠，吕闔、虛業二切。摺也。拹，同上。"

又，《说文·手部》："拹，摺也。从手劦聲。一曰拉也。"《集韵·业韵》："或从脅。"《广雅·释诂》："擠，折也。"《公羊传·庄公元年》："於其出焉，使公子彭生送之，於其乘焉，擠幹而殺之。"何休注："擠，折聲也。扶上車，以手擠折其幹。"陆德明《经典释文》："拹，本又作擠，亦作拉，皆同，折聲也。"《集韵·合韵》："拉，《說文》：'摧也。'或作擠。"

马叙伦《说文解字六书疏证》卷二十三曰："拉攋拹聲同談類，古或借拹為拉攋也……摺拹聲同談類轉注字。"是故"摺"、"擠"、"拉"、"拹"得以通用。《五经文字》所注"又作拉及拹"，是四字在"折也"义上互相通用。

5. 二同字《说文》字头均未见

仅一组：冔冔。

《五经文字·冃部》："冔、冔，二同，火于反。上《字林》，下經典相承隸省，用下字，見《詩》、《禮》。"

按，《广雅·释器》："冔，冠也。"王念孙疏证："冔，亦作冔。"《释名·释首饰》："冔，殷冠名也。"《诗·大雅·文王》："厥作祼將，常服黼冔。"郑玄注："冔，殷冠也。"《仪礼·士冠礼》："周弁，殷冔，夏收。"《礼记·檀弓下》："周人弁而葬，殷人冔而葬。"又，《名义·冃部》传抄："冔，況羽反。殷冕名。"

《玉篇·冃部》作：“㝵，況羽切。覆也，殷之冕也。”

故《五经文字》注明“冔”字出《字林》，当源自《广雅》。“冔”、“㝵”二字当为声符发生构件替换而形成的异体字形。替换原因，因材料不足，暂阙。

综上，二同字是《五经文字》表述异体关系的一种概念，“二同”即两字相同，但从上述对《五经文字》规范字例的分析来看，真正符合“二同”这一概念的，仅占少数。由此可知，《五经文字》所确立的二同字概念，并非今天所指异体字概念，而是指当时的社会使用或能够见到的文献资料用例中，某种情况下可以通用的两个字形。从这一概念可以窥测《五经文字》的正字理念，在张参所处时代，尚具有一定程度的合理性，尤其是在当时政府规定的正字规范框架内，具有一定程度的合法性。但该概念及所规范字例仍反映出某种程度的历史局限，故后出字样学著作和字书在此基础上，尽量加以合理吸收，以《九经字样》和宋本《玉篇》为例。

《九经字样》仅有三组字注明为二同字：譙誚、諭喻、歌謌。以譙誚为例：

《九经字样·言部》：“譙、誚[1]，樵去，二同，今經典相承用下。”

《说文·言部》：“譙，嬈譊也。从言焦聲。讀若嚼。譙，古文誚，从肖。《周書》曰：‘亦未敢誚公。’”

按，原本《玉篇》残卷：“譙，似醮反。《尚書》‘王亽（亦）未敢譙公。’孔安国曰：‘譙，讓也，方齊楚宋衛荊陳之間讓曰譙。’《蒼頡萹（篇）》‘訶，譙也，亽（亦）嬈也。’《漢書》沛郡有譙縣，音似焦反。《毛詩》：‘予羽譙譙。’《傳》曰：‘也譙譙殺也。’《礼記》：‘哀心感者其聲譙以殺。’鄭玄曰：‘譙，踧。’”“誚，《聲類》亦譙字也。”“**誚**，《說文》古文誚字也。”《名义·言部》传抄：“譙，似醮反。讓也。踧也。訶也。嬈也。殺也。誚，譙字。訶也。”

①杨树达《积微居小学述林》：“按，肖字从小聲，誚从肖者，假肖為小也。《口部》云：‘哨，不容也。从口，肖聲。’按，不容謂口小不能容受，此亦假肖為小也。从焦者，音近通借字耳。”

又，“譙”字《广韵》属从母宵部平声，《集韵》为从母宵部去声字，“誚”字《广韵》为从母宵部去声字。故《九经字样》音读“樵去”，是“譙”、“誚”二字读去声时，即“訶也”义上，二字相同。

“誦喻”、“歌謌”亦同。可见，《九经字样》在使用二同字这一术语时，较《五经文字》略为审慎和严格。宋本《玉篇》亦出现二同字这一术语，共有33组字注明二同概念。其中大半多为生僻字形，如《人部》：“僎、傻，二同。符歷切。古文辟。”《牛部》：“牸、牸，二同。呼今切。出神呪。”且多数仅见于《玉篇》，其他文献资料未见或极少见到，即使贮存，亦多出现于《玉篇》之后或引自《玉篇》的字书。故而无法推断这类二同字的来源及其他属性。但通过其注明“佀”、“似”为二同字，或可以初步推断，宋本《玉篇》在使用二同概念的时候，较唐代字样学著作更为审慎和严格。

综上，后出字样学著作及字书，较少使用二同字这一术语。采用这一术语者，较《五经文字》更为严格和缜密，尽量不涉及文献版本的异文和某义项上的相通，故而这一部分二同字较多属于异体关系范畴。

第三节

楷化篆字概说

一、命名之由

“楷化篆字”的提出，有别于“楷篆”。丛文俊《魏崔、卢二门楷法蠡测》[①]指出：“楷篆指规范的正体小篆。”刘涛《中国书法史·魏晋南北朝卷》[②]中称《皇帝南巡之颂》等碑额的篆书，“或许就是当时的楷篆。”耿广敏《楷篆释义》[③]一文总结：“楷篆可以理解为‘具有法度，可作楷模的正体篆书’……故而将楷篆一词理解为‘近乎楷书的篆书体，或以楷书的笔法或结体书写的篆书，混合了楷书与篆书的某些特征’的话，是与书法史相悖的……楷篆一词在书体上的出现和应用，是魏晋南北朝时期文字错谬，以正校俗的结果。是以正体小篆区别于讹俗小篆的标志。”

故而从广义上讲，楷化篆字即可以指上文所引“以楷书笔法或结体书写的篆书，或近于楷书的篆书体，亦即混合了篆书与楷书的某些特征的书体”。另外，古文字学领域还多见“隶古”或“隶古定”的习惯说法。考虑到这里所讨论的特定对象是楷化定型阶段的唐代字样，以“楷化篆字”指称，比较现成而符合实际。

汉魏以降，社会实物用字中陆续出现众多兼具篆书和楷书某些书体

①《揭示古典的真实——丛文俊书学论集》，郑州：中州古籍出版社，2003年。

②南京：江苏教育出版社，2002年。

③《东方艺术》，2006年24期。

特征，亦即广义楷化篆字的碑刻作品，如北魏《皇帝南巡之颂》碑额、《元简妻常氏墓志》盖、隋《张盈妻墓志》盖、唐欧阳询《九成宫醴泉铭》篆额及敦煌遗书《篆书千字文》等。“这些书迹参杂了‘真之点画’、‘分之波磔’、‘行之流注’、‘草之使转’，形成了一个时期内的篇目特征……虽然说这类篆书杂糅了楷书的特点，但都是不善篆书的表现。”①此类楷化篆字是我们进一步研究中不可或缺的重要资料，然囿于篇幅，将另文专述。

小篆是汉字发展演进中，由古文字向今文字过渡的重要环节②，《说文解字·序》：“秦始皇帝初兼天下，丞相李斯乃奏同之，罷其不與秦文合者。斯作《倉頡篇》，中車府令趙高作《爰歷篇》，太史令胡毋敬作《博學篇》，皆取史籀大篆，或頗省改，所謂小篆者也。”但由于小篆笔画繁复，西汉中期以后，在社会日常生活层面，隶书逐步成熟，至六朝隋唐时期，楷书亦渐趋成熟定型。

然唐张怀瓘《书断》小篆条：“贊曰：李君創法，神慮精微，鐵為肢體，虬作騣騑，江海渺漫，山嶽峨巍，長風萬里，鸞鳳于飛。”因小篆形体偏长，体态优美，由匀称的线条构成，同时其笔画复杂，形式奇古，且可以随意添加曲折，故而汉魏以降印章（尤其是官方印章）及碑刻的额、盖部位，大量使用篆书字体。“这是经典文化孕育的结果，也是特定社会背景下特有的语言现象”。小篆字体在六朝隋唐多用于较为庄重典雅的场合，亦属于特定社会背景下特有的文字现象③。究其实质，或为当时的书法家和文字学家的摹古之作，或为当时流行的装饰书体。

①《东方艺术》，2006年24期。

②小篆在汉字发展史上的历史地位，也有另外一种观点，如海萌辉《小篆不是汉字形体演变过程中的一个环节》〔《郑州大学学报（哲社版）》，1988年3期，第64页〕：“汉字形体的演变，是在人们日常使用文字的过程中‘以趋约易’逐渐产生发展的。从春秋末和战国初期开始，汉字已直接从古文篆体的母体中向隶书过渡，至秦始皇统一中国之时，隶书已基本成熟，并在社会中广泛使用。小篆是秦统一后对古文篆体的一次总结，它只在某些特殊的场合下使用。它和隶书没有渊源关系，因此，它不是汉字形体演变过程中的一个环节。”

③还有一种关涉篆书的特有文字现象，即少数民族文字篆化，尤以满文篆化为巨。清朝政府因巩固统治之需，先于玺印上用小篆线条转写满文。乾隆一朝，又创制了满文篆字三十二体（玉箸篆、龙篆等）。亦属于因人为需要而特别创制的书体。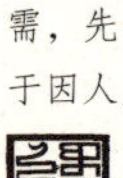（“满文第一篆”之誉的《皇帝之宝》）、（满文转写篆文对比图示），参见黄锡惠《满文小篆研究（上）》，《满语研究》，1998年2期。

然本部分所言楷化篆字，特指有意以楷书笔画转写小篆线条而形成的字体，即狭义楷化篆字，故下文所探讨楷化篆字，既非“不善篆书”，亦非二体“杂糅”，以区别于上文广义概念。

唐代字样学著作包括“为经”类和“为字”类两种，《五经文字》、《九经字样》是为订正经典文字而作，属于“为经”一类。“为经”类规范依据即为《说文》。但由于《说文》贮存字头为小篆字形，故而字样学编撰者即采用楷书笔画转写小篆线条的方式，既体现出规范楷书之需，又兼顾了祖述《说文》之源。

实际上，字样学著作之外，日释空海《名义》传抄字形亦出现部分楷化篆字字例。潘玉坤《〈篆隶万象名义〉篆文杂识》[①]初步统计：“《名义》全书楷字字头将近16000个。在楷书字头上附加篆文——包含《说文》古文和籀文——的，只有1015个（加上重文41字，实际篆文数是1056字），占的比例很小……《名义》篆文也有自己的特点。除了书写风格《名义》较多楷意外，在文字的繁简、间架方面也有差异。”如下表（空格部分，为该书未收字形）字形所示：

《说文》小篆	《名义》小篆	《名义》楷书	现代通用楷字
瓘	瓘	瓘	瓘
琱	琱	琱	琱
璊	璊	璊	璊
塏	塏	塏	塏
𢷎		拜	㨃、攨（拜）
	瑂	瑂	瑂

《名义》传抄小篆字形，以楷书笔画转写小篆线条，如上表“塏”字，《说文》小篆作“塏”，《名义》小篆字头所从“山”构件作“山”，把小篆倾斜线条用楷书“丿”笔、“一”笔和“丨”笔转写出来。再如“拜”字，虽《名义》未出现小篆字形，但其楷书形体实亦小篆字形转写而来，尤以左半部分“手”构件为巨。遍览《名义》“手”部字，“手”构件位置在左者，此字之外，均作“扌”形。而由于六朝隋唐时期，“㨃（攨）”字已不常见，故而《名义》直接转写《说文》

①《中文自学指导》，2002年4期，第34—38页。该文指出：“这些篆文的分布很不均匀，集中在几个地方。就是有篆文的部（共29部），篆文多少也有很大差距，最多的200字（不含重文），最少的仅1字。……在这一千来个篆文里，居然有214字是《说文》所没有的。”

小篆"𠂇"构件作手形。实际上，上表所列字形，仅为《名义》少量特例，其他1000多个小篆字形，仍多以线条摹勒为主，基本与《说文》小篆字形相同。而大批楷化篆字现象，从今所见文献资料来看，集中出现于《五经文字》和《九经字样》。就楷字传承发展而言，目前该专题调查研究尚有待系统开展。

二、楷化方式及类别

《五经文字》一书对举《说文》与其他文献贮存字共181组（其中对举出现楷化篆字形体者176例）。今将《说文》小篆字形、《五经文字》楷化小篆字形及《五经文字》对举出现其他文献贮存字形（以石经、经典相承楷字为主）汇成一表，列出如下：

小篆	楷化篆字	其他文献贮存对举字形	
		字形	《五经文字》所注明出处
桃	桃	桃	石經
夲	本	夲[1]	經典相承隸省
築	築	築	石經
樀	樀	樀	石經
樓	樓	楼	石經
桺	桺	柳	經典相承隸省
𣞤	𣞤	椁	石經
穀	榖	穀	經典相承隸便[2]
指	指	指	石經
搜	搜	搜	經典相承隸省
搖	搖	摇	經典相承隸省
騋	騋	騋	經典相承隸省
稺	稺	穉	《字林》

小篆	楷化篆字	其他文献贮存对举字形	
		字形	《五经文字》所注明出处
憝	憝	憝	石經
丕	丕	丕	石經
雝	雝	雍	經典相承隸省
丘	𠀉	丘	石經
旁	旁	旁	經典相承隸省
擾	擾	擾	經典相承隸省
探	探	探	經典相承隸省
括	括	括	經典相承隸省
哉	哉	哉	經典相承隸省
牆	牆	牆	石經
將	將	将	經典相承隸省
羋	羋	芈	經典相承隸省
羹	羹	羹	經典相承隸省

①《说文·夲部》："夲，進趣也。从大从十。大十，猶兼十人也。凡夲之屬皆从夲。讀若滔。"《汉大》第524页夲字条："按，'夲'字不见经传。或谓古多借'滔'为'夲'。清王绍兰《说文段注订补·夲部》：《管子·君臣下篇》：'心道进退，而形道滔赶。'此借'滔'为'夲'。"又，《广韵·混韵》："本，俗作夲。"按，汉代隶书实物资料中作夲形之本业已出现，如《白石神君碑》作夲，隋唐两朝，本字几近全部作夲形。

②当为變字之讹。

（续表）

粲	粲	粲	石經
番	番	畨	經典相承隸省
得	得	得	石經
復	復	復	石經
遲	遲	遅	籀文（今從籀文）
醬	牆	醬	經典相承隸變
會	會	會	石經
舍	舍	舎	石經
饁	饁	饁	石經
餀	餀	飫	經典相承隸省
歸	歸	帰	籀文（經典通用上字）
歲	歲	歳	經典相承隸省
癸	癸	癸	經典相承隸省
宴	宴	宴	《字林》
宇	宇	寓	籀文
玃	玃	玃	經典相承隸省
狂	狴	狂	經典相承隸省
豪	豪	豪	經典相承隸省
膺	膺	膺	經典相承隸省
胯	胯	胯	經典相承隸省
朙	朙	明	古文（今並依上字）
		明	石經
俞	俞	俞	依石經變舟作月
肸	肸	肸	經典相承隸省
賊	賊	賊	石經
戟	戟	戟	經典相承隸省
光	炗	光	經典相承隸變
寡	寡	寡	石經
旣	旣	既	石經
慎	慎	慎	經典相承隸省
宿	宿	宿	經典相承隸省
寂	寂	寂	石經（今依《說文》）
宜	宜	宜	石經

竈	竈	竈	經典相承隸省
窻	窻	窗	經典相承隸省
眉	眉	眉	經典相承隸省
督	督	督	經典相承隸省
眄	眄	眄	經典相承隸省
罨	罨	罨	石經
齅	齅	嗅	經典相承隸省
罕	罕	罕	經典相承隸省作罕
罙	罙	罙	《釋文》相承隸省
罰	罰	罰	石經（五經多用上字）
贊	贊	賛	經典相承隸省
貿	貿	貿	經典相承隸省
散	散	散	石經
青	青	青	石經
荅	荅	荅	石經
薛	薛	薛	石經
業	業	業	經典相承隸省
僕	僕	僕	經典相承隸省
簋	簋	簋	石經
鞏	鞏	鞏	石經
穆	穆	穆	經典相承隸省
弱	弱	弱	石經
衮	衮	衮	經典相承隸省
齋	齋	齋	經典相承隸省
恐	恐	恐	石經
䍃	䍃	䍃	籀文
	謠	謡	經典相承隸省[1]
諡	諡	謚	《字林》
譱	譱	善	石經
競	競	競	經典相承隸省
席	席	序	經典相承隸省
郭	郭	郭	石經
卿	卿	卿	石經

①大徐本《说文》字头未见，原本《玉篇》残卷引作“《說文》獨歌也”，是六朝唐本《说文》收录“謠”字。

（续表）

陰	陰	陰	石經
戹	戹	厄①	經典相承隸省
屑	屑	屑	經典相承
屬	屬	屬	經典相承隸省
屨	屨	屨	經典相承隸省
履	履	履	經典相承隸省
㘴	㘴	坐	古文（今依古文）
對	對	封	隸省
删	删	删	經典相承隸省
開	開	開	經典相承隸變
离		离	今依石經作离②
孽	孽	孽	經典相承隸變作孽
辭	辭	辝	籀文，經典相承通用上字
		辤	古文（《说文》作辭）
奔	奔	奔	經典相承隸省
㚔	㚔	幸③	經典相承隸省
深	深	深	經典相承隸省
濕	濕	濕	經典相承隸省
涇	涇	涇	隸省
溉	溉	溉	石經
沒	沒	没	經典相承隸省
淳	淳	淳	石經
寖	寖	寖	《字林》
沿	沿	沿	經典相承隸省
滕	滕	滕	經典相承
凜	凜	凜	經典相承隸省
攣	攣	攣	經典相承隸變
饔	饔	饔	隸變
餮	餮	餮	隸變

軏	軏	軏	相承隸省
嫂	嫂	嫂	隸省
婁	婁	婁	石經
執	執	執	經典相承
飲	飲	飲	經典相承隸省
款	款	款	經典相承隸省
夋	夋	夋	石經
复	复	复	石經
夏	夏	夏	石經
愛	愛	愛	經典相承隸省
夆	夆	夆	經典相承隸省
夅	夅	夅	隸省
敫	敫	敫	經典相承隸省
叜	叜	叟	經典相承隸省
友	友	友	經典相承隸省
叔	叔	尗	石經（今經典並依作叔）
彗	彗	彗	經典相承隸省
隸	隸	隸	經典相承隸省
肄	肄	肄	《字林》
		肆	經典及《釋文》相承隸省
書	書	書	石經
畞	畞	畝	經典相承隸省
壽	壽	壽	經典相承隸省
脈	脈	脉	經典相承隸省
眞	眞	眞	經典相承隸省作眞
艮	艮	艮	經典相承隸省
卓	卓	卓	經典相承隸省
靁	靁	雷	《字林》
雪	雪	雪	經典相承隸省作雪

①《玉篇·戶部》："戹，倚革切。困也，災也。亦作厄。"但《玉篇》厄字有别于《说文》厄字。《说文·卩部》："㔨，科厄，木節也。从卩厂聲。賈侍中說，以爲厄，裹也。一曰厄，蓋也。臣鉉等曰：厂非聲，未詳。"

②《五经文字》未出"离"字楷化篆字全形，但注曰"《說文》從屮從禽省"，故本表亦予收录。

③《说文·幸部》："㚔，所以驚人也。从大从羊。一曰大聲也。凡㚔之屬皆从㚔。一曰讀若瓠。一曰俗語以盗不止爲㚔，㚔讀若籋。"《玉篇·夲部》："夲，今作幸。"《隶释》收录三国蜀高眹《修周公礼殿记》："人懷僥㚔。"清顾蔼吉《隶辨·耿韵》："碑蓋譌夲為㚔，今俗作幸。"清徐灏《注笺》亦云："此字隸變與徼幸字相亂。"

（续表）

霢	霢	霡	經典相承隸省
霚	霚	雺	籀文
		霧	經典相承隸變
㮚	㮚	栗	經典相承隸省
㯻	㯻	囊	石經
吠	吠	㕫	《字林》
𠷎	𠷎	喪	經典相承隸變
弦	弦	弦	經典相承隸變作弦
𩱔	𩱔	粥	經典相承隸省
龜	龜	龜	石經
兗	兗	兖	經典相承隸省
兢	兢	兢	經典相承隸省
仝	仝	全	經典相承
皃	皃	貌	籀文（今經典用下字）
匡	匡	匡	經典相承隸省
甯	甯	甯	隸變

庸	庸	庸	相承隸省
備	備	備	經典相承隸省
幷	幷	并	隸省
晉	晉	晋	石經
㫺	㫺	昔	石經
𣍘	𣍘	曹	經典相承隸省
		曺	石經
盧	盧	盧	經典相承（亦作下字）
虡	虡	虡[1]	隸省
虎	虎	虎	石經
盇	盇	盍	石經（今依石經）
韓	韓	韓	經典相承隸省
椉	椉	乗	隸省
䑞	䑞	舜	經典相承隸省
跨	跨	跨	經典相承隸省
蹭	蹭	蹭	經典相承

《九经字样》一书对举《说文》与其他文献贮存字共148组，其中出现楷化篆字形体者145例。今将《说文》小篆字形、《九经字样》楷化篆字形体及《九经字样》对举出现其他文献贮存字形〔以（经典相承）隶省（变）楷字为主，少量为石经或未注明出处的字形〕汇成一表，列出如下：

小篆	楷化篆字	其他文献贮存对举字形	
		字形	《九经字样》所注明出处
鬱	鬱		
𩰪	𩰪		
亲	亲	榛[2]	經典相承隸變
栞	栞	刊[3]	經典相承隸省
枖	枖	夭[4]	經典相承隸省

小篆	楷化篆字	其他文献贮存对举字形	
		字形	《九经字样》所注明出处
桓	桓	桓	隸省
栵	栵	栵	隸省
摜	摜	貫[5]	經典相承隸省
㨨	㨨	抽	隸省
𣂚	𣂚	折	隸省

①此字唐石刻磨泐不清，传世刻本《五经文字》作虛。按，《说文·虍部》："鐘鼓之柎也。飾爲猛獸，从虍、異，象其下足。鐻，虡或從金豦聲。虡篆文虡省。"传世刻本作"虛"，显为"虡"讹。

②《说文》小篆字形作"榛"。

③《说文》小篆字形作"刊"。

④《说文》小篆字形作"夭"。

⑤《说文》小篆字形作"貫"。

（续表）

半	半	半	隸省
告	告	告	隸省
保	保	保	隸變
躳	躳	躬①	今經典通用之
身	身	身	隸省
殷	殷	殷	隸省
幷	幷	并	隸省
億	億	億	隸省
徃	徃	往	隸省
衞	衞	衛	隸省
衞	衞	衛	隸省
送	送	送	下隸省
復	復	退	經典相承
卥	卥	西	今經典相承作迺
宣	宣	宣	隸省
宮	宮	宮	隸省
寒	寒	寒	隸省
塞	塞	塞	隸省
寮	寮	寮	隸省
直	直	直	隸省
買	買	買	隸省
責	責	責	隸省
貶	貶	貶	隸省
賣	賣	賣	隸省
賣	賣	賣	隸省
貴	貴	貴	隸省
肎	肎	肯	經典相承
朖	朖	朗	隸省
倝	倝	朝	隸省
歬	歬	前	經典相承隸省
剬	剬		
華	華	華	隸省
茻	茻	莫	經典相承隸變
蓋	蓋	盖	今或相承，從行書艹
乖	乖	乖	隸變
羋	羋②	羊	此是正羊字
笠	笠	互	隸省
笑	笑	笑	經典相承
禮	禮	禮	隸省
稔	稔	稔	隸省
秊	秊	年	經典相承隸變
伉	伉	亢③	經典相承隸省
慧	慧	慧	隸省
帛	帛	布	隸省
古	古	廿	今廟諱作廿。
猘	猘	猘	經典相承
話	話	話	隸省
譙	譙	誚	今經典相承用下
諭	諭	喻	經典相承，今通用之
鄰	鄰	鄰	隸省
蛇	蛇	蛇	隸省。今俗作虵。
垝	垝	圪	隸省
坼	坼	坼	隸省
勳	勳	勳	隸省
別	別	別	隸省
戎		戎	隸省④
奔	奔	奔	隸省
雧	雧	焦⑤	隸省
溫	溫	温	隸省
瀞	瀞	瀞⑥	
淵	淵		
紇	紇	紇	隸省

①《说文·吕部》云："下俗躳。"

②《五经文字》："羋、芊，上《说文》，下經典相承隸省。"

③《说文》"亢"字小篆作"亣"。

④《九经字样》注明："《說文》從戈從甲。"故亦予收录。

⑤《说文》小篆字形作"[illegible]"。

⑥《九经字样》未注明二字形来源，按体例应上为《说文》字形，下为经典相承隶省字形。

（续表）

緐	緐	素	隸省
絇	綯	絇	經典相承隸省
轢	轢		
輜	輜	輜	隸省
	婣[1]		
𠌶	𠌶	華	經典相承用華字
㪅	㪅	更	隸省
敹	敹	敹	隸省
𠂔	𠂔	父	隸省
㕜	㕜	史	隸省
甫	甫	甫	隸省
求	求	求	隸省
畱	畱	留	隸省
男	男	男	隸省
𠭥	𠭥	敢	隸變
旨	旨	旨	隸省
電	電	電	隸省
㝷	㝷	尋	隸省
甘	甘	甘	經典相承
舌	舌	舌[2]	俗字
嗁	嗁	啼	經典相承
尚	尚	尚	隸省
高	高	高	隸省
亯	亯[3]	享	經典相承隸省
吕	吕	吕	隸省
員	員	負	隸省
乍	乍	乍	隸省
童	童	童	隸省
亥	亥	亥	隸省
兒	兒	弁	隸省
早		早[4]	隸省
昌	昌		

昦	昦	昊	隸省
曟	曟	晨[5]	隸省
曐	曐	星	隸省
曑	曑	曑	隸省
曡	曡	疊	經典相承
曾	曾	曾	經典相承隸省
虜	虜	虜	隸省
韠	韠	韠	隸省
爵	爵	爵	隸省
予	予	予	隸省
幻	幻	幻	隸省
𠂢	𠂢	冄	隸變
首	首	首	隸省
農	農	農	隸省
端	端		
甲	甲		
𢀩	𢀩	差	隸省
冀	冀	巽	隸省
普	普	替	隸省
竝	竝	並	隸省
亾	亾	亡	經典相承隸省
牙	牙	牙	隸省
丱	丱	夘	隸變
𣏟	𣏟	𣏟	經典相承
覃	覃	覃	隸變
鬭	鬭	鬭	隸省
囟	囟	囟	隸變
嘗	嘗	嘗	隸省
尪	尪	尪	隸省
彙	彙	彙	隸省
要	要	要	隸變
乏	乏	乏	經典相承隸省

①《九经字样》：“籒文婣。”

②《说文》小篆字形作“𦧄”。

③《说文》亦作“亯”。

④《九经字样》注：“《說文》本從日下甲。”故亦收录。

⑤《说文》：“曟，房星；爲民田時者。从晶辰聲。”

（续表）

[illegible]	启	卮	經典相承
[illegible]	𠥴①	朋	隸省
[illegible]	𤰞	畏	隸省
[illegible]	𢍏	承	隸省
[illegible]	𢌳	異	隸省

[illegible]	外	外	隸變
[illegible]	夜	夜	隸省
[illegible]	𡖍	夙	隸省
隸②	𣎆	隸	

对比楷化篆字与《说文》小篆字形，《五经文字》、《九经字样》楷化《说文》小篆字形的方式有三类：

（一）偏旁代替

《说文》小篆字形部分构件（尤以可作部首的偏旁为主）若有相应的楷字构件对应，则用楷体直接代替小篆该构件。集中体现在形声字的形符构件上。楷化篆字中，几乎所有的形声字，其小篆构形中形符构件基本以楷书形体直接代替。如：

[illegible]—木、[illegible]—扌、[illegible]—門、[illegible]—氵……

究其原因，《说文》形符经六朝至隋唐，其写法基本定型，同部字中，字与字之间的区别，取决于声符构件，故而可以直接以楷字形体构件代替小篆形符。而对于小篆声符，则以该构件对应的楷字整字（非该构件在其他合体字中的变异形体）代替，以[illegible]—舟部件为例：

《说文》“[illegible]”字，《九经字样》楷作“𦩍”形。按，《说文·倝部》：“朝，旦也。从倝，舟聲。”林义光《文源》：“不从倝，亦不从舟，象日在茻中，旁有水形。”罗振玉《增订殷虚书契考释》：“此朝暮之朝字，日已出茻中，而月猶未没，是朝也。古金文省从𠦝，後世篆文从倝，舟聲，形失而義晦矣。”择取部分古、今文字形体列表如下：

①古文。

②《说文》：“隸，附箸也。从隶柰聲。𨽸，篆文隸，从古文之體。”《五经文字》对举：“隸、𨽸，力計反。上《說文》，下經典相承隸省。”而《九经字样》楷化作“𣎆”，“音麗。按《周禮》女子入于舂稾，男子入于罪𣎆，𣎆字故從又持米，從柰聲。又象人手也。經典相承作隸已久，不可改正”。《九经字样》为溯《说文》古文之体，故而作“𣎆”。按，秦汉碑刻隶字多同《九经字样》“從又持米”形，如《睡虎地秦简·秦律十八种》作“[illegible]”、《秦律杂抄》作“[illegible]”，汉《鲁峻碑》作“[illegible]”、《石门颂》作“[illegible]”。桂馥《说文义证》：“本書歀或作款，馥謂隷亦隸之或體，當别有古文脱去。《一切經音義》三：‘[illegible]，附箸也。字從米從㲃聲。古者[illegible]人擇米以供祭祀，故從米也。’又卷一：‘𣎆，從米㲃聲。㲃字從又從祟。’”并引《九经字样》，“案：此二說為隸、隷皆從米。唐本當如此。”

书体	字形①	字形②	字形③
甲骨文	《殷契佚存》292	《库方二氏藏甲骨卜辞》1025	《殷墟书契后编》下3·8
金文	《矢令彝》	《盂鼎》	《陈侯因资錞》
小篆	《说文》	《三体石经》	
篆隶递变	《老子（甲本）》	《老子（甲本）》	《日书（甲种）》
隶书	《武威简·服传四》	《史晨碑》	《杨统碑》

从上表可以看出，《说文》小篆形体之外的古文字形体中，未见构件作“舟”形者，汉代隶书中出现作“舟”字者，如《杨统碑》作“”，但字形为摹写小篆线条，非“舟”字隶书形体。《九经字样》以“舟”字代替小篆线条“”形，同时对举隶变字形作“朝”，一方面说明《九经字样》祖述唐本《说文》“朝”字确作“舟”构件，另一方面说明《九经字样》所取楷化篆字字形，要非来自隶变字形。

（二）整字摹勒

与形声字偏旁代替不同，多数独体字和部分合体会意字，由于不能离析出可以类化或类推的形符构件，且对应楷书形体与小篆字形相去甚远，故采用整字摹勒的方式，即小篆字形中的每一段线条，都用楷书笔画按照原字形结体和走势，加以转写摹勒。例如（排列方式为：小篆—楷化篆字〈楷字〉）：

—（父）、—（予）、—（丹）、—（亥）、

—（要）、—（畏）、—（承）、—（異）

以“—（父）”为例，《说文》：“，矩也。家長率教者。从又舉杖。”古、今文字形体，举有代表性形体者，制表如下：

书体	字形①	字形②	字形③
甲骨文	《铁云藏龟》37·2	《铁云藏龟》196·1	
金文	《父癸鼎》	《扬鼎》	《豚鼎》
大篆	《侯马盟书》	《中山王壶》	
小篆	《说文》	《三体石经·僖公》	
篆隶递变	《老子（甲本）》	《纵横家书》208	
隶书	《定县竹简》	《北海相景君铭》	《熹平石经·易》

学者对《说文》所云“从又”基本赞同，但对“又”所持之“物”，则多存异解[①]。但无论如何，从上表所列字形来看，甲骨文直到篆隶递变时期的“父”字，“ㄋ”形非常明显，隶变之后，可以看到古文字结构被打破，“又”形基本成为三笔的“乂”形，与从“又”所持之“物”基本构成中轴对称的“父”字，且全字无横笔、竖笔和折笔。而《九经字样》却用楷字的横笔、竖笔和折笔摹勒小篆线条作“彐丨”，对比楷化篆字和隶变之父字，正可以看出楷化篆字与隶变字形的区别所在。

（三）保留构件的区别性特征

部分构件隶变后与其他字形发生混同，区别性弱化或丧失，故而字样学著作在楷化这部分篆字时，保留了构件的区别性特征。下面以分别作为构件的“曰”、“山”为例。

《说文·曰部》：“曰，詞也。从口，乙聲，亦象口气出也。”王筠《说文释例》：“鐘鼎文曰字作曰……蓋曰乃指事字，非乙聲也。其所以作曰者，甘字古文有甘甘二形，故曰字以一記于口旁，不正在口上。許君作曰者，蓋如大徐說字，中一上曲，則字茂美。”《包山楚简》曰字“不正在口上”之“一”尚可清晰可辨，如曰（《包山楚简文字编》222）（下同）、曰（同上238）、曰（同上246）等，迨至《睡虎地秦简》字形则作曰（《秦律十八种》）、曰（《法律答问》）等，“一”形已变从“正在口上”。隶变之后，表示口形两侧上出之线条消失，如《史晨碑》作曰，字形近似扁平的日字或部分甘构件字（如嘗），尤其与日字作为构件出现于上下结体字形时相混淆。故而在楷化这类篆字时，保留构件的区别性特征尤为必要。

以“曾”字为例，《说文》小篆字形作“曾”，楷化篆字作“曾”，“曰”字保留了小篆字形中“不正在口上”之“一”，同时又未全部摹勒小篆字形，并未保留表示“口”形两侧上出之线条，这也是与上述第二点“整字摹勒”的区别之一。又如“昌”字，《说文》

①吴荣光《筠清馆金文》卷二：“古文父从，會意，亦聲。”刘心源《奇觚室吉金文述》卷一：“从，亦聲，即主字。”郭沫若《甲骨文字研究》云：“父乃斧之初字。石器時代，男子持石斧（即石斧之象形）以事操作，故孳乳為父母之父。”商承祚《甲骨文字研究·下编》引叶玉森“為手持炬形”，曰：“譬人夜行，持炬則心有所主，故引申而為一家之主也。”

“昌”字“从日从曰”，但以汉代隶书实物资料来看，“上日下曰”结构，已无分别，如，《华山庙碑》作“昌”、《史晨碑》作“昌”。《九经字样》楷化小篆字形作“昌”，保留了“一”形“不正在口上”的区别性特征，从而改变了隶变字形上下结构形体混同的情况，使得上“日”下“曰”的对立区别性重新得以彰显。

又如“山”字，古、今文字形体中，“山”字构形均为水平放置，而作为“端”字构件中的“山”形，古文字形体则变平放为倾斜，如《说文》小篆字形作“端”，《睡虎地秦简·法律答问》作“端”，而隶变之后，倾斜之山形则变为平放，如，《武威汉简·泰射仪》作“端”、东汉《史晨碑》作“端”，为与隶变字形形成区别，《九经字样》楷化《说文》“端”字时，保留了构件“山”字区别性特征的倾斜状，字形作“端”。

上述分析可以看出，保留构件的区别性特征与整字摹勒的主要区别即在于，楷化构件的区别性特征并不一定与小篆形体点画无亏、完全吻合，只要能使楷化篆字形体与其他相近字形形成明显的对立区别，足以与其他混淆形体得以分开即可。

三、楷化篆字中的正字理念及汉字发展演变规律

楷化篆字不仅是字样学正字的重要方式，也是正字内容的重要组成部分。通过上述调查分析，我们可以窥测到字样学著作的一些正字理念，并由此形成汉字发展演变中某些规律性的认识。

（一）字样学努力维护汉字造字理据

汉字形体由小篆变为隶、楷形体，构形理据严重弱化或丧失。《五经文字》、《九经字样》悉以祖述《说文》为正，不仅在释义及构形拆分时征引说文，而且楷化《说文》小篆字头，以规范其他“讹”、“俗”类字形。楷化篆字传承了小篆字形的曲折转承的笔形，一般而言，楷化篆字形体结构比石经及经典相承字体复杂，不便书写。在此前提下，字样学著作仍以之为正，其目的是试图树立以《说文》小篆构形为标准的地位，所楷化小篆字形与石经及经典相承字体并列为正，意即

承认并努力维护《说文》所分析的汉字造字理据，针对隶变之后汉字的符号化对汉字造字理据的破坏，重新建立一种对应关系。而重新建立这种对应关系的方式，即以楷书笔画整字摹勒或保留构件的区别性特征，古文字研究者习惯称为“隶古定”。针对古文字领域，与“古”为“隶”是适当的；但针对楷字对象，仍以“隶”为称，就是指称混乱。准此，这里特别使用“楷化篆字”品目。虽然不够简洁，但概念的外延和使用的范围还是清楚的。无论哪一种方式，都是在参照小篆形体构造的基础上，将篆字楷化，体现了在楷书阶段传承保存文字构造理据的努力。

（二）楷书发展到唐代已经成熟定型

楷书肇端于东汉末年，魏晋南北朝是楷书发展并渐趋成熟期，至唐代楷书最终定型。这一楷字发展主线，已经在有关课题的调查描写过程中呈现出来。理论的成立，需要材料的支持，尤其是社会实物用字资料。

理论上的自觉意识，尤其是专门的字样学著作的出现，是楷书书体成熟的标志之一。这里所说的成熟定型，主要是依据其规范方式所体现出来的正字理念。从楷化篆字来看，主要表现在《五经文字》、《九经字样》等均未采用《小篆》形体，而采用楷化篆字的方式，这种方式本身就说明了楷书在唐代发展的强势地位。

以楷书笔画转写小篆线条，尤其是在形声字的形符构件上，以楷书偏旁代替，则说明，楷书书体中偏旁的定型，已经处于确乎不可动摇的地位。这也是楷书书体定型的一个方面。以偏旁形体相应于偏旁位置的定型情况来看，以心部字为例，《说文》“心”构件在左者，如“”、“”，《五经文字》楷化作“慎”，《九经字样》作“忼”，《说文》“心”构件在下者，如“”、“”，《五经文字》楷化作“恐”、《九经字样》作“稔”，虽然《说文》小篆“心”构件均作“”（上述左半部分构件为“心”者，“”形底端为垂下形），但《五经文字》和《九经字样》在楷化时，并未全部“依篆画形”，楷作“心”形。而是根据构件的组合层次，“心”构件位于左半部分者，楷化作“忄”，“心”构件位于下部分者，则作“心”形。这

一楷化偏旁形体相应于偏旁位置的处理方式，所体现出来的正字理念，正说明楷书书体的成熟和定型。我们根据“隋唐五代石刻楷字资源库”所作共时的隋唐五代石刻异体构成类型调查来看，同样表明了该时期楷字的定型水平。笔画层面上的异体字共有4542个，占全部异体字的46%；构件层面上的异体字共有4788个，占全部异体字的48%；整字层面上的异体字共有539个，占全部异体字的5%。异体字的差异有将近一半存在于构件层面上。其中，形近构件替换是最主要的表现形式，占全部构件变异的90%左右。

（三）古、今文字演进过程即符号化上升的过程

首先，需要明确区分楷化篆字和小篆隶定字。小篆隶定字是指用隶书笔画和笔法书写的小篆字体，即小篆字形隶变为隶书书体，其过程为隶变，其结果为隶定。然楷化篆字其实质为用楷书笔画和笔法来转写小篆字形，其间并未经过隶变过程的参与。从上列两表来看，许多楷化篆字形体尤其是对于汉字的大半（主体）形声字，同隶定字形在笔画和构件组合层面大半吻合，正说明汉字由古文字形体转变为今文字形体，即小篆向隶书演进的隶变过程，确为符号化上升的过程。小篆形体由线条构成，线条的特质在于转承曲折中，以意象传达概念，而符号化的一个重要特征即符号的约定俗成，故而楷化篆字与隶变字形的吻合说明，古、今文字演进过程即符号化上升的过程。

四、几点思考

楷化篆字这一现象，以今所见历代资料来看，较为集中和系统的出现于字样学著作中，可以说，是特定时代、特定需要的产物。针对这一点，在理解和分析这一现象时，我们倾向于界定为文字发展演变过程中的突变（人为）现象。古今文字发展演变的进程，即由篆书演变为隶书，由隶书进而演化至楷书，故而楷化篆字由古文字字体直接突变为楷书形体，只能是文字发展进程中的特例，不代表汉字字体演进的实际进程。然楷化篆字虽出现于少量著作中，但毕竟被唐代字样学赋予了正字的地位，故而我们的研究仍具有相当大的价值。

首先，由于楷书笔画及书体系统的特性，楷化篆字对线条所赋予小篆形体的美感产生一定程度的破坏。构成小篆的线条，可随字形结构的需要而转承柔曲，以达到整字修长、匀圆、齐整的美感，但楷化篆字之后，由于楷书的记号化，使得笔画不能随意柔曲，故而构件的组合完全依照小篆结构形体，则会对小篆整体的美感产生不同程度的破坏，尤其是楷书偏旁的固定写法及依篆模刻，使得小篆构件随结体需要而移位构件、随意曲折，所产生的整体感丧失，字形略显生硬。对比下列字形：

小篆	[illegible]	[illegible]	[illegible]	[illegible]	[illegible]	[illegible]	[illegible]	[illegible]	[illegible]
楷化篆字	麝	蠹	勦	茻	身	腸	鄉	揆	[illegible]

以“莫”字为例，小篆“从日在茻中”，茻字为“从四中”，小篆略将下部分两“中”向外侧微倾，从而使小篆字形齐整中有变化。反观楷化篆字形体作“[illegible]”，四“中”均作“十”形，若依小篆下半部两“中”外侧倾斜，则“十”字形变作“𠂇”，便形成别字。

又如“身”字，因整字结构平衡和美观的需要，小篆字形中“人”字做出较大弯曲调整，但由于楷书笔画中无法构成小篆“人”字线条的大幅度柔曲，故而只能迁就“人”字的倾斜，字形作“身”，无论如何，看不出有孕之身的意象和结体的美感。

其次，楷化篆字或可能受到来自隶变字形的影响，致使同一偏旁构件亦产生不同的楷化形体。如《说文》“[illegible]、[illegible]、[illegible]、[illegible]、[illegible]”五字，小篆偏旁均从“[illegible]”形，《九经字样》楷化“[illegible]、[illegible]、[illegible]”作“叜、敹、霰”，《五经文字》楷化“[illegible]、[illegible]”字形作“㪔、敦”，楷化篆字形体则分为从“支”与从“攵”。

以“敖”字为例，金文《芾伯簋》作“[illegible]”，《九年卫鼎》作“[illegible]”，《㞒敖簋》作“[illegible]”、“[illegible]”，古陶文瓦书作“[illegible]”，《睡虎地秦简·秦律杂抄》作“[illegible]”，《法律答问》作“[illegible]”，字形均从“支”，故《九经字样》楷化作“敖”，当为受到来自汉魏六朝字形的影响。不过，从整体情况来看，这一现象并不多见。故楷化篆字所对应唐本《说文》篆字形体的可靠性，应予以肯定。

第六章

《五经文字》、《新加九经字样》传承《说文》研究（二）

第一节

对《说文》小篆形讹字的考订

对比字样学著作所贮存楷化篆字与大徐本《说文》小篆字形，我们发现，许多字形存在不对应的情况。参考唐写本《说文·木部》残卷等文献资料，大徐本《说文》部分小篆字形存在明显讹误，故而楷化篆字的研究，对于大徐本《说文》小篆形讹字的考订，具有其他文献资料无法替代的价值。另外，唐代石刻特定部位如墓志的碑额等所使用的篆文和唐抄《篆隶万象名义》所存篆形，都是共时的实物用字，自然也是用来对勘大徐本《说文》小篆不可多得的资料，然囿于篇幅，将另文专门讨论。

关于《说文》小篆形讹问题，徐铉校订《说文》时指出：“盖篆書堙替，為日已久，凡傳寫《說文》者，皆非其人，故錯亂遺脱，不可盡究。”马叙伦《〈说文解字〉研究法》指出：“許書篆譌者，蓋百余文。”裘锡圭先生在《文字学概要》中说：“《说文》成书于东汉中期，当时人所写的小篆字形，有些已有讹误。此外，包括许慎在内的文字学者，对小篆字形的结构免不了有些错误的理解，这种错误有时也导致了对字形的篡改。《说文》成书后屡经传抄刊刻，书手、刻工以及不高明的校勘者，又造成了一些错误。因此，《说文》的小篆字形有一部分是靠不住的，需要用秦汉金石等实物资料上的小篆来加以校正。”[1]

①裘锡圭：《文字学概要》，北京：商务印书馆，1988年，第62页。

詹鄞鑫先生《〈说文〉篆文校正芻议》[①]一文在原则和方法上提出了若干有价值的参考意见。王平、臧克和师《日藏唐写本〈说文·木部〉残卷原件与大徐本小篆形讹字考订》[②]一文，利用现藏于日本的《说文·木部》残卷唐写本原件和出土古文字资料，对勘大徐本小篆245个讹误字形，收获颇丰，且意义重大，为小篆字形进行有文献学依据的系统订正，奠定了坚实的一步。

近年来，在《说文》篆文及其篆楷对应方面，研究成果不断出现，如，王有卫《古文献中篆文及其篆楷对应错漏举例》[③]、李建廷《大徐本〈说文解字〉篆楷不对应现象初探》[④]、孙玲《〈说文解字〉小篆隶定初探》[⑤]等，对部分《说文》小篆对应楷字，尝试重新校订和分类，并提出了若干原则和方法。这一角度的研究为《说文》小篆字形的校订提供了一定的参考价值。

本节以字样学著作贮存楷化篆字，校订大徐本《说文》小篆字形，相应于《文字学概要》所谓“需要用秦汉金石等实物资料上的小篆来加以校正”，亦当具有重要的补充作用和巨大的参考价值。由于字样学著作，或“偏旁同者，不復廣出”（《干禄字书·序》），或“凡字从某（构件）者，皆放此”（《五经文字·序例》），故而，本节虽仅对楷化篆字——直接对应于大徐本讹误字形或构件进行考订，但实对该形体所构字形，皆可类推，除部分字形须加注明外（如从“尹”之字等），为免行文支离，其他字形不逐一列出。

据初步统计，大徐本《说文》34个小篆字形与字样学贮存楷化篆字存在不对应现象，依次为：早、卓、覃、畀、貴、㠯、禮、絢、賚、倪、北、禽、西、床、羿、盍、牆、胯、跨、宇、華、𠌶、廓、澓、全、叩、杞、氾、歁、歖、㱃、款、漱、茨。

〔早、卓、覃〕《说文·日部》：“早，晨也。从日在甲上。”

《九经字样·日部》：“早，《說文》本從日下甲，今隸省。”

①《古汉语研究》，1996年3期。

②《文史》，2003年2期。

③《安徽广播电视大学学报》，2006年2期。

④《中国文字研究》，第7辑，2006年。

⑤吉林大学2008年度硕士学位论文。

按，《说文·匕部》：“，高也。早匕爲皁，匕卪爲印，皆同義。”《九经字样》楷化字形作“卓”。古文字资料中，“早”、“卓”及其所从之字，构件“甲”形体与《九经字样》所引相吻合。如“卓”字，《甲骨文编》收录字形作“”（甲3479）、“”（粹1082），《九年卫鼎》作“”。又如“绰”字，《癲锺》作“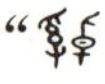”、《蔡姞簋》作“”。再如“趠”字，《趠鼎》作“”、《侯马盟书》作“”。隶变之后，“早”、“卓”等字，其构件“甲”一袭古文字形体，仍作“十”形，如，《睡虎地秦简·秦律十八种》作“”，例多不赘。

又，章太炎《文始》云：“案甲字古文或作十。繹山刻石戎字作戎，从十，則古文甲實作十，象甲乇之形，恐與數名之十，本非異字。十音如叶，甲音如狎，本同聲。其作、作者，固皆初文，然實因十而製也，甲本甲乇，亦引伸為人頭，其字象首鎧也。”裘锡圭先生《文字学概要》在分析“戎”字构形时亦指出：“大概某些文字学者误以为‘戎’字所从的‘十’是‘甲’的古写（甲胄也是很重要的戎器），所以把‘戎’的篆文改成了‘’。《说文》‘早’字作‘’，‘卓’字作‘’，也犯了类似的错误（‘早’、‘卓’二字的结构，目前还不能作确切的解释）。”[①]逐本溯源，字样学著作所见唐本《说文》“早”、“卓”等字，其“从日在甲上”之“甲”皆作“十”形，许慎《说文》原本亦当如此。大徐本“早”、“卓”及其所从之字，如“、、、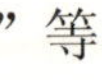”等，凡十六文，皆误从“”形。

又，《说文·㫗部》：“，長味也[②]。从㫗，鹹省聲。《詩》曰：‘實覃實吁。’[③]，古文覃。，篆文覃省。”

---

①裘锡圭先生《文字学概要》：“例如‘戎’字，《说文》作，分析为‘从戈，从甲’。这个字在西周金文里作、等形，峄山刻石作，汉印小篆以至隶书、楷书，也都从‘十’而不从‘甲’。《说文》的篆形显然是有问题的。在古文字里，‘甲’本作‘十’，跟‘戎’字所从的‘十’的确没有什么区别。但是上引西周金文可以证明‘戎’所从的‘十’并不是‘甲’字，而是（毌，音guàn）的简化之形。‘毌’本象盾牌。在古代，戈和盾分别是进攻和防卫的主要器械。兵戎的‘戎’字由‘戈’、‘毌’二字组成是很合理的。”

②徐灝《注箋》：“覃醰古今字。”唐兰《殷虛文字记》：“以蕙和酒，引申之，因有長味之義矣。”

③商承祚《说文中之古文考》卷五：“乃旦字，古文从旦聲也。”马叙伦《说文解字六书疏证》引钮树玉曰：“即寡子卣字、甲文字所从之之省也。”

“覃”字形构释义，众说纷纭[1]。《九经字样·旱部》：“𡆧，音潭，上《說文》，下隸變。《詩》葛覃字，經典或作蕈。”今按，“从日在甲上”之形，字样学著作皆作“旱”，故《九经字样》“𡆧”之构件“旱”，亦应“从日在甲上”，所依之唐本《说文》，当不类大徐本“从㫗”。或以为《九经字样》楷化《说文》之篆字，当为《说文》“古文覃”形，果如此，则大徐本小篆作“□”，字形亦讹。

〔異〕《说文·異部》：“異，分也。从廾从畀。畀，予也。凡異之屬皆从異。”[2]

叶玉森《殷虚书契前编集释》卷五：“卜辭乃象一人捧頭如鬼狀，可驚異也。”杨树达《积微居金文说》：“甲文異字作人頭上戴物，兩手奉之之形，異蓋戴之初字。戴从𢦏者，加聲旁耳。”

按，《九经字样》楷化“異”字作“□”，注同《说文》。《说文》“畏”字作“□”，《九经字样》楷作“□”。又，《说文》“畀”字小篆作“□”，“从丌由聲”。故大徐本《说文》小篆“異”字，上平如田，非是。当从“由”形。[3]

又按，《说文》“由”[4]字作“□”，但《说文》“由”构件字形多从“□”，故今据《九经字样》楷化篆字“□”、“□”等，可推知《说文》小篆字形从“□”形者，当改从“□”形。

〔畏〕《说文·由部》：“畏，惡也。从由，虎省。鬼頭而虎爪，可畏也。𤰈，古文。”

孙诒让《名原》：“其左从□，與爪不類。中箸一，又無義可

①郭沫若《金文余释之余·释覃》：“（於皿）若豆中盛果實以供食，自可得‘長味’之義……則知其它□、□、□等形亦必為器皿之象形，小篆譌變為㫗。”（《金文丛考》，人民出版社，1954年）
徐中书《四川彭县蒙阳镇出土的殷代二觶》：“（㫗）象鐔、罐而不是从亯反之形。”“覃，篆文作□，乃金文□形之譌變，□為鐔形的原始象形字，覃所从之□形則為文字漸趨整齊畫一後便于寫作的書體，甲骨文偏旁從覃的字都通作此形，西周以后的金文偏旁从□的字又多譌作□或□，如□（覃，見《晉姜鼎》）□（厚，見《厚趠鼎》）□（簟，見《番生簋》），其形與亯字倒文極相似，亯篆文作□，因此，《說文》遂以㫗為从反亯之形，金文覃譌為□或□，仍可就簟字異文說明其為象鐔、罐而不是从反亯之形，金文簟或从皿作□（《毛公鼎》），皿為器皿，从皿仍與从□同意。”（《文物》1962年6期。）
②罗振玉《增订殷虚书契考释》卷中：“（古金文）象人舉手自翼蔽形。”商承祚等同罗氏。余永梁、马叙伦等均引同王国维：“此疑戴字……象頭上戴□之形。”
③今所见古文字资料中，“異”字形从“上平如田”者居多。如《甲骨文编》甲1551作“□”，《金文编》《召鼎》作“□”，大徐本《说文》小篆字形或受古文字字形影响而讹。
④徐灏《注笺》：“此字不見經傳，惟釋氏書有之。”

說……小篆畏字實當作畏。”罗振玉《殷虚文字类编》第九：“古金文作畏、畏（《盂鼎》），从鬼及手形，或省手形从卜。此則從鬼手持卜，鬼而持攴，可畏孰甚。”

按，《九经字样·甶部》：“畏、畏，音尉，從甶。甶，音弗，象鬼頭也。鬼頭虎爪，人可畏也。上《說文》，下隸省。”楷化篆字正与《说文》“鬼頭而虎爪”相吻合，大徐本可据改。

又，《诅楚文》“畏”字作“畏”（《石刻篆文编》），《睡虎地秦简·日书（甲种）》字形作“畏”，汉印“畏”字则几乎全同《说文》，如《三畏私印》作“畏”（《汉印文字征》），是故大徐本小篆“畏”字形体亦来源有自。

此外，《说文》“虐”字，小篆字形作“虐”，《五经文字》楷化作“虐”，俱从“虎足反爪人也”，亦可证大徐本“畏”字之讹。

〔幻〕《说文·予部》：“幻，相詐惑也。从反予。《周書》曰：‘無或譸張爲幻。’”

按，《九经字样·杂辨部》：“幻、幻，還去，相詐惑也。從倒予。上《說文》，下隸省。”《说文》“从反予”、《九经字样》“從倒予”，释义均有“从（從）”字，故其意并非字形即作“反（倒）予”。大徐本《说文》作“幻”，字形即为“反（倒）予”，而《九经字样》字形则“从反（倒）予”。今验诸古文字形体，《说文》小篆上部“”笔，古文字字形中多弯曲至“幻”字底部，与《九经字样》字形相类，如金文《盂父簋》作“”、“”之形，古陶、玺印文字中，字形多与金文呈对称状，如《古陶文字征》收录字形作“”（3·728）、“”（9·58），《古玺文编》收录字形作“”（0391）、“”（2289）等。

又，《说文》“予”字小篆作“予”，《九经字样·杂辨部》：“予、予，推予也，象相付予之形。上《說文》，下隸省。”“予”字两“△”形均为相对状。《说文》“幻”与“予”字相同，俱作相对相交状，而《九经字样》“幻”字左半部分两“△”形，另作平行状，与古文字形体相合，可见，大徐本已然与唐本《说文》不同，当据之改作“幻”形。

〔禮〕《说文・示部》：“禮，履也。所以事神致福也。从示从豊，豊亦聲。”

《九经字样・示部》：“禮、禮，履也，從示從豊。豊，音禮，從冊從豆。上《說文》，下隷省。”

按，“豊”与“豐”[①]字形多有混淆，古文字资料中二字异体蜂出，厘清二体源流[②]演变[③]，亦非短时易事，故此处并不过多介入二体之辨，以致喧宾夺主之失。“豊”、“豐”之辨[④]，其下从“豆”多相同[⑤]，其上所从各家说解纷纭，莫衷一是。大半于凵中之物产生歧解，或释作“從玨在凵中”[⑥]，或云“象器中有物”、“豐滿之形”[⑦]也，但均未见有析“豊”从“册”者。《九经字样》所录，目前所见资料，暂无法为其提供佐证，故而是否与许慎原本相合，仍无法确知。但无论如何，《九经字样》提供的唐本《说文》“豊”字“从冊”，为《说文》“禮”字及从“豊”之字的研究提供了新的资料，故此处仍备一说。

此外，《说文》“絢”字小篆作“[illegible]”，“从糸旬聲”，《九经字样・糸部》作：“絢、絢，儇去，上《說文》，從筍聲，下經典相承隷省。”段玉裁注：“絢字未見於他書，疑唐所據未可信。”亦权录于此，备成一说。

〔𧶠〕《说文・贝部》：“𧶠，衒也。从貝𡙁聲。𡙁，古文睦。讀若育。”

《九经字样・贝部》：“賣、賣，音育，從貝從𡙁省。𡙁，古文睦，讀、贖、續、覿、匵等字從之。上《說文》，下隷省。”

①《说文・豐部》：“豐，豆之豐滿者也。从豆，象形。一曰《鄉飲酒》有豐侯者。凡豐之屬皆从豐。”
②林义光《文源》卷六：“禮器不謂之豊，實禮之古文，象豆有所盛形。”
③商承祚《殷契佚存》：“豊乃酒醴之本字，《說文》訓為行豊之器，乃引申之後，復孳乳為豐滿之豐。”容庚《金文编》三卷：“金文醴之偏旁形與豐同，豐與豊為一字。豆之豐滿者所以為豊也。”
④李孝定《甲骨文字集释》按：“以言事神之事則為禮，以言事神之器則為豊，以言犧牲玉帛之腆美則為豐。其始實為一字也。”《汉语大字典》按：“豊为醴初文，为祭、享之酒醴，非器。”
⑤林澐《豊豐辨》：“豊豐二字並非‘从豆’，而均係从壴作[illegible]、[illegible]、[illegible]等形。”（《古文字研究》第十二輯，北京：中华书局，1985年）
⑥王国维《观堂集林》卷六《釋禮》：“實則豊從玨在凵中，從豆乃會意字，而非象形字也。”
⑦徐灏《注笺》“豊”下云：“[illegible]象器中有物也。”王筠《说文句读》“豐”下云：“[illegible]，但象豐滿之形也。但是指事而非象形耳。”

按，唐写本《说文·木部》残卷“櫝”字作“[illegible]”，大徐本作“[illegible]”，所“賣”构件，有明显差异。残卷“賣”构件所从之“𧶠”，“八”与“囧”相接，又与上部土之下横相接，字形与“酉”符极近，然确为《九经字样》所云“從𧶠省”，所省者为“𧶠”符中间之八。“𧶠，古文睦，讀、贖、續、覿、匵等字從之。”核验这些字在古文字实物资料中的形体，如《曶鼎》“賣”字作“[illegible]”、《史颂鼎》“讀”字作“[illegible]”[1]、《父辛尊》“匵”字作“[illegible]”[2]，是“賣”字上半部分构件确为“𧶠”，“𧶠”所从之“囧”确为“目”形。

篆隶递变时期，“𧶠”构件所从象“目”形之“囧”，隶作“目”字，如《睡虎地秦简·法律答问》“贖”字作“[illegible]”、《日书（乙种）》“續”字作“[illegible]”。又，《说文·出部》：“[illegible]，出物貨也。从出从買。”《九经字样·贝部》注隶省字作“賣”。“賣”与“賣”之隶省字“賣”形近，故而二字所构字亦相混，汉魏六朝大量隶楷实物资料均可资证明，不赘。

综上，唐写本《说文·木部》残卷与《九经字样》所见唐本《说文》“賣”构件字均“從𧶠省”，大徐本《说文》小篆字形皆作不省，或据古文字形体直接摹写而来[3]。

〔[illegible]〕《说文·夕部》：“[illegible]，早敬也。从丮，持事；雖夕不休，早敬者[4]也。”

《九经字样》引《说文》“[illegible]”字楷化作“䛋”形，隶省字形则作夙[5]。

按，《干禄字书》：“夙、夙，上俗下正。”“夙”之形构，实“䛋”字形体稍变，左半部分小篆楷写作“[illegible]”形，隶变字形则作

①陈汉平《屠龙绝绪·释讀》：“……與上文儥用法文例同……當釋讀為讀。”

②马叙伦《读金器刻词》卷下：“倫謂此即《說文》之匵……[illegible]乃[illegible]之省而直畫少長耳。”

③《日藏唐写本〈说文·木部〉残卷原件与大徐本小篆形讹字考订》推论“（《說文》[illegible]）是根據訛變後的字形來析形釋義的”，或可再商。

④叶玉森《说契》：“許君訓早敬未塙……夙興之人，喜見殘月，故兩手向空，作捧月狀。”（《学衡》，第31期，1924年）胡光炜《说文古文考》：“象人執事于月下，侵月而起，故其誼為早。”马叙伦《说文解字六书疏证》卷十三：“古書皆訓夙為早，無言敬者，唯夙肅古通。本書敬下曰‘肅也’……乃借夙為肅，因以敬訓耳，早敬也當作早也敬也……（[illegible]）實即辰字，傳寫譌耳……本書無從夙得義與聲之字，亦可證其為譌文也。”

⑤徐铉曰：“今俗書作夙，譌。”

“扌”，六朝石刻文献仍能找到这一线索，如《魏齐都王元祐妃常（季繁）墓志》作“”，然为使形体间架结构平衡美观，“𫗦”字最终演变成“夙”形。

又，古文字字形结构，均为“夕（月）”[①]在左或左上，“丮”为右。至篆隶递变时期，字形结构出现调整，如《睡虎地秦简·日书（甲种）》作“”、《秦律十八种》作“”，故而《九经字样》所见唐本《说文》字形，实亦源自篆隶递变之前，由此推之，大徐本字形或据古文字资料转写为小篆形体，许慎《说文》原本作“”，或为可能。

〔卝〕《说文·石部》：“卝，古文磺。《周禮》有卝人。”商承祚《说文中之古文考》[②]：“後人見《周禮》卝人，删此益彼，而不明其為引申與叚借耳。”

又，《说文·卵部》：“卵，凡物無乳者卵生。象形。凡卵之屬皆从卵。”段玉裁引《五经文字》、《九经字样》注：“張（參）之意當云：‘、卵，上《說文》，下隸變。’[③]乃上字誤舉其重文之古文，非是。”

按，《五经文字·卵部》：“卝，古患反，見《詩·風》。《字林》不見。又古猛反，見《周禮》。《說文》以爲古𠨻字。”《九经字样·卵部》：“卝、𠨻，䜌上，上《說文》，下隸變。”楚简、秦简中“卝”、“卵”二形俱见，如《包山楚简》作“”、《江陵楚简》作“”、《睡虎地秦简·日书（甲种）》作“”、《日书（乙种）》作“”。徐復、宋文民先生《说文五百四十部首正解》：“黑物部份象卵，、象卵所附著之物。西漢《縱横家書》四二

①李孝定《甲骨文字集释》卷七引董作宾语：“‘契文前後期月夕二字互易其形。前期月作，夕作，後期月作，夕作。’又曰：‘為前期夕字，从內有點，為後期月字，從間有直。上下至邊，此其異也。’”

于省吾《甲骨文字释林·释古文字中附划因声指事字的一例》：“甲骨文第一期到第四期，月字作或，雖然前後期的月與夕也偶然有時相混，但畢竟是個別現象。至於西周金文的月字均作，夕字均作，兩者互作是極為個別的，而在偏旁中則互見……月本有形可象，夕則無形可象，故夕字的造字本義，乃於月字的中間附加一個豎劃，作為指事字的標志，以別於月，而仍因月字以為聲。”

②《金陵大学学报》，1940年，卷十第一、二期。

③马叙伦《说文解字六书疏证》卷二十六：“蓋傳寫譌倒，卝為隸變，是篆文，隸皆省篆，緐於卝。”“（卝）二徐移為磺之重文。”

作卵，外加半圆以示卵膜。”由此上溯，字样学所见唐本《说文》小篆作“卝”，亦来源有自。段氏以“卝”为“卵”之古文，当据《五经文字》所云“《說文》以爲古丱字”，而《说文解字六书疏证》以“卵”为篆文、“卝”为隶变，则系臆测致误。

〔爵〕《说文·鬯部》：“爵，禮器也。象爵之形，中有鬯酒，又持之也。所以飲。器象爵者，取其鳴節節足足也。”

《九经字样》楷化篆字作“𣪠”，从“寸”，与大徐本从“又”相异。

按，甲骨文字形中，“爵”字确为“爵”形之象，如“[glyph]”（《甲骨文编》乙390）、“[glyph]”（後2·7·7）。爵之三足，或为二足之形。罗振玉《增订殷虚书契考释》：“許君言象爵形者，謂所从之[glyph]……殆由[glyph]轉寫之訛，其从鬯與又，則後人所益也。”高鸿缙《中国字例》二篇亦云：“小篆於原字加鬯加又為意符，則屬倚文畫物之象形字矣，倚文畫物者，即段氏所謂合體象形也。”

今“爵”字之形构，至迟当源于西周金文[1]，如《伯公父勺作金爵》作“[glyph]”、《史兽鼎》作“[glyph]”，字形均从“又”。至篆隶递变时期，“爵”字皆从“寸”，如《睡虎地秦简·秦律十八种》作“[glyph]”，《日书（乙种）》作“[glyph]”。可见，《九经字样》所引唐本《说文》从“寸”，其来源亦当为篆隶递变之前的篆形。故而大徐本《说文》“爵”字，乃二徐依古文字形改作从“又”。

〔弼〕《说文·弜部》：“弼，輔也。重也。从弜丙聲。弼，弼或如此。[glyph]、[glyph]，並古文弼。”徐锴曰：“丙[2]，舌也，非聲。舌柔而弜剛，以柔从剛，輔弼之意。”

---

①刘昭瑞《爵、尊、卣、鍪的定名和用途杂议》：“爵字见于西周金文，如《史兽鼎》作[glyph]。”“爵作为饮酒器，二里头文化中即已出现。从考古发掘及传世器物的断代角度看，该类型器盛行于商末周初，到西周中期已很少见……西周中期以后爵就极少见到了。斗状而名爵的器物，据现已发现的实例看，恰恰没有早到西周中期的。我们认为，大概这类斗形器沿袭了爵名，其用途与爵也是类似的。其实先秦文献及汉、唐人的传注中，爵往往是作为饮酒器的共名出现，并非单指三足二柱带流尾和鋬的器物。”（《文物》1991年3期）

②林义光《文源》卷六：“㐁即茵字，象茵覆二人之形。”王国维《观堂集林》卷六《释弻》：“㐁者，古文席字，《說文》席之古文作㐁……《廣雅·釋器》：‘丙，席也。’意謂㐁席古今字。”

唐兰《弓形器（铜弓柲）用途考》：“弻字从㐁，㐁就是簟的本字……罗振玉、王国维等都解释甲骨文的㐁为席形，是古文席字，不知席本作㐁，从巾石声……弻，是用双重竹席捆一张弓。”（《考古》1973年3期）

《五经文字》楷化篆字作“弼”。今按，古文字形体“弜”在左，“西”在右，如《毛公唐鼎》作“”、《番生簋》作“”、《者沪锺》作“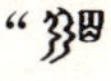”、《曾侯乙墓》作“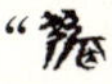”、《长沙子弹库帛书》作“”。

马叙伦《说文解字六书疏证》卷二十四：“……倫按疑篆本作弼，傳寫誤之也。”《五经文字》作“弼”，当为对举“经典相承隶省”字形“弼”而楷化《说文》或体。是《五经文字》所见唐本《说文》或体，应为从“西”在“弜”中，大徐本篆形作“”，失之。

〔宋〕《说文·宀部》：“宋，無人聲。从宀尗聲。諔，寂或从言。”

马叙伦《说文解字六书疏证》卷十四引沈涛曰：“‘《一切經音義》十一引‘宋寞’，蓋古本有‘一曰宋寞’四字。’”又引《方言》十：“‘宋，安静也。江湘九疑之郊謂之宋。’倫謂此字出《字林》，《字林》多本《埤蒼》，玄應《一切經音義》引《埤蒼》：‘宋，無人也。’玄應引蓋校語。”

按，《五经文字》楷化篆字作“寂”，是唐本《说文》不作“宋”形。马氏所论，或为可能。而后世字书，如《六书正讹》谓：“俗作寂，非。”均引大徐本《说文》字形，失之偏颇。又，汉代石刻“寂”字多作“家”形，《金石文字辨异》引汉《老子铭》、《孙根碑》等俱作“家”形，今验之《孔彪碑》，正作“”形。

〔幷〕《说文·从部》：“幷，相從也。从从、幵聲。一曰从持二爲并。”

《九经字样·亻部》：“幷、并，從从從开，上《說文》，下隷省。从音從。”

王筠《说文句读》：“一曰从持二為并者，謂篆當作，乃會意，非形聲也。秦《權銘》作，秦《量銘》作。”于省吾《甲骨文字释林·释古文字中附划因声指事字》：“甲骨文并字作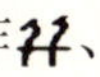、或，并字的造字本義，系於从字的下部附加一個或兩個橫劃，作為二人相連的指事字的標志，以别於从，而仍因从字為聲。”

按，甲、金文中确未见从“开”之“并”，战国至秦代字形仍然同构，如《包山楚简》作“”、《睡虎地秦简·法律答问》作“”，此外《三体石经·尚书》篆形亦作“”，均从二“人”下一或二横画，故《九经字样》“從从從开”，应为许慎原本篆形。此外，从“开”之字，如《五经文字》楷化篆字作“羿”者，《说文》篆作“羿”形，亦说明唐本“弁”字，并不从“羿”字所从之“开”。

〔盇〕《说文·血部》：“盇，覆也。从血、大。”徐铉曰：“大，象蓋覆之形。”《五经文字·血部》：“盇、盍，上《說文》，下石經。今依石經。”

孔仲温《释盍》[①]云：“考殷商甲骨文字，尚无‘盍’‘盇’字形，其出现的时间，大抵是在东周时期。”孔氏所引出土文献字形，今合并列表如下：

材质	字形及出处
战国中晚期金文	[②]《酓忎鼎》、《鄴陵君鉴》、《长陵盉》
先秦楚、秦竹简	《包山楚简》、《望山楚简》、《仰天湖楚简》、《信阳楚简》、《睡虎地秦简》
其他材质	《侯马盟书》、《古陶文字征》、《印·尊集》

孔氏从考古史、文化史角度，利用二重证据法，于构形、音韵、训诂等方面详加论证，得出：“……盍……所从的‘去’，应该就是‘合’，而其形音义就是‘盍’的本形、本音、本义，‘盍’是由‘去（合）’加上形旁而形成‘从皿去（合）声’的形声字，与‘笿’属同源的关系，都是指盛装食物的容器，而非假借。”孔氏所论，不仅订正了二徐、段注等讹误，同时补足了前辈学者的论证[③]。

今按，《五经文字》楷化篆字作“盇”，既非大徐本《说文》“从血、大”，亦非石经从“去”、“皿”，与孔氏所论基本吻合。故而，唐本《说文》小篆字形，与古文字形体，一脉相承，许慎《说文》原本亦应不误。大徐本之误，郭沫若推论：“古文去作厺，與皿相連則類從

①《于省吾教授百年诞辰纪念文集》，长春：吉林大学出版社，1996年。

②朱骏声《通训定声》云：“今隸作盍，从去从皿，深得六書之意，疑篆本从去皿，不从大血也，孳乳為蓋。”

③商承祚《楚黍器集考释》：“（盍）應从得義，實由之演變。無足，則具足形，體有繁簡，其義固同，古文從皿之字又或作，如甲骨文盂作或作，盡作，又作之例，以是知去盇同源。盇，經典作盍，是也……為之寫誤，決然無疑。”（《文物》1991年11期）

血大，故小篆致誤也。"①

又，《说文·艸部》："蓋，苦也。从艸盇聲。"《九经字样·艹部》："蓋，案《字統》公艾翻，苦也，覆也；《說文》公害翻，從艹從盇，取盇蓋之義；張參《五經文字》又公害翻，並見艹部，艹音草；玄宗皇帝御注《孝經》石臺，亦作蓋。今或相承作盖者，乃從行書艹，與荅、若、着等字，並皆訛俗，不可施於經典，今依《孝經》作蓋。"故《九经字样》所依《孝经》之"蓋"，乃为区别行书从"艹"而作，唐本《说文》实亦从"盇"。

又，《说文·食部》："饁，餉田也。从食盇聲。《詩》曰：'饁彼南畝。'"《五经文字》楷化篆字形體，有明显挖改痕迹（或因年久模泐，后世修复），今存之"饁"形，未必即为唐本《说文》原字形。

此外，《说文》从"盇"者，另有"榼"②、"嗑"、"豔"、"饁"、"⿰盇阝"、"⿸疒盇"、"磕"、"闔"八字，因多半于古文字资料中为低频用字，故而无法描述并确定其字形递变脉络，但《古鉢》"⿸疒盇"字作"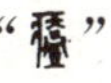"，银雀山汉简《孙膑兵法》"榼"字作""、"闔"字作""，或可证大徐本从"盇"之字，篆形均误。

〔牆〕《说文·嗇部》："牆，垣蔽也。从嗇爿聲。𤖨，籀文从二禾。𤗅，籀文亦从二來。"

《五经文字》楷化篆字作"牆"，引石经字形作"墻"。

按，甲骨文"牆"字作""（《甲骨文编》粹1161），金文作""（《牆盤》）、""（《牆爵》）。其所从之"嗇"构件，《说文》"从來从**亩**"（來即麥），甲骨文中或从"禾"，数量或为一或为二。至金文中，字形皆从"來"，数量均为一（牆字未变），如《牆盤》作""、《十一年鼎》作""，且"**亩**"字之"亠"已不明显。至《睡虎地秦简》中，"亠"形消失，如《效律》作""，"牆"字《秦律十八种》作"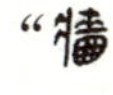"、《日书（乙种）》作""。从上述递变线索来看，《五经文字》所见唐本《说文》"亠"构件的消失，即源自金文至秦简之间的字形，大徐本篆形保留"亠"构件，当源出

①郭沫若：《殷周青銅器铭文研究》卷二《秦公毀韵读》。

②王平、臧克和师《日藏唐写本〈说文·木部〉残卷原件与大徐本小篆形讹字考订》一文，在分析"枟"字时，曾引"榼"并推断"'去'篆讹误大约发生在秦汉之际，为唐写本、大徐本所本。"

甲、金文字形转写形体。

〔胯、跨〕《说文·肉部》：“胯，股也。从肉夸聲。”《足部》：“跨，渡也。从足夸聲。”《五经文字》楷化篆字分别作“胯”、“跨”。

严可均《说文校议》据《五经文字》曰：“蓋唐本《說文》夸篆作夸[1]，從大，干聲。凡從夸聲者均聲也，與徐本不同。”

按，《说文·大部》：“夸，奢也。从大于聲。”甲骨文“夸”字作“夸”（《甲骨文编》粹1027），金文中，爵文作“夸”、戈文作“夸”、《伯夸父盨》作“夸”，古陶文[2]作“夸”，《睡虎地秦简·为吏之道》作“夸”。故“夸”字所从“于”字，竖笔与上横笔相接，与大徐本从“亏”明显不同。又，“胯”、“跨”二字，《五经文字》引经典相承字形作“胯”、“跨”，亦可证大徐本字形之误。

至于原本《说文》从“夸”之字，是否如《五经文字》楷化篆字从“夸”，资料所限，尚难定论。

又，《说文·宀部》：“宇，屋邊也。从宀于聲。《易》曰：‘上棟下宇。’寓，籀文宇，从禹。”《五经文字》楷化“宇”字作“宇”。商周金文，《戍嗣子鼎》作“宇”，《瘨钟》作“宇”。先秦竹简，《睡虎地秦简·日书（甲种）》作“宇”。是故唐本《说文》“宇”字所从之“于”，许慎原本亦当作竖笔与上横笔相接状。

与《五经文字》相同，《九经字样》楷化构件从“亏”之字，亦与大徐本篆形不同。《说文·華部》：“華，榮也。从艸从𠌶。凡華之屬皆从華。”《山部》：“崋，山，在弘農華陰。从山，華省聲。”《九经字样》楷化字形分别作“華”、“崋”，“崋”字注曰：“經典相承用華字。”按，古陶文“華”字字形作“華”、“華”等，古玺文字形作“華”、“華”等，《睡虎地秦简·编年记》作“華”，未见有如大徐本从“亏”形者。故而，大徐本从“𠌶”之字篆形均讹。

〔寡〕《说文·宀部》：“寡，少也。从宀从頒。頒，分賦也，

①《集韻·麻韻》：“夸，或作夸。”
②古陶文另有字形作“夸”、“夸”。

故爲少。”[①]徐灝云：“此字唯訓少可知，餘則不能詳也。”《五经文字·宀部》：“寡、寡，上《說文》，下石經。”

按，金文《父辛卣》作“”、《毛公鼎》作“”、《中山王鼎》作“”。《尔雅·释诂下》：“寡，罕也。”林义光《文源》卷六云：“本義為鰥寡之寡，象人在屋下。顛沛見於顏面之形。”

孙诒让《契文举例》卷下曰：“頁百形略同，故亦从。”隶变阶段，“寡”字多从“宀”、从“百”、从“分”。如，《睡虎地秦简》五二·二作“”，银雀山汉简《孙膑兵法》作“”。是“寡”形出现时间实应早于《睡虎地秦简》，《五经文字》所见唐本《说文》篆形正与之相合。

又，《五经文字》收录石经字形作“寘”，《干禄字书》云：“寘、寘、寡，上俗中通下正。”“寘”字下从“灬”，实亦“分”构件隶变形体，如《老子（甲本）》作“”，分构件变为“灬”形初见端倪。此亦说明，唐本“寡”之篆字形体当即许慎《说文》原本字形。

〔〕《说文·水部》：“，水。出魏郡武安，東北入呼沱水。从水𡨦聲。𡨦，籒文寑字。”《五经文字·水部》：“湲、濅，二同。並子鴆反。上《說文》，下《字林》。經典及《釋文》或作浸。”是唐本《说文》并不从“𡨦”。

按，《甲骨文编》收录字形作“”（佚446）、“”（佚845），西周晚期《成伯孙父鬲》作“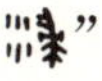”。汉代实物用字资料，字形多与《五经文字》贮存《字林》字形同，如，《武威汉简·服传》作“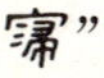”、汉印《泰𣐈濅上》作“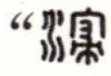”、东汉《西岳华山庙碑》作“”。是篆书之前古文字形、之后隶变字形多不从“又”，疑大徐本整合唐本《说文》“湲”字与《字林》“濅”字，而篆成“”形。

〔仝〕《说文·入部》：“仝，完也。从入从工[②]。全，篆文仝，从玉[③]。”段玉裁注：“按篆當是籒之誤。”

---

①马叙伦认为：“寡從頁穷聲，為頒之異體。”（《说文解字六书疏证》卷十四）杨树达则认为：“按宀謂宫室，貝分為貧，宀分為穷，又為寡，義同則字之組織同也。”（《积微居小学金石论丛·字义同缘于语源同例证》）

②徐灝《注笺》：“從工疑王之省，王篆象三玉之連，而珏為二玉相合，然則工即二玉相合，而連貫之，與珏同意，非工事之工也。”

③段玉裁注：“純玉曰全。”《考工记·玉人》“天子用全”，注曰：“純玉也。”

按，《五经文字·亼部》：“仝、全，從亼下工。今經典相承用下字。或作仝訛。”《五经文字》明确注明“作仝訛”，是其所见唐本《说文》小篆字形必“從亼下工”无疑。

又，《玉篇》：“全，疾缘切。具也，完也。仝，同上。痊，古文。”“仝”字为“全”之重文。今所见出土古文字资料中，“仝”字最早见于《包山楚简》作“”形，但楚简多数“全”字仍同《五经文字》“經典相承”之“全”形。隶变阶段，“全”字出现如下三种结构：（《汉析里桥郙阁颂摩崖》）、（《曹全碑》碑阳）、（《张迁碑》碑阳），但未见有作“仝”形者。魏晋至隋唐楷书实物用字资料中，亦未见有作“仝”形者。

马叙伦《说文解字六书疏证》卷十曰：“然倫以為仝本是篆文，傳寫譌為全，許書全字蓋見於正始石經中，江表校補耳，故曰篆文。石經篆文多與本書異也。”故大徐本《说文》所列“仝”、“全”，当一为古文、一为经典相承字形①，已非《说文》原本小篆“全”形。

〔〕《说文·口部》：“，唸㕧，呻也。从口尸聲。”“，㕧也。从口念聲。《詩》曰：‘民之方唸㕧②。’”

按，《五经文字·米部》：“屎，許伊反，《說文》作㕧，呻吟也，見《詩·大雅》。”马叙伦《说文解字六书疏证》卷三：“嚴可均曰：‘㕧當作㕧也，《板》釋文‘屎’引《說文》作㕧，《釋訓》釋文‘殿屎’，引《說文》作‘唸㕧’……則六朝唐本作㕧也……下文㕧篆當作。”由此，《五经文字》贮存《说文》形体作“㕧”，确为可信。

〔、〕《说文·犬部》：“，侵也。从犬巳聲。”段玉裁改为“从犬巳聲”。又，《水部》：“，濫也。从水巳聲。”

按，《五经文字·犬部》注：“從戊己之己。”《水部》亦作：“從戊己之己”，是《五经文字》所见唐本《说文》分别作“从犬己聲”、“从水己聲”，大徐本《说文》从“巳”，盖源诸社会用字，

①《干禄字书》：“仝、全，上俗下正。”《说文·宀部》：“完，全也。”互训之例，可证“全”即许慎时代通行字形。

②朱骏声《通训定声》：“《詩·板》：‘民之方唸㕧。’毛本以‘殿屎’為之。傳：‘呻吟也。’”

核六朝隋唐石刻楷字资料，“犯”、“氾”之声符“㔾”几近全作“巳”形，如北齐《窦泰墓志》作“”、唐《故京兆韦夫人墓志铭》作“”。而段氏改“犯”字从“巳”为从“㔾”，汉魏至隋唐石刻资料，未见形同段注者，或据大徐本《说文》小篆字形隶定。

又，汉魏石刻隶书文献中，“犯”、“氾”之声符“㔾”则几近全部作“己”形，如东汉《子游残碑》作“”、《张迁碑》（碑阴）作“”，故由汉代隶书字形从“己”上溯，则《五经文字》“從戊己之己”确为《说文》原貌。

此外，从“欠”和从“旡”之字，字样学楷化字形与大徐本篆字相去甚远。如：

《说文》小篆						
楷化篆字	㰷	歌	歚	歀	漑	㒊

关于从“欠（旡）”符和“欠（旡）”作为字符的构造成分参与构形之字，《日藏唐写本〈说文·木部〉残卷原件与大徐本小篆形讹字考订》一文，在对比唐写本“槩”、“櫱”与大徐本篆形中曾详加论证，上列六个楷化篆字对大徐本篆形的校订，与其结论基本相同。节引如下：

“考察出土古文字材料，‘欠’与含有该字符的字形，唐写本篆文与其一脉相承……大徐本‘人’形上部‘彡’实为大口形之讹变，并非是反写的‘气’字。”“据此，大徐本所录存的‘欠’篆1文，‘欠’作为字符参与构形的73文，‘欠’作为字符的构造成分参与构形的22文，皆存在字形讹误问题。”“一直到东汉魏晋时期的文字材料中，‘欠’符仍然没有出现与大徐本小篆写法类似的形体。‘欠’篆……其讹误所自，似乎就应当是大徐本前后的事情。”

又：“（旡）字形像个跪坐的人张大嘴巴之形。大徐本小篆‘人’形上部的‘彡’是大口之形的讹变，并非是反写的‘欠’字，许慎把它视为反‘欠’，依据讹变字形將其释为：‘旡，食气不得息曰旡，从反欠。’释形释义都存在问题。”“《说文·旡部》中的‘旡’篆与《说文·欠部》中的‘欠’篆是一对完全相同的形体，二者在参与构形过程中，主要依靠结构位置的对立而传达各自的功能意义。”

同时，与唐写本《说文·木部》残卷字形比较，字样学著作所引唐本《说文》，仍有少量字形与之存在细微差异。字样学著作为官方规范文本，《木部》残卷当为个人抄写，版本的不同导致出现差异，亦在所难免。故而二本非但不能互相否定，反而恰恰说明二书所见《说文》非一，即唐代当有不止一个《说文》版本，当然也不能排除二本在刊刻或抄写过程中发生的讹误。尽管带有一定程度的不确定性，但却都是最接近于许慎《说文》原本面貌的版本，较其他后世传刻文献资料征引《说文》者，其价值尤其是版本的可靠性上却无出其右者。出现差异的字形主要是“橋”字所从之“夭”、“栝”字所从之“昏”和“樸”字所从之“臼”。

〔橋〕《说文·木部》：“橋，水梁也。从木喬聲。”唐写本《木部》残卷篆形作“橋”，“喬”篆所从之“夭”，笔形略有差异。

《日藏唐写本〈说文·木部〉残卷原件与大徐本小篆形讹字考订》一文，从“喬”作为字符参与构形及作为字符的构造成分参与构形，在历代石刻实物用字资料中的形体演变序列上，分析得出：“大徐本‘喬’篆讹误大约发生在东汉魏晋时期……为后人在唐写本录存‘乔’符基础上的讹变。”按，字样学所收录从“夭”之字，均作“夭”形，如，《说文》“飫”字《五经文字》楷化作“飫”，“喬”字作“喬”，“奔”字作“奔”。“枖”字《九经字样》楷化作“枖”，“笑”字作“笑”。是字样学著作所见唐本《说文》“夭”形，与唐写本并不相同。

〔栝〕《说文·木部》：“栝，隱也。从木昏聲。一曰矢栝，築弦處。[①]”唐写本篆字作“栝”形，“氏”与“口”之间多一横笔。按，《五经文字》未收“栝”字，但《手部》收录“括”字，字形从“昏”，与唐写本构件不同。《说文·口部》：“昏，塞口也。从口，氒省聲。昏，古文从甘[②]。”戴震曰：“古文昏从氐不省，誤為从甘。”段注：“昏即舌字，不省者也。”王筠曰：“如戴說，《說文》當云古文不省，篆當作昏。然甘部，甚从甘，古文从口，蓋古文多隨筆

①唐写本作“一曰矢頭也”。

②钮树玉曰：“《玉篇》、《廣韻》並無，《玉篇》昏，引《說文》，不應遺古文，疑後人增。”

之變，不須執泥。”唐写本篆字作“”形，盖声符从古文“”（不省）转写而成。

〔〕《说文·木部》：“，澤中守艸樓。从木巢聲。”唐写本字形作“”，《日藏唐写本〈说文·木部〉残卷原件与大徐本小篆形讹字考订》一文认为：“秦汉之际的帛书即已经只存笔势看不出篆意了。由此似乎可以推断，‘巢’篆讹误大约发生在秦汉之际（参见《五十二病方·目录》），为唐写本讹作之所从来，大徐本的讹误也许是发生在该刻本系统之内。”按，《九经字样·車部》：“轈，音巢，《傳》曰：楚子乘轈車。”大徐本《说文》篆形作“”，构件“巢”篆形与《九经字样》所见唐本“”所从“巢”形同。是字样学著作所见唐本《说文》从“巢”之字与唐写本字形相异。

因字样学著作毕竟为楷化唐本《说文》篆形，某种意义上讲，楷化篆字实带有间接资料性质，而唐写本《木部》残卷仅各存字形一例，亦无法代表各构件全部所从之字，故而上述三字，献疑于上，仅供参考。

第二节

《五经文字》引唐本《说文》①与大徐本的对校

《说文》为东汉许慎所著，而今天所能见到较完整的最早版本，仅为宋代徐铉校订本，世称大徐本《说文》。大徐本之前，《说文》一书经过了唐代李阳冰的刊改，故今所见大徐本《说文》已与《说文》原本相距甚远。周祖谟《唐本〈说文〉与〈说文〉旧音》②："……不有唐本，终难定二徐之精粗美恶也。是以清代之治《说文》者，除校订二徐本外，犹必上考之于唐宋类书及各书音义笺注等，以求唐本之旧，意即在此。"

经过与原本《玉篇》残卷、《名义》及大徐本《说文》、宋本《玉篇》的比勘，我们发现，多数情况下，上述五书在释义方面，有许多相同、相通之处。但同时，《五经文字》部分引自《说文》的内容，与大徐本《说文》相乖离，而多与原本《玉篇》残卷、《名义》暗合，而宋本《玉篇》则多与大徐本《说文》相同。这就说明，徐铉校订《说文》所依据的版本已然与《五经文字》所见唐本③相异。

《五经文字·序例》："逮《周禮·保氏》：'掌養國子以道，教之六書，謂象形、指事、會意、形聲、轉注、假借六者，造字之本，雖

①本节同下节所论"引唐本《说文》"，均指除字头形体之外的释义引文，包括字头遗漏、注音、义项、征引文献等方面。

②周祖谟：《问学集》，北京：中华书局，1966年，第723—759页。

③本文所言六朝本《说文》，意指顾野王《玉篇》所引六朝《说文》版本，而唐本《说文》，则指《五经文字》、《九经字样》等所引唐代《说文》版本。

蟲篆變體，古今異文，離此六者，則爲謬惑矣……’《說文》體包古今，先得六書之要，有不備者，求之《字林》，其或古體難明，衆情驚懵者，則以石經之餘，比例爲助。石經湮沒，所存者寡，通以經典及《釋文》相承隸省，引而伸之，不敢專也。”

故《五经文字》首以《说文》为正。作为一部官方推行的楷字规范标准，《五经文字》所采用《说文》应为当时所能见到的最可靠版本。故今天的研究正可以利用《五经文字》所贮存的《说文》内容，对宋代大徐本《说文》进行校订。同时，利用《说文》及其他传刻、传抄字书，如原本《玉篇》残卷、《名义》等对校《五经文字》，以期能够还原《五经文字》所引文献的语境，补足前人的成果，纠正今人的误区。

经过对《五经文字》引唐本《说文》与大徐本《说文》的对校，我们初步择取较具代表性的17条引文，拟分八类列出如下：

（一）大徐本《说文》衍文、夺文例

〔杪〕《说文·木部》：“杪，木標末也。从木少聲。”“檃，木杪末也。从木㬻聲。”

沈涛《说文古本考》：“《文选·魏都赋》注引‘標末也’，無‘木杪’二字，疑古文作‘木末也’，與下文杪字解同。”王筠《说文句读》：“‘木杪’斷句。”

按，《五经文字》：“杪，名小反，木末也。”《名义》：“杪，弥繞反。末也。小也。稍也。顛也。”《玉篇》：“杪，彌紹切。木末也。”三书所引均异于《说文》，故六朝唐本《说文》当作“木末”，前“標”字亦同。大徐本《说文》于义不顺，或为“標”、“杪”二字上下相涉而讹。

〔韝〕《说文·韋部》：“韝，射臂決也。从韋冓聲。”段玉裁改作“臂衣也”，并注：“各本作‘射臂決也’，誤甚。”

按，《五经文字·韋部》：“韝，音溝。射臂揩。”《名义·韋部》传抄：“韝，古侯反。射臂沓。”《玉篇·韋部》亦作：“韝，古侯切。結也，臂沓也。”是六朝唐本《说文》即作“射臂揩（沓）也”[①]。

①段玉裁亦于《说文·手部》“揩”字下注：“射韝亦謂之臂揩。”亦是其证。

又，《汉书·礼乐志》“郊祀歌”第十五章“騎沓沓”，颜注：“沓沓，疾行也。”《玉篇·马部》：“騽，徒合切。駊騽，馬行皃。”是“沓”与“騽”通。《文史》第十二辑载裘锡圭《汉简零拾》、于豪亮《居延汉简丛释》二文云，《居延汉简甲编》1374A“戈韋沓一兩”、《罗泊湾汉简》54号背记“絡沓一兩”，“沓”应读为“鞜”。故从“沓”之字汉魏多可通用，《说文》“揩”、“沓”亦通，具体字形因材料不足，暂存疑。故大徐本《说文》作“射臂決也”，当为涉下字“韘，射決也”而讹。

〔憸〕《说文·心部》：“憸，憸詖也。憸利於上，佞人也。从心僉聲。”段玉裁注：“憸蓋險之字誤。”

按，《五经文字·心部》：“憸，許斂反，詖也。《商書》憸利字，音銛。”《名义·心部》传抄作：“憸，思廉反。詖也。強也。”《玉篇·心部》作：“憸，七廉、息廉二切。《說文》曰：詖也。憸利於上，佞人也。”是众所见六朝唐本《说文》均无“憸”字。

（二）大徐本《说文》字形传抄讹误例

〔紾〕《说文·糸部》：“紾，轉也。从糸㐱聲。”

按，《五经文字·糸部》：“紾，徒展反。紾縛之紾。見《考工記》。”原本《玉篇》残卷：“紾，徒展反。《考工記》：‘凡相角老牛之角紾而錯。’鄭衆曰：‘讀為抮縛之抮，謂牛搶角理也。’《說文》：‘紾，縛也。’”是六朝唐本《说文》“轉也”均作“縛也”。大徐本《说文》与宋本《玉篇》均释作“轉也”，马叙伦《说文解字六书疏证》卷二十五：“疑縛借為轉，紾轉者，繚繞之義，紾音照紐三等，纏音澄紐，同為舌面前音，轉注字也。”

（三）大徐本《说文》字形结构分析不当例

〔梟〕《说文·木部》：“梟，不孝鳥也。日至，捕梟磔之。从鳥頭在木上。”

段玉裁注：“《五經文字》曰：‘從鳥在木上’，隸省作梟。然則《說文》本作‘梟’，甚明。”按，《五经文字·木部》：“梟，公幺反，從鳥在木上，隸省。”“從鳥在木上”，一方面说明《五经文字》所见《说文》本“梟”字作“梟”，另一方面，既然《说文》小篆字形为“鳥在木上”，则大徐本《说文》“鳥頭”之“頭”当为衍文，大半为据隶省“梟”字转写小篆字形，故致“鳥頭”之讹。

〔豖〕《说文·豕部》：“豖，豕絆足行豖豖。从豕繫二足。”

前人多以甲、金[①]文例，证《说文》释义之讹。今按，《五经文字·豕部》：“豖，丑足反。象豕半足之形。凡琢啄之類皆從此。”故《五经文字》所见唐本《说文》“絆”字作“半”，且为象形字，非大徐本会意字。今二说相较，象形之“豕半足”，较“豕繫二足、絆足”之会意为优。

〔湆〕《说文·水部》：“湆，幽溼也。从水音聲。”

按，《五经文字·水部》：“湇、湆，並丘及反。上從泣下月，大羹也。下從泣下日，幽深也。今《禮經》大羹相承多作下字，或傳寫久訛，不敢便改。”又，原本《玉篇》残卷：“湆，去及反。《儀礼》大羹湆在爨。鄭玄曰：‘湆，煮肉汁也。’野王案：《礼記》凡羞有湆者，不以齊也。《說文》：‘湆，濕也。’《字書》欲乾也。”是《五经文字》所见唐本《说文》“湆”字字形构造为“從泣下日”，由反切“丘（去）及反”，可知“湆”“从日泣声”，大徐本《说文》“从水音聲”，解构“湆”字形体构造的同时，也改变了整个字的读音[②]。

（四）大徐本《说文》句读不当例

〔友〕《说文·又部》：“友，同志爲友。从二又。相交友也。”段玉裁以“从二又相交”为句。

按，段注是。《五经文字·又部》：“友、友，上《說文》，從二又相交。下經典相承隸省。”是《五经文字》所见唐本《说文》正作“从二又相交”。马叙伦《说文解字六书疏证》卷六：“紐樹玉曰：《韻會》無‘友也’二字。嚴可均曰：《一切經音義》廿五引作‘同門曰朋，同志曰友’，《御覽》四百六引作‘愛也，同志為友’，此當有

①陈梦家《释豰释豖》：“卜辭豖字，象豕後腹下著陽具，乃牡豕之形也。”（《考古社刊》第六期，北平燕京大学考古学社，1939年）杨树达《积微居小学述林》卷二：“甲文此字作豖，从豕下加點，不作繫足之形……余疑豖當為豕去勢之義。”章太炎《新方言·释形体》：“夫惟涿之為陰器，故毀陰曰椓，猶去耳曰刵，去鼻曰劓，去髕曰髕矣。”

②段玉裁注引《五经文字》并曰：“《儀禮音義》引《字林》云‘湆，羹汁也’。《玉篇》、《廣韻》同。然則本無異字，肉之精液，如幽溼生水也，《廣雅》羹謂之腤，皆字之或體耳。”但段氏未注意到《五经文字》字形结构分析及由此产生的读音差别。

脱文。沈濤曰：‘《五經文字》云：友，《說文》从二又相交。’則此解當讀‘交’字句絕。‘友也’必‘愛也’二字之譌。蓋古本作‘同志為友，從二又相交。一曰愛也’，大徐妄有刪改耳。’倫按，同志為‘友’，亦不可得造象形、指事、會意之字也。如從二又取二手相助，則義與右同，當是右之別體……則友亦當有本義。《易・兌卦》：‘君子以朋友講習。’兌即說之初文，《兌卦》取乎朋友講習……均以‘相有’釋友，可證友之本義矣……倫謂同志為‘友’乃叐字義，叐乃交易之易本字，篆當作，因相譌耳，說解當作有也，以聲為訓，校者注‘相交，友也’以釋之。後之校者復據《倉頡》解詁，加‘同門曰朋，同志曰友’，唐人刪改如今文耳。《御覽》引‘愛也’者，蓋‘一曰’以下文，亦校語。”

（五）大徐本《说文》义项整合失误及义项遗漏例

〔榰〕《说文・木部》：“，柱砥。古用木，今以石。从木耆聲。《易》：‘榰恆凶。’”

沈涛《说文古本考》：“《一切經音義》卷十六引作‘柱下也’，蓋本作‘柱下砥也’。”严章福《说文校议议》云：“柱砥當作柱氐石，校者誤合二字為一。”马叙伦《说文解字六书疏证》卷十一曰：“其實說解盖本作‘柱也、砥也’。柱其本義，‘砥也’者，古或借榰為砥。”

按，《五经文字・木部》作：“榰，音支，柱也。”《名义・木部》传抄作：“榰，之移反。柱也。下載也。”《玉篇・木部》作：“榰，之移切。柱也。”是众本所见六朝唐本《说文》均作“柱也”。又，《尔雅・释言》：“榰，柱也。”故大徐本《说文》当作“柱也……”。至于“砥”字，暂阙疑以待其他材料证明。

〔佽〕《说文・人部》：“，便利也。从人次聲。《詩》曰：‘決拾既佽。’一曰遞也。”

按，《五经文字・人部》：“音次，利也，見《詩・小雅》。”《名义》传抄作：“佽，貝利反。利也。助也。代也。递也。”《玉篇》：“佽，且利切。《詩》云：決拾既佽。佽，利也。”众本均以“利也”为句。又，马叙伦《说文解字六书疏证》卷十五：“倫按‘便利也'，當作'便也，利也'，'利也'者，見《詩·小雅·車攻》毛傳。"由此可知，大徐本《说文》"便利也"，六朝唐本当以"利也"为句，至于"便"[1]字，暂阙疑以待新材料出现。

〔珌〕《说文·玉部》："珌，佩刀下飾。天子以玉。从玉必聲。"

《名义·玉部》传抄作："珌，俾蓝反。刀上餝也。琿，同上。"《玉篇·玉部》作："珌，卑密切。佩刀上飾。琿，古文。"[2]

今按，前人多用功于《玉篇》所引之古文"琿"，而对于《说文》之"佩刀下飾"与《玉篇》之"佩刀上飾"，少有论及。马叙伦《说文解字六书疏证》卷一："任大椿曰：《藝文類聚》引《字林》'琿，佩刀上飾'。……上飾下飾蓋後別之。然此乃《字林》訓。"《名义》所传抄、宋本《玉篇》所源之原本《玉篇》，引《字林》作"佩刀上飾"。

《五经文字·玉部》："珌，賓一反。佩刀飾。見《詩·小雅》。"故略可推断，《五经文字》所见唐本《说文》作"佩刀飾"，无上下之别。又，《诗·小雅·瞻彼洛矣》："君子至止，鞞琫有珌。"毛传："鞞，容刀鞞也。琫，上飾；珌，下飾也。"《五经文字》既已注明"見《詩·小雅》"，故大徐本《说文》释作"佩刀下飾"，多半出自汉魏旧注。

〔掀〕《说文·手部》："掀，舉出也。从手欣聲。《春秋傳》曰：'掀公出於淖。'"

按，《左传·成公十六年》杜预注："掀，舉也。"《五经文字·手部》："掀，火斤反，又許言反，舉也，見《春秋傳》。"《名义·手部》传抄作："掀，許言反。舉也。出也。"《玉篇·手部》作："掀，許言切。舉也。"《广韵·元韵》："掀，以手高舉。"众本均不作"舉出"，是"掀"字本义为"舉"，而大徐本《说文》释义之"出"字，盖涉《左传·成公十六年》"出於淖"而衍。

又，马叙伦《说文解字六书疏证》卷二十三："'舉出也'者，

①马叙伦曰："便當作使……使也是本義。"

②钮树玉曰："《韵会》引及《玉篇》注下作上，误。"今按，《韵会》引及《玉篇》注与大徐本《说文》来源不同，故致上下之别。

《左·成十六年傳》《釋文》引《字林》同，又火氣也，此字蓋出《字林》。”故大徐本《说文》释作“舉出”，抑或涉《字林》而讹。

〔槱〕《说文·木部》：“槱，積火燎之也。从木从火，酉聲。《詩》曰：‘薪之槱之。’《周禮》：‘以槱燎祠司中、司命。’”①

按，《五经文字·木部》：“楢、槱，並音酉。上柞楢，木名，見《論語》。下積木燎之，見《周禮》。”《说文》作“積火”，《五经文字》作“積木”，于义更顺。又，《玉篇·木部》作：“槱，余宙切。積木燎以祭天也。與楢同。”此外，唐写本《说文·木部》残卷亦作“積木”，均可证大徐本之讹。

〔紖〕《说文·糸部》：“紖，牛系也。从糸引聲。讀若矤。”

按，《五经文字·糸部》：“紖，丈忍反。牛索也。《周禮》作絼。”“牛系”作“牛索”。沈涛《说文古本考》：“案：《一切經音義》卷十五引作‘牛索也’，蓋古本如是。”原本《玉篇》残卷：“紖，直忍反。《礼記》‘迎牲君執紖’。鄭玄曰：‘所以牽牲也。’《周礼》作紖。又曰：‘牛則執紖。’鄭玄曰：‘所以繫制之者也。’《廣雅》：‘紖，索也。’”“紖”字亦释为“索”。

又，翟云升曰：“‘牛系也’是，見《晉書音義·帝紀三》引《字林》。”由此推之，大徐本《说文》作“牛系”，当涉《字林》而改。

（六）大徐本《说文》未收字例

《五经文字·言部》：“謠、謡，上《說文》，下經典相承隸省。”

大徐本《说文》字头未见“謠”字。

按，战国时代楚简中已出现“謠”字，如《郭店楚简·性自命出》②即作“”。《尔雅·释乐》：“徒歌謂之謠。”《诗经·魏风·园有桃》：“園有桃，其實之殽，心之憂矣，我歌且謠。”毛传：“曲合樂曰歌，徒歌曰謠。”

又，原本《玉篇》残卷引作：“謠，与照反。《毛詩》‘我歌且謠’。《傳》曰：‘徒歌曰謠。’《韓詩》‘有童曲曰謠’。《說文》

①段玉裁注：“木，各本作火，今依《玉篇》、《五經文字》正。”
②荆门市博物馆编：《郭店楚墓竹简》，北京：文物出版社，1998年。

‘獨歌也’。”故，原本《玉篇》及《五经文字》所见六朝唐本《说文》收录“謠”字。今本《说文》可据补。

（七）《说文新附》误增字头例

〔笑〕《说文新附》：“此字本闕。臣鉉等案：孫愐《唐韻》引《說文》云：‘喜也。从竹从犬。’而不述其義。今俗皆从犬。又案，李陽冰刊定《說文》从竹从夭義云：‘竹得風，其體夭屈如人之笑。’未知其審。”

罗振玉《〈干禄字书〉笺证》云：“考唐釋慧琳《大藏音義》十五引《古今正字》‘笑，喜也，《說文》闕’，此《說文》無笑字之證。”

按，《五经文字·竹部》云：“喜也，從竹下犬。”《九经字样·竹部》：“笑、笑，喜也。上案《字統》注曰：‘從竹從夭，竹爲樂器，君子樂，然後笑。’下經典相承，字義本非從犬。”故《五经文字》、《九经字样》所注“喜也，從竹下犬”为经典相承，非引自《说文》，即《序例》所云“有不備者……通以經典及《釋文》相承隸省”者。此二书所见唐本《说文》并无“笑”字之证。桂馥、段玉裁注《说文》并据《五经文字》引补，实未明《五经文字》释义体例而误。虽然《说文》未收，但“笑”字由来已久，核验战国楚简已有从犬之“笑”字形体出现，如《郭店楚墓竹简》《老子》乙本即作“”。

（八）大徐本《说文》更改释义，致使后人臆解文意有误例

〔休〕《说文·木部》：“休，息止也。从人依木。”

马叙伦《说文解字六书疏证》卷十一：“然行倦者豈必皆依樹而後止……然則**休**休皆卧之本字作者之轉注字。”按，《五经文字·木部》：“休，象人息木陰，加點者非。”故大徐本《说文》之“从人依木”意即人依树休息，故以“从人依木”为“卧”或“床”字者，非《说文》本义。

另有44条《五经文字》所引《说文》与大徐本不合者，依《五经文字》部次列表如下，以便对照。

编号	字头	释义	出处
1	梃	木長皃。	《五经文字》
		長木也。	大徐本《说文》
2	臬	法也。	《五经文字》
		射準的也。	大徐本《说文》
3	柝	見《易》。	《五经文字》
		《易》曰："重門擊㰻。"	大徐本《说文》
4	櫌	覆種，見《論語》。	《五经文字》
		摩田器。从木憂聲。《論語》曰："櫌而不輟。"	大徐本《说文》
5	椯	捶也。	《五经文字》
		箠也。	大徐本《说文》
6	枹	鼓槌也。	《五经文字》
		擊鼓杖也。	大徐本《说文》
7	杓	斗柄。	《五经文字》
		枓柄也。	大徐本《说文》
8	楬	表木。	《五经文字》
		楬桀也。	大徐本《说文》
9	樵	木也。	《五经文字》
		散也。	大徐本《说文》
10	楅	束也。	《五经文字》
		以木有所逼束也。	大徐本《说文》
11	柚	柚橘也，又杼柚字。	《五经文字》
		條也。似橙而酢。	大徐本《说文》
12	杝	棺也。	《五经文字》
		落也。	大徐本《说文》
13	柲	戈柄。	《五经文字》
		欑也。	大徐本《说文》
14	桴	編竹木。	《五经文字》
		楝名。	大徐本《说文》
15	棼	亂也。	《五经文字》
		複屋棟也。	大徐本《说文》
16	樢	氏也。	《五经文字》
		木也。	大徐本《说文》
17	樕	樸樕字。	《五经文字》
		樸樕，木。	大徐本《说文》
18	楔	荆桃也。	《五经文字》
		櫼也。	大徐本《说文》

（续表）

19	槍	欃槍，星名也。	《五经文字》
		一曰槍欀也。	大徐本《说文》
20	榹	山桃也。	《五经文字》
		槃也。	大徐本《说文》
21	拇	大指。	《五经文字》
		將指也。	大徐本《说文》
22	摳	攝衣也。	《五经文字》
		繑也。一曰摳衣升堂。	大徐本《说文》
23	攕	女手。	《五经文字》
		好手皃。	大徐本《说文》
24	擭	柞鄂也，阱淺則施。	《五经文字》
		擎擭也。一曰布擭也，一曰握也。	大徐本《说文》
25	掔	纖小也。	《五经文字》
		人臂皃。	大徐本《说文》
26	撎	肅拜也。	《五经文字》
		舉手下手也。	大徐本《说文》
27	抒	除也。	《五经文字》
		挹也。	大徐本《说文》
28	雘	赤色。	《五经文字》
		善丹也。	大徐本《说文》
29	茦	象草木之有朿者。	《五经文字》
		从艸朿聲。	大徐本《说文》
30	鞄	《考工記》云：攻皮之工鮑氏。	《五经文字》
		《周禮》曰：柔皮之工鮑氏。	大徐本《说文》
31	臭	象獸走臭而知其迹者。	《五经文字》
		禽走，臭而知其迹者，犬也。	大徐本《说文》
32	豭	壯豬也。	《五经文字》
		牡豕也。	大徐本《说文》
33	訒	難也。	《五经文字》
		頓也。	大徐本《说文》
34	阬	門高。	《五经文字》
		門也。	大徐本《说文》
35	屝	屨也。	《五经文字》
		履也。	大徐本《说文》
36	璪	玉色如藻。	《五经文字》
		玉飾如水藻之文。	大徐本《说文》

（续表）

37	玨	雙玉也。	《五经文字》
		二玉相合爲一玨。	大徐本《说文》
38	瑳	玉色鮮。	《五经文字》
		玉色鮮白。	大徐本《说文》
39	閏	從王居門中。	《五经文字》
		从王在門中。	大徐本《说文》
40	輇	蹷車下卑輪也。	《五经文字》
		蕃車下庳輪也。	大徐本《说文》
41	軓	車前軾也。	《五经文字》
		車軾前也。	大徐本《说文》
42	毅	望怒也。	《五经文字》
		妄怒也。	大徐本《说文》
43	旝	發其機以槌敵。	《五经文字》
		發以機，以追敵也。	大徐本《说文》
44	弟	象圍帀次弟之形。	《五经文字》
		韋束之次弟也，从古字之象。	大徐本《说文》

第三节

《新加九经字样》引唐本《说文》与大徐本的对校

《九经字样》卷首：“今所詳覆，多依司業張參《五經文字》為准。”与《五经文字》相同，《九经字样》亦以《说文》为正，释义必首引《说文》。但与《五经文字》相比，则又多以对举两体为主，“上《说文》、下（经典相承）隶省”成为标志性术语。虽仅收录字样422个，但所援引唐本《说文》与大徐本《说文》仍多有出入，参以原本《玉篇》残卷、《名义》及其他六朝唐宋文献，既可以窥见六朝唐本《说文》部分面貌，又可以校订宋代大徐本《说文》刊定之疏失。本节将《九经字样》所引《说文》与宋代大徐本《说文》不同之处，择取20条，分六类列出如下：

（一）大徐本《说文》衍文例

〔枖〕《说文·木部》：“枖，木少盛皃。从木夭聲。《詩》曰：‘桃之枖枖。’”“夭，屈也。从大，象形。凡夭之屬皆从夭。”

按，《九经字样·木部》：“枖、夭，音妖，木盛皃。《詩》云：桃之枖枖。上《說文》，下經典相承隷省。”《玉篇·木部》作：“枖，於驕切。木盛皃。”《广韵·宵韵》亦引作“木盛皃”，众本均无“少”字。沈涛《说文古本考》据此推论：“蓋古本無少字。”《诗·释文》引同今本，疑后人据今本改。

〔衞〕《说文·彳部》“衞，宿衞也。从韋、帀，从行。行，列衞也。”

按，《九经字样·彳部》引《说文》作："衞，宿衞也，從韋從帀從行。行，列也。"释"行"并无"衞"字。又，《诗·大雅·常武》："王谓尹氏，命程伯休父，左右陈行，戒我师旅。"《释文》注曰："行，列也。"《吕氏春秋·辩士》："正其行，通其風。"高诱亦注："行，行列也。"故大徐本《说文》"衞"字当为衍文。而《汉大》"衞"字条注引《九经字样·彳部》作"衞，宿衞也；行列也"，把释"行"及其释义"列也"，合为"衞"字释义，则又属断章取义耳。

〔迮〕《说文·辵部》："䢎，迮迮，起也。从辵，作省聲。"

王筠《说文句读》："迮迮，疑衍。"马叙伦《说文解字六书疏证》卷四："此迮迮二字蓋由隸書複舉字刪而未盡，校者又加一迮字耳。"

按，《九经字样·辶部》："迮，音作，起也，見《公羊傳》。"《名义》传抄、宋本《玉篇》亦作"起也"，虽大徐本《说文》增"迮迮"之因尚无法定论，但至少可以肯定，六朝唐本《说文》并无"迮迮"二字。

（二）大徐本《说文》夺文例

〔買〕《说文·贝部》："䝈，市也。从网、貝。《孟子》曰：'登壟斷而网市利。'"

按，《九经字样·罒部》："買、買，埋上，市物也。上《說文》，下隸省。""市也"作"市物也"。马叙伦《说文解字六书疏证》卷十二亦曰："'市也'當依《字樣》作'市物也'。"并引《墨子·经说》曰："'買，鬻易也'，鬻易即貿易，此買之本義，亦可證買、賣本一字。今訓市物也，據通語耳。"是故大徐本《说文》脱"物"字。

〔肎〕《说文·肉部》："肎，骨閒肉肎肎箸也。从肉，从冎省。一曰骨無肉也。"

按，"骨閒肉肎肎箸也"，义涩不通。《九经字样·月部》："肎、肯，克上，骨閒月肯著骨者，從月從冎省。冎，音寡。上《說文》，下經典相承。""月"即"肉"字，是《九经字样》所见唐本

《说文》仅一“冐”字，如此则辞通义顺。

〔殣〕《说文·歺部》：“殣，道中死人，人所覆也。从歺堇聲。《詩》曰：‘行有死人，尚或殣之。’”

按，《九经字样·歺部》：“殣，音覲，道中死人所覆也。從歺堇聲。《詩》曰：行有死人，尚或殣之。”“人”字不重。《名义·歹部》传抄：“殣，奇鎮反。路冢也。道上死人所覆也。”“道中”作“道上”。《左传·昭公三年·释文》注引“道中死者所覆”，虽“死人”作“死者”，但亦不重“人”字。故而大徐本《说文》误衍一“人”字[①]。

〔躳〕《说文·呂部》：“躳，身也。从身从呂。躬，躳或从弓。”

按，《九经字样·亻部》：“躳、躬，身也，《說文》云：下俗躳，今經典通用之。”又，徐锴本作“俗或從弓身”，故《五经文字》所见唐本《说文》当有“俗”字。

〔外〕《说文·夕部》：“外，遠也。卜尚平旦，今夕卜，於事外矣。”段玉裁注：“（遠也）此下當有‘从夕卜’三字。”

按，段注未明言由来。而《九经字样》：“外、外，遠也，從卜從夕。卜尚平旦，今夕卜，於事外矣。上《說文》，下隸變。”正可证《九经字样》所见唐本《说文》确有“從卜從夕”字形结构分析之语。

（三）大徐本《说文》倒文例

〔犮〕《说文·犬部》：“犮，走犬皃。从犬而丿之。曳其足，則刺犮也。”

按，《九经字样·犬部》：“犮，音跋，犬走皃，作叐者訛。”《名义·犬部》传抄：“犮，薄朱（末）反。拔也。犬走皃也。”《玉篇·犬部》：“犮，步末切。犬走皃。與跋同。”众本均不作“走犬皃”。又，从语序来看，《说文》释义中，除本条外，“走皃（也）”均位于动物名称之后，如“猋，犬走皃”、“狘，獸走皃”、“彖，豕走也”等。是故六朝唐本《说文》当即作“犬走皃”，大徐本误倒。

---

①马叙伦《说文解字六书疏证》卷八：“疑字（道中死人，人所覆也）出《字林》也。”

（四）大徐本《说文》字形传抄讹误例

〔闉〕《说文·门部》："闉，城内重門也。从門垔聲。《詩》曰：'出其闉闍。'"

沈涛《说文古本考》曰："《詩》'出其東門'，《正義》引作'城曲重門'，《詩》傳、箋亦以曲為釋，《文選》謝希逸《宣集別詩》注、顏延年《紹興郡詩》注、謝希逸《宣貴妃誄》注，皆引作'城曲重門也'，是古本無作'城內'者。"

按，《九经字样·门部》："闉，音因，城曲重門也。"《名义·门部》传抄："闉，於神反。（曲）城曲重門也。"《玉篇·门部》："闉，於神切。城内重門也。《詩》曰：出其闉闍。"是字书所见六朝唐本《说文》亦无作"城内"者，其作"内"字，当为"曲"字形近而讹，大徐本《说文》作"城内"当据改①。

〔冤〕《说文·兔部》："冤，屈也。从兔从冂。兔在冂下，不得走，益屈折也。"

按，《九经字样·兔部》："冤，苑平，屈也，從冖。冖，音覓，冈也。從兔，謂兔不得走，善屈折也。作寃者訛。""益"作"善"字。又，《一切经音义》卷十九："冤……不得走，善屈折也。"沈涛曰："虽不明引《說文》而實本之。"故唐本《说文》正作"善屈折也"。大徐本作"益"字，或为"善"字形近而讹。

（五）大徐本《说文》结构分析不当例

〔蓋〕《说文·艸部》："蓋，苫也。从艸盍聲。"

按，《九经字样·艹部》："蓋，案《字統》公艾翻，苫也，覆也；《說文》公害翻，從艹從盍，取盍蓋之義……"是《九经字样》所见唐本《说文》为"從艹從盍，取盍蓋之義"的会意字。又，《广韵》"盍"为盍部匣母入声字，"蓋"为泰韵见母去声字②，若依大徐本"从艸盍聲"，则不当为"蓋"音。

〔異〕《说文·異部》："異，分也。从廾从畀。畀，予也。凡異之屬皆从異。"徐锴曰："將欲與物，先分異之也。《禮》曰：'賜君

①马叙伦《说文解字六书疏证》卷二十三："曲内形似，屡譌成内也。"

②"蓋"为地名、姓氏，《广韵》为古盍切，见母盍部入声字。与"盍"、"闔"通假，则又归于"盍"部字。

子小人不同日。’”

按，《九经字样·廾部》：“㚘、異，分也，從廾分畀，畀，予也。上《說文》，下隸省。”“从畀”作“分畀”，大徐本《说文》“从畀”仅说明“異”为会意字，而《九经字样》所引唐本《说文》并出所会之意。

（六）大徐本《说文》义项整合失误及义项遗漏例

〔酹〕《说文·酉部》：“酹，餟祭也。从酉寽聲。”

《说文》“餟，祭酹也”，王筠《说文句读》：“‘祭酹也’當依《一切經音義》十五引作‘酹祭也’……餟酹轉注。”马叙伦《说文解字六书疏证》卷十：“按玄應《一切經音義》引《字林》：‘餟，以酒沃也。’祭也，‘以酒沃’何以字乃從食。倫謂‘酹祭也’當作酹也祭也。《酉部》‘酹，餟祭也’，亦當作餟也祭也。”

按，《九经字样·酉部》：“酹，音耒，祭也。”并无“餟”字。《名义·酉部》传抄：“酹，力外反。以酒祭地。”《类篇》引作：“‘酹，酹祭也’，盖隶书复举字。”又，《文选》潘岳《哀永逝文》注引《字林》：“以酒沃地曰酹。”是餟、酹均为“以酒祭（沃）地”，故不当“餟祭”为句。大徐本《说文》义项整合失误。

〔奠〕《说文·丌部》：“奠，置祭也。从酋。酋，酒也。下其丌也。《禮》有奠祭者。”

钱坫《说文解字斠诠》：“此云置也祭也。《詩》‘于以奠之’，是置也。《書》‘奠高山大川’，孔傳‘祭也’，《山海經》奠者皆謂祭。”王筠《说文句读》：“置字為句，《詩》‘于以奠之’，毛傳：‘奠，置也。’是知置為奠之義。故《内則》曰：‘奠之而後取之。’”

按，《九经字样·酉部》：“奠，祭也，從酉，酒也，從丌，几也，從八，分列也……”《名义·丌部》传抄：“奠，徒見反。定也。陳也。置也。停也。獻也。薦也。”又，《广雅·释诂》：“奠，置也。”是六朝唐本《说文》“祭也”为句无疑，大徐本《说文》作“置祭也”，义项整合有误。

〔淵〕《说文·水部》：“淵，回水也。从水，象形。左右，岸也。中象水皃。𣶒，淵或省水。”

按，《九经字样·水部》：“淵，深水也，從𣶒，𣶒，古文淵，象水左、水右、岸中也。廟諱闕右畫作渁訛。”是《九经字样》所见《说文》“淵”字释义为“深水也”，而大徐本《说文》“回水也。从水，象形。左右，岸也。中象水皃”，实为“𣶒”字释义。疑大徐本《说文》遗漏“淵”字义项，而误将“𣶒”字释义属前至“淵”字下。

又，《名义·水部》传抄：“淵，於玄反。深也。或渆。囦古文。”《玉篇·水部》：“淵，烏玄切。水停。又深也。囦，古文。”可证六朝唐本《说文》不误。

〔灰〕《说文·火部》：“灰，死火餘㶳也。从火从又。又，手也。火既滅，可以執持。”

钮树玉曰：“死火謂火之既滅，不得再有餘㶳。”按，《九经字样·火部》：“灰，悔平，死火也，從又。”《名义·火部》传抄：“灰，呼迴反。死火也。粖。”《玉篇·火部》作：“灰，呼回切。死火也。”是六朝唐本《说文》无“餘㶳”也，大徐本义项整合失误。

〔舌〕《说文·口部》：“𠯑，塞口也。从口，𡕒省聲。”

按，《九经字样·口部》：“舌、舌，在口，所以言，從干從口，上《說文》，下俗字。”《玉篇·舌部》：“舌，時列切。《說文》云：‘在口中，所以立言者。从干从口。’”是六朝唐本《说文》释义当有“在口（中），所以（立）言，從干從口”一语。大徐本《说文》结构分析有漏。

〔京〕《说文·京部》：“京，人所爲絕高丘也。从高省，丨象高形。凡京之屬皆从京。”

按，《九经字样·口部》：“京，音驚，人所居高丘也，從高省，就字從之，作亰訛。”《尔雅·释丘》云：“絶高爲之京。郭璞云：人力所作。”桂馥《说文解字义证》卷十五：“丘，土之高也，非人所為也。淺學因京觀人所築，改此居字為‘為’，以和《爾雅》郭注人力所做之說。”由此，大徐本《说文》当据改。

〔嘆〕《说文·口部》：“嘆，吞歎也。从口，歎省聲。一曰太息也。”

按，《九经字样·口部》："嘆，音歎，吞聲也。"沈涛《说文古本考》："嘆、歎聲義皆近，經典每互用，不得以歎訓嘆也。"大徐本《说文》"吞歎"盖涉下文"歎"字而讹，唐本《说文》当依《九经字样》作"吞聲也"。

另有31条《九经字样》所引《说文》与大徐本不合者，依《九经字样》部次列表如下，以便对照。

编号	字头	释义	出处
1	亲	《傳》曰：女贄不過亲栗。	《九经字样》
		《春秋傳》曰："女摯不過亲栗。"	大徐本《说文》
2	告	牛觸人，角著木所以告人。	《九经字样》
		牛觸人，角箸橫木，所以告人也。	大徐本《说文》
3	矦	象張布形。	《九经字样》
		象張布。	大徐本《说文》
4	殷	盛也，從反身。	《九经字样》
		作樂之盛稱殷，从㐆从殳。	大徐本《说文》
5	寥	寥寐。	《九经字样》
		寐而有覺也。	大徐本《说文》
6	塞	窒也。	《九经字样》
		隔也。	大徐本《说文》
7	芻	象包裹束草形。	《九经字样》
		象包束艸之形。	大徐本《说文》
8	莫	日冥也。	《九经字样》
		日且冥也。	大徐本《说文》
9	鬻	象熟五味氣上出也。	《九经字样》
		象孰飪五味气上出也。	大徐本《说文》
10	彰	明也。	《九经字样》
		文彰也。	大徐本《说文》
11	稔	《傳》曰："穀不五稔。"	《九经字样》
		《春秋傳》曰："鮮不五稔。"	大徐本《说文》
12	帖	帛署書也。	《九经字样》
		帛書署也。	大徐本《说文》
13	狄	從犬，赤省聲。	《九经字样》
		从犬，亦省聲。	大徐本《说文》
14	話	善言也。	《九经字样》
		合會善言也。	大徐本《说文》
15	麻	緢人所治，在屋下。	《九经字样》
		人所治，在屋下。	大徐本《说文》

（续表）

16	郜	《詩》曰："有郜室家。"	《九经字样》
		《詩》曰："有郜家室。"	大徐本《说文》
17	素	白繒也。	《九经字样》
		白緻繒也。	大徐本《说文》
18	鍠	樂也，鍾鼓聲。	《九经字样》
		鐘聲也。	大徐本《说文》
19	父	從又，舉也。	《九经字样》
		从又舉杖。	大徐本《说文》
20	逸	言兔善走也。	《九经字样》
		兔謾訑善逃也。	大徐本《说文》
21	高	象臺觀之形。	《九经字样》
		象臺觀高之形。	大徐本《说文》
22	亥	又從乙，象懷子之形。	《九经字样》
		从乙，象褱子咳咳之形。	大徐本《说文》
23	竟	樂曲終也。	《九经字样》
		樂曲盡爲竟。	大徐本《说文》
24	區	品是衆物也。	《九经字样》
		品，眾也。	大徐本《说文》
25	爵	取其鳴節足，所以戒荒淫之飲。	《九经字样》
		取其鳴節節足足也。	大徐本《说文》
26	予	象相付予之形。	《九经字样》
		象相予之形。	大徐本《说文》
27	幻	從倒予。	《九经字样》
		从反予。	大徐本《说文》
28	差	不相值也。	《九经字样》
		差不相值也。	大徐本《说文》
29	竫	安也。	《九经字样》
		亭安也。	大徐本《说文》
30	鼛	懸鼓也。	《九经字样》
		擊小鼓，引樂聲也。	大徐本《说文》
31	賣	從貝從𡕥省。	《九经字样》
		从貝𡕥聲。	大徐本《说文》

附录

《字样学研究论著简述①》

①本部分所录研究著述，截止日期为2010年1月，且参考了相关学位论文的研究综述部分，各学位论文题目见参考文献，此处不一一列出。此外，前人时贤姓名之后均不加先生，特此说明。

与文字学中其他四个分支：说文学、六书学、古文字学、俗文字学相比较，字样学的研究确实处于相对滞后的局面，致力于此项研究的专家学者为数甚少。尽管如此，近代以来，尤其是19世纪末20世纪初，断断续续出现了一些研究成果，虽研究视角、方法、结论等均有不同，但足可成为我们进一步研究的重要积淀。所以本文拟分层次、归类别将以往研究成果酌加收录，重要成果详加摘录，分析其得失，一般论述则概略言之。分类和分析中，交叉、重合之处，在所难免。期望能为今后的研究提供可资参考的价值。

一、正字运动

字样学与正字运动息息相关。二者相互促进，相辅相成。正字就是指文字的规范化。从秦代“书同文”政令颁布开始，中国历代都有或大或小的正字运动或正字活动。具体到唐代字样学，与之相辅的唐代正字运动蔚为大观。隋唐科举制度的兴盛，带来的一个结果就是，整个社会对于文字书写的高度重视。唐宋政府十分重视刊正字体，先后出现了颜师古《字样》（佚）、颜元孙《干禄字书》、张参《五经文字》、唐玄度《新加九经字样》、郭忠恕《佩觿》等几本专为纠正字体的专书，这些书在当时起到了减少异体字、规范定形字体、促进文字统一的作用，是汉字形体发展史上一次重要的变革。

施安昌《唐代正字学考》（《故宫博物院院刊》，1982年3期：第77—84页）认为唐代正字运动起到了三个作用：一是促进了楷体字的规范，二是肯定了汉字的简化，三是巩固了文字的统一。正字运动既适应了社会发展的需要，又顺乎文字演变的潮流，其作用颇有成效，影响深远。

陆锡兴《唐代的文字规范和楷体正字的形成》（《语文建设》，1992年6期：第14—16页）重点讨论了张参《五经文字》对唐代正体字形成的重要作用，强调了《说文解字》的权威性，把汉字规范和经籍联系起来。该文认为张参的正字标准是客观的、具体的，它明确树立了楷体正字。该文还讨论了其他几本字书在正字运动中的作用，并且提出

"隶变"为《新加九经字样》作者唐玄度所创。

张金霞《颜氏家族与汉字规范化》〔《徐州师范大学学报(哲社版)》,1998年4期:第61—62页〕以颜氏家族所编撰的著作入手,即从颜之推《颜氏家训》、颜师古《字样》,到颜元孙《干禄字书》、颜真卿手书《干禄字书》镌刻于石,并且颜体引领后世,简要分析了在六朝隋唐时期,尤其是唐代正字运动中,颜氏家族起到的重要作用。

李海霞、何宁《唐代正字运动》(《文史杂志》,2000年1期:第66—69页)从历史的角度讨论了正字运动的发生、发展过程。上述三篇论文分别从正字运动的作用、正体字的形成、正字运动的过程等不同角度对这场文字改革运动进行了深入的分析。

齐元涛《颜氏家族与楷体字形的确立》〔《山西师大学报(社科版)》,2001年4期:第99—103页〕提出一种字体的确立需要做两方面的工作:字形的正定及代表字体的确立。而颜氏家族是一个传统小学和书法兼善的家族,他们在楷书字体确立过程中,在字形正定和代表字体确立两个方面作出了重要贡献。颜氏家族区分文字使用场合的变通的文字规范观念由颜之推发其端,经过不断发展,一代比一代更明确、更成体系,到颜元孙达到巅峰,而颜元孙作《干禄字书》时,字书的价值在当时并未真正为人发现。《干禄字书》经过颜真卿的努力才得以镌刻上石,形成广泛的社会效应和深远的学术影响。

广州大学语言学研究所承担的国家社科规划项目"自秦以来汉字规范政策及其经验教训的研究",成果包括孙雍长、李建国《秦汉时期的汉字规范》〔《广州大学学报(社科版)》,2005年6期:第34—43页〕及《南北朝隋唐时期的汉字规范》(《学术研究》,2005年5期:第114—122页),后文肯定了南北朝隋唐期间,颜氏家族对汉字规范化所作出的贡献。字样之学起始于隋,兴盛于唐,确立了楷书系统的正体地位,并垂范后世。

范知欧《浅论唐宋的经籍文字规范》(《山东省农业管理干部学院学报》,2004年4期:第117—119页)提到唐宋两朝高度重视经籍文字的规范。此一时期"十三经"完全确立,围绕刊正经籍展开的正字类和音义类专书取得长足发展,为经籍文字的规范提供了依据。刊刻石经和雕版印刷经学著作是唐宋推行经籍文字及其规范成果的两大措施，对经籍文字的规范产生了深远影响。

陈五云《从智永赵孟頫〈千字文〉看汉字正字的发展》（“中国文字研究回顾与展望”高级专家研讨会，上海，2007年10月）认为智永和尚跟赵孟頫（松雪道人）相距的唐宋两个重要的朝代、相隔近七百年的这一时期，正是汉字“正字”成熟的阶段。通过对比两人的同名作品《千字文》，提出了“正字”成熟的某些特质和条件。文章举例187条，从永、松之间的继承和发展，透视了文字形体之间的继承与发展，其结论有四：

（1）永、松二者之间，一千字中有三分之一存在字形差别，这一差别正是汉字规范成熟过程的反映。

（2）正字是一个颇具时代特色的概念，一个时代有一个时代的正字。

（3）正字是从俗字中选择出来的，并非天生或人为规定。许多因素都影响了文字的发展，因而也由此决定了正字与俗字之间存在着转化的过程。

（4）已经成为正字的部分始终是汉字史上的稳定因素，因而起着记录语言时的主干作用。

此外，涉及到唐宋正字运动的文章还有如下几篇：

林允富《从秦“书同文”和唐“正字学”看繁体字回潮》（《西北大学学报》，1996年1期：第30—33页）谈及唐代的正字学概况，并作为引子，用以印证繁体字回潮是严重的文化倒退现象，但得出的结论与唐代的正字学联系无多，略显偏激。他的另外一篇文章《书同文的昨天、今天和明天》〔《西北大学学报（哲社版）》，2002年4期：第152—156页〕也谈到了唐代的正字运动。邱真《汉字规范古今谈》（《秘书工作》，2005年11期：第28—29页）概述了文字发展史上三次较大规模的正字运动。这几篇文章多为概述性质，故简略言之。

二、传世字样学著作研究

字样学著作产生之后，其研究成果间有出现。本节依研究成果的内容侧重进行归类，列四部分如下：

（一）字样学史、断代史等通论性研究

字样学通论性成果重心在台湾。曾荣汾《字样学研究》（台湾学生书局，1988年）是字样学理论的奠基之作。关于本书所作的目的，作者于“自序”中谈到：“字样学固属文字学之范畴，然历来治文字学者，多以《说文》、六书为重，鲜及于此，致其学术体系昧没而难明也，此亦今日治字样学所需穷究者，方能见其特色，识其价值矣。”基于此，本书于字样学之名义、缘起、价值、发展，以及学理之剖析、研治之方法、《干禄字书》所具字样学理之探索等，均进行了较为系统的分析和梳理。

是书首先对“字样学”进行定义：“字样者，即为文字书写之法式，而研究此书写法式诸种问题之学科即可谓之为‘字样学’也。”并且将字样学与相关学科（文字学、形体学、俗文字学、字典学）之关系进行了对比分析，从而阐发出字样学研究之学术价值，列有五点：可扩大传统文字学研究之范围；可推测历代用字之实况；可使学术传达更正确；可助版本之斠雠；可供今日整理文字之参考。继而对字样学发展的历史略而为三：唐前、唐代及唐后，并单独对《干禄字书》进行了分析和整理，号为“字样学之重镇”，并提出研究字样学当以《干禄字书》为基础。并提到《干禄字书》涵具的四项字样学理：注重文字实用的原则；区分字级的原则；易混字之析辨原则；以字根统类之原则。

该书于台湾首次赋以字样学当有的学术地位。从历史看，其研究内容为探讨历代用字之标准；从现实看，是今日整理文字之依据，故字样学可谓为实用文字学。字样学观念可延伸为全面文字之整理。字样学之整理研究，有功于中国文字之整理，标准字体之审定。

对于字样学今后的发展，作者提出三点展望：对传统字样学理作完备之整理；借全面整理文字，促使字样学臻于新境、字样编辑法之推

展；最后，作者以实事求是的态度提出字样学之整理观念宜随时调整。

李景远《隋唐字样学研究》（台湾师范大学1997年度博士学位论文）是第一部字样学断代研究的论文。该文对隋唐字样学进行了定义，首次提出用广、狭二义分称字样学，“‘字样学’，其名义上有广义与狭义之分。‘广义的’是指历来对各个体系汉字所进行的所有文字整理的学术，‘狭义的’是指隋唐兴起的釐正楷书形体笔画的正讹而拟订用字标准的学术”。并分析了隋唐字样学兴盛的背景。外在因素梳理了“广义的字样学运动”，即历代所进行的整理文字的优良传统；内在因素则分析了文献记载、实物资料所存的当时文字混乱的现象，即楷变以后汉字本身的混乱不定。

该文在曾荣汾《字样学研究》对《干禄字书》涵具的字样学理进行归纳的基础上，总结了隋唐字样学著作所呈现的字样学理论，共有七条，列出如下：

辨别楷书字体的分歧与相混；区分字体等级；规定各字级的适用范围；树立正字的标准；采用或改革分类法以合时代需求；承认通俗字体或否定通俗字体；采取以字根统类的原则。

此外，李景远对于隋唐字样学的研究和整理也同时奠定了韩国关于字样学研究的发展，韩国也因此成立了韩国中国语文学会，并创办了自己的刊物，陆续出现了数量可观的成果。具体内容，参见“四、国外研究现状”。

周玉秀《宋代几部重要字书中的字说理论》（《辞书研究》，2006年3期：第185—192页）是一篇专论宋代正字学理论的论文。该文从对汉字结构的认识而言，分宋代字说理论为革新派和复古派，仅就目的而言，都认为汉字有理据可说。但革新派不顾汉字结构的客观事实，一味将义理附会于字形，故多穿凿联想之说，并以王安石《字说》为例。作者总结复古派在正字理论上的贡献有二：对字形字音演变历史及致讹原因的探讨；对汉字构形理论即“六书”的重新研究。并依次举《佩觿》、《集韵》、《类篇》为例，说明正字形必须维护汉字理据，而要获得正确理据，必须明了造字原则，因此，宋人对“六书”理论进行研究，成为其正字理论中重要的一个组成部分。并举张有、郑樵为例。张有以象形、指事为文，会意、形声为字，对假借和转注也注意到它们的字用问题。他对“六书”还做了更为具体的定义。前四书是对许慎《说文》的继承，但对转注和假借的定性，则与许慎有出入。他说：“转注者，展转其声，注释他字之用也。如其无少长之类。”“假借者，本非已有，因他所授，而借其声义者也。如亦非西朋之类。”郑樵是整个“六书”研究历程中的重要人物之一，郑樵继承了张有将文分为子、母二类的观点，提出“母能生，子不能生”的原则，将许慎五百四十类字之母，去子得母，得到三百三十个部首。郑樵还讨论了文、字与“六书”及六书之间的关系，但将转注和形声混为一谈。其次，郑樵详细说明了“六书”的特点，将二万四千二百多字归入各自造字原则之下。对于个别理论的实际应用和操作，该文作者举例证明郑樵之错误，如将象形字、会意字误归入指事字中，不能将文字与语言区分开来，谈汉字原则时，常常将汉语词义掺杂进去，等等。最后，作者得出四条宋人的正字理论归纳：规范字须有定形定音定用；正体一定要能体现形义统一原则；有些字的理据须通过复形获得；正确分析理据必须明了“六书”。

张辉《试论唐代字样之学》（《延边教育学院学报》，2008年2期：第5—8页）简要介绍了唐代字样之学的产生背景，主要代表人物颜师古对唐代字样之学的贡献，唐代字样之学在颜元孙、张参时期的进一步发展，以及唐代字样之学对后世汉字规范化的影响。

（二）内容介绍、版本源流、校勘及笺注

1. 《干禄字书》的研究

（1）近代及以前

《干禄字书》问世以后即对汉语正字学产生了重要影响，但在近代以前，这种影响主要表现在正字学著作的编纂方面，对《干禄字书》自身的研究，成果并不多见，零星成果散见于各种《干禄字书》刻本的“序文”、“跋语”或相关著述中（如《四库全书总目提要》），述及的内容大都是对《干禄字书》的简单介绍或版本源流情况的说明。首先来看《四库全书总目提要》。

《四库全书总目提要》简要介绍了《干禄字书》版本源流：“大歷九年，真卿官湖州，時嘗書是編勒石，開成四年，楊漢公復摹刻於蜀

中，今湖夲已泐缺，蜀夲僅存，宋寶祐丁巳，衡陽陳蘭孫始以湖本鋟木，國朝揚州馬曰璐得宋槧翻雕，即此夲也。”并证以蜀本，举例说明是书之疏误，如：“卷首序文本元孫作，所謂伯祖，故秘書監乃師古也，蘭孫以元孫亦贈秘書監，遂誤以為真卿稱元孫，而以序中元孫二字改為真卿以就之，曰：‘璐亦承其訛，殊為失考。’”在内容校勘方面，《四库全书总目提要》“補缺文八十五字，改訛體十六字，刪衍文二”，并举例说明部分收录的字在字级归属上的缺误，“其中如‘虫蟲’、‘啚圖’、‘商商’、‘凍涷’截然兩字，而以為上俗下正。又如皃，古貌字，而云貌正皃通。氏之作互、韭之作韮，直是俗字而以為通用”。

《四库全书总目提要》已经出现了内容正误的考证，其他涉及这一方面的著作，代表性成果有段玉裁的《经韵楼集》卷七《书〈干禄字书〉后》。此文乃段氏参校胡高望之刻本与宇文时中之石刻残本所得，文中指出胡本“脱字”8条，“倒植字”9条；指出宇文石本“讹字”14条，“衍脱字”8条，“倒植字”7条。另外还说明了《干禄字书》的价值与不足：“朝議之撰此書，辨別俗、通、正三體，則張氏《五經文字》、唐氏《九經字樣》之先聲也。字有相亂，因而附焉，則郭氏《佩觿》之始基也。其正字既皆合古，即其通字、俗字，學者流覽，亦可推古今遷移之故。今世俗字與唐時俗字之有不同，而爲校定古書之一助。……”

近代著名学者罗振玉撰有《〈干禄字书〉笺证》一书。该书以蜀本为底本，用随文加注“案语”的形式进行笺证，共加“案语”128条，主要指出了六方面的疏误：

●说明“衍文”或“脱文”。

●说明二字本为一字。

●说明具有异体关系的两个字，在字源上是两个不同的字。

●说明二字倒列。

●校正讹误字形。

●说明字形变化。

罗氏特别推崇《干禄字书》，在开首的“弁语”中指出：“小學盛於漢，晦於六朝，漸明于唐。漢唐間諸字書，《說文解字》外，晉有呂忱《字林》，梁有顧野王《玉篇》，其書詳矣、備矣，然多存後世俗作，意在補《說文》所未備。其實所收之字多無意義，大抵皆增其所不必增，於六書殊無裨益。惟唐人《干祿字書》則有純無駁。……昔人云‘隋唐古籍一字千金’，其此書之謂矣。”尤其可贵的是，罗氏认识到《干禄字书》是为“時用”而作，针对《四库全书总目提要》等对《干禄字书》的批评，进一步指出：“有如沖種、羇羈、貽詒、俳徘、屯乇、怗帖，乃一字而以爲二，筒箭、馮馮、虫蟲、兇凶、澌澌、茲玆、蚩蚩、堤隄、牎寃、燋焦、衙庌、萍蓱、啇商、涷涑、厝措，乃二字而合爲一，似屬舛誤，然此書爲程試而作，以上諸字，從俗記，非考證之疏也。”不过，罗氏有时又会忽略《干禄字书》“從俗記”的特点（罗氏之意当谓《干禄字书》以社会实际用字为准则）。

《〈干禄字书〉笺证》之后有孙祖同和俞鸿筹的《〈干禄字书〉笺证补》。此书内容主要是对《〈干禄字书〉笺证》加以增补，《〈干禄字书〉笺证》有误者同时给予更正，共有183条。增补所涉材料比《〈干禄字书〉笺证》要广泛得多，不仅有《说文》、《玉篇》、《尔雅》、《广韵》、《集韵》、《五经文字》、《九经字样》、《字鉴》、《佩觿》等字书材料，还有《诗》、《书》、《礼记》、《周易》、《孟子》、《庄子》、《左传》、《史记》、《汉书》、《文选》等文献材料。《〈干禄字书〉笺证补》还指出了文字运用中的一些通借情况。

这对于认识《干禄字书》所辨析的易混字性质有积极意义。需要注意的是，该书对某些字形的校勘，未必确当。

（2）当代

当代研究《干禄字书》的学者中，台湾学者曾荣汾和大陆学者施安昌用功最勤，成果比较突出。

曾氏的博士论文《〈干禄字书〉研究》是全面研究《干禄字书》的第一部专著。作者在“自序”中首先肯定了《干禄字书》的价值及撰作《〈干禄字书〉研究》的原因：“隋唐肇兴，风俗趋整，因有整理文字之事。师古《字样》，首倡其风，杜氏延业承之，而嫌烦碎，集其大成而宏其体制者，厥为元孙之《干禄字书》。书分四声，析定正俗，辨明讹混，字样学由是而兴。”“字样者，文字点画准绳之谓也。流绪所衍，则《五经文字》、《九经字样》皆其余波；元之《字鉴》、《六书正讹》，明之《字汇》、《正字通》，则其一脉相承者。故《干禄字书》实为吾国字样学之正宗，上承《史籀》、《说文》而下开后代文字整理之规范。其书虽小，价值则大矣。故有《〈干禄字书》研究》一文之撰作也。”关于论文的研究内容，作者也有概括说明：“文分六编，首曰‘绪论’，探述元孙生平、家世及撰书之背景。知其书之成，稍迟于王仁昫《刊谬补缺切韵》，且善书、通小学，皆本颜氏家风。次曰‘版本’，析介自鲁公石本以来，《干禄字书》流传诸本，知此书后代传刻极盛，然颇见参差歧异之处。三曰‘内容’，就体例及韵次安排，以明《干禄字书》之菁华所在。所云正俗通者，盖多有凭据，韵次之分，更見特色，为一珍贵之《切韵》系文献。四曰‘资料’，综述字样研究之相关资料，上自简牍，下至版刻，各具特色，不可忽之。五曰‘结论’，除略举历代字样发展概况外，并综言《干禄字书》于研究字样学之地位，借明今后字样学发展之方向。末编附以‘斠证’，集所知之版本以订是非，并参酌有关资料，以证元孙所言非虚。”该论文洋洋数十万言，有740页之巨，可谓旁征博引，资料丰实。但全文有不少内容不属于《干禄字书》的本体研究，甚至有些部分缺乏与《干禄字书》的沟通，如第四编“资料编”，给人枝蔓丛生之感。但这是作者有意而为的。在该文“自序”中作者解释说：“凡此六编，虽主研《干禄字书》，亦有意借以探寻‘字样学’整理之理论，故有《字书》体例之研析，资料之旁搜。”

此后，曾氏出版了《字样学研究》（台湾学生书局，1988年）一书，在该书“自序”里作者再次提及这一问题：“字样学固属文字学之范畴，然历来治文字学者，多以《说文》、六书为重，尟及于此，致其学术体系昧没而难明也，此亦今日治字样学所需穷究者，方能见其特色，识其价值矣。曩昔鄙撰《〈干禄字书〉研究》一文时，即有此意，故尝不顾文例混杂之弊，窃列字样资料、字样发展、异体之因等于篇章之中，试图以《干禄字书》为中心，建立字样学之体系也。”而曾氏的

《字样学研究》又用近一半的篇幅析介《干禄字书》的体例、内容以及所蕴涵的字样学之学理等。可见，曾氏研究《干禄字书》是将其置于字样学的框架内，而研究字样学又以《干禄字书》为核心，借以彰显《干禄字书》在字样学里的独特地位。

施安昌编有《颜真卿书〈干禄字书〉》（紫禁城出版社，1992 年）。本书选故宫博物院藏明拓善本全部影印，并附编了《补干禄字书表》和《部首检字表》，书后还载有《唐人〈干禄字书〉研究》一文。《补干禄字书表》系从《五经文字》和《九经字样》中选择《干禄字书》未收者，凡一千三百余字，编辑而成，具有补充《干禄字书》的作用。《干禄字书》以“四声”排序，不便检索，而《部首检字表》则将《干禄字书》和《补干禄字书表》所收之字分为九十九个部首，按部首及笔画多少为次编排，检索十分方便。《唐人〈干禄字书〉研究》一文则比较详细地说明了《干禄字书》的写作背景、内容和作用，并介绍了《干禄字书》的石本、刻本及故宫收藏的拓本情况。

此外，施氏著有《善本碑帖论集》（紫禁城出版社，2002年）一书。该书第一编“唐代正字学考”收论文六篇，其中《关于〈干禄字书〉及其刻本》内容跟《唐人〈干禄字书〉研究》基本相同，只是增加了重刻宋宝祐本与故宫收藏勾刻拓本的对勘内容。

朱葆华《颜元孙与〈干禄字书〉》（《中文自学指导》，1997年4期：第38—40页）首先介绍了颜元孙的生平与《干禄字书》的产生。其次，对《干禄字书》三类字级作了初步的分析。再次，对《干禄字书》的价值和影响作了简要归纳。文章主体部分是对三类字级的分析。文章归纳俗字约有五种：违背造字之本意或六书原则；变更或增删正字的偏旁；添加或增删笔画；与正体笔画小异；明显的错字和别字。对俗字的评价是：俗字是一些书写不规范的错别字，其中以错字居多，而且非常混乱，从中很难发现汉字发展演变的轨迹。从社会发展的角度看，这些字记录语言的功能非常弱，它们的存在一般只会增加语言交际的困难，应该予以取消。

通字与正字相比，其特点是：更换偏旁，有的采用比笔画简单的偏旁，有的采用表意比原来更明确的偏旁；简化其正字的形体结构，使其结构和笔画比原来更简单；有些通字的形体结构比正字的形体结构繁杂。

通字一类，作者又分列出了累增字一类：有一些通字，为了使其表意更明确，就在正字的基础上增加一个偏旁。通字是有意识的汉字改造的结果，其改造的目的就是向着简单化和准确性这两个方向发展，于是二者之间就产生了一个矛盾：简单化使汉字结构简明，而准确性则使汉字结构繁杂。总的看来，通字形体简化者居多。

另外，有三篇涉及《干禄字书》版本的文章，限于篇幅和本文结构的需要，不做过多分析，概述如下：

左啓《三台宋刻〈颜氏干禄碑〉》（《四川文物》，1997年2期：第22—24页）介绍了1995年5月17日，在三台文庙（今三台师范学校）出土的宋刻颜真卿书《干禄字书》。

杜泽逊《跋乾隆朱振祖抄本〈干禄字书〉》（《图书馆理论与实践》，2001年5期：第52页）对乾隆朱振祖抄本《干禄字书》的版本流传情况，进行了详细的考证。

方晓《〈颜氏干禄字书〉综述》（《四川文物》，2005年1期：第59—63页）详述了《颜氏干禄字书》一碑的三次刻石经过，对其内容、历史背景和流传经历，进行了简要介绍。

2.《五经文字》、《九经字样》、《佩觿》及四书综合对比研究

四部传世字样学著作中，历来偏重《干禄字书》，而对其他三书的研究则甚为贫乏。除在语言学史、汉字学史专著中略有提及之外，今人研究成果少有出现。故本小节将此三书的研究成果合而言之。

对三书的研究，始自《四库全书总目提要》。《提要》推测了《五经文字》作者大致为代宗时人，其命名盖取自东汉熹平石经。并且据刘禹锡《国学新修五经壁记》考证了制石、版刻的过程："名儒張參為國子司業，始詳定五經，書於論堂東西廂之壁，積六十餘載。祭酒皡、博士公肅再新壁書，乃析堅木，負墉而比之。其製如版牘而高廣，背施陰闗，使衆如一觀此言，可以知五經之字。初書於屋壁，其後易以木版，至開成間，乃易以石刻也。"又据朱彝尊跋云："《五經文字》獨無雕本，為一闕事。考《冊府元龜》稱：周顯徳三年，尚書左丞兼判國子監

事田敏獻印版書《五經文字》，奏稱‘臣等自長興三年校勘雕印九經書籍，然則此書雕本在印版書甫創之初已有之，特其本不傳。’”而今马曰璐新刊版本跋云：“舊購宋拓石經中有此，因依様繕寫雕版於家塾。”最后，《四库全书总目提要》以石刻校马曰璐所称之摹写的宋拓，其中，有字画尚存而其本改易者。又下卷“幸部”脱去“睪”字注十九字、盩字并注凡八字。

关于《九经字样》，《四库全书总目提要》据此书前载开成二年八月牒推测其与《五经文字》“盖二書相輔而行，當時即立石壁九經之後。明嘉靖乙夘地震，二書同石經並損缺焉。近時馬曰璐得宋拓本而刋之，猶屬完善，其間轉寫失真及校者意改往往不免。今更依石刻殘碑詳加覆訂，各以案語附之下方，《五經文字》音訓多本陸德明《經典釋文》，或注某反，或注音某。玄度時避言反字，無同音字可注者，則云某平、某上，就四聲之轉以表其音，是又二書義例之異云耳”。

《四库全书总目提要》首先介绍了《佩觿》的结构和内容。其次由“惠棟《九經古義》嘗駁忠恕以示字為視，而反以視為俗字”引发：“今考其中如謂車字音尺遮反，本無居音，盖因韋昭辨《釋名》之説，未免失于考訂。又書號八分久有舊訓，蔡文姬述其父語，自必無訛，乃以為八體之外，别分此體，强為穿鑿，亦屬支離。至于以天承口為呉，已見《越絶書》而引《三國志》為徵；景為古影字，已見高誘《淮南子》註，而云葛洪《字苑》加彡（案此沿《顏氏家訓》之誤）；又陶侃本字士行，而誤作衡；東方朔以來來為棗，本約略近似而遂造棊字，均病微疎。然忠恕洞解六書，故所言具中，條理如辨。逄姓之逄，音皮江反，不得讀如逢遇本字。証之《漢隶字源》，逄字下引《逢盛碑》，通作逄，則姓氏之逄，雖通作逄，亦仍作皮江反，可証顏師古之訛。又若辨角里，本作角里，與角亢字無異，亦不用顏師古，恐人誤讀，故加一拂之説。證之漢《四老神位神祚几》，石刻角里實作角里，與此書合。則知忠恕所論，較他家精確多矣。”

《四库全书总目提要》对包括《干禄字书》在内的四部唐宋传世字样学著作所做的提要，虽只是简介性质，但其探流溯源，考辨精审，给后人研究提供了很好的范例。

近现代学者对《五经文字》作专门介绍和考证者较少，我们只见到四篇单篇论文，分别从音韵学和文字学角度进行论述，各有两篇，专从文字学角度研究的是：

李景远（《张参五经文字之研究》（台湾政治大学中国文学研究所1989年度硕士学位论文）是研究《五经文字》论文中成果较大的一篇。该文的主要结论大半收入其博士学位论文《隋唐字样学研究》一文中，具体内容见“（三）文字学研究”，此处略而不述。

施安昌《善本碑帖论集》（紫禁城出版社，2002年）“唐代正字学考”中收论文六篇，其中《关于〈五经文字〉》一文对《五经文字》的成书、内容体例、所反映的文字观及石刻和刻本等方面进行了初步的考证和探讨，为进一步研究提供了可靠的基础。

对《佩觿》之研究，姜燕《〈佩觿〉研究》（陕西师范大学2002年度硕士学位论文）对作者生平、成书时间、版本源流、研究状况及构成体例进行了扼要介绍。

《九经字样》在四部专书中，部头最小，其体例内容，实承《五经文字》，今人对《九经字样》作专门研究者至今未见。

四书综合对比研究今仅见下述两篇：

郝茂《三种楷体正字书的比较》〔《新疆大学学报（哲社版）》，1996年1期：第102—105页〕对《干禄字书》、《五经文字》及1955年公布的《第一批异体字整理表》在其产生、确定正字的准则、规范字形的手段及在汉字规范史上的作用等方面作了简要的归纳和比较。

该文将《干禄字书》的正字特点概括为：在规定用字方面持论通达。既然选定了俗、通、正三体字样，人们用字则可择用三体，并不是非用正字不可；根据前人统计结果，《干禄字书》中80%以上的正字与《说文》合，故其自序所说的“并有凭据”盖指以《说文》为确定正字的主要标准。

在规范字形、限制异体的具体措施方面，《五经文字》着意于从经典字书和经文用字入手规范正字字样，突出地表现出了对社会俗字的排斥。

该文总结《五经文字》正字特点为：统一固定了所考证的正字字

样，不符合其正字标准即被认定为讹字，一概排斥；选择正字并不囿于《说文》，参酌其他经典用字，系统地确立了楷体正字；由于所依据材料的不同，致使一词多正字的现象比比皆是。

从规范字形的角度来说，它虽然排除了《干禄字书》所谓俗体、通体等异体字，但是正字中带有异体字性质的现象却有增无减。

唐娟《〈干禄字书〉与〈五经文字〉异同比较》（《文教资料》，2007年2月号下旬刊：第80—81页）对两书的体例及内容、正字目的和正字观进行了对比，得出结论为：两者正字目的和手段虽然不同，但都能历史地看待汉字，虽达到的社会效果不同，但二者并无优劣高下之分。

（三）文字学研究

1．单部著作研究

符渝的《〈干禄字书〉的正字观及现实意义》〔《北京师范大学学报（人文社科版）》，2002年4期：第134—139页〕将《干禄字书》的700组字样进行了测查，其中包括和《说文》的比较，分析了此书的正字标准是有来源和有理据的；通过对《干禄字书》收录的102组易混字的例析，得出了三点结论：文字的分化和合并是文字发展过程中的正常现象；对待已被社会普遍接受的某种使用状况，不能轻易决定改变；正字不仅要正字形，还要正字用。文末对《干禄字书》正字观和标准的局限及不足进行了简要分析。

刘中富《〈干禄字书〉字类研究》（齐鲁书社，2004年。该书是在其博士论文基础上修改而成）是《干禄字书》研究著述中纯文字学领域里的大型成果。该书是在其当年博士毕业论文的基础上修改而成。是书对《干禄字书》所收录的707组异体字和97组易混字进行了探讨。对异体字的俗、通、正三体进行历时和共时的考察，分析俗字、通字和正字的基本性质，比较俗字、通字跟正字的形体关系，考察各类字的来源和后世传承情况，并讨论《干禄字书》易混字的性质类型及实际使用状况等。重点是利用汉魏至隋唐石刻文字和其他文献材料印证《干禄字书》的俗字和通字。关键问题是揭示《干禄字书》所蕴涵的正字学思想，寻求《干禄字书》确定字形的事实依据，尽力解决《干禄字书》研究中所存在的某些疑难问题，进而以《干禄字书》的文字事实为依据，发掘汉字使用与发展方面的某些规律。

全文共五章。第一章，《干禄字书》及其研究综述。首先说明了《干禄字书》的性质内容和它在汉字规范史上的重要地位；然后扼要介绍已有的研究成果，并指出存在的问题；最后交代本文写作的主要内容、研究方法以及所要达到的预期目的。第二章，《干禄字书》俗字研究。该章就《干禄字书》的俗体部分进行专门研究。全章共八节。第一节讨论了《干禄字书》俗字的性质。第二节统计出《干禄字书》收录俗字的数量并探寻《干禄字书》收录俗字的原则。第三节比较俗字与正字的形体，揭示了俗字与正字的关系类型。第四节至第七节，主要利用汉代至唐初石刻用字材料对337个俗字逐一例证，相关问题以“按”的形式作出说明。最后一节结合有关资料简要描述了《干禄字书》俗字的后世承用情况。第三、四两章对《干禄字书》通字和正字的研究，同第二章体例相仿，此不赘述。第五章，《干禄字书》易混字研究。该章就《干禄字书》的易混字部分进行专门研讨。首先分析并归纳了颜氏辨析易混字的方法和类型，然后利用唐初石刻文字材料，对绝大部分易混字组的混用情况进行证明。

刘中富《〈干禄字书〉的异体字及其相关问题》（《古籍整理研究学刊》，2003年4期：第31—35页）、《试论〈干禄字书〉在正字学史上的地位》（《东岳论丛》，2003年4期：第67—70页）两篇文章，主要内容亦体现于《〈干禄字书〉字类研究》中，亦不赘言。

赵璐《〈干禄字书〉字形整理之研究》（新疆师范大学2006年度硕士学位论文）将《干禄字书》正、俗、通三体，合俗、通为俗字，进行分类研究，对其应用范围、字形来源及不同的结构类型进行了考察，并做出相应的数据统计分析，并在此基础上提炼《干禄字书》所反映出来的正字理论和标准。

唐娟《〈干禄字书〉字类分析》〔《重庆工商大学学报（社科版）》，2007年（24）3期：封二至封三〕一文简要介绍了《干禄字书》的主要内容及反映出灵活变通的正字思想，阐发出《干禄字书》对于今天我们研究和整理汉字仍具有重要的启发和借鉴意义。

纪雅茹《〈干禄字书〉俗字构形中的声符替换》（《岱宗学刊》，2008年4期：第17—18页）对《干禄字书》所收录的337个俗字的声符与正字的声符进行统计分析，得出：由替换正字的声符而成的有48例，符合六书原则的改换声符而成的俗字仅有21例，由此推出是否符合六书条例不足以作为区分正俗字的标准。

赵海燕《〈五经文字〉的正字观及其现实意义》（《达县师范高等专科学校学报》，2005年4期：第25—28页）采用对照《说文》正字测查异同并使结果量化的方法，以一定的数据为依据，考察了《五经文字》的收字原则、正字标准，并对其正字观做出了评价。在分析之后得出了该书正字标准的四点结论：明确树立楷书正字；具有系统演变的文字观；理据保存的完好性；正字标准严格中有通变。作者还驳斥了赵平安《隶变研究》和陆锡兴《唐代的文字规范和楷体正字的形成》均以为"隶变"一词为《九经字样》作者唐玄度所创，并提出"隶变"这一概念为《五经文字》所创一说。

姜燕《〈佩觿〉研究》（陕西师范大学2002年度硕士学位论文）重心在分析《佩觿》卷上"三科"关于汉字构形及汉字演化的思想理论。作者认为："关于汉字的构形，郭忠恕认为'造字之旨，始于象形，中则止戈反正而省声生焉'，即有象形、会意和形声。这可以说是后来'三书说'的先声；他将许慎的'转注'、'假借'之字放在字用中，无疑也暗含了'四体二用'说的思想。这两点在中国文字学史上具有开创性的价值。"关于汉字的演化，是文将《佩觿》卷上所提出的34种文字现象逐条分析，进而审查《佩觿》一书的存在价值。

在本论文基础上，作者又择录修改发表了《〈佩觿〉中汉字演化的思想研究》（《中国文字研究》第五辑，2004：第50—53页）、《浅析〈佩觿〉中郭忠恕关于汉字演化的观念》（《语言科学》，2005年2期：第101—107页），内容见《〈佩觿〉研究》，略而赘述。

此外，张涌泉在《汉语俗字研究》（岳麓书社，1995：第275—276页）中举例介绍了"三科十段"，指出"在某种意义上，这种形近音近的字，可以当作俗字看待"，为我们认识该书提供了新的角度。张氏还对《佩觿》作了正反两方面的评价，并附之以较为详细的论证，亦足为进一步研究提供借鉴。

2．综合对比研究

李景远《隋唐字样学研究》（台湾师范大学1997年度博士学位论文）将隋唐两朝字样学著述悉加收录，唐代字样学著作包括《干禄字书》、《五经文字》、《九经字样》及出土的敦煌写本《正名要录》等。

每部专书，作者先介绍各书基本内容，包括作者、成书年代、撰述动机、收字范围、字数及体例诸方面。然后对每部专书所分字级的内涵进行归纳，并将出土字样学与传世字样学著作、传世字样学著作之间所分字级进行相应比对，在此基础上，归纳各书所分各类字级的属性。据此，作者分析了各书正字标准、来源及所呈现的正字观。

本论文对各本专书的介绍和分析，立论的来源和基础在于各书的序例及各书撰述内容的本体测查。

施安昌《善本碑帖论集》（紫禁城出版社，2002年）“唐代正字学考”中收论文六篇，其中《略论〈干禄字书〉与〈五经文字〉同异》一文则将《干禄字书》所列正、通、俗字与《五经文字》所收字进行了全面的统计分析，找出了两书异体字类型的对应规律，结论如下：

（1）两书的正字基本相合，发生分歧主要在通、俗体方面。《干禄字书》肯定了通体、俗体的优点，并指出了它们实际应用的范围。《五经文字》则把通、俗体大部分列入讹字（共360余个），采取排斥态度。《五经文字》中个别注文也有“俗作”称法，但与对待“讹字”并无什么区别。显然，这是两书作者文字观不同的反映。

（2）《干禄字书》选取了很多当时通行的字作为正字。《五经文字》的正字依据即为《说文》，但同时也说明：若“古体经典通行，不必改而从篆”（如“明”、“坐”、“晋”、“宜”等字）。可见，他们都没有完全拘泥于《说文》，而是采取通变折中、求简避繁的态度。这是二者相同点之一。

（3）《说文解字》编撰于东汉，由于辗转传写，文人篡改，到唐代流传着多种本子，它们脱误甚多，违失本真。这是某些文字学家的一种看法。上面《干禄字书》与《五经文字》的比较表明，两书的正字基本相符，两书的非正字也基本相符。从这两个“基本相符”可以推知两点：

●两书所依并非同一本《说文》，如是同一本《说文》，则两书之正字不会有这些差异。

●两书所依虽非同一本《说文》，但应出于同一种底本，因为内容基本一致。而且，这种底本在唐时被公认为是善本和足本。否则，为什么从颜氏世家到张参都拿它作为根据呢？

（4）两书的对照比较，可以相互映证。《五经文字》原石今日仍存，《干禄字书》拓本已是宋代重刻。通过比较，谓《干禄字书》“摹勒不差纤毫”不算过分。

何继军《唐代“三书”俗字研究》（安徽师范大学2004年度硕士学位论文）是一篇专题综合对比研究论文。该文分别介绍了《干禄字书》、《五经文字》、《九经字样》俗字的概况（共1135个），对三部著作中的俗字进行了归类，参照张涌泉“敦煌俗字类型”，大致分为七类，并做出数据统计（括号内为统计数字及占总数的百分比），进而逐一进行了理据分析：

（1）简省（210，18.5%）：简省笔画、简省构件或偏旁、符号代替、草书楷化。其理据性有三类：有理据、无理据和理据弱化。

（2）增繁（105，9.2%）：增加笔画，把罕见的、生僻的偏旁改成常见偏旁，据俗体偏旁繁化，增加表意偏旁，类化增繁。其理据性亦有三类：有理据、丧失理据和增强理据。

（3）偏旁改换（625，55.1%）：换表意的偏旁、改换表声的偏旁。其理据性亦有三类：保持一定理据、弱化理据、弱化原有理据但增加新造字理据。

（4）构件位移（15，1.3%）：多数保持原正字理据。

（5）书写变形（100，8.8%）：笔画变形、书体演变。绝大多数弱化甚至失去原正字的构字理据。

（6）正字蜕变（20，1.8%）：大部分不能保持其理据了。

（7）异形借用（60，5.3%）：弱化或丧失理据。

作者同时对其产生与传播的心理认知进行了分析，共有四点：追求书写简便、表意明确、联想类推及书写美观。在上述分析论述基础上，作者总结了“三书”俗字的特点：通俗性与趋简性、时代性与文化性、依附性与约定性、包容性与表音性、区别性与装饰性、类推性与生成性。

在该文基础上，作者又与詹言合作《唐代“三书”俗字的诸种类型》〔《上海师范大学学报（哲社版）》，2006 年 3 期：第 73—78 页〕，内容大半已见其《唐代“三书”俗字研究》，略而不述。

（四）音韵学研究

《干禄字书》不仅是一部重要的正字学著作，而且也是一项珍贵的音韵学资料。它以“四声”为序，同声字又以韵次排列，编排体例与《切韵》一致。发现其音韵学价值的学者先后有顾炎武、王鸣盛、黄侃，而这方面的代表性成果是王显发表于《中国语文》1964年第4期（第304—318页）上的《对〈干禄字书〉的一点认识》。该文首先考察了《干禄字书》的字序编排体例以及如此编排的原因，并按韵次编排出《干禄字书》的字表，然后将字表跟《切韵》系韵书《王三》和《广韵》参互比较，发现如下结果：（一）小韵顺序不同于《王三》和《广韵》。（二）大韵顺序不同于《广韵》，而跟《王三》基本上相同。（三）个别小韵和个别字的归类不同于《王三》或《广韵》。（四）韵部数目少于《王三》，尤其少于《广韵》。（五）韵类和音韵结构跟《王三》和《广韵》相同。

《五经文字》本是一部分部编纂群经文字、为读经服务的字书。但因其注音所用字多与旧韵书不同，对音韵学的研究而言，亦是一部颇有价值的文献。专门对其音韵学价值进行研究的论文是：邵荣芬《〈五经文字〉的直音和反切》（《中国语文》，1964 年 3 期：第 214—230 页）；石磊《〈五经文字〉音注反映的中唐语音现象》（《古籍整理研究学刊》，2000 年 4 期：第 27—30 页）二文虽然相差三十余年，但基本结论相当，皆确定了该书是中唐时期实际语音的反映，并将其与《广韵》进行比较，对两书读音相异之字进行排比、归纳，以求窥中唐时期语音面貌之一斑。

《开成石经》是唐文宗太和四年为了规范经籍用字混乱、错讹现象，朝廷下令刊刻的用于规范经籍用字字形的儒家经碑。这是正字运动的产物，与字样学研究也密不可分。自清代顾炎武《石经考》始，钱大昕《唐石经考异》、杭世骏《石经考异》等著作，均涉及到《开成石经》，既有对《开成石经》刊刻缘起的说明，亦有对《开成石经》的校勘。专门从文字学角度进行研究的论文，我们今天能搜集到的只有吴丽君的《〈唐开成石经〉研究》（北京师范大学2004年度硕士学位论文）一篇。

该文介绍了《开成石经》刊刻的社会背景（本部分后又整理发表，参见《〈唐开成石经〉刊刻的社会背景综述》，《承德民族师专学报》，2005年1期：第38—40页）：魏晋至唐初，字体处于急剧变化时期，社会用字状况较为混乱；规范汉字的字样学著作陆续出现；唐代实施的科举取士制度使得文字的规范书写地位重要；文人文化兴起；图书业进一步发展。其在汉字发展史上的作用主要有：使魏晋至唐初汉字使用中的混乱现象得到控制；选字观念与字样书相比更趋于合理；对社会用字中的合理成分进行了确认；使楷书在汉字中的地位得以巩固和加强。

文章将《开成石经》用字类型分为：字形完全相同、异写字、异构字，从异写和异构两种模式将其与《干禄字书》的字形作了举例说明，并且将《干禄字书》所收通字、俗字在《开成石经》中的分布作了举例说明。同时从字形和用字两个层次又将《开成石经》与《五经文字》、《九经字样》作了比较。

三、出土字样学著作研究

相对于传世字样学著作，出土字样学著作也出现了一批成果，主要对象是敦煌藏经洞发现的写本字样书，其中以《正名要录》为主。由于这部分资料大半藏于海外，故成果相较传世字样学著作而言，颇为薄弱。

刘燕文《唐写本字书〈正名要录〉浅介》（《文献》，1985年3期：第176—180页）简要介绍了《正名要录》产生的背景、作者和海外流传，并且举例说明了《正名要录》的价值：贮存了相当数量的俗、别字，并与正字进行了对比，如“罷甭”；今天使用的简化字，部分来源于《正名要录》，如“將将”；《正名要录》还收录了许多同音通用字，即我们今天所说的假借字，如“悆字下注：与预、豫通用”；同时，还辨别了形近而音义全不相同的字，如“佡企”。这些都对我们研读和整理典籍、古写本有一定的参考价值。

蔡忠霖《敦煌字样书〈正名要录〉研究》（台湾中国文化大学1982年度硕士学位论文，第1页）：“‘字样’之名始见于唐初颜师古所撰之《字样》。《广韵》：‘樣，式樣。’《集韵》：‘樣，法也。’胡朴安《中国文字学史》（商务印书馆，1988：第113页）亦云：‘字樣者，筆劃之準繩也。’”因此，字样实乃文字书写样式之意。而字样学即整理研究文字书写样式之正、俗、异、同，以为书写规范的一门学问。但由于字样学起唐代，乃为整理楷书而生，因此狭义一点讲，字样学也可说是楷书整理的一门学问。字样书即是楷书正字之专著。而根据张参《五经文字》序：“近代字樣多依四聲，傳寫之後偏旁漸失。今則采《說文》、《字林》諸部，以類相從，務於易了，不必舊次，自非經典文義之所在。雖切於時，略不集錄，以明爲經不爲字也。”可知唐代字样书大概可分为为经、为字两类。为经者为订正经典文字而著；为字者为订正时要用字而作。论文分为“研究篇”与“笺证篇”两部分。“研究篇”对《正名要录》的作者、年代、体例、地位及价值方面加以考证论述；“笺证篇”则对《正名要录》之文字作逐字的校录、笺证。然蔡忠霖的研究没有涉及《正名要录》的内部构形关系及该书的正字思想。

张金泉《敦煌遗书与字样学——兼谈唐代文字规范化工作》（《文史》总第41辑，1996：第205—215页）划分出唐代字样书的三个发展阶段：初创阶段，代表作为颜师古《字样》；成熟阶段，代表作是颜元孙《干禄字书》；新发展阶段，代表作张参《五经文字》、唐玄度《九经字样》。本文重心是分析三件重要的敦煌字样类写卷，分别是S388写卷之一（《正名要录》）、二及《新商略古今字样撮其时要并行正俗释》。对后者书名的解析，阐释了敦煌字样书的重要价值。对S388写卷则重在分析其体例及内容，将二者对比分析之后，得出二者当为关系密切的两种书。此外该文通过对敦煌写本的探讨及与传世字样书的对比，总结出诸多正字学及正字运动方面的规律和结论。

李景远《隋唐字样学研究》（台湾师范大学1997年度博士学位论文）将隋唐两代字样书，包括传世与出土两大类，悉加收录，并作了细致的梳理，其中《正名要录》部分参见“（三）文字学研究”。

张敏《〈正名要录〉研究》（河北大学2006年度硕士学位论文）分析了《正名要录》内部构形关系。按照《正名要录》全书标列的六个部分，论文对前五部分内容进行了分析：第一为“正行者虽是正体，稍惊俗，脚注随时消息用”；第二为“正行者正体，脚注讹俗”；第三为“正行者楷，脚注稍讹”；第四为“各依脚注”；第五为“古而典者居上，今而要者居下”。根据每一组对比字产生的原因将其进行归类，并进行了量化统计。对《正名要录》所反映出来的正字思想进行了阐述。首先以表格的形式从来源、理据及构形模式三方面分析了《正名要录》选用的正字标准；其次从“注重时宜的精神”、“字级区分方法”及“易混字之辨析”三个方面分析了《正名要录》的正字观念。

朱凤玉《敦煌本〈正名要录〉中“连文释义”初探》（《敦煌研究》，2006年6期：第168—172页）着重介绍了《正名要录》中的“音同义别”字和“‘连文释义’训诂方式”，在论述的过程中简要介绍和对比介绍了中国历代主要字样书的名称、特点和功能，以及字样书产生的缘由。

蔡忠霖《〈正名要录〉之文字属性归类研究》（《敦煌学辑刊》，2008年1期：第21—38页）首先历数字书文字属性归类的沿革及存在的问题，认为字书本身的定位、性质的不同，乃至于编纂者的主观意识等因素，导致每本字书几乎都有自己的一套分类方式，类别也很不齐一。继而介绍了《正名要录》的编纂原则，虽然书中有八种字类，然严格说来却不宜视作该书将所收之当代用字区分为八个类别。在没有序跋的情况下，举例对每一字类的文字属性进行归类，并归纳出文字属性归类的特色。

此外，有关俗字研究的论著，其中有一些涉及到了《正名要录》。如张涌泉的《汉语俗字研究》（岳麓书社，1995年）、《敦煌俗字研究》（上海教育出版社，1996年）等。

另外，我们还搜集到以下论文题目，囿于条件所限，今仅列出题目如下：

●《敦煌文献与唐代字样学》，郑阿财，第六届中国文字学全国学术研讨会，1995。

●《唐代的两种字样书——〈正名要录〉与〈干禄字书〉》，蔡忠霖，《中国文化大学中文学报》第二期，中国文化大学中国文学系、中国文化研究所，1994年6月。

●《敦煌写本与中国中古文字学——《正名要录》考探》，郑阿财，《中国学术研讨会论文集——纪念高明先生八秩晋六冥诞》），"中央大学"文学院中国文学系所主编，1994年3月。

●《敦煌写本字样书研究之一》，朱凤玉，《华冈文科学报》第十七期，1989年12月。

●《唐代字样书之别裁——"为字"类字样书初探》，蔡忠霖，《敦煌学》第22辑，1999年。

四、国外研究现状

如同字样学研究在国内发展滞后一样，字样学在国外的发展也不容乐观。据我们目前能见到的资料，字样学研究在国外主要有日本和韩国两个国家。

日本字样学研究时代较早者为小岛成斋（1796—1862）。小岛成斋的主要著述为《〈干禄字书〉辩证》，是书主要利用历代实物用字资料，尤其是汉隶以下的碑刻文献用字，对《干禄字书》所规范字样进行逐一说解。大部分字组仅列出贮存该字形之实物文献名称。一百余年之后，日本又一位致力于字样学领域研究的学者为西原一幸。然而由于各方面条件所限，我们仅能搜集到西原一幸系列论文中的一部分，仅列出题目如下：

●《独立の书志范畴としての"字样"》，西原一幸，金城学院大学论集国文学编第27号，1984年。

●《敦煌出土〈新商略古今字样撮其时要并引正俗释〉残卷について》，西原一幸，金城学院大学论集国文学编第28号，1985年。

●《唐代字样两种の研究と索引》，大友信一、西原一幸，樱枫社，1984年。

●《敦煌出土〈时要字样〉残卷》、《〈颜氏字样〉以前的字样》、《杜延业撰〈群书新定字样〉的佚文》、《唐代楷书字书の成立》等。

而韩国的字样学研究与台湾本领域的研究是分不开的。韩国青云大学中文系教授李景远领衔创办的韩国中国语文学会，业已成为字样学研究的重镇，他们同时创办了自己的会刊《中国语文论丛》。会刊发表的字样学论文，实肇源于李景远博士学位论文《隋唐字样学研究》，该文虽然是在台湾师范大学撰作，但是在韩国，这部论文实为发端之作。本部分摘要李景远著述中的部分论文，以窥一斑。

●《敦煌写卷S388—1残卷的考察——〈群书新定字样〉》（《中国语文论丛》第11辑，1996年12月：第21—56页），该文主要对敦煌写卷S388—1残卷进行了考察和分析，对于这部残缺不完整的字样学著作，本文作者推测，它就是杜延业所著《群书新定字样》。文章对S388—1残卷的书名、作者、编纂年代、字数、编纂体例、解字体例、文字观、价值和影响等方面逐一分析论述。

●《唐代字样学著作的正字观及其理论根据——颜之推〈颜氏家训·书证篇〉的文字观》〔《中国语文论丛》第12辑（别刷本），1997年6月〕一文认为《颜氏家训·书证篇》中的文字观，是唐代字样学著作确立正字标准之理论根据的渊源。文章将《群书新定字样》、《干禄字书》、《五经文字》、《九经字样》各本序例提到的收录楷书正字的标准和选定的态度，逐本简要列出，并以表格的形式将各书选定正字的来源，统计出了具体的数据。

●《唐代字样所呈现的正字观》（《国文天地》第13卷第3期，1997年8月）内容见其博士学位论文《隋唐字样学研究》。

●《现存最早的字样著作颜愍楚〈俗书证误〉——〈俗书证误〉的著者与版本》（《中国语文论译丛刊》第6辑，2000年12月）一文首先考证了颜愍楚《俗书证误》的编纂年代为隋代，著者为颜之推之次子，从而否定了《俗书证误》的首行标题撰人作“宋颜愍楚”。其次考察了各种版本的异同，即按照统计结果《秘册丛说》本《俗书证误》前半部收录103条共110字，后半部《讹习诸字》收录51字。其他版本则与《秘册丛说》相去不远。

●《〈干禄字书〉研究与重编》（金山实业，2001年11月）全书分研究篇和重编篇。研究篇对《干禄字书》的著者、编纂年代、目的及收字体例和所呈现出的文字观逐节列出，对《干禄字书》“正”、“通”、“俗”三种字体等级与《五经文字》对应情况列表说明。重编篇以后知不足斋本为底本，参校其他版本，对字头、注文加以补足校正。由于研究篇多属于概要和简介性质，重编篇基本类于故宫博物院藏明拓善本，故于国内研究者影响不大。

●《楷书字样著作正字标准的研究》〔《中国语文学论集》第30号（别刷本），中国语文学研究会，2005年2月〕文章主要以字样著作所呈现的正字标准为探讨对象，从《正名要录》、《群书新定字样》、《干禄字书》、《五经文字》、《九经字样》等书（主要依据为各书序例）归纳整理其所谓正字标准，即为《说文》、《字林》、《石经》以及其他字书与经典文字，并且分析出主要因素即受当时书学所定课程的影响。

●《异体字等级属性研究的主要事项及其方法论》（《中国语文学论集》第25号，2003年）也涉及了字样学方面的研究。文章认为《说文》收录重文且区分其等级以后，历来主要字书对字形进行等级区分，而其数目与名称并不完全相同。有些字形等级虽是诸书共用，但其属性不一定一致。那么，各书所分字级的属性究竟如何？研究此课题应该需要充实的构想与方法。本文专门提出异体字等级属性研究的必要性、范围、内容、步骤及其方法。

此外，海外研究这一领域的成果，笔者只了解到一篇研究正字运动的文章，囿于条件限制，今仅列题目如下：

Amy Mcnair：《唐代正字法的意义》，《华裔学志》。（PUBLIC VALUES IN CALLIGRAPHY AND ORTHOGRAPHY IN` THE TANG DYNASTY By

AMY MCNAIR，Foreign Citizen of Chinese Origin.）

五、字样学与现代汉字规范

研究字样学，一个重要的目的就是用以指导现代汉字规范。关于字样学与现代汉字规范关系的研究，有关文字规范和文字学史的著作，都有专门介绍。比如范可育等编著的《楷字规范史略》（华东师范大学出版社，2000年）对六部在楷字规范史上具有重要意义的字书作了专门研究。

该书首先对包括《干禄字书》、《五经文字》、《九经字样》在内的六部传世字书进行了简要介绍，包括编纂的目的、体现的正字观等情况。该书最大的亮点是将各书所收正字与其在现代汉字中的分布及现代汉字在各书中的属性作了较为初步的比对和探讨，列表分析了各类正字、并正字、隶省字与现代汉字之间的传承关系，由此探讨了几部专书对现代汉字规范所起到的重要作用和重大意义，对其不足之处也略作说明。

具体到三部字样学著作，数据统计结果如下：

《干禄字书》〔参见丁方豪《〈干禄字书〉正字与现代汉字规范字的传承关系》，王均主编《语文现代化论丛（第一辑）》，山东教育出版社，1995：第157—163页〕所收533个正字，在现代汉字中所属类别的个数及百分比分别为：

规范字：246，46.15%；繁体字：141，26.46%；异体字：66，12.38%；其他：80，15.01%。

现代汉字规范字在《干禄字书》中的所属类别，其字数及百分比分别为：

正字：247，46.34%；通字：45，8.44%；俗字：22，4.13%；《干禄字书》无相同字形者：219，41.09%。

得出结论如下：古今汉字传承关系十分密切；古今规范字和非规范字之间有一部分相互转化了；简化字在书中有了一定程度的发展，不仅收集了“断”、“乱”等唐代之前出现的简化字，也出现了一些当时新的简化字，如"怜"、"庄"等。同时还承认了其中的部分简化字为正字，如"礼"、"万"等，并且出现了一些简化偏旁，如"狭"字，从夹为正，从夾则为通。

《五经文字》不仅统计了所收正字与现代汉字之间的传承数据，而且还单独将308个并正字、74组含隶省字的字组与现代汉字规范字之间的传承演变关系列表说明。其大半内容参见范可育《〈五经文字〉并正字、隶省字与现代汉字的传承关系》，收录在王均主编《语文现代化论丛（第三辑）》中，下文有述。对《九经字样》，除列表统计数据并做出说明外，还将其并正字与《五经文字》的并正字进行了数据统计分析。

由于该书只从与现代楷字的关系和统计的角度举出例子，没有全列字的原形，所以作者将郝茂《唐代的正字和俗字》中的字表（唐代三本字书中的正字和俗字原形）附录于书末，后者恰好补足了该书原形不足之憾。

范可育《〈五经文字〉并正字、隶省字与现代汉字的传承关系》〔王均主编《语文现代化论丛（第三辑）》，山东教育出版社，1997：第107—116页〕。

首先，文章详细调查和分析了《五经文字》并正字的情况，进而深入探究《五经文字》对现代汉字规范字形的影响。调查发现，《五经文字》中的并正字组，每组都有一个形体与汉字的现代楷字规范字形有着密切的联系。这种联系可以分为四个类型，并列表统计出每一类型的数据，其中有86.07%的字组的并正字形就是现代汉字的规范字形或者是与现代规范字相应的整体、具体字形，可见这批并正字与后世楷字是如何的一脉相承。

其次，文章分析了并正字的来源。《五经文字》搜集的并正字到了现代汉字里，其中的原《说文》字形大部分已不再使用，倒是石经字形、经典相承隶省字形，以及某些《字林》、古文、籀文字形成了现代汉字字形的规范。可见，汉字字形的规范是发展变化的，一部分汉字字形中的《说文》传统已有所削弱。一般说来，汉字的《说文》字形与字音、字义的关系比较密切，因而字的理据性较强。《说文》传统的削弱就意味着汉字理据性的弱化。

再次，文章探讨了《五经文字》隶省字及其与现代汉字的关系。在《五经文字》所搜集的并正字里的经典相承隶省字形传承到现代汉字的数量，大都超过了《字林》、石经等字形，甚至还超过了《说文》字形，1949年以后经过汉字的整理简化，字形的规范尽管已经有了许多变化，然而，隶省字与现代规范字完全一致的还有44.59%的比例，足见经典相承隶省字对现代汉字的重要作用。

在数据统计分析的基础上，作者提出：张参在尊重汉字传统的同时，也能正视文字书写的现实和文字使用中的实际变化。这一做法完全符合现今我们对文字基本特点的认识——文字是群众创造、约定俗成的，文字的规范是发展的，可变的。

该文最后一部分还分析了隶省字与《说文》字的传承演变关系。经过数据统计分析，作者认为：《说文》字演变为隶省字的主要趋势是简化。小篆与隶省字的部件变化虽然有一些规律，但是规律性不强。隶省字的写法是在人们书写实践中相互传写而逐步约定俗成的。在此过程中，小篆结构的规律随隐约约地对人们产生着一定的影响，但又没有绝对的约束力。隶变、楷化后的汉字有的继承了小篆的结构规律，有的则抛开了小篆，形成了自己的、新的结构规律。

郝茂《三种楷体正字书的比较》〔《新疆大学学报（哲社版）》，1996年1期：第102—105页〕将《干禄字书》、《五经文字》及1955年公布的《第一批异体字整理表》在其产生、确定正字的准则、规范字形的手段及在汉字规范史上的作用等方面作了简要的归纳和比较。

文章提出：在确立正字的原则上，《干禄字书》和《五经文字》侧重于溯源，尤其是《说文》在其正字形体的确定中具有首要地位。而《第一批异体字整理表》一方面尊重汉字历史的传承和理据的保持，并没有过分迁就社会流行的异体字，不认为来自民间的都是合理的；另一方面重视某一字形在社会上的流通程度，立足于现实，力求使用上的方便，以保证文字最大的社会效益。然而，《第一批异体字整理表》在规范字形的措施方面要严格得多，直接废除了1055个异体字，对于正字，每个语素只确定一个正字字样。

文章最后将《第一批异体字整理表》正字的主要特点归纳为：所有的异体字被停止使用，精简了汉字数量，过去异体纷繁的状况从根本上得到控制；《第一批异体字整理表》是本着从俗、从众的原则；由于每个语素的正字是独一无二的，正字与异体字之间泾渭分明，消除了唐代部分正字中自身含有异体字性质的现象；整个正字是一个相对稳定而又开放的系统，它在使用中有步骤地进行着合理的局部调整。

孙剑艺《论汉字繁简与书同文》（《台湾研究》，1995年3期：第69—74页）指出，《干禄字书》正定文字的总的指导思想就是应时致用，不求复古，但求利今。《五经文字》的“应时致用”也就包含了“趋简避繁”在内。据此，汉字形体发展的总体趋势既然是“去繁趋简”，我们就不能违背它；古人对待汉字的态度既然是“舍繁从简”，我们也不能反其道而行之。具体到大陆和台湾处理“从简”的问题上，并不是说一依大陆简化字为准，而是就总体思想而言。在具体取舍时，大陆字形也要修正，有的可能恢复繁体，台湾手写本《标准行书范本》中的一些优秀分子也可上升为正体。关键是摒除偏见，两岸共识，求同存异。

六、小结

从上列研究成果来看，唐宋传世字样学研究涉及范围包括正字运动、字样学史、校勘笺注、文字学研究、音韵学研究及与现代汉字规范对比研究等六个大的方面，研究所涉地域，从大陆到台湾，从韩日到欧美，虽然各领域、各地域均有著述出现，但是其分量和比重并不均衡，某些方面甚至比例严重失调。以国内和国外研究成果相比来看，国外研究成果基本上局限在韩日两国。具体到国内的研究成果，其不均衡性也十分突出。

正字运动的研究涉及到唐宋字样学著作与文化史、科举制度史、教育史等方面的关系，对唐宋正字法的形成，正字运动发生、发展的过程及作用和意义，唐宋正字运动对现代汉字规范的影响等，都有理论上的阐释。四部专著中，以《干禄字书》研究成果为多，其他三部专书，则依次渐少，这种现象，在其他几部分的研究中，也很普遍。

唐宋字样学著作本体的研究，我们看到，从字样学史、版本源流、校注、音韵学研究等方面，都有成果出现。字样学史，包括断代史的研究，基本上以台湾为中心，曾荣汾《字样学研究》和李景远《隋唐字样学研究》是这方面的代表著作。字样学专著的版本介绍考证及具体内容的校勘、注释，近代之前的研究成果较为丰富，包括《四库全书总目提要》，段玉裁、罗振玉及孙祖同和俞鸿筹等学者的相关著述，当然，这部分研究成果并不等量齐观，还是主要以《干禄字书》研究为重点。此外，对于字样学著作中的音韵学方面的研究也有少量成果出现。

传世字样学专著主要是“为经”类著作，出土字样学专著，尤以敦煌写本《正名要录》为核心的“为字”类著作研究，也得到一定程度的发展。这两类著作虽不能区分为两种性质，但其编纂目的、体例、所起到的作用等各有侧重，目前的研究成果更多地侧重于单部著作的本体研究，若能将两种材料加以对比研究，对二者本体的研究和综合研究都将起到极大的促进作用，但目前此方面的研究成果，暂时还未看到。

关于唐宋传世字样学与现代汉字规范的对比研究，主要以当代大陆学者的单篇论文为主，成果多为探讨二者的作用、意义为主。较为深入的研究，如范可育《楷字规范史略》以数据统计列表分析了部分字样学专著所收部分类型字与现代规范汉字之间的传承关系。但是具体到单字或者每一类型字，亦仅限于举例性质。

唐宋传世字样学著作文字学研究，是本书重点探讨的范围。而这一领域的研究，以当代学者的论文为主。如，施安昌《善本碑帖论集》“唐代正字学考”《略论〈干禄字书〉与〈五经文字〉同异》一文，则将《干禄字书》所列正、通、俗字与《五经文字》所收字进行了全面的统计分析，找出了两书异体字类型的对应规律。除本篇论文之外，其余有四篇为学位论文：刘中富《〈干禄字书〉字类研究》、姜燕《〈佩觿〉研究》、何继军《唐代“三书”俗字研究》及郝茂《唐代的正字和俗字》。

刘中富《〈干禄字书〉字类研究》对《干禄字书》所收录的707组异体字和97组易混字进行探讨。对异体字的俗、通、正三体进行历时和共时的考察，分析俗字、通字和正字的基本性质，比较俗字、通字跟正字的形体关系，考察各类字的来源和后世传承情况，并讨论《干禄字书》易混字的性质类型及实际使用状况等。重点是利用汉唐石刻文字和其他文献材料印证《干禄字书》的俗字和通字。关键问题是揭示《干禄字书》所蕴涵的正字学思想，寻求《干禄字书》确定字形的事实依据，尽力解决《干禄字书》研究中所存在的某些疑难问题，进而以《干禄字书》的文字事实为依据，发掘汉字使用与发展方面的某些规律。

姜燕《〈佩觿〉研究》重心在分析《佩觿》卷上“三科”关于汉字构形及汉字演化的思想理论。

何继军《唐代“三书”俗字研究》是一篇专题综合对比研究论文。该文分别介绍了《干禄字书》、《五经文字》、《九经字样》俗字的概况（共1135个），对三部著作中的俗字进行了归类，参照张涌泉“敦煌俗字类型”，大致分为七类，并做出数据统计，进而逐一进行了理据分析。

综上所述，关于唐宋传世字样学著作文字学方面研究，虽然出现了一部分质量较高的成果，但是总体而言，仍有许多方面需要深入分析。已有成果，多局限于字样学理论和规律的总结及阐发、字级的分类及其标准与原则等方面。然仍有许多具体、深入的问题亟待解决，对于所规范字形的深入考证，将是进一步研究的重心。

参考文献①

一、工具书

[1]（东汉）许慎.说文解字［M］.北京：中华书局影印清刻大徐本，1963.

[2]（南朝·梁）顾野王.《玉篇》（原本残卷）［M］.北京：中华书局影印黎本、罗本及日本东方文化学院影印本，1985.

[3]（唐）颜元孙.干禄字书［M］.北京：中华书局影印丛书集成初编本，1985.

[4]（日）释空海.篆隶万象名义［M］.北京：中华书局影印崇文院本，1995.

[5]（唐）释慧琳，（辽）释希麟.正续一切经音义（附索引两种）［M］.上海：上海古籍出版社影印日本刻本，1986.

[6]（唐）张参.五经文字［M］.北京：中华书局影印丛书集成初编本，1985.

[7]（唐）唐玄度.新加九经字样［M］.北京：中华书局影印丛书集成初编本，1985.

[8]（宋）郭忠恕.佩觿［M］.北京：中华书局影印丛书集成初编本，1985.

[9]（宋）徐锴.说文解字系传［M］.北京：中华书局影印清祁嶲藻刻本，1987.

[10]（宋）陈彭年等重修.大广益会玉篇［M］.北京：中华书局影印张氏泽存堂本，2004.

[11]（宋）陈彭年等.广韵［M］.上海：上海古籍出版社影印钜宋广韵本，1983.

[12]（宋）丁度等.集韵（宋本）［M］.北京：中华书局影印北京图书馆藏宋本，1989.

①“工具书”部分按著者生卒年代排列，其余五类则按该文献早期版本的出现年份为序，皆不以该种文献出版年代为序。

[13]（宋）司马光等.类篇[M].上海：上海古籍出版社影印汲古阁影宋钞本，1988.

[14]（宋）洪适.隶释·隶续[M].北京：中华书局影印洪氏晦木斋刻本，1986.

[15]（辽）释行均.龙龛手镜[M].北京：中华书局影印高丽本、补印四部丛刊续编本，1985.

[16]（明）宋濂撰，（明）屠隆订正.篇海类编（影印明万历间刻本）[M].见：续修四库全书编委会.续修四库全书·经部230[G].上海：上海古籍出版社，2003.

[17]（明）梅膺祚，字汇·（清）吴任臣.字汇补[M].上海：上海辞书出版社影印康熙灵隐寺刻本，1991.

[18]（明）张自烈，（清）廖文英，董琨整理.正字通[M].北京：中国工人出版社影印康熙九年（庚戌）序弘文书院刊本，1996.

[19]（清）顾炎武.金石文字记（及其他一种）（影印借月山房本）[M].丛书集成初编[G]1517—1518.北京：中华书局，1991.

[20]（清）纪昀等.四库全书总目提要[M].石家庄：河北人民出版社据中华书局1965年影印本为底本，2000.

[21]（清）毕沅.释名疏证[M].北京：中华书局影印经训堂丛书本,1985.

[22]（清）段玉裁.说文解字注[M].上海：上海古籍出版社影印经韵楼刻本，1988.

[23]（清）桂馥.说文解字义证[M].北京：中华书局据湖北崇文书局本描修影印，1987.

[24]（清）王筠.说文句读[M].上海：上海古籍书店影印清同治四年王氏刻本，1983.

[25]（清）王筠.说文释例[M].北京：中华书局影印道光三十年刻本，1987.

[26]（清）王筠.文字蒙求[M].北京：中华书局影印道光二十六年重订本，1962.

[27]（清）邢澍.金石文字辨异（聚学轩丛书本）[M].见：丛

书集成续编·75［G］.上海：上海书店出版社，1994.

［28］（清）朱骏声.通训定声［M］.北京：中华书局影印临啸阁刻本，1984.

［29］（清）顾蔼吉.隶辨［M］.北京：中华书局影印项絪玉渊堂刊本，1986.

［30］（清）徐灏.说文解字注笺［M］.见：续修四库全书编委会.续修四库全书·经部226［G］.上海：上海古籍出版社，2003.

［31］章太炎.新方言［M］.见：续修四库全书编委会.续修四库全书·经部195［G］.上海：上海古籍出版社，2003.

［32］罗福颐.汉印文字征［M］.北京：文物出版社，1978.

［33］中国社会科学院考古研究所.甲骨文编［M］.北京：中华书店,1965.

［34］李孝定.甲骨文字集释［M］.台北："中央研究院"历史语言研究所,1970.

［35］于省吾.甲骨文字释林［M］.北京：中华书局，1979.

［36］罗竹风主编，汉语大词典编辑委员会、汉语大词典编纂处编纂.汉语大词典［M］.上海：汉语大词典出版社，1984—1993.

［37］秦公.碑别字新编［M］.北京：文物出版社，1985.

［38］马叙伦.说文解字六书疏证［M］.上海：上海书店据科学出版社1957年版影印，1985.

［39］汉语大字典编辑委员会.汉语大字典［M］.成都：四川辞书出版社；武汉：湖北辞书出版社，1993.

［40］冷玉龙等.中华字海［M］.北京：中国友谊出版公司，1994.

［41］戴家祥等.金文大字典［M］.上海：学林出版社,1995.

［42］李圃主编，古文字诂林编纂委员会.古文字诂林［M］.上海：上海教育出版社，1999—2004.

［43］黄征.敦煌俗字典［M］.上海：上海教育出版社，2005.

二、图版资料

［1］北京图书馆金石组.北京图书馆藏中国历代石刻拓本汇编

（101卷）［G］.郑州：中州古籍出版社，1989.

［2］中国文物研究所、各省市文博考古及古籍整理单位合作编纂.新中国出土墓志［G］.北京：文物出版社，1994年10月（河南卷）、2000年11月（陕西卷）、2002年3月（重庆卷）.

［3］荆门市博物馆.郭店楚墓竹简［G］.北京：文物出版，1998.

［4］段文杰主编，甘肃省文物局、甘肃藏敦煌文献编委会.甘肃藏敦煌文献［G］.兰州：甘肃人民出版社，1999.

［5］高峡主编，西安碑林博物馆编纂.西安碑林全集（200卷）［G］.广州：广东经济出版社；深圳：海天出版社，2000.

三、研究专著

［1］（清）莫友芝.仿唐写本《说文解字·木部》笺异［M］.清同治二年曾国藩安庆原刻本.

［2］罗振玉.《干禄字书》笺证（《贞松老人遗稿·甲》）［M］.见：民国丛书·第五编96［G］.上海：上海书店出版社，1989.

［3］王国维.观堂集林［M］.北京：中华书局，1959.

［4］孙祖同，俞鸿筹.《干禄字书》笺证补［M］.上海：华东师范大学图书馆藏民国时期油印本.

［5］唐兰.中国文字学［M］.上海：上海古籍出版社，2001.

［6］杨树达.增订积微居小学金石论丛［M］.北京：科学出版社，1955.

［7］杨树达.积微居小学述林［M］.北京：中华书局，1983.

［8］王利器.颜氏家训集解（增补本）［M］.北京：中华书局，1993.

［9］李孝定.金文诂林读后记［M］.台北：中央研究院史语所，1982.

［10］高鸿缙.中国字例［M］.台北：三民书局，1984.

［11］曾荣汾.字样学研究［M］.台北：台湾学生书局，1988.

［12］裘锡圭.文字学概要［M］.北京：商务印书馆，1988.

［13］施安昌.颜真卿书干禄字书（图版部分影印故宫博物院藏明

拓善本）［M］．北京：紫禁城出版社，1990.

［14］赵超．汉魏南北朝墓志汇编［M］．天津：天津古籍出版社，1990.

［15］邹晓丽．基础汉字形义释源——《说文解字》部首今读本义［M］．北京：北京出版社，1990.

［16］周绍良，赵超．唐代墓志汇编［M］．上海：上海古籍出版社，1992.

［17］张涌泉．汉语俗字研究［M］．长沙：岳麓书社，1995.

［18］张涌泉．敦煌俗字研究导论［M］．台北：台湾新文丰出版公司，1996.

［19］张涌泉．敦煌俗字研究［M］．上海：上海教育出版社，1996.

［20］张涌泉．汉语俗字丛考［M］．成都：巴蜀书社，1998.

［21］范可育等．楷字规范史略［M］．上海：华东师范大学出版社，2000.

［22］李建国．汉语规范史略［M］．北京：语文出版社，2000.

［23］周绍良，赵超．唐代墓志汇编续集［M］．上海：上海古籍出版社，2001.

［24］王勋成．唐代铨选与文学［M］．北京：中华书局，2001.

［25］（韩）李景远．《干禄字书》研究与重编［M］．韩国金山实业，2001.

［26］王宁．汉字构形学讲座［M］．上海：上海教育出版社，2002.

［27］刘涛．中国书法史·魏晋南北朝卷［M］．南京：江苏教育出版社，2002.

［28］胡戟，张弓，李斌城，葛承雍主编．二十世纪唐研究［M］．北京：中国社会科学出版社，2002.

［29］李斌城主编．唐代文化［M］．北京：中国社会科学出版社，2002.

［30］陈飞．唐代试策考述［M］．北京：中华书局，2002.

［31］徐復，宋文民．说文五百四十部正解［M］．南京：江苏古籍出版社，2003.

四、会议、期刊论文

[1] 叶玉森.说契［J］.学衡.1924，31.

[2] 商承祚.殷契佚存：附考释・951片［J］.燕京学报.1936，19.

[3] 陈梦家.古文字中之商周祭祀［J］.燕京学报.1936，19.

[4] 陈梦家.释攴释豖［J］.考古社刊.1939，6.

[5] 商承祚.《说文》中之古文考［J］.金陵大学学报.1940，1，2.

[6] 郭沫若.金文余释之余・释覃［A］.见：郭沫若.金文丛考［M］.北京：人民出版社，1954.

[7] 蒋礼鸿. 中国俗文字学研究导言［A］.见：蒋礼鸿. 蒋礼鸿语文文字学论丛［M］.杭州：浙江古籍出版社，1994.

[8] 鲁实先.殷契新诠之一［J］.幼狮学报.1960，1.

[9] 徐中书.四川彭县蒙阳镇出土的殷代二觶［J］.文物.1962，6.

[10] 周祖谟.唐本《说文》与《说文》旧音［A］.见：周祖谟.问学集［M］.北京：中华书局，1966.

[11] 唐兰.弓形器（铜弓柲）用途考［J］.考古.1973，3.

[12] 裘锡圭.史墙盘铭解释［J］.文物.1978，3.

[13] 戴家祥.墙盘铭文通释［J］.上海师范大学学报.1979，2.

[14] 施安昌.唐人对《说文解字》部首的改革［J］.故宫博物院院刊.1981，4.

[15] 伍仕谦.甲骨文字考释六则［A］.见：古文字研究论文集（《四川大学学报丛刊》）第十辑）［M］.成都：四川大学出版社，1982.

[16] 施安昌.唐代正字学考［J］.故宫博物院院刊.1982，3.

[17] 胡吉宣.唐写本原本玉篇之研究［J］.文献・第十一辑.北京：书目文献出版社，1982.

[18] 于省吾.释"能"和"嬴"以及"从嬴"的字［J］.古文字研究・第八辑.北京：中华书局，1983.

[19] 林澐.豊豐辨［J］.古文字研究・第十二辑.北京：中华书局，1985.

[20] 裘锡圭.《说文》小记 [J]. 北京师范学院学报. 1988，2.

[21] 于鸿志. 吴国早期重器冉钲考 [J]. 东南文化. 1988，2.

[22] 朱德熙. “汉字问题学术讨论会”开幕式发言 [A]. 见：中国社会科学院语言文字应用研究所. 汉字问题学术讨论会论文集 [M]. 北京：语文出版社，1988.

[23] 海萌辉. 小篆不是汉字形体演变过程中的一个环节 [J]. 郑州大学学报（哲社版）. 1988，3.

[24] 王慎行. 从人形古文字零释 [J]. 殷都学刊. 1991，1.

[25] 刘昭瑞. 爵、尊、卣、鍪的定名和用途杂议 [J]. 文物. 1991，3.

[26] 商承祚. 楚桼器集考释 [J]. 文物. 1991，11.

[27] 蔡忠霖. 唐代的两种字样书——《正名要录》与《干禄字书》 [J]. 中国文化大学中文学报. 1994，2.

[28] 丁方豪.《干禄字书》正字与现代汉字规范字的传承关系 [A]. 见：王均. 语文现代化论丛（第一辑） [M]. 济南：山东教育出版社，1995.

[29] 王贵元. 马王堆帛书文字考释 [J]. 古汉语研究. 1995，3.

[30] 郑阿财. 敦煌文献与唐代字样学 [A]. 见：中国文字学会，中兴大学中国文学系. 第六届中国文字学全国学术研讨会论文集 [M]. 1995.

[31] 孔仲温. 释盉 [A]. 见：吉林大学古文字研究室. 于省吾教授百年诞辰纪念文集 [M]. 长春：吉林大学出版社，1996.

[32] 詹鄞鑫.《说文》篆文校正刍议 [J]. 古汉语研究. 1996，3.

[33] 张金泉. 敦煌遗书与字样学——兼谈唐代文字规范化工作 [J]. 文史（总第41辑），1996.

[34] 范可育.《五经文字》并正字、隶省字与现代汉字的传承关系 [A]. 王均. 语文现代化论丛（第三辑） [M]. 济南：山东教育出版社，1997.

[35] 刘志基. 部首意义三论 [J]. 辞书研究. 1998，2.

[36] 黄锡惠. 满文小篆研究（上） [J]. 满语研究. 1998，2.

[37] 陈建裕.《玉篇》部首说略 [J] . 阴山学刊. 1999, 1.

[38] 刘海峰. 科举制的起源与进士科的起始[J]. 历史研究. 2000,6.

[39] 潘玉坤.《名义》篆文杂识 [J] . 中文自学指导. 2002, 4.

[40] 从文俊. 魏崔、卢二门楷法蠡测 [A] . 见：揭示古典的真实——从文俊书学论集 [M] . 郑州：中州古籍出版社, 2003.

[41] 王平, 臧克和. 日藏唐写本《说文・木部》残卷原件与大徐本小篆形讹字考订 [J] . 文史. 2003, 2.

[42] 黄德宽. 从转型到建构：世纪之交的汉字研究与汉语文字学 [J] . 语言文字应用. 2005, 3.

[43] 高至喜. 两周铜钲研究 [J] . 考古学报. 2006, 3.

[44] 耿广敏. 楷篆释义 [J] . 东方艺术. 2006, 24.

[45] 臧克和. 楷字的时代性——贮存楷字的时间层次问题 [J] . 中国文字研究. 郑州：大象出版社, 2007, 1.

[46] 臧克和. 楷字的区别性——楷化区别性的丧失及其重建 [J] . 中国文字研究. 郑州：大象出版社, 2007, 2.

[47] 臧克和.《篆隶万象名义》价值及体例特点 [J] . 中国文字研究. 郑州：大象出版社, 2008, 2.

五、学位论文

[1] 曾荣汾.《干禄字书》研究 [D] . 台北：中国文化大学, 1982.

[2] 蔡忠霖. 敦煌字样书《正名要录》研究 [D] . 台北：中国文化大学, 1982.

[3] 蔡忠霖. 敦煌汉文写卷俗字及现象研究 [D] . 台北：中国文化大学, 1989.

[4] (韩) 李景远. 张参《五经文字》之研究 [D] . 台北：政治大学, 1989.

[5] (韩) 李景远. 隋唐字样学研究 [D] . 台北：台湾师范大学, 1997.

[6] 吕浩.《名义》研究 [D] . 上海：华东师范大学, 2003.

[7] 刘中富.《干禄字书》字类研究 [D] . 上海：华东师范大学,

2004.

[8] 何继军.唐代“三书”俗字研究［D］.芜湖：安徽师范大学，2004.

[9] 王亚丽.汉字部首表意功能研究［D］.兰州：兰州大学，2006.

六、电子文献

[1] 六朝石刻楷字资源库［DB］.华东师范大学中国文字研究与应用中心，2006.

[2] 隋唐五代石刻楷字资源库［DB］.华东师范大学中国文字研究与应用中心，2008.

[3] 字样类传世字书语料库［DB］.华东师范大学中国文字研究与应用中心，2008.

[4] （日）日本京都大学人文科学研究所所藏石刻拓本资料（http://kanji.zinbun.kyoto—u.ac.jp/db—machine/imgsrv/takuhon/index.html）［DB/OL］.日本京都大学人文科学研究所.

[5] 异体字字典（http://140.111.1.40/main.htm）［DB/OL］.台湾“中华民国教育部”国语推行委员会，2004.

后　记

“一代自有一代之学问”，字样之学，以隋唐石刻所见，确为唐代显学。然时代填替，盛况不复。相较甲金简帛，字样研究竟至薄弱一支，致唐兰、蒋礼鸿、朱德熙、裘锡圭诸先生早发慨叹：文字学研究历来“厚古薄今”，其忧甚是！堪忧之外，仍有学者勤恳耕于石刻文献，校释文字，关照文化，本人诚敬，愿忝其列。

本书作为中古石刻文字文化研究成果，以隋唐石刻为参照，探究唐代字样之学，冀期彰显历史光貌，继以指导汉字规范研究。然此仅为石刻文献用字与字样研究之初步，二者与唐宋科考、文献征校及汉字认知等相关文化层面对比综合，仍有大量工作亟待推进。本人及同道将继续深入探研，陆续呈现相关成果。

“落其实者思其树，饮其流者怀其源。”父母之恩，业师臧克和先生之诲，王平、刘志基、董莲池、吴金华、毛远明及徐时仪诸先生之品评建议，并出版社周洪威总编辑、周山丹主任、阮清钰编辑，以及李人凡先生之助，无以为谢，感怀铭记于心！

略略为记。

刘元春

2010年7月

于上海交大思源湖畔